总 顾 问：安作璋
封面题字：安作璋

《禹贡碣石考》 编辑委员会

主　任：邱延博
副主任：杨景朋　赵吉义　马云忠
著　者：徐景江　郭云鹰
顾　问：朱亚非　于长銮　刘玉文
监　制：张荣强　杨炳申
　　　　无棣县旅游开发指挥部
　　　　滨州汇泰园林开发（碣石山风景区）有限公司

碣石考

禹贡

YUGONG JIESHI KAO

拨开历史迷雾
还原碣石真相

徐景江 郭云鹰 编著

人民出版社

责任编辑:宫 黄
封面设计:常 帅

图书在版编目(CIP)数据

禹贡碣石考/徐景江,郭云鹰 编著. —北京:人民出版社,2014.12(2024.11
重印)

ISBN 978-7-01-014221-0

Ⅰ.①禹… Ⅱ.①徐…②郭… Ⅲ.①山-研究-无棣县 Ⅳ.①K928.3

中国版本图书馆 CIP 数据核字(2014)第 278098 号

禹贡碣石考
YUGONG JIESHIKAO

徐景江 郭云鹰 编著

人民出版社 出版发行

(100706 北京市东城区隆福寺街 99 号)

北京建宏印刷有限公司印刷 新华书店经销

2014 年 12 月第 1 版 2024 年 11 月北京第 2 次印刷
开本:710 毫米×1000 毫米 1/16 印张:24.25 插页:2
字数:384 千字

ISBN 978-7-01-014221-0 定价:62.00 元

邮购地址 100706 北京市东城区隆福寺街 99 号
人民东方图书销售中心 电话 (010)65250042 65289539

2001 年 9 月 15 日，安作璋教授在碣石山复名新闻发布会上讲话

碣石山碑

碣石山景

安作璋教授为无棣碣石山复名题词

刻有"谓碣石也"古残碑

碣石山秦刻石

无棣碣石文化宣传研究会部分成员合影

自左至右：
前排：朱洪东、杨景朋、刘玉文、于长銮、邱延博、杨宝珩、郭云鹰、关莉莉、王景军、赵吉义、徐景江、
　　　徐沛琦
中排：张永军、闫梦彬、刘震、马云忠、张海鹰、王勇智、杨炳申、杜秀峰、任连炬、王忠民、周立新
后排：陈宁、张荣强、支建忠、许长春、李兴、贺慧、沈立静、杨健、李玉涛、王玮莉、苏银东、王文华

目　录

绪　论 …………………………………………………………………………1

《尚书·禹贡》 …………………………………………………………………12

一、《禹贡》碣石 …………………………………………………………17
《禹贡》碣石远古航标 ……………………………………………………17
《禹贡》碣石历史名山 ……………………………………………………19

二、碣石疑案 ………………………………………………………………22
碣石错注始自文颖 …………………………………………………………23
碣石沦海谬于郦氏 …………………………………………………………26
碣石遗址去岸五百 …………………………………………………………29
昌黎碣石无奈选择 …………………………………………………………39
碣石消亡误于胡渭 …………………………………………………………42
碣石地望古今多少 …………………………………………………………62
碣石又争起于谭老 …………………………………………………………67
谭其骧与《碣石考》 ……………………………………………………68
朱永嘉说《碣石考》 ……………………………………………………70
"文革"后的"碣石"研究论著与"碣石"观点 ………………………74

三、碣石释疑 ··· 102

  禹疏九河至于碣石 ·· 102

    顾氏断言马谷即碣石 ·· 104

    清儒著书渐从顾氏说 ·· 131

    恩绂著论碣石辨正本 ·· 145

    《禹贡》碣石一名为一地 ·· 162

  秦皇汉武巡游碣石 ·· 169

  魏武挥鞭东临碣石 ·· 176

    组诗"艳"辞披露至碣石时间 ·· 177

    组诗"四章"记录之东征历程 ·· 191

  帝王墨客吟咏碣石 ·· 200

四、碣石复名 ··· 209

  盛世复名历史重光 ·· 209

    毛泽东《浪淘沙》发表前后的无棣碣石研究 ···················· 210

    谭其骧《碣石考》发表与"文革"后的无棣碣石研究 ········ 210

    无棣碣石研究会成立后的专题研究 ·································· 211

    无棣碣石复名新闻发布会的召开 ···································· 213

    大山镇更名为碣石山镇 ·· 218

    《禹贡碣石山》的编纂 ·· 219

  碣石开发传承文化 ·· 221

附一:《禹贡》碣石古今记载与研究复名大事记 ····················· 222

附二:无棣碣石研究诗文(选编) ······································· 241

  名山碣石考 ·· 郭云鹰 241

  康熙《泰山龙脉论》中的"山东碣石" ························· 徐景江 271

  《康熙朝实录》中的"天津碣石" ······························· 徐景江 275

  《禹贡集传》札记 ·· 刘玉文 277

《唐书》、《明史》之《天文志》札记 …………………… 刘玉文 293
　　——仍论《禹贡》碣石在无棣

卜辞"观于渤日"浅析 ………………………………… 刘玉文 296
　　——略论殷王临碣石

《山海经》碣石之山、《禹贡》碣石、《汉书》大揭石山辨析…… 刘玉文 298

"山神庙"寻踪 ………………………………………… 刘玉文 304

文天祥的"碣石"情结 ………………………………… 刘玉文 305

碣石复名十周年随笔 ………………………………… 刘玉文 310

正本清源话碣石 ……………………………………… 于长銮 330

碣石复名记 …………………………………………… 于长銮 334

齐桓公伐楚盟屈完 ……………………………… (鲁国) 左丘明 335

宋玉对楚王问 …………………………………… (战国) 宋玉 336

货殖列传序 ……………………………………… (汉) 司马迁 337

复庵记 ………………………………………………… 顾炎武 339

碣石门辞 ………………………………………… (秦) 嬴政 340

碣石篇 …………………………………………… (汉) 曹操 340

　　艳 ……………………………………………………… 340

　　观沧海 ………………………………………………… 342

　　冬十月 ………………………………………………… 342

　　土不同 ………………………………………………… 343

　　龟虽寿 ………………………………………………… 344

春日望海 ………………………………………… (唐) 李世民 344

奉和圣制春日望海 ……………………………… (唐) 杨师道 345

春江花月夜 ……………………………………… (唐) 张若虚 346

晚泊无棣沟 ……………………………………… (唐) 刘长卿 347

即景 ……………………………………………… (宋) 陆游 348

登古河堤 ………………………………………… (元) 萨都剌 348

五月二十七日为诞陶儿日时寓都门听复试念之作此 ……… (明) 杨巍 349

马谷晓黛 ………………………………………… (明) 孙重光 349

登马谷山即事 …………………………………………（明）李志行 350

泰山 ……………………………………………………（明）李梦阳 350

登岱 ……………………………………………………（明）王世贞 351

九河 ……………………………………………………（清）杜墫 352

望碣石 …………………………………………………（清）张衍重 353

九河故迹 ………………………………………………（清）薛宁廷 353

钓台晚眺 ………………………………………………（清）张克家 354

马谷朝云 ………………………………………………（清）李昪 354

贺碣石山复名 ……………………………………………… 安作璋 355

贺无棣碣石山复名 ………………………………………… 李宏生 355

剑器近 ……………………………………………………… 马连礼 356

　　——读《禹贡碣石山》

碣石三题 …………………………………………………… 赵吉义 357

呼唤碣石 …………………………………………………… 郭云鹰 359

侃大山 ……………………………………………………… 郭云鹰 361

　　——为碣石山复名二十周年而作

参考文献 ……………………………………………………………… 375

绪　　论

碣石何在？一桩遗留千古的疑案。

碣石，许慎《说文解字》："碣，特立之石。东海有碣石山。"《史记·夏本纪》[集解]孔安国曰："碣石，海畔之山也。"《后汉书·窦宪传》注："方者谓之碑，圆者谓之碣。"《唐律疏议》引《丧葬令》："五品以上听立碑，七品以上立碣。"即从官位的高低规定，大者为碑，小者为碣，碣当为圆形之石。

碣石之名　始见于《禹贡》

"碣石"之名，始见于《尚书·禹贡》"岛夷皮服，夹右碣石，入于河"、"太行、恒山至于碣石，入于海"。这是有关"碣石"最早的记载，即碣石地望为渤海西南岸九河入海处、河之入海口的海畔山、标志山。

历史上，秦皇、汉武等帝王均巡游过碣石；魏武帝曹操"东临碣石，以观沧海"，吟诵出千古名篇《观沧海》，使碣石名扬天下；一代伟人毛泽东的"魏武挥鞭，东临碣石有遗篇"词句，更引起了人们对"碣石"的无限向往和不断探寻。

秦汉之前，碣石地望人人皆知。《史记》、《汉书》记事翔实、史料可靠，不仅引录了《禹贡》中包括"碣石"在内的全部内容，也记载了秦始皇、汉武帝巡游碣石的史实。然汉末以后，由于沧海桑田变迁，加之受地理认知水平所限，以致学者们对碣石地望众说纷纭，莫衷一是，至今仍争论不休。

碣石地望　一误于文颖

文颖，字叔良，汉末魏初南阳人，任过荆州从事，建安中为甘陵府丞。《汉书·地理志》载："右北平郡（秦置）。……骊成（大揭石山在县西南。莽曰揭石）。""辽西郡（秦置）。……絫（下官水南入海。又有揭石水、宾水，皆南入官）。"《地理志》明确记载，骊城有"大揭石山"，絫县有"揭石水"，分属相邻两县、两郡。文颖为《汉书》作注，于《汉武帝纪》"元封元年……（武帝）行自泰山，复东巡海上，至碣石"。注曰："（碣石）在辽西絫县，絫县今罢，属临渝。此石著海旁。"不知所据何典？

文颖"碣石在絫县"之说，被后世学者奉为经典，对后代的地理志也产生了巨大影响。自后汉至隋，学者不断附会、曲成文颖之误，并据絫县的属并、县名的变更，有碣石在絫县、临渝、肥如、卢龙之说。更有甚者，在转录、转载及注释《汉书》时，干脆直接将"大揭石山"改为"大碣石山"、"揭石"改为"碣石"，篡改《汉书》原文，从而篡写了"碣石"的历史。

碣石沦海　再误于郦氏

郦道元（约 470—527），字善长，北魏范阳郡涿县（今河北省涿州市）人，著名地理学家、文学家。郦道元在《水经注》中"三言碣石沦于海，有其故、有其时、有其证、有其状"，是文颖说"此石著海旁"、西晋郭璞说在"临渝南水中"的进一步继承和发展，使得碣石地望更加模糊不定。

宋代，《禹贡》研究名家辈出，并刊行了一批具有重要学术价值和社会影响的"禹贡学"论著，如程大昌《禹贡论》、《禹贡后论》、《禹贡山川地理图》，傅寅《禹贡集解》、毛晃《禹贡指南》等几十部。"禹贡学"也直接推动了中国地图学的长足进步，包括以《禹贡》为题材的历史地理图和对《禹贡》的专门注疏。宋儒"博引众说，断为己意，阐释发挥，多有新思"，为维护文颖"碣石在絫县"、"此石著海旁"，郦道元"碣石沦于海"之说，曲护"河道自在章武，碣石尽在絫县"的脱节之失，尽情想象，在九河与碣石之间，臆造出一条长达 500 里的"逆河"来，以补其阙。

金、元之后，学者们按文颖在辽西絫县所说探寻碣石，在海旁求之不得、水中求之又不得的情况下，遂向北求之，于西汉絫县、昌黎城北寻觅到海拔 695 米的仙人台，认定就是"碣石山"（也有人以为仙人台上之巨石天桥柱即碣石）。如《明一统志》记"碣石在昌黎县北二十里"。自此，昌黎仙人台始改名"碣石山"，进入史书记载，渐成主流。其实，这只是随意拉来的替身，实属无奈之举。此前的学者，为何没有发现这座山？此后包括胡渭、杨守敬等大学者，又为何不认同？原因很简单，此山既不是海畔山，也不符《禹贡》"夹右碣石，入于河"之文。

碣石消亡　继误于胡渭

胡渭（1633—1714），字朏明，号东樵，浙江德清人。清代经学家、地理学家，撰《禹贡锥指》20 卷，附图 47 幅。

胡渭是文颖"碣石在絫县"、郦道元"碣石沦于海"的忠实拥护者，程大昌的追随者。文颖错注碣石在辽西絫县，胡渭不指责文颖篡改之错，反而认为颖说长于固，批评班固著《汉书·地理志》有谬误，在右北平郡骊成记的是"大揭石"、辽西郡絫县记的是"揭石水"，怎么不是"碣石"？

为维护文颖、郦道元之说，曲成"河道自在章武，碣石尽在絫县"、"今其地无山以应之"的种种抵牾，以广 200 里"逆河"补河海水流脱节之失，认为"勃海者，逆河之变也"，臆造出"古无渤海"的谬论，说禹时没有渤海。何时才有的渤海呢？是在春秋前，逆河为海所渐，才成为海，至战国时始有"勃海"之名。他还在《禹贡锥指》中说："余初不解逆河何以在此地，求之数月，始得其故。""禹河自碣石入海，碣石以西为逆河，其东则海，无所谓勃海也。"又以"土山戴石"解释碣石颓陷消亡之由，来销千古碣石疑案，并做了五大段自欺欺人的自问自答。

针对胡渭"碣石消亡"之说，清乾隆进士、礼部尚书杜堮以《九河》诗予以尖锐批判：

禹迹茫茫问九河，海滨碣石未销磨。

汉家分土名犹在，宋氏传经说竟讹。

自昔洪流归渤澥，岂容别派混溥沱。

岛夷尚识来时路，万丈潮头奈尔何？

碣石纷争持续到民国时期，1931 年商务印书馆香港分馆出版《中国古今地名大辞典》，在"碣石山"条目中，依据史书记载，归纳列举出了"碣石"地望的 8 种不同观点，并对个别论点进行了批驳。《辞典》中在"马谷山"、"碣石"等条目中，均列有"无棣马谷山即碣石说"。

碣石又争　缘起于谭老

谭其骧（1911—1992），字季龙，浙江嘉善人。1934 年与顾颉刚等发起成立中国第一个历史地理的学术团体——《禹贡》学会，创办《禹贡》半月刊，为中国现代历史地理学科的创始人之一。后任复旦大学历史系主任、中国历史地理研究所主任，主编《中国历史地图集》（1—8 册）。

1954 年夏天，一代伟人毛泽东在北戴河海滨联想起魏武帝曹操著名诗篇《观沧海》，写下了《浪淘沙·北戴河》"往事越千年，魏武挥鞭，东临碣石有遗篇"。1957 年，在《诗刊》创刊号上发表后，又引起了人们对"碣石"的向往和探觅。当时英文版《毛泽东诗词》注释"碣石"采用了"沧海说"，毛泽东在审阅书稿时对此说法持怀疑态度，一些学者们也有反对意见。1975 年 1 月，《毛泽东诗词》英译本审定小组组长、诗人袁水拍，亲自带人到昌黎、秦皇岛一带对"碣石山"及其邻近海域做过实地考察。

1976 年第 2 期《学习与批判》发表了谭其骧教授《碣石考》一文，该文以充分的论据，批驳了肇始于公元 6 世纪北魏郦道元、为清代胡渭和杨守敬所倡导，并被后人奉为圭臬的"碣石沧海说"。指出：历史时期的碣石山一直屹立在渤海北岸，只有碣石山前的那块"碣石"，近二千年来曾经三度改变其相对位置：先是"著海旁"，继而"立于巨海之中"，最后"沉埋于地表之下"。

谭老文中最后说："这是我对碣石问题所作初步探索得出的结论，不一定正确，希望关心这个问题的同志们多多予以指正。要彻底解决这个问题，像我这样主要依靠文献资料的整理与分析，是办不到的，重要的是应该对碣石山前的平陆和海域，作一番科学的细致的实地调查考察工作。"

后来，即 1998 年，谭老的两位学生持卫星航拍图，顺渤海沿岸寻访碣石，自山海关一路寻至无棣，见到几百里沿海只有无棣这唯一的一座山，非常激动，让鲁北化工集团的人员专门请去了熟悉当地历史的于长銮先生，谈了县志中对此山即古碣石的记载。两人离棣时，还与时任县委宣传部部长的郭云鹰同志进行了短暂交谈，也说出了当时谭老的"无奈"与"遗憾"，谭老推断碣石应在黄河故道、九河入海处，也就是天津以南的范围内，但遗憾的是未能实地考察过，我们见到这座山，也算了却谭老的遗憾，可以告慰谭老了。郭、于两人至今还记忆犹新。

《碣石考》的发表，引发了一系列"碣石"大争论。东北师范大学冯君实教授在《吉林师大学报》（1978 年第 3 期）发表了《"东临碣石"的碣石在那里?》提出"北戴河金山嘴小碣石之说"；中国科学院历史地理学家黄盛璋在《文史哲》（1979 年第 6 期）发表了《碣石考辨》，认为："《山海经》的碣石之山在黄河支流上源"，"《禹贡》中有两个碣石，'太行、恒山，至于碣石'是在常山，'夹右碣石，入于河'是在冀州、古黄河入海口，即无棣马谷山"，"'秦汉碣石'应在今北戴河金山嘴附近，后代帝王登临的碣石又在别处。"上海师范大学王育民教授在《中华文史论丛》（1981 年第 4 辑）发表了《碣石新辨》，质疑"冯君实、黄盛璋的'金山嘴说'"，主张"秦汉碣石为昌黎碣石山"；中国社会科学院历史研究所刘起釪教授在《江海学刊》（1984 年第 5 期）发表了《碣石考》，提出"《禹贡》碣石，当是乐亭南面海中之石"，"古代几个帝王登临的碣石，则是今昌黎县北的碣石山"的观点。

此后，学术界、地方史志爱好者的一些论著不断问世，又涌现了一些新的"碣石"观点，产生了"《禹贡》碣石、《山海经》碣石山、秦汉碣石"之分，出现了"'碣石'一名二地说、两名二地或多地说、非山非石非门之碣石地域说"等。目前，排除碣石"沦于海"、"没于陆"说，还有"山东无棣碣石说、辽宁绥中姜女石说、河北昌黎碣石山说、秦皇岛北戴河金山嘴说、唐山说，以秦皇岛为中心，东北至辽宁绥中县石碑地、西南至金山嘴一个碣石地域说"等等，至今争论不休。

碣石，是山，是石，还是指一地域？也成了各地研究者乃至学术界学者争论的焦点。此争论，实际上是碣石所在地之争，而厘清了"碣石"之本义，对确定其位置十分重要。

碣石正名　功归于顾氏

顾炎武（1613—1682），字宁人，学者尊称为亭林先生，是明末清初著名的思想家、经学家、史地学家，被称作清朝"开国儒师"、"清学开山始祖"，与黄宗羲、王夫之并称为明末清初学术思想界三大家。

顾炎武自顺治十四年（1657）来山东，至康熙十六年（1677）离开山东，约有20年之久，其足迹几乎遍及山东各地。他除了掌握丰富的文献资料外，还十分注重实地调查研究，这是他超越前代和当代一些书斋学者之处。在山东期间，他广泛结交海右、山左名士，参与修订了《邹平县志》、《德州志》、《山东通志》等方志。清顺治十八年（1661），完成《山东考古录》；康熙元年（1662）十月，完成全国性地理总志《肇域志》。《肇域志》辑成后，顾炎武年已花甲，自感无力对全书修订杀青。康熙十二年（1673），修订《德州志》、参编《山东通志》时，在修志之局，借"郡邑之书颇备"之便，将《肇域志》山东部分厘正成体例统一、考辨精详之《山东肇域记》。《肇域志》只能讲是初稿，而《山东肇域记》则是进行综合、删订、编纂、厘定后的修订稿、写定本，是《肇域志》唯一经顾炎武改定的部分，也是文稿范本。从《肇域志》山东节本到《山东肇域记》成书，不仅有"量"的变化，更主要的是"质"的飞跃。

顾炎武在《山东肇域记》中明确断言：

马谷山，亦名大山，高三里，周六七里，山半有洞，广二丈余，深不可测。刘世伟曰，此即古之碣石也。《禹贡》"岛夷皮服，夹右碣石入于河"，又曰，"太行、恒山至于碣石，入于海。"是其在九河之末、入海之口，明矣。传者以为在辽西骊城之地，而郦道元又谓"九河、碣石，苞沦于海"。夫事无所证，当求之迹，迹有不明，当度之理。以迹而论，九河故道，俱在德、棣之间，而碣石不当复在他境；以理而论，禹之治水，行所无事，齐地洿下滨海，以禹之智，不从此入，而反转绕千里之外，乃自北平而入海耶？况地势北高，无行水之道，今自直沽以北，水皆南注，北平地高，则河又奚由而达耶。又云，碣石已去岸五百里，审如是，当在麻姑岛以东，塔山大洋以南，而海道图经，又无此山，则此语尤不足信矣。今此山既在九河之下，而又巍然独出于海滨之上，其为碣石无疑。

据清人张穆等撰《顾炎武年谱》载：顺治十五年（1658）顾氏"入都，至蓟州，历遵化、玉田，抵永平。"作《永平诗》一首。顺治十六年（1659）出山海关，返至永平之昌黎，著《营平二州地名记》（元谱："先生在永平，适《永平府志》成，求先生作序，因著此书，作序应之。"元谱，指顾炎武嗣子顾衍生原编《顾亭林年谱》），并作《山海关》《望夫石》《昌黎》诗各一首。这说明顾氏到过永平府及所属昌黎县进行考察，且为《永平府志》作序，并作《昌黎》等诗。尤其是他所撰《营平二州地名记》共十二篇，其中有多篇都提到碣石或碣石山。但是十四年后，康熙十二年（1673）顾氏修成《山东肇域记》的时候，却十分肯定地说：《禹贡》碣石，即海丰（无棣）马谷山，无论"求之迹"，还是"度之理"，均"不当复在他境"。学术界公认顾氏治学，皆经世致用，其著述除广泛搜集各种文献资料、考古资料外，还十分注意实地调查研究。《四库全书总目提要》于《昌平山水记》条下称"炎武博极群书，足迹几遍天下，故最明于地理之学。"在他多年对《禹贡》碣石所在地进行考察比较研究之后，最后定位在山东海丰（无棣）。如不抱成见，这应是令人信服的结论。

《肇域志》、《山东肇域记》虽分别早于胡渭《禹贡锥指》31 年和 23 年，大多数人对《肇域志》都是只闻其名，不见其书，这是因为该书 300 多年来从未刊布、仅以少量抄本行世之故。

《肇域志》原稿本共有 15 部分，分为两京十三布政使司。康熙二十一年（1682），顾炎武去世后，所有存稿被携至北京，由其外甥徐乾学、徐元文保管。到乾隆末年，已佚京师（北直隶）和江西、四川、广西四部分。乾隆五十八年（1793）由许庆宗得到携至杭州，传凡四世。咸丰四年（1854），蒋寅昉曾委托他人据许家所藏稿本抄录 40 册。后来出现的《肇域志》抄本，大多是从蒋氏抄本转抄而成。《山东肇域记》仅韩应陛"读有用书斋"抄本及陈揆"稽瑞楼"抄本见存，韩氏抄本乃请王雪舫从苏州黄丕烈藏本抄出，现藏中国国家图书馆、上海图书馆，影抄于清咸丰九年（1859）。

1982 年 3 月，国务院古籍整理出版规划小组召开全国古籍整理出版规划会议，决定将《肇域志》列为整理出版的重点书之一；是年，成立了由谭其骧任组长的《肇域志》点校整理小组；次年又将《山东肇域记》列入整理计划，附于《肇域志》文后。2004 年，散失 300 余年的顾炎武《肇域志》，经沪滇学者 20 余年通力合作下，终于收集、整理、点校完毕，由上海古籍出版社出版，共四册总计 318 万余字。该书点校主编：谭其骧、王文楚，点校副主编：朱惠荣，点校者还有：王天良、王颋、李自强、李孝友、李东平、周振鹤、胡菊兴、葛剑雄、杨正泰、郑宝恒等。《肇域志》与《山东肇域记》引征史料广博完备，其数量之多超过之前的《大明一统志》。顾炎武在"自序"中提到，为写此书，孜孜 20 余年，披阅志书 1000 余部，以及大量的"一代名公文集及奏章文册之类"，因此，该书蕴含历史资料信息量极大，其中所记录的许多书今天已经佚失，收录在书中的部分志书内容具有极为珍贵的史料价值。2008 年 3 月，入选国务院公布的第一批《国家珍贵古籍名录》。

清代，一些学者或见过顾炎武《肇域志》"碣石"观点，或听闻此说，也意识到"河道自在渤海西岸，碣石自在渤海北岸"的错误，开始倾向《禹贡》碣石即无棣马谷山的见解；也有学者虽不认同此观点，但在其著作中，作为一种观点记述其中。

蒋廷锡（1669—1732），清文献学家、藏书家，康熙四十二年（1703）进士，授翰林院编修，历官礼部侍郎、户部尚书、文华殿大学士；曾任《明史》总裁及《佩文韵府》、《康熙字典》、《古今图书集成》等典籍总纂官。在其《尚书地理今释》"碣石"条云：

> 碣石：案《汉书·地理志》云，大碣石山在右北平郡骊城西南，《武帝纪注》文颖云，碣石在辽西絫县，絫县今罢入临渝，此石著海旁。盖骊城即今直隶永平府乐亭县，絫县即今昌黎县，二县壤地连接，杳无碣石踪迹，而海水荡灭之说，又荒诞不可信。考《肇域志》云，山东济南府海丰县有马谷山，即古之碣石，刘文伟亦以马谷山在古九河之下，

合于《禹贡》入河、入海之文，断为碣石无疑。近世论碣石者，惟此说庶几近之。

李兆洛（1769—1841），清著名地理学家、藏书家、文学家，精舆地、考据、训诂之学，是阳湖派代表作家之一，历时数年编成《历代地理志韵编今释》20卷，仿《汉书》以下各史《地理志》中地名，注历代所属州、郡及今地所在，是中国第一部历史地名辞典，查考古代地名沿革变迁的重要工具书之一，颇便于治史者翻检。其在《禹贡地理考》"碣石"条，一字不差地采用了蒋廷锡的观点。

杜堮（1764—1859），山东滨州人，咸丰皇帝老师杜受田之父，嘉庆六年（1801）进士。曾任职于翰林院，内阁学士兼礼部侍郎，兵部和吏部侍郎等职，加太子太保衔，赠大学士，谥号"文端"。一生勤于笔耕，是山东文坛的盟主。其在《九河》诗自注云："九河古道，在德州、河间、棣州之地，与《禹贡》大陆北播为九河之文合。""自天津南尽棣州，数百里内，唯海丰旧河岸有马谷山，趾顶皆石，周围三里许，形如碣石。盖即同为逆河处，与《禹贡》'夹右碣石'之文相合。""棣州古渤海地，河所归。""北则天津，滹沱入海处，九河在其南明矣，岂得越入平州乎。"

贾恩绂（1865—1948），字佩卿，河北盐山县人，教育家、方志学家。曾纂修《直隶通志》、续修《河北通志》，撰修有《盐山新志》、《定县志》、《南宫县志》、《清苑新志》、《枣强县志》等多部方志。

在《盐山新志》中有贾恩绂撰写的《碣石辨》（上、下篇），文中从方隅、形势、道里进行分析，指责和驳斥：隋唐到今，学者奉郦氏之说，造成河道自在章武，碣石自在絫县，离之则各有佐证，合之则动见抵牾，而清代胡渭又附会不诘难，反臆造"古无渤海"之说，以曲成郦氏之失；还列举了胡渭谬厥六端，一针见血地驳斥了其臆造的"古无渤海"和臆度的"碣石为戴石土山"之说，以及"沦于海"和其他学说的种种穿凿附会和臆想之词。从方隅、形势、道里三方面，论述了无棣马谷山为碣石的正确性；又从文献、考据方面，批判郦氏等人的凿空附会，徒据班氏泛记山川之语，不可信也；并进一步论断，明初李柳西倡之，刘世伟和之，清顾炎武复主之马谷山即古碣石，为"考据格致后出者胜"。《盐山新志》"整部书体现了先生不拟古，不唯他说、敢于向权威挑战，敢用新观点写志"。"大胆怀疑，不泥古人。如碣石位置，学术界有几种说法。先生亦进行考证，著'碣石新说'陈述自己的观点。"

东征管承　魏武临碣石

《观沧海》是中国文学史上一首完整的写景诗，也是抒情诗，一首《观沧海》使得碣石名扬天下。此诗的写作年代，史料中未有明确记载；曹操何时登碣石、观沧海，碣石究竟在何处？说法不一。

《观沧海》是组诗《步出夏门行》（也称"碣石篇"）中的一章，组诗分为"艳"辞（序曲）及"观沧海"、"冬十月"、"土不同"（亦作"河朔寒"）、"龟虽寿"四章（解）。

《艳》辞，披露了曹操至碣石时间。《艳》辞云：

> 云行雨步，超越九江之皋。临观异同，心意怀游豫，不知当复何从。经过至我碣石，心惆怅我东海。

辞中"东海"，不是虚指"大海"，而是实指"东海郡"，确切讲是指建安十一年(206)"东海郡昌豨的复叛"事件。《艳》辞作为小序，叙述的是："曹操本意打算南征荆州刘表，施泽惠给江南人民。临观北伐乌桓、南征刘表两种不同意见，犹豫起来，不知何从。正是在犹豫不决、徘徊不定的心情下，到达了碣石，闻东海郡'昌豨复叛'心中又惆怅'东海'。"是年三月，曹操平叛并州高幹后，继续开凿海运，欲北伐乌桓时，青州海贼管承作乱。秋八月，曹操率军东征管承，经过时属冀州渤海郡的无棣"碣石"时，闻东海郡"昌豨复叛"，又"心中惆怅我东海"。曹操东征管承，史书称这次战事为"东略"、"东伐"、"东讨"等。曹操怀着"挟天子以令诸侯"和统一青、冀、幽、并北方"四州"后，意欲"天下一统"之霸气，登上无棣碣石，面对苍色的大海、波涛中的小岛，秋风中的草木，吟唱出了"东临碣石，以观沧海"流传千古的诗篇《观沧海》。晋朝张华著《博物志》曰："渤海亦称沧海"。《十州记》："水皆苍色，仙人谓沧海。"北魏熙平二年（517），改渤海郡为沧州。

《碣石篇》组诗"四章"，记录了曹操建安十一年"秋八月，东征海贼管承"至"建安十二年春二月，自淳于还邺"的东征历程，经历一个冬季，主要在山东北部沿海、黄河下游两岸区域内征讨海贼管承，也就有了《冬十月》《土不同》这两首诗。"土不同"又称"河朔寒"。《三国志》载，渤海郡太守袁绍"振一郡之卒，撮冀州之众，威震河朔，名重天下。""河"惟指黄河；河朔，泛指黄河以北地区。曹操在恶劣气候条件下，取得了东征的艰难胜利，内心有年暮消沉之感，但想到国家统一霸业，又激发起"壮心不已"英雄气概，便写下《龟虽寿》，自比上年纪的千里马，虽形老体衰，屈居枥下，但想到北方乌桓尚未平定，南方刘表还须征讨，劝告自己不应因年暮而消沉，而要"壮心不已"，重新激起了驰骋千里的豪情。

事实胜于雄辩。从史料记载和分析曹操北伐乌桓前的历史背景、战争事件、行军路线充分证明：建安十一年（206）秋八月，曹操东征管承时"经过至我碣石"，组诗完整记录了曹操在山东北部沿海、黄河下游两岸的东征活动和心理变化历程。

碣石复名　归根于求是

自 20 世纪 90 年代后期，无棣碣石研究会的同志们，坚持发扬解放思想、实事求是的精神，根据明末清初大历史地理学家顾炎武《山东肇域记》"今此山（马谷山）既在九河之下，而又巍然独出于海滨之上，其为碣石无疑"的明确断言，师于古而不拘泥于古，敢于质疑释疑，组织人员搜集史料、实地勘察，用新的观点和方法，充分论证了"《禹贡》碣石在无棣、秦皇汉武东巡之碣石在无棣、魏武帝曹操东临之碣石也在无棣"。

2001 年，我们将搜集和撰写的初步研究成果汇集编印成册——《禹贡碣石山》，在学术界引起强烈反响。是年 9 月 15 日，无棣举办碣石山复名新闻发布会，著名历史学家安作璋教授专程来无棣参加复名仪式，并给予充分肯定和极高的评价。指出：

> 郭云鹰等同志根据明清之际大学者顾炎武的《肇域志》以及许多文章、诗词等历史资料，并进行了细致的实地考察研究，明确断言《禹贡》碣石在无棣，曹操东临之碣石也在无棣，他的《观沧海》诗是建安

十一年（206）秋八月率大军自并州东略边境，征讨管承，途经无棣马谷山（碣石山）有感而作。这一研究结论，言之成理，持之有据，解破了学术界也包括我在内多年来的疑惑和成见。

新闻发布会后，安作璋教授为碣石复名挥毫题词："禹迹已湮，碣石犹存；盛世复名，历史重光。"

山东省原副省长马连礼读《禹贡碣石山》后作《剑器近》，词中云："'发布会'，博得史学泰斗断。"也表示赞同安老的意见。

总之，无棣碣石研究会的同志之所以敢于推翻已是公认的成说，而提出"马谷即碣石说"，归根结底还是在于解放思想，实事求是。

碣石复名后，研究会的工作并没有止步，而是坚持不懈，持续深入，一些志书史籍，不断被发现，资料更加翔实；碣石研究文章不断增加，涉猎内容更宽广、更深入，论述观点更充分，为此，于2002年由济南出版社正式出版了《禹贡碣石山》一书（2005年再版）。

2005年7月，经山东省政府批准，以鲁政函民字[2005]17号文件批复，同意将大山镇更名为碣石山镇。此后，无棣碣石山载入中华人民共和国地图册，碣石山复名工作圆满成功。

2009年年底，我们又构想如何将多年来搜集的《禹贡》史料、《禹贡》研究成果，以及涉及碣石、九河的零散史料和考辨文献、文章，再加系统化、专题化，形成一部集史料文献、考辨研究于一体的《禹贡碣石考》专著，历经两年的时间，完成了书稿初稿。又经两年的时间，对考证内容进行了反复校对、修改和完善，充实了大量文献、考古资料和图片。安老审阅了最后两稿，提出很多宝贵意见，给予认真指导，题写书名，帮助调整篇目，对"绪论"和内文进行逐字逐句修改，终完成《禹贡碣石考》书稿定本。细细算来，这部书稿从搜集、整理资料，到形成初稿、反复修改，几经充实、直至付梓，大约历16年的时间，查找资料上万份，阅览书籍上千册。

此书大量引用了文颖《汉书注》、郦道元《水经注》等内容；程大昌等宋儒"禹贡图"、《禹贡》论，辨九河、碣石、逆河等论述；也有顾炎武、胡渭、贾恩绂及清代学者专著、论说，以及各方面的原文、图片。还选录了部分无棣研究文章、文史诗词，摘录了辽宁绥中姜女石说、河北昌黎碣石山说、秦皇岛北戴河金山嘴说、唐山说，以及非山非石之碣石地域说等代表性研究文章的观点，供读者阅读，以便对碣石之争有个大体的了解和比较，从而作出自己正确的评定和判断。

最后，借本书付梓之机，对安作璋、李宏生、王克奇、朱亚非等教授，杨宝珩、于长銮、刘玉文先生，书中选录、摘录碣石观点的文章作者，以及编委会成员和出版过程中付出辛勤劳动的同志们一并表示衷心感谢。

由于我们水平所限，文中难免有错误之处，敬请各位读者提出宝贵意见，予以改正。

著　者

2014 年 4 月

《尚书·禹贡》

禹别九州，随山浚川，任土作贡。

禹敷土，随山刊木，奠高山大川。

冀州：既载壶口，治梁及岐。既修太原，至于岳阳；覃怀底绩，至于衡漳。厥土惟白壤，厥赋惟上上错，厥田惟中中。恒、卫既从，大陆既作。岛夷皮服，夹右碣石入于河。

济、河惟兖州。九河既道，雷夏既泽，雍、沮会同。桑土既蚕，是降丘宅土。厥土黑坟，厥草惟繇，厥木惟条。厥田惟中下，厥赋贞，作十有三载乃同。厥贡漆丝，厥篚织文。浮于济、漯，达于河。

海、岱惟青州。嵎夷既略，潍、淄其道。厥土白坟，海滨广斥。厥田惟上下，厥赋中上。厥贡盐绨，海物惟错。岱畎丝、枲、铅、松、怪石。莱夷作牧。厥篚檿丝。浮于汶，达于济。

海、岱及淮惟徐州。淮、沂其乂，蒙、羽其艺，大野既猪，东原底平。厥土赤埴坟，草木渐包。厥田惟上中，厥赋中中。厥贡惟土五色，羽畎夏翟，峄阳孤桐，泗滨浮磬，淮夷蠙珠暨鱼。厥篚玄纤缟。浮于淮、泗，达于河。

淮、海惟扬州。彭蠡既猪，阳鸟攸居。三江既入，震泽底定。篠簜既敷，厥草惟夭，厥木惟乔。厥土惟涂泥。厥田唯下下，厥赋下上错。厥贡惟金三品，瑶、琨、篠簜、齿、革、羽、毛惟木。岛夷卉服。厥篚织贝，厥包桔柚，锡贡。沿于江、海，达于淮、泗。

荆及衡阳惟荆州。江、汉朝宗于海，九江孔殷，沱、潜既道，云土、梦作义。厥土惟涂泥，厥田惟下中，厥赋上下。厥贡羽毛、齿、革惟金三品，杶干、栝、柏，砺、砥、砮丹惟菌、辂、楛，三邦底贡厥名。包匦菁茅，厥篚玄纁玑组，九江纳锡大龟。浮于江、沱、潜、汉，逾于洛，至于南河。

荆、河惟豫州。伊、洛、瀍涧既入于河，荥波既猪。导菏泽，被孟猪。厥土惟壤，下土坟垆。厥田惟中上，厥赋错上中。厥贡漆、枲绨、纻（紵），厥篚纤、纩，锡贡磬错。浮于洛，达于河。

华阳、黑水惟梁州。岷、嶓既艺，沱、潜既道。蔡、蒙旅平，和夷底绩。厥土青黎，厥田惟下上，厥赋下中、三错。厥贡璆、铁、银、镂、砮磬，熊、罴、狐、狸、织皮，西倾因桓是来，浮于潜，逾于沔，入于渭，乱于河。

黑水、西河惟雍州。弱水既西，泾属渭汭，漆沮既从，沣水攸同。荆、岐既旅，终南、惇物，至于鸟鼠。原隰底绩，至于猪野。三危既宅，三苗丕叙。厥土惟黄壤，厥田惟上上，厥赋中下。厥贡惟球、琳、琅玕。浮于积石，至于龙门、西河，会于渭汭。织皮昆仑、析支、渠搜，西戎即叙。

导岍及岐，至于荆山，逾于河；壶口、雷首至于太岳；砥柱、析城至于王屋；太行、恒山至于碣石，入于海。

西倾、朱圉、鸟鼠至于太华；熊耳、外方、桐柏至于陪尾。

导嶓冢，至于荆山；内方，至于大别。岷山之阳，至于衡山，过九江，至于敷浅原。

导弱水，至于合黎，余波入于流沙。

导黑水，至于三危，入于南海。

导河、积石，至于龙门；南至于华阴，东至于砥柱，又东至于孟津，东过洛汭，至于大伾；北过降水，至于大陆；又北，播为九河，同为逆河，入于海。

嶓冢导漾，东流为汉，又东，为沧浪之水，过三澨，至于大别，南入于江。东，汇泽为彭蠡，东，为北江，入于海。

岷山导江，东别为沱，又东至于澧；过九江，至于东陵，东迆北，会于汇；东为中江，入于海。

导沇水，东流为济，入于河，溢为荥；东出于陶丘北，又东至于菏，又东北，会于汶，又北东，入于海。

导淮自桐柏，东会于泗、沂，东入于海。

导渭自鸟鼠同穴，东会于沣，又东会于泾，又东过漆沮，入于河。

导洛自熊耳，东北，会于涧、瀍；又东，会于伊，又东北，入于河。

九州攸同，四隩既宅，九山刊旅，九川涤源，九泽既陂，四海会同。六府孔修，庶土交正，底慎财赋，咸则三壤成赋。中邦锡土、姓，祗台德先，不距朕行。

五百里甸服：百里赋纳总，二百里纳铚，三百里纳秸服，四百里粟，五百里米。

五百里侯服：百里采，二百里男邦，三百里诸侯。

五百里绥服：三百里揆文教，二百里奋武卫。

五百里要服：三百里夷，二百里蔡。

五百里荒服：三百里蛮，二百里流。

东渐于海，西被于流沙，朔南暨声教讫于四海。禹锡玄圭，告厥成功。

一、《禹贡》碣石

《禹贡》是儒家经典《尚书》中的重要篇章。《尚书》意为"上古之书"，是中国最古老的官方史书，中国上古历史文件和部分追述古代事迹作品的汇编。春秋战国时称《书》，到了汉代，才改称《尚书》。《尚书》一直被奉为中国古代社会的政治哲学经典，成为帝王的教科书和贵族士大夫必遵的"大经大法"。历代学者，尤其是儒家奉它为"治道之本"，纷纷研治《尚书》，用以"垂世立教，示人主以轨范"。因儒家尊之为经典，故又称《书经》。

《禹贡》是《尚书》中"夏书四篇"最重要的一篇，它以大禹治水的历程为线索，将当时的天下划分为九州，并详细记载了各州之疆域、山川、原隰、土壤、赋税、交通，以及天下山脉之走向、河流之渊源与经宿，最后还勾画了一个以甸、侯、绥、要、荒五服为构架的理想区划。《禹贡》全文虽仅千余字，却保存了丰富的社会、经济、地理等资料，从内容到体例，都对我国数千年来的地理撰述产生了深远的影响，成为研究中国上古社会的生态史及地理的重要资料，历来被奉为我国"古代地理之祖"，也是海内外学术界公认的世界最早的地理专著。

《禹贡》碣石　远古航标

《禹贡》对"碣石"及与其相关的"河"、"九河"记载较多：

冀州：既载壶口，治梁及岐。既修太原，至于岳阳；覃怀底绩，至于衡漳。厥土惟白壤，厥赋惟上上错，厥田惟中中。恒、卫既从，大陆既作。岛夷皮服，夹右碣石入于河。

济、河惟兖州。九河既道，雷夏既泽，雍、沮会同。桑土既蚕，是降丘宅土。厥土黑坟，厥草惟繇，厥木惟条。厥田惟中下，厥赋贞，作十有三载乃同。厥贡漆丝，厥篚织文。浮于济、漯，达于河。

导岍及岐，至于荆山，逾于河；壶口、雷首至于太岳；砥柱、析城至于王屋；太行、恒山至于碣石，入于海。

导河、积石，至于龙门；南至于华阴，东至于砥柱，又东至于孟津，东过洛汭，至于大伾；北过降水，至于大陆；又北，播为九河，同为逆河，入于海。

冀州为帝都之地，三面距河，碣石属冀州，在河口；济水、黄河之间为兖州，北滨海，九河于此入海。导山是为了治水，黄河走向自太行、恒山，而于碣石入海；导河治水，于大陆泽北播九河，流入渤海时，会受海水潮汐

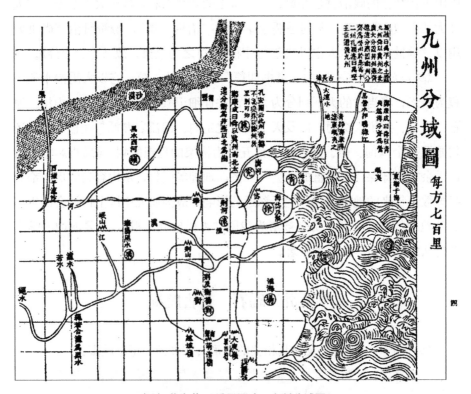

（明）艾南英：《禹贡图注·九州分域图》

顶托，为"逆"。

按《禹贡》记载，大禹率众导山治水，疏通到大陆泽后，又向北疏导了九条河道，于碣石附近流入渤海。冀州、兖州的界河，是九河之一，碣石、九河在渤海沿岸的冀州南部、兖州北部，为相互依存之关系。

"岛夷皮服，夹右碣石，入于河。"说的是一条朝贡的路线，而且是水路。意思是说：沿海岛屿奉鸟为图腾的部族，以兽皮作贡品，乘船沿海岸航行，把碣石作为导航标识，当碣石出现在右腋方位时，转航西行，即进入黄河河口，由海入河逆流而上，就能到达帝都。

在没有人工航标的远古时代，沿海河口的自然岛屿就是天然的航标。"碣石"作为沿海部族乘船循海入河的必望目标，是远古时渤海岸边、黄河贡道上的导航标志，河海之滨重要的地理标识山、海畔山，远古的航标，这一点是古今学者共同认可的。

《禹贡》碣石　历史名山

西汉著名史学家司马迁撰写纪传体通史《史记》，在其《夏本纪》中，整体逐录《禹贡》的文字，借以反映夏代的历史；东汉时期的历史学家班固编撰纪传体断代史《汉书》，在《地理志》中转录《禹贡》全文，以此来反映夏朝的地理面貌，并在西汉郡国的叙述中，特地注明《禹贡》山水泽地所在的位置。

秦汉时期，秦始皇、汉武帝、魏武帝曹操等帝王或巡游、或征讨，都到过碣石。《史记》、《汉书》记事翔实、史料可靠，为治文史者必读之书，除引录《禹贡》内容外，还多处记载"碣石"，以及秦始皇、汉武帝巡游碣石的史实。

《史记·夏本纪第二》载：

> 冀州：既载壶口，治梁及岐。既修太原，至于岳阳。覃怀致功，至于衡漳。其土白壤。赋上上错，田中中，常、卫既从，大陆既为。鸟夷皮服。夹右碣石，入于海。

鸟夷皮服。集解郑玄曰："鸟夷，东之民食鸟兽者。"孔安国曰："服其皮，明水害除。"夹右碣石。集解孔安国曰："碣石，海畔山。"入于海。集解徐广曰："海，一作'河'。"

道九山：汧及岐至于荆山，逾于河；壶口、雷首至于太岳；砥柱、析城至于王屋；太行、常山至于碣石，入于海。

《史记·秦始皇本纪第六》载：

三十二年，始皇之碣石，使燕人卢生求羡门、高誓，刻碣石门，坏城郭，决通堤防。其辞曰：

遂兴师旅，诛戮无道，为逆灭息。武殄暴逆，文复无罪，庶心咸服。惠论功劳，赏及牛马，恩肥土域。皇帝奋威，德并诸侯，初一泰平。堕坏城郭，决通川防，夷去险阻。地势既定，黎庶无繇，天下咸抚。男乐其畴，女修其业，事各有序。惠被诸产，久并来田，莫不安所。群臣诵烈，请刻此石，垂著仪矩。

（二世皇帝元年）春，二世东行郡县，李斯从。到碣石，并海，南至会稽，而尽刻始皇所立刻石，石旁著大臣从者名，以章先帝成功盛德焉。

《史记·苏秦列传九》载：

去游燕，岁余而后得见。说燕文侯曰："燕东有朝鲜、辽东，北有林胡、楼烦，西有云中、九原，南有呼沱、易水，地方二千余里，带甲数十万，车六百乘，骑六千匹，粟支数年。南有碣石、雁门之饶，北有枣栗之利，民虽不佃作而足于枣栗矣。此所谓天府者也。"

《汉书·武帝纪第六》载：

（汉武帝）元封元年……行自泰山，复东巡海上，至碣石。

《汉书·郊祀志》载：

（始皇）后三年，游碣石，考入海方士，从上郡归。

二世元年，东巡碣石，并海，南历泰山，至会稽，皆礼祠之，而胡亥刻勒始皇所立石书旁，以章始皇之功德。

天子既已封泰山，无风雨，而方士更言蓬莱诸神若将可得，于是上欣然庶几遇之，复东至海上望焉。奉车子侯暴病，一日死。上乃遂去，并海上，北至碣石，巡自辽西，历北边至九原。

《汉书·地理志》载：

> 冀州既载，壶口治梁及岐。既修太原，至于岳阳。覃怀底绩，至于衡章。厥土惟白壤。厥赋上上错，厥田中中。恒、卫既从，大陆既作。鸟夷皮服，夹右碣石，入于河。

> 道汧及岐，至于荆山，逾于河；壶口、雷首，至于大岳；砥柱、析城，至于王屋；太行、恒山，至于碣石，入于海。

秦汉以前，"碣石"地望尽人皆知，不存歧义，所以，西汉孔安国奉诏作《书传》，于《尚书·禹贡》"夹右碣石，入于河"明确注云："碣石，海畔之山也。"《史记·苏秦列传》说燕"南有碣石"，只概指碣石的方位，无须特别注释，言明具体位置。从《禹贡》、《史记》及孔安国的注释中，可知"碣石"是位于"燕南"，渤海岸边、黄河贡道上的海畔之山。

秦始皇、汉武帝巡行郡县"临察四方"、"威服海内"，有其政治目的，而巡游"碣石"，这是与方士的入海求仙活动有关。秦皇、汉武的临幸，使"碣石"进入名山行列。而"碣石"的出名，却借重于魏武帝，曹操"登高必赋"，东临碣石，写下了千古名篇《观沧海》，更使"碣石"名扬天下，而成为一座历史名山、文化名山。

二、碣石疑案

《禹贡》作为中国地理志之始祖，是我国早期一部科学价值很高的地理著作，被奉为"古代地理之祖"。自汉代，学者用文字、图谱等各种形式，从文献学、经学、地理学等多方面论解《禹贡》，研究论著历世不绝，逐渐形成了一门系统的学术——"禹贡学"。

《水经注》集中国 6 世纪以前地理学著作之大成，为历史地理学、水文地理学、经济地理学、考古学、水利学等方面的重要文献。此后，模仿、校释、研究《水经注》的多不胜数，其学术价值和影响不断扩大，逐渐形成了一门内容浩瀚的学问——"郦学"。

《禹贡》和《水经注》是两部重要的地理文献，历代地理志和众多学者，多以《禹贡》、《水经注》为主要的引申和发展对象，研究、校释、注疏《禹贡》、《水经注》，并考证《禹贡》山水地望。一些学者在研究"碣石"地望过程中，由于受地理认识水平所限，将"碣石"地望搞得模糊不定，导致众说纷纭，莫衷一是。这些，都体现在"禹贡学"与"郦学"研究文章和论著之中。

汉末以后，由于黄河河道屡经迁徙、渤海海岸进积变化，黄河下游地带，禹迹填埋，沧海变桑田，造成"禹迹"、"九河"难以辨别。文颖注《汉书》，改辽西"揭石"为"碣石"；北魏郦道元以《水经》为纲，作《水经注》，"三言碣石沦于海"，更使得"碣石"地望模糊不定，扑朔迷离，导致众说纷纭，涌现出多种学说和众多的"碣石"。其中，最具代表性和影响力的是汉魏时文颖、北魏郦道元，清代胡渭、杨守敬，现代著名历史地理学家谭其骧的观点。古今多数学者又奉文颖、郦道元、胡渭、杨守敬、谭其骧等古今舆地巨擘之言为金科玉律，据典诠释、考证。面对种种穿凿、抵牾，虽有疑窦，也不敢异其说，只有曲从附会、顺应其说。而明代刘世伟、顾炎武等少数真正求得"禹迹碣石"者，却被胡渭以"佐证颇孤"为由，定为"凿空无据"，致使"碣石"地望长期被历史歪曲。

现今，"碣石"是"山"？是"石"？还是指一"地域"？成了学术界争论的焦点。此争论，实际上也是混淆、模糊"碣石"概念，争议"碣石"所在地。只有深入分析历代学者对《禹贡》《水经注》研究的内容、方法和观点、注释、专题论述，以及地理认识水平和山水地望观念，才能真正揭开"碣石"的面纱，还原一个真实的"碣石"。

碣石错注　始自文颖

《汉书·地理志》载：

> 右北平郡，秦置。莽曰北顺。属幽州。……骊成，大揭石山在县西南。莽曰揭石。

> 辽西郡，秦置。有小水四十八，并行三千四十六里。属幽州。……絫。下官水南入海。又有揭石水、宾水，皆南入官。莽曰选武。

班固在《地理志》中记述，右北平郡骊成县西南有"大揭石山"，王莽曰"揭石"；辽西郡絫县有"揭石水"。西汉时，"大揭石山（揭石）"、"揭石水"，一山一水分著相邻两郡两县；东汉时，骊成、絫县省并，"大揭石山（揭石）"、"揭石水"均归属辽西郡，《汉志》揭石，为辽西山水。骊城县，一说在今河北乐亭县，一说在今抚宁县；絫县，在今河北昌黎县。

《汉书》多用古字、古词，追求文字典雅，虽成书年代晚于《史记》，却比《史记》古奥艰深、晦涩难懂，因此，班固身后，注家纷起。

文颖，字叔良，汉末魏初南阳人，任过汉末荆州从事，建安中甘陵府丞，曾为《汉书》作注，其《汉书注》已失传，但一些注释为后世学者所重视、采撷，影响深远，并得以保留下来。文颖为《汉书》作注时，不知依据何典，于《汉书·武帝纪第六》"元封元年……行自泰山，复东巡海上，至

谭其骧：《中国历史地图集·西汉时期幽州图》（局部，碣石为编著者标注），中国地图
出版社 1982 年版

碣石"注曰：①

　　（碣石）在辽西絫县。絫县今罢，属临渝。此石著海旁。

　　文颖混淆"碣石"与"揭石"，将汉武帝东巡的"碣石"当成了辽西的"揭
石"。碣石错位，始自文颖，"谓此山临渝海旁之孤石，与班固异自颖始"②。

　　"碣石"与"揭石"是一地吗？答案是否定的。若"揭石"、"碣石"为
一地，班固《汉书》中何不统统写成"揭石"或"碣石"，岂有一地既用"揭
石"，又用"碣石"之理。班固在《汉书》中既有"揭石"、又有"碣石"的

　　①　（宋）李昉：《太平御览》卷八十八。
　　②　（清）胡渭：《禹贡锥指》，上海古籍出版社 1996 年版，第 353 页。

记载，明确记述的是两个不同的地理实体。

　　然而，有些学者推测，右北平郡骊成之山称"大揭石山"，必还有"小揭石山"。邻郡辽西郡絫县的"揭石水"，可能就是由"揭石山"出而得名，辽西郡絫县的"揭石山"应为"小揭石山"，只有这样才能与骊成之"大揭石山"相对应。由此，一些学者凭空推测出一座"小揭石山"来。继有学者们逐渐将"大揭石山"、"小揭石山"混淆为一山，原骊成"大揭石山"渐渐淡出，而推测出来的絫县"小揭石山"却屡次被提及，并袭用"大揭石山"其"揭石"之名，致使文颖注《汉书》时，辨不清"碣石"与"揭石"之关系，于是注《汉书》"碣石"时就注成了"在辽西絫县。絫县今罢，属临渝"。但还是知道孔安国注"碣石"为"海畔之山"，在其后又云"此石著海旁"。

　　先有学者推测出一座辽西郡絫县"小揭石山"，继有学者混淆"大小揭石山"为王莽所称的"揭石"；后有文颖混同"揭石"与"碣石"之名，还言之凿凿地说"碣石"在辽西絫县（属临渝）的海旁；再有魏晋学者改"揭"为"碣"，而将"碣石"移花接木到了辽西絫县，"揭石山"三字自此后便从史书中销声绝迹了。魏晋间的一些学者恪守、附会，有人干脆在转录、转载及注释《汉书》时，将"大揭石山"改为"大碣石山"、"揭石"改为"碣石"，这不仅篡改《汉书》原文，更篡写了"碣石"的历史。

　　文颖《汉书注》"碣石在絫县"的说法，被后世学者奉为经典，并对学者的论著和地理志都产生了巨大影响。

　　郭璞（276—324），西晋著名学者、训诂家。郭璞作《水经注》、《山海经注》[①]说：

　　　　碣石山，今在辽西临渝县南水中，或曰在右北平骊城县海边山。

　　郭璞注书，还并存有辽西两"碣石山"之说，但又在文颖"此石著海旁"的基础上，进一步说在"临渝南水中"，此为日后"沦海说"所据。

　　此后，历代的地理志记载"碣石"，虽遵循絫县省并、变化，却将"碣石"地望搞得更加扑朔迷离。

　　　　《水经》有魏、晋间人所附益，故亦云碣石在临渝。《后汉志》无

---

① （清）郝懿行：《山海经笺疏》，光绪十二年校刊印行。

骊成，刘昭补注遂于临渝言碣石。晋省临渝入肥如，故《后魏志》碣石在肥如。隋省肥如入新昌，寻又改新昌曰卢龙。故《隋志》碣石在卢龙。自后汉迄隋，言此山之所在，曰絫县、曰临渝、曰肥如、曰卢龙，县名四变，而山则一，要皆在今昌黎县东、絫县故城之南也。①

此时，学者们已淡忘了"骊成"之"大揭石山（揭石）"，而以臆断、推测出来的絫县之"小揭石山"将"碣石"取而代之了。

此后，学者在冀州东北、辽西一带的海旁和水中，寻觅不到"碣石"踪迹，但还是力主文颖之说，不断附会、曲成，并据絫县的属并、县名的变更，又附会、演绎出多个"碣石"，还产生了"沦于海"、"没于陆"之说，致使"碣石"地望长期被历史歪曲。

碣石沦海　谬于郦氏

《水经》是中国第一部记述水系的专著，著书者和成书年代历来说法不一，争议颇多。《水经》全书3卷，有1万余字，所载水道137条，每水各成一篇，记述其源流与流经的地方。在《水经》之前，我国古代文献中记水文的有《禹贡·导水》、《史记·河渠书》、《尔雅·释水》、《汉书·沟洫志》等篇。但《禹贡》只是简略地记述了全国9条主要河流，《河渠书》、《沟洫志》只以记黄河流域的水道、航运、灌溉、水害和治理为主，不记全国河流，《释水》多对水文现象、水系和水成地形进行解释，而《水经》则系统地记述了全国河流，内容包括河流源地、流向、归宿，以及所流经的地域和主支流的空间分布与次序。

北魏晚期的郦道元为《水经》作注，名《水经注》。《水经注》看似为《水经》之注，实则以《水经》为纲，作了20倍于原书的补充和发展，已另成专著。全书共40卷，约30万字，所记水道1389条，逐一说明各水的源头、支派、流向、经过、汇合及河道概况，并对每一流域内的水文、地形、气候、土壤、植物、矿藏、特产、农业、水利以及山陵、城邑、名胜古迹、地

---

① （清）胡渭：《禹贡锥指》。

理沿革、历史故事、神话传说、风俗习惯等，都有具体的记述。郦道元"因水以证地"，"即地以存古"，繁征博引，详加考求，态度严谨，引用书籍多达437种，其中以叙述北方水系最为精详，通过亲身调查研究，对前人讹误多所厘正；南方个别水流，因当时南北政权对峙，情况不熟，不免有某些疏误。

《水经注》不仅是历史地理学、水文地理学、经济地理学、考古学、水利学等方面的重要文献，也是魏晋南北朝山水散文中的佳作，记录了不少碑刻墨迹和渔歌民谣，文笔绚烂，语言清丽，具有较高的文学价值。后人在对《水经注》的不断研究中，涌现出了一大批学者和专著，形成了一门内容浩瀚的学问"郦学"。

郦道元（约470—527），北魏范阳郡涿县（今河北省涿州市）人，是我国著名地理学家、文学家，于絫县海旁和海水中找不到"碣石"，首创"碣石沦海"之说。

郦道元在《水经注》中"三言碣石沦于海，有其故、有其时、有其证、有其状"①。

在《水经注》"卷五·河水"中，郦云：

　　《尚书·禹贡》曰：夹右碣石入于河。《山海经》曰：碣石之山，绳水出焉，东流注于河。河之入海，旧在碣石，今川流所导，非禹渎也。周定王五年，河徙故渎。故班固曰：商竭，周移也。又以汉武帝元光二年河又徙东郡，更注渤海。是以汉司空掾王璜言曰：往者天尝连雨，东北风，海水溢，西南出，侵数百里。故张折云：碣石在海中，盖沦于海水也。昔燕、齐辽旷，分置营州，今城届海滨，海水北侵，城垂沦者半。王璜之言，信而有征，碣石入海，非无证矣。

在《水经注》"卷十四·濡水"中，郦云：

　　濡水又东南至絫县碣石山。文颖曰：碣石在辽西絫县。絫县并属临渝。《地理志》曰：大碣石山在右北平骊成县西南，王莽改曰揭石也。汉武帝亦尝登之，以望巨海，而勒其石于此。今枕海有石如甬道数十

---

① （清）胡渭：《禹贡锥指》。

里，当山顶有大石如柱形，往往而见，立于巨海之中，潮水大至则隐，及潮波退，不动不没，不知深浅，世名之天桥柱也。状若人造，要亦非人力所就。韦昭亦指此以为碣石也。

又云：

昔在汉世，海水波襄，吞食地广，当同碣石，苞沦洪波也。

郦道元于"卷五·河水"中认为：河之入海，旧在碣石，碣石已沦于海。碣石沦海，非无证矣，证据就是汉司空掾王璜言曰"往者天尝连雨，东北风，海水溢，西南出，侵数百里"。其实，王璜说的仅是发生在汉代渤海西南岸的一次风暴潮，与海侵无关。现今渤海湾西南岸的渔民都知道：渤海连刮数天东南风，将黄海海水顶托入渤海，渤海水位增高，恰逢潮日，又骤转东北风，渤海湾西南岸必发生大的风暴潮；若天尝连雨，那么渤海水位会剧增，海水潮势入侵程度更大。渤海西南岸的风暴潮常有发生，较大的四五年发生一次；特大的、沿河道入侵上百里的风暴潮数十年一遇。汉代王璜所说西南岸的风暴潮，根本与"海水北侵，城垂沦者半"无涉。

从有关资料看，渤海湾沿岸在西汉晚期遭受过海水入侵，海侵不仅发生在渤海湾沿岸，中国沿海其他许多地区也有迹象表明当时存在高海面，海侵使得海水水面上升仅 1—1.5 米，只能造成海岸线向陆地退缩，岸线后移，不可能将"碣石"沦于海，倘若能将一座具有导航标识的"山体"沦于海，那将会出现什么情景？

郦道元于"卷十四·濡水"中，篡改《汉书·地理志》，将由"揭石水"推断出来的"絫县小揭石山"改称"碣石"，将右北平郡骊城西南的"大揭石山"改成"大碣石山"，还称是王莽将右北平郡骊成西南的"大揭石山"改曰"揭石"的。郦道元把絫县小揭石山、骊成大揭石山及《禹贡》碣石三个山体，混淆、混同成了一座山，说汉武帝尝登之。现在人们为何找不到"碣石"呢？郦道元说，汉时"碣石沦海"了，并如真实所见、言之凿凿地云："碣石立于海中，潮水大时隐没，潮既退却，还能隐约见到。"以此来曲成郭璞的"碣石在临渝南水中"之说。

郦道元三言"碣石沦于海"，有时间、有缘由，其沦海境况描述的如真实所见。郦道元为何得出"碣石沦于海"的结论，这是其在海边找不到碣石，又尊文颖"碣石在絫县"、郭璞"碣石在临渝南水中"之说为不疑，只有将"碣石沦于海"才能附会文颖、郭璞之说。

由是：文颖"碣石在絫县海旁"、郭璞"碣石在临渝南水中"，郦道元借汉司空掾王璜言"往者天尝连雨，东北风，海水溢，西南出，侵数百里"，而将碣石附会、曲成于海水之中，创立了"碣石沦于海"之说。

碣石遗址　去岸五百

《禹贡》研究成果大体上可分为两个方面，一是解经，即解释文字，特别是古今之别；二是释地，即考证地理。先秦至宋，诸儒多将《禹贡》置于《尚书》之中，着力于经文注疏。汉唐经学家治经，多尊章句义疏之学，恪守古训，不越规矩，注重实证，但过于拘泥。

孔颖达（574—648），字冲远，冀州衡水（今属河北）人，唐朝经学家，孔安之子，孔子 32 代孙。奉唐太宗命编纂的《五经正义》，融合南北经学家的见解，是集魏晋南北朝以来经学大成的著作。

孔颖达《尚书正义》载：

> （疏）传"碣石"至"余州"……下文"导河入于海"，传云："入于渤海。"渤海之郡当以此海为名。计渤海北距碣石五百余里，河入海处远在碣石之南，禹行碣石不得入于河也。盖远行通水之处，北尽冀州之境，然后南回入河而逆上也。"夹右"者，孔云"夹行此山之右"，则行碣石山西，南行入河，在碣石之右，故云"夹右"也。顾氏亦云："山西曰右。"郑玄云："禹由碣石山西北行，尽冀州之境，还从山东南行，入河。"郑以北行则东为右，南行西为右，故夹山两旁，山常居右，与孔异也。[①]

为附会文颖"碣石在絫县"之说，解决"河入海处远在碣石之南，禹行碣石不得入于河也"存在的"碣石"与"河"、"九河"的脱节问题，提出了"计渤海北距碣石五百里"。这里的"渤海"，诸儒指的是"渤海郡"。"渤海郡"

---

① （唐）孔颖达：《尚书正义》卷第六《夏书·禹贡第一》，上海古籍出版社 2007 年版，第 196—197 页。

与"碣石"中间出现的脱节,宋儒又臆度出一条长达500里的"逆河"。

至宋代,高度繁荣的文化和理学的兴起,将《禹贡》研究从原本依附于经学,发展成为史学中的一门专门之学,形成了真正意义上的"禹贡学"。①宋儒阐释《禹贡》避不开地理之考察,因时世变易,地理环境变迁和地理认识水平所限,只能凭借变化之后的地理,用不拘古训、以理贯通的理学方法,考释《禹贡》所描述的地理,虽突破了汉儒严守师法和偏重训诂考据的治学方法,侧重于对儒家经典义理的阐释发挥,轻视注疏,多有新思,但却常带臆断,故异说纷呈,《禹贡》山川地理的"聚讼",成为一代特色。

宋代,"禹贡学"也直接推动了中国地图学的长足进步。

"禹贡图"的绘制始于汉代。东汉永平十二年,明帝在派遣王景主持修治黄河河道时,曾赐王景《禹贡图》。《后汉书·循吏列传·王景》载:

> 永平十二年,议修汴渠,乃引见景,问以理水形便。景陈其利害,应对敏给,帝善之。又以尝修浚仪,功业有成,乃赐景《山海经》、《河渠书》、《禹贡图》及钱帛衣物。夏,遂发卒数十万,遣景与王吴修渠筑堤,自荥阳东至千乘海口千余里。景乃商度地势,凿山阜,破砥绩,直截沟涧,防遏冲要,疏决壅积,十里立一水门,令更相洄注,无复溃漏之患。景虽简省役费,然犹以百亿计。明年夏,渠成。帝亲自巡行,诏滨河郡国置河堤员吏,如西京旧制。景由是知名。

这幅《禹贡图》有学者认为是在切实可靠的文献记载当中,最早出现的"禹贡地图"。

西晋学者裴秀(224—271),在详细考证古今地名、山川形势和疆域沿革的基础上,以《禹贡》作基础,并结合当时晋朝"十六州",分州绘制了大型地图集——《禹贡地域图》18篇,这是中国见于文字记载最早的一部地图集,协助裴秀从事这项工作的主要是门客京相璠。

汉晋时期绘制的《禹贡》"历史地图"、"历史地图集",可惜的是没能流传下来,但其绘制的首要出发点是为解释《禹贡》等儒家经典做参据,将其称为"解经地图"或是"解经地图集",似乎更为符合当时的实际情况。作

---

① 李勇先主编:《禹贡集成·序》,上海交通大学出版社2009年版。

为解读经书辅助工具的"解经地图"，后来一直是中国古代历史地图的一个重要组成部分，至清朝康熙年间，胡渭撰著完《禹贡锥指》，书中编绘了47幅《禹贡图》，这组地图以其精湛的研究水平和比较完善的地图绘制形式，达到时代的巅峰，成为传统解经地图最高成就的标志。

现存最早的《禹贡图》，是北宋的石刻《禹迹图》，不仅开创了中国第一幅石刻地图的历史，而且代表了当时地图绘制的最高成就。

西安碑林所藏1136年阜昌石刻《禹迹图》，图面80.5×78.5厘米，图上方偏左刻："禹迹图，每方折地百里，禹贡山川名，古今州郡名，古今山水地名，阜昌七年四月刻石。"石碑背面刻有《华夷图》，图面79×78厘米，图右角刻："阜昌七年十月朔岐学上石。"西安碑林的《禹迹图》石刻，系伪齐阜昌七年四月刊刻于岐州官学，用于州学教学。

镇江石刻《禹迹图》，图面80×80厘米，上方刻："禹迹图，每方折地百里，禹贡山川名，古今州郡名，古今山水地名/元符三年正月/依长安本刊。"图左下方刻："绍兴十二年十一月十五日左迪功郎充镇江府府学教授俞篪重样立石/天启六年春掘地得此/八宝王好察识冯遂集。"镇江石刻《禹迹图》，是绍兴十二年（1142）依照元符三年（1100）《禹迹图》碑刊刻，再上溯与西安阜昌石刻《禹迹图》一样，依据底本"长安本"。"长安本"，是指在长安所镌刻图碑，即北宋神宗元丰四年（1081）至哲宗绍圣元年（1094）期间绘制的石刻《禹迹图》，这是宋代《禹贡》学的巨大成就。镇江石刻《禹迹图》，曾湮没于地下，明天启六年（1626）春，重新出土。西安《禹迹图》海洋部分留白，镇江《禹迹图》海洋部分刻水波纹。

从宋代的《禹迹图》中可看出，黄河在沧州附近入渤海，"河道自在渤海西岸、碣石自在渤海北岸"，河口与碣石之间为渤海湾，明显地出现了河道与碣石之间几百里的脱节问题，与"河之入海，旧在碣石"、"碣石，海畔山"、"夹右碣石，入于河"不符，相互矛盾。

南宋，"禹贡学"以山川地理为核心最突出的表现，则是《禹贡》专题著述日渐增多，包括以《禹贡》为题材的历史地理图和对《禹贡》的专门注疏，大都图文并茂，生动直观。《禹贡》研究名家有林之奇、程大昌、傅寅、史浩、毛晃、朱熹、魏了翁等等，并问世了一批具有重要学术价值和社会影响的"禹贡学"论著，如程大昌《禹贡论》、《禹贡后论》、《禹贡山川地理图》，傅寅《禹贡集解》、毛晃《禹贡指南》、易祓《禹贡疆理广记》、戴蒙《禹贡辨》等30部。尤其是程大昌、傅寅、毛晃的《禹贡》著作一直为学者和后人所推崇。

程大昌、傅寅、毛晃等学者大儒在《禹贡》论著中，"博引众说，断为己意，阐释发挥，多有新思"。为附会"河道自在章武，碣石尽在絫县"、"勃海北距碣石五百里"之说，解决中间的脱节问题，诸儒尽情想象，臆造出一条长500里的"逆河"。

《禹贡》"至于大陆，北播为九河，同为逆河，入于海"。汉儒以为，"九河"之下为"逆河"，"河"于"大陆"北播为"九河"，"九河"下尾合为一，曰"逆河"，言"相承受也"。故王莽改"勃海郡"曰"迎河郡"、"南皮县"曰"迎河亭"。宋儒认为，黄河播为9条河流后，又汇成了1条"逆河"，注入海，禹时不注入"渤海"；"碣石"在河、海分界处，"逆河"河口，禹时"碣石"东为大海，西为"逆河"，"逆河"之上有"九河"，"九河"、"碣石"之间是"逆河"，即今天津东之海中。

程大昌（1123—1195），字泰之，徽州休宁（今属安徽）人，高宗绍兴二十一年（1151）进士，淳熙四年（1177）侍讲《尚书》，并上《禹贡论》、《禹贡山川地理图》，南宋政治家、学者，《宋史》卷四三三有传，有《禹贡论》、《易原》、《雍录》、《易老通言》、《考古编》、《演繁露》、《北边备对》行于世。

程大昌笃学，于古今事靡不考究，其《禹贡论》[①]云：

> 水非一河能容，故播为九河，既已为九，安有一水能受九河，而名为逆河也，曰此皆水之变，非可以常理言也。汉世之谓勃海者，既古兖、冀最下处矣；逆河者，又当九河之最下处也。……至于逆河之地，比九河又特洼下，故九水者倾会焉。虽其两旁尚有洼岸，其实已与海合……惟其未为海也，故未可名之以海；虽其犹为河也，而它河不能与之比大，故本其实而命之曰逆河。逆河者，言迎受九河之水也。

其实，"北播为九河，同为逆河，入于海"，是指这9条河，同受海水逆

---

①　（宋）程大昌：《禹贡论》，见李勇先主编《禹贡集成》，上海交通大学出版社2009年版。

侵，各自注入渤海。所谓"逆"，是指由于海水潮汐作用，9 条河的河水会遭海水顶托，河水枯少时，海水也可沿河逆侵，此即为"九河同为逆河，入于海"之意。而汉儒却臆度出一条真实的名叫"逆河"的河名、河道来，宋儒进行了阐释发挥，说"渤海"与"碣石"相距 500 里中间是"逆河"，以此弥补"计渤海北距碣石五百里"之间的脱节问题。程大昌意："逆河之地"比"九河"洼下，已与海合，只是还不是海，不能名为海；虽还是河，但比河大，所以才名"逆河"。

九河，或非确数，而系概指，水盛则漫衍，水衰则数道分流，或径流独注，然径流也屡决屡徙，故后世已无法求九河故迹原道于地表。成书于战国至西汉初年的《尔雅·释水》赋予了《禹贡》"九河"以名称："九河：徒骇、太史、马颊、覆釜、胡苏、简、絜、钩盘、鬲津也。"

> 自汉至唐，讲求九河甚悉，汉世近古，止得三派。唐人集累世积传之语，乃九得其六。夫近古而采获者少，远古而采获者多，已不可信。①

程大昌此观点比较客观，九河所在后人率多附会，或新河而载以旧名，或一地而互为多说，皆似是而非，已无所依据。然其范围不出古冀、兖州之域，即今河间、沧州、德州以东，天津以南、东营以北的广袤区域。

而程大昌附会汉王璜、张揖，北魏郦道元"碣石沦于海"之说，未领会孔颖达所指碣石之所在，但附会孔颖达的去岸五百，将碣石移至远离渤海北岸、西南距渤海西岸 500 里的海中，对孔颖达的碣石与九河的脱节问题，还指责为"夫孔氏之疑是也？其所从疑者非也"。并在其《禹贡论》"碣石"条中就"碣石在平州南海中，去岸五百余里"错误观点作了进一步阐述和发展。

> 颜师古、杜佑、李吉甫皆以此山在骊城者，为《禹贡》碣石，诸家亦多祖用其说。孔颖达又从而疑之曰，勃海北距碣石五百里，河入海处远在碣石之南，禹行碣石不得以入于河。夫孔氏之疑是也？其所从疑者非也。秦皇、汉帝所登碣石直右北平之骊城，而右北平无论古今皆在海北，不与冀东旧河相并，则其谓此之碣石不当为古冀碣石，诚

---

① （宋）程大昌：《禹贡论》"新定九河逆河碣石图"说明，见李勇先主编《禹贡集成》。

有理矣。然汉河入海非禹之旧，则主碣石以求冀境别自有理不当，但以唐世所见河道，而径疑禹时之不然，故曰其所从疑者非也。……唐之平、沧二郡隔海而立其侧，出而在海北者，平也；其横海而在海西者，沧也。以古九州言之，平纯为冀；沧则中分其地，南当为兖，北当为冀也。九河之播在大陆北，大陆于唐为深州，深与沧东西相距，则九河入沧，当趋北斜行是既以平为乡矣，斜北之极，又有逆河承之，乃入于海。则逆河之地，当距平不远矣。合沧境南北言之，以里数地，盖五百而遥，以此五百里海水为九河、逆河故地，而取其北傍骊城之碣石，以为冀境对东之碣石，则正逆河注海之地也，逆河当于此地注海，而碣石正直其地，其不真为禹河碣石也乎。张揖尝言，碣石已在海中，而郦道元引其言以主王璜九河沧海之论，岂亦有见于此耶。

程大昌《禹贡山川地理图》（上下卷）绘图31幅。"新定九河逆河碣石图"说明中云：

臣案经曰："又北播为九河，同为逆河入于海。"又曰："夹右碣石，入于河。"又于导山，曰："太行、恒山，至于碣石，入于海。"是九河之北东必有逆河，逆河之口必有碣石山，甚明也。古今之论九河，皆泛指旧河，枯迹之在平原、勃海者，以充其数，而其所谓九河，又各为一流自入于海，无有指定逆河之在何地，而能翕受九河以同归于海者，设使九河、逆河其水道迁变难考，而碣石山趾项皆石，不应仆没。古今求之，兖、冀既皆无有，而亦罕有发此一义，以为九河、逆河实证者。故臣反之于经，疑自汉及唐，凡言九河者，皆非古来确据，于是，因郦道元力主王璜、张揖所言，以为九河、逆河、碣石已皆沦没于海，而臣心以其说为然。既又详老平州之南，即沧州之东北也，平、沧隔立之间有山，而名碣石者，尚在海中可望，而见其山盖近平，而远沧也。夫其从平视之，为正南，则从沧视之为东北也。九河播于兖州之北，斜入乎冀矣。而逆河当又在其北，以受九河，则正直冀之东北，而与平州相并也。以其方面、位置，易地观之，则平南境之碣石，本冀东北境之碣石，而后世沦于海，甚明也。臣于是知九河、逆河同沦于海，王璜、张揖、郦道元，人更三世，同为一见，具有实证，非空言也。①

"新定九河逆河碣石图"上有"辨碣石"、"辨九河"及碣石、逆河等注解。

"辨碣石"：沧州，汉勃海郡地，南北阔七百里，其南境当为禹兖州，其北境则冀州也。沧之北境正与平州接，相去五百里。当九河未没海时，从今海岸东出更有五百里平地，河播为九在此五百里中。《经》言，又北播九河，同为逆河，入于海，则是古河。自今已经为海处，向北斜行始为九河，又向北东乃为逆河，逆河垂欲入海处，有碣石山，在河北角。今时古九河、逆河虽已沦海，其碣石就平州对南面望，往往可见。以地望言，平州正南即沧州之北东也，九河、逆河五百里地都已入海，而碣石在沧州正东微北五百里地，卓立可见，则正是禹时逆河、碣石也。

"辨九河"：古九河自大陆北东而播为九派，又北合为一河，故曰同为逆河，入于海，河、海相交处有碣石山，古今考求勃海、平地皆无

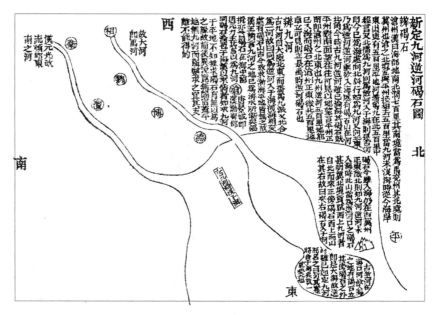

（宋）程大昌：《禹贡山川地理图·新定九河逆河碣石图》

---

① （宋）程大昌：《禹贡山川地理图》（上下卷），《乾隆御览四库全书荟要》（经部·第四册），吉林人民出版社1997年版

之，故汉王璜言九河之地已为海水所渐矣，张折亦言碣石在海中，郦道元力主其言，以为九河已同碣石苞沦于海。汉以来儒者知求九河于平地不知推求碣石有无以为之证，故前后异说竟无归宿，盖平地无九河，而强凿求之宜其支离不能得的。

碣石：今虽入海，仍在古冀州正东微北，则知九河、逆河未入海时，此山当为逆河口之碣石，甚明。冀北境贡赋西上九河者，自北而来，正傍碣石西，而山在其右，故曰夹右碣石入于河。

古逆河：在海口。河欲入海之地有碣石立其旁，碣石之外即是大海，故逆河虽以迎受九河，而名之曰河，其实将合于海矣，故一能受九也。

"冀州夹右碣石图"上注解：

冀之北贡自沽易涿辽水入海，而后西向以上大河，求达冀都，此时九河未垫于海，而碣石正在河口，于其溯河西上，则碣石在右，故曰夹右碣石。

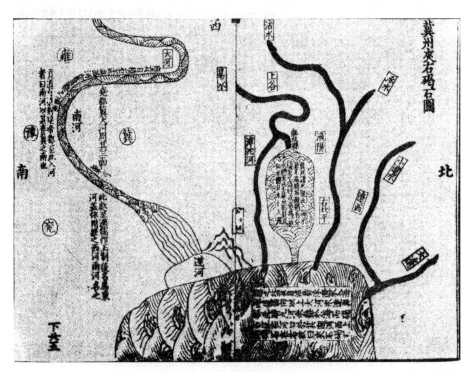

(宋)程大昌：《禹贡山川地理图·冀州夹右碣石图》

　　傅寅（1148—1215），字同叔，南宋义乌双林乡人。傅寅《禹贡说断》博引众说，断以己意，所绘地图，方位略与今同，双线为水，山峰象形符号，地名不加框或圈，基本为示意性质，各图有大量考证性文字，简扼而能代表傅氏解经之特点。傅寅经解亦注意古今地理沿革变迁与自然地理形势，与毛晃相当。稍不同者，傅氏绘图以明地理形势，而毛氏参考他图以为考证；傅氏引证以历代经典为据，而毛氏则旁及所谓怪诞之小说；傅氏博引诸说，方断以己意，为集解，而毛氏则或引诸学，或径出己说。二者经解之体例与方法，或可视作宋人解经两种不同途径之代表。

　　傅寅《禹贡说断》① 中附有"禹贡山川总会之图"和"九河既播同为逆河之图"。

　　总而言之，毛晃、傅寅《禹贡》经解乃依经文次序，逐句注解，依然在

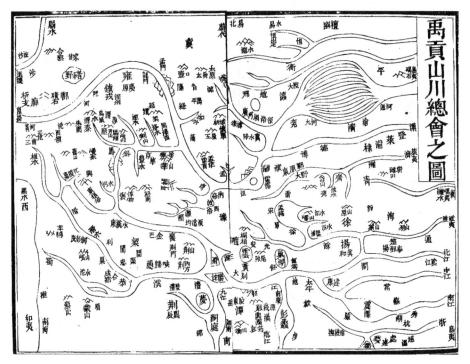

（宋）傅寅：《禹贡说断·禹贡山川总会之图》

---

　　① （宋）傅寅：《禹贡说断》（四卷），清嘉庆十三年墨海金壶本，见李勇先主编《禹贡集成》卷一。

《尚书》传注的范畴之内，真正打破经解传注的当属程大昌的《禹贡论》、《后论》、《禹贡山川地理图》。

　　乾隆戊子年镌《增订书经体注》（苕溪范紫先生原本、钱塘高介石先生纂辑），康熙癸巳仲春重镌《书经体注图考大全》（金谷园藏版）中，附有"禹贡总图"，图中将碣石、九河、逆河与北海放在了一起。

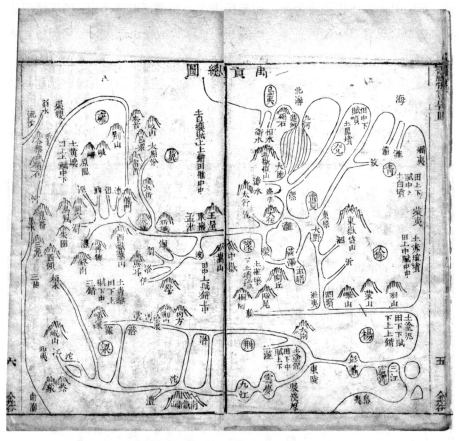

《书经体注图考大全·禹贡总图》，清光绪乙亥年成文信刊

　　为维护文颖"碣石在絫县"、郦道元"碣石沦于海"之说，曲成"河道自在章武，碣石尽在絫县"的脱节之失，宋儒在九河与碣石之间，臆度出一条长达500里的"逆河"来，以补其失。从宋儒绘制的《禹贡图》中可见一斑，而"冀州夹右碣石图"只标注"九河"，未有逆河，从图之地理、方位来看，碣石在渤海西岸是合理的。

昌黎碣石　无奈选择

金、元以来，人们以昌黎为西汉絫县，在求之海旁不得、求之水中又不得的情况下，遂向北求之，于昌黎县城北找到了海拔695米的仙人台，认为此就是碣石山（也有人以仙人台上之巨石天桥柱即碣石），以此来对应文颖"碣石在辽西絫县"之言，故《明一统志》说："碣石在昌黎县北二十里。"自此，昌黎县城北的"仙人台"开始改名"碣石山"，进入了正统史书记载之中，渐成主流。

清康熙五十年（1711）《永平府志》（卷四）载：

> 仙人台，碣石之顶也，在县治北十里。……顶石为天桥柱，人罕能至。史言秦始皇、汉武帝、魏文成、齐文宣、唐太宗并登此山，今无可见，惟石壁镌文五十四，为石花所封，仅存"明昌几年"五字，乃金章宗年号也。

清光绪五年（1879）《永平府志》（山川·昌黎）记载：

> 碣石山，县北八里。山顶有石，卓立如柱。相传为天桥柱，碣石之名以此。
>
> 案:《禹贡》"夹右碣石，入于河。"特以山之高大，足为标帜者言之，而非拘拘于地脉之连络。古今之断断以碣石争者，皆因"夹右入河"一语，以为九河必由碣石以入海也。于是有王横"沦入于海"、无可指实之妄说。地至五百里，岂能空阔无人？并无所属郡邑之名而漫言五百里乎？况碣石为大山，即沦入海，断不能灭顶，何至渺无踪迹，此为妄说无疑。而蔡氏直谓"九河入海之处有碣石，在其西北岸。"遂将执碣石以求九河，而九河茫然，而碣石愈杳然矣。夫兖、冀诸地本无此石，而援濡、易诸水中高不与河通之故，驳九河之必不能从平州之境入海，其说诚然。乃因九河之不于是入海，而遂舍平州以别求所谓碣石，则大误。夫《战国策》常山九门之碣石，人知其非矣。而《蔡氏集传》引《汉书·地理志》骊城县：大碣石山在其西南，而增之曰河口之地。骊城为平州之境，乌有所谓河口者哉？是盖未深绎夫"夹右"

之义也（蔡九峰生于南宋，南北分裂，何由知北方山川之形势？此不过以意为之）。善夫孔颖达之说曰："导河入海。"《传》云："入于渤海也。"计渤海北距碣石五百余里，《禹贡》行碣石，不得入于河也。盖远行通水之处，北尽冀州之境，然后南回入河而逆上，夹右者，夹行此山之右，则碣石非河口之地，审矣。夫夹者，腋也；右者，行其右也。经文自明。如九河口在碣石，则《禹贡》当言"至于碣石，入于河"，而岂得云"夹右"哉？盖海道浩淼，必望大山之特出者，以为标准。海过平州南，趋瀛、渤之间，地势坦衍，千百里中无大山可望，故必以碣石为准。而夹右以行，然后可南转，以入于河。然则碣石特取其远望可为标帜。不惟不必求之于河口，而并可不必求之于海旁矣。郦道元言："骊城枕海有石如甬道数十里，当山顶有大石如柱形。韦昭以为碣石。"其山则今临榆县之角山。然又谓"昔在河口海滨，沦入于海。"则亦未明"夹右"之义，为王横之说所误耳。《汉武帝纪》注文颖云："碣石在辽西絫县。"絫县，今之昌黎县也。其说盖与郦异，郦所云之碣石，诚在海旁，而骊城为今之抚宁县，角山实在其东南，显与《地理志》相歧。今昌黎县之仙台顶去海三十里，犹之海畔也。形如覆钟，通此顶皆石，高五里许，上有石柱数十丈，自海滨望之，矗矗高出，可为标帜，其地实当抚宁之西南。夫舆地之书《地理志》最为近古而可信。则断之以骊城之西南，而碣石定矣。乃《地理今释》以为求之抚宁、昌黎杳无碣石踪迹。其意遂以道元、文颖之说为不足据，而直以《肇域志》所言"山东海丰县有马谷山，即古碣石。"且援刘文伟之说，以为合于《禹贡》入河、入海之文，则尤为武断。独不思碣石果在山东，班氏岂指千里外杳不相及之山，以为右北平骊城之封域乎？推原其故，殆不知古之骊城，今析临榆而求之于今抚宁，而骊城无碣石矣。又不思海道标准之山不必附在海旁，而问诸海滨，而絫县无碣石矣。于是泥河口以求碣石，而"夹右"之义亦晦矣，岂不误哉！昔曹孟德之伐乌桓也，盖尝临碣石而赋诗，道里所经，夫岂海丰之马谷所可假者？而或者曰："操自无终回军，上徐无山，出卢龙塞，经白檀，历平冈，涉鲜卑庭，东指柳城。"柳城当今宁远州地。则所登临榆之所谓碣石山于理为近，固无由入关，而临昌黎之碣石也。然操之进军，本以故道之海滨洿下，故用田子春计，履险蹈虚，以乘乌桓之不意，至战胜而归。又何必不从故道方轨徐行，以就安而便粮运者？且操之将伐乌桓，预凿泉州渠以通运。胡三省以为泉州渠东至海阳县乐安亭南，与濡水合而入于海。乐安亭，今之乐亭县。然则由泉州渠而粮运，诚于行故道为便。操而归从故道，则昌黎之碣石相去至近，东临之以观沧海亦宜矣。史言秦始皇刻铭碣石门。今仙台顶下不远有小二山对峙，状如门，未知是否？

民国二十二年《昌黎县志》（地理志上·山阜）载：

碣石山踞县之北，前后左右蜿蜒数十里，名见于《禹贡》，其巍峨为畿东诸山冠，而尤以县正北十五里之仙台顶为最高峰，俯视冈峦起伏数十峰皆丘垤耳。

黄盛璋《碣石考辨》[①]说：

昌黎碣石说。这是明代才提出的，前后又有两说，方位不同。一是《大明一统志》说："碣石山在昌黎县西北二十里"，"离海三十里"，二是郭造卿说："今昌黎县北十里有仙人台，即碣石顶也"，他还把山顶"有一巨石形如瓮鼓"，疑即天桥柱，从而认为碣石未沦于海。前说不详明指何山，后说就是昌黎县城北之娘娘顶。明清《永平府志》《昌黎县志》都依郭说，肯定仙人台就是碣石山，所以尽管此说虽晚，但在近代却最占优势，现在一般地图上都标为碣石山。

王育民《碣石新辨》[②]说：

历史上，河北昌黎地区，汉时属絫县（今昌黎南），后汉省入临渝，魏为肥如县地，隋为卢龙县地，唐为石城县地。历代有关碣石的记载，也就随着县名的交互更替而不同。因此，乍看起来，对碣石的位置众说不一，而实际上却是指的同一个地方。直至金大定二十九年，因与关外广宁县重名相混，改广宁为昌黎县，《大明一统志》才有了"碣石山在昌黎县西北二十里"的记载，明人郭造卿也提出了"今昌黎县北十里有仙人台，即碣石顶也"之说。

---

① 黄盛璋：《碣石考辨》，《文史哲》1979 年第 6 期。
② 王育民：《碣石新辨》，载《中华文史论丛》，上海古籍出版社 1981 年第 4 期，第 237—246 页。

对于"昌黎碣石说",此前的学者,为何没有发现昌黎城北的这座高大耸立的"碣石"?此后的学者,包括胡渭、杨守敬等,又为何不认同呢?原因很简单,此山既不是海畔山,又与《禹贡》记载的"夹右碣石入于河"之文不符。这是在昌黎海旁、海水中实在找不到一座山或石,来对应史书中"碣石在骊县"的记载,而于昌黎境内、远离海岸的地方,随意拉来的替身,实属无奈之举。

碣石消亡　误于胡渭

清代,对古代地理名著的整理达到了空前的水平,在校勘、补注、疏理古籍方面,出现了许多集大成的著作,其中最具代表性的有胡渭《禹贡锥指》和杨守敬《水经注疏》。

胡渭(1633—1714),初名渭生,字朏明,号东樵,浙江德清人。曾与阎若璩等帮助徐乾学修《大清一统志》。参与《大清一统志》编纂时,得观天下郡国书,受益弘多,学问大进。后来,采撷众说,几乎搜集了前人研究《禹贡》的全部精华,历三年,撰成集大成、专门诠释《禹贡》的《禹贡锥指》一书。《禹贡锥指》成书于康熙三十六年(1697),奠定了胡渭在学术史上的地位,成为以后几百年研究《禹贡》和历史地理的必读书,影响深远。虽然其中个别论断经现代科学证明是错误的,但总的说来,如今还没有一部全面研究《禹贡》的著作可以代替它。

胡渭是文颖、郦道元的忠诚拥护者,程大昌的追随者。为维护文颖"碣石在骊县"、郦道元"碣石沦于海"的观点,曲成"河道自在章武,碣石尽在骊县"、"今其地无山以应之"的种种抵牾,胡渭在《禹贡锥指》中进行了大篇幅阐述,以广200里的"逆河"补河、海水流脱节之失,臆创"古无渤海"之说;以"土山戴石",解释"碣石"颓陷消亡之由;指责班固《汉书》纰缪;认为道元家近"碣石",以目验之,舍道元之所说将安据乎?批判了太行、恒山与碣石山势一致之意,昌黎碣石山、乐亭碣石、兖州碣石之谬,认为"逆河"广200里,后变海才谓之渤海。

胡渭《禹贡锥指》卷二:

冀州。冀东北与青分界处，于古传记无可考。今按：碣石以西之渤海，即禹时逆河也。自天津卫直沽口与兖分界，又北历宝坻县东南，折而东历丰润、滦州、乐亭、卢龙、昌黎县南。昌黎汉絫县，碣石在其地。渤海之北岸，皆冀域也。自此以东，则为大海，东历抚宁县东南，又东历山海关南，又东历辽东宁远、广宁等卫南，是为汉辽西郡地；又折而南历海州卫西南，曰梁房口关，大辽水于此入海。

岛夷皮服，夹右碣石入于河。渭按：《通典》：三韩在海岛之上，朝鲜之东南。盖即此所谓岛夷。骊成，后汉省。《说文》：碣，特立之石。东海有碣石山。据文颖、郦道元所说，当在直隶永平府昌黎县东南，今其地无山以应之。辩见《导山》。河谓逆河，凡九州岛之末，皆言贡道，然亦所以纪治水之成功。曰夹右碣石入于河，则破碣石纳河流之事，隐然可见矣。

马明衡云：行海者，有山可见，则望山为准。无山可见，则望星为准。意碣石是自海达河，所望以为准者。固无妨于远，岂必逼近肋腋之下，然后谓之右转屈之间邪。徐常吉云：海水漫天，入河之道难认。碣石高峙其右，由海望之，如在右掖也。此皆以碣石为离岸数十里之大山，故有是说。其实此山不过一海滨之巨石，负海当逆河之冲，故大禹凿之以纳河。自东北泛海而来者，帆拂其颠，舟横其足，真如在肋腋之间，非但遥望之以为准也。

《禹贡锥指》卷四：

海、岱惟青州。禹河自碣石入海，碣石以西为逆河，其东则海，无所谓勃海也，勃海之名，始见于《战国策》。苏秦说齐曰"北有勃海"是也。然春秋时已有之。《左传》：楚子使屈完谓齐桓公曰：君处北海。《韩非子》曰：齐景公与晏子游于少海。北海、少海即勃海也，亦作勃澥。《说文》云：海之别，又谓之裨海。《齐语》：渠弭于有渚。韦昭注云：渠弭，裨海是也。《列子》曰：勃海之东有大壑，名曰归墟。归墟者，尾闾也。应劭曰海之横出者曰勃。《史记》《索隐》：崔浩曰勃，旁跌也。旁跌出者，横在齐北，故《齐都赋》云"海旁出为勃"。汉置勃海郡，治浮阳县，即今河间府之沧州。又置北海郡，治营陵县，即今青州府之昌乐县。二郡皆在勃海之滨，一属兖，一属青也。《元和志》：莱州掖县北有渤海。则已入东莱郡界，过碣石二百余里矣。元人又以铁山为碣石。于钦《齐乘》曰：青州东北跨海。跨小海也。盖太行、恒岳北徼之山，循塞东入朝鲜。海限塞山，有此一曲。北自平州碣石，南至登州沙门岛，是为渤海之口，阔五百里，西入直沽，几千里焉。勃海初不若是之远。《经》云：夹右碣石入于河。又云：至于碣石入于海。《汉天文志》云：中国山川东北流，其维首在陇、蜀，尾没于勃海碣石。碣石者，河、海分界处也。碣石以西至直沽口，禹时为逆河，战国时谓之勃海，勃海止此耳。以铁山、沙门为勃海之口，而旅顺以东为大海，近志之失也。详见《导河》。

《禹贡锥指》卷十一上：

太行、恒山，至于碣石，入于海。《传》曰：此二山连延，东北接碣石而入沧海，《正义》曰：《地理志》云：太行山在河内山阳县西北。恒山在常山上曲阳县西北。太行去恒山太远，恒山去碣石又远，故云此二山连延，东北接碣石而入沧海也。渭按：山阳今为河南怀庆府之修武县，其故城在县西北。上曲阳今为直隶真定府定州之曲阳县，其故城在县西。《地理志》，河南野王县西北有太行山。山阳县北有东太行山。野王今为河内县，其故城即今怀庆府治。《孔疏》引山阳而遗野王，非也。恒山北岳在今曲阳县西北。碣石见《冀州》。海在碣石之东，逾河为禹渡河，则入海亦禹涉海也。

《汉志》右北平骊成县下云：大揭石山在县西南，莽曰揭石。辽西郡絫县下云：有揭石水南入官。不言有山也。及文颖注《武纪》曰：碣石在辽西絫县。絫县今罢入临渝，此石著海旁。颖字叔良，南阳人，为荆州从事，即王粲赠诗送聘刘璋者也。谓此山临渝海旁之孤石，与班固异自颖始。《水经》有魏、晋间人所附益，故亦云碣石在临渝。《后汉志》无骊成，刘昭补注遂于临渝言碣石。晋省临渝入肥如，故《后魏志》碣石在肥如。隋省肥如入新昌，寻又改新昌曰卢龙。故《隋志》碣石在卢龙。自后汉迄隋，言此山之所在曰絫县、曰临渝、曰肥如、曰卢龙，县名四变，而山则一，要皆在今昌黎县东、絫县故城之南也。

至《括地志》始云碣石在卢龙县南二十三里，与文颖异。《唐志》及《寰宇记》则云石城县有碣石，而欧阳忞《舆地广记》曰石城故骊成也。易被据之以释《禹贡》。按石城有四：一在今大宁废卫界，汉旧县，属右北平；一在今永平府西北，后魏置，属建德郡，此二县皆不濒海；一在今滦州南，唐置，属平州；一即今抚宁县，唐临渝改曰石城，亦属平州，此二县皆濒海。忞所称石城故骊成者，今之抚宁乎，抑滦州之南境乎？抚宁本汉临渝，为辽西部之东偏，势不得越令支、絫县、肥如、海阳，而属右北平也。骊成必不在此地。尝试案图而索之，今滦州所领乐亭县，有古城在西南三十里，似即汉骊成治。忞所称石城，盖指此地；非临渝更名之石城，今为抚宁者也。然乐亭县境平衍无山，即以州南濒海之地为骊成地，而亦无山，唯县西南四十里有祥云、李家、桑坨三岛，迫近海滨，岂即所谓大碣石舆！《通典》平州卢龙县下云：有碣石山，碣然而立在海旁，故名之。仍用文颖说。金、元以来人皆知昌黎为絫县，而碣石在焉。求之海旁不得，求之水中又不得，乃更求之向北之地，故《明一统志》云碣石在昌黎县北二十里，或又以仙人台上之巨石为天桥柱，盖皆依文颖言之。

然其山去海八九十里，殊违夹右入河之义，不可从也。

欲辨碣石之所在，莫若以今所谓滦河者证之。滦河即濡水也。《汉志》：辽西肥如县，濡水南入海阳。师古曰：濡音乃官反，读若难，后讹为滦，以声相近也。辽因置滦州，世遂目其水曰滦河，不复知为古之濡水矣。今碣石虽无其迹，而滦河仍自迁安、卢龙、滦州至乐亭东南入海，与《郦注》濡水入海之道无异，则碣石旧在滦口之东可知矣。赞水、卑耳之溪沦于海中者，当亦在乐亭县西南也。

山有名同而系之以大小者，如大别、小别、太华、少华、太室、少室之类是也。骊成之山称大碣石，则必有小碣石在，盖即絫县海旁之石矣。郦道元既宗文颖以为碣石在絫县，又引骊成大碣石以证之，若以其山为跨二县之境者也。今按濡水从塞外来，东南迳令支故城东，又南迳孤竹城西，又东南迳牧城西，分为二水：北水枝出，世谓之小濡水，东迳乐安亭北，东南入海；濡水东南流，迳乐安亭南，东与新河故渎合，又东南至絫县碣石山，而南入于海。乐安亭者，盖即今乐亭县东北之乐安故城也。絫县在其南、骊城在其西。据濡水历亭南而东，又东南至碣石。则碣石在亭之东南，与骊成西南之大碣石相去阔绝，安得连为一山？郭璞注《山海经》，曰碣石在临渝，或云在骊成，盖两存之。愚谓在临渝者为是。或云：《汉志》其可违乎？曰：班氏所言，间有纰缪。西县之嶓冢，氐道之养水，武都之东汉水，其尤甚者也。他如安丰之大别，安陆之陪尾，寻阳之九江，居延之流沙，后人皆以为非而不从，岂独一骊成之碣石哉！嶓冢、汉水承误数百年，至魏收而始正，世皆遵用其说。文颖以建安时，正班固之碣石；犹王横以新莽时，正史、迁之禹河也。不远而复，理无可疑。横说长于迁，固即采之。颖说长于固，今奚不可用邪！

　　《山海经》曰：碣石之山，绳水出焉，西流注于河。此骊成之大碣石也，何以知之？絫县之碣石，在濡水之东，绳水苟出其山，势不得越濡水而西注于河也。又有二碣石。《史记·索隐》引《太康地志》云：乐浪遂城县有碣石，长城所起。《通典》云：秦筑长城起自碣石，在今高丽旧界。非卢龙之碣石。《北齐·文宣帝纪》：天保四年，大破契丹于青山，还至营州，登碣石山，临沧海。《唐志》：营州柳城县北接契丹，有东北镇医巫闾祠，又东有碣石山。此即文宣之所登，与前在遂城者，皆非《禹贡》之碣石也。刘昭注补《郡国志》言常山九门县有碣石山。按《孔疏》引郑说云：《战国策》碣石山在九门县。盖别为碣石，不与此同。今验九门无此山也。至若燕昭王所筑之碣石宫以事驺衍者，《史记正义》云在幽州蓟县西三十里宁台之东。旁近无此山，特取为宫名耳。凡言九门苏县有碣石山者皆妄也。

　　《史记》：秦始皇三十二年之碣石，使燕人卢生求羡门、高誓，刻碣石门。二世元年，东行郡县到碣石。《汉书》：武帝元封元年，东巡海上，至碣石。此海滨之山斗入海者。故成帝时贾让言禹之治水，凿龙门，辟伊阙，析底柱，破碣石。凡山陵当路者毁之。盖伊阙类龙门，夹峙两岸，水出其间者也。碣石类底柱，横绝中流，当河之冲者也。析之、破之，不容已矣。但此石犹著海旁，不知何年苞沦于海。《水经》曰：

碣石山在辽西临渝县南水中。《郦注》云：大禹凿其石，右夹而纳河。秦始皇、汉武帝皆尝登之，海水西侵，岁月逾甚，而苞其山，故言口水中矣。又云：汉司空掾王璜言，往昔天尝连北风，海水溢，西南出，侵数百里。故张君云碣石在海中，盖沦于海水也。

丁晏曰：《锥指》于碣石下谓《后汉志》《禹贡正义》并引张氏《地理记》，张氏不知其名，疑为张揖。案《尔雅》《释鸟》"鸟鼠同穴"《郭注》引张氏《地理记》云"不为牝牡"。《水经》《禹贡篇》注称张晏言"不相为牝牡"。则张氏即张晏也。晏注《汉书音释》，小颜注引之，东樵疑为张揖，亦非也。

齐辽旷，分置营州。今城届海滨，海水北侵，城垂沦者半。王璜之言，信而有征。碣石入海，非无证矣。又云：濡水自乐安亭南，与新河故渎合。又东南至絫碣石山。文颖曰：碣石在辽西絫县。絫县并属临渝。《地理志》曰：大碣石山在右北平骊成县西南，王莽改曰碣石也。汉武帝亦尝登之，以望巨海，而勒其石于此。今枕海有石，如甬道数十里，当山顶有大石，如柱形，往往而见立于巨海之中，潮水大至。及潮波退，不动不没，不知深浅，世名之天桥柱也。状若人造，要亦非人力所就。韦昭亦指此为碣石，濡水于此南入海。又按《管子》齐桓公征孤竹，至卑耳之溪，涉赞水，今亦不知所在。昔在汉世，海水波襄，吞食地广，当同碣石苞沦洪波也。郦氏三言碣石沦于海，有其故、有其时、有其证、有其状，凿凿可据如此。而世或诋为妄谈，以自伸其无稽之说，不亦慎俱乎？曹孟德诗曰：东临碣石，以观沧海，水何澹澹，山岛竦峙。建安十二年征乌桓过此而作。后魏文成帝太安四年，东巡登碣石山，望沧海，改山名乐游。盖此山虽沦于海，而去北岸不远，犹可扬帆揽胜。车驾东巡，大军出塞者，率皆登山观海，以修故事。道元家郦亭。距临渝才五六百里。所谓碣石苞沦洪波者，乃以目验知之。而引王璜以为证，岂若程泰之生于南宋，目不睹溟渤，而徒凭古人之一言，以恣其臆断者哉！世因程氏之妄，而并疑郦氏之真，亦惑矣。所可恨者，此山不知至何时复遭荡灭。今昌黎县南海中无一山，自抚宁以东更二三百里海中亦无一山。此郦氏之说，所以不信于今也。按道元卒于魏孝昌二年，岁在丙午，下距齐文宣登碣石之岁天保四年癸酉，凡二十八年，而文宣所登乃在营州，前此营州未闻有碣石。疑是时平州之碣石已亡，故假营州临海之一山为碣石而登之，以修故事。不然岂有舍此登彼之理，自是以后登碣石者无闻焉。隋炀帝大业八年，亲征高丽，三月渡辽水，七月班师，九月至东都，而不闻登碣石。唐太宗贞观十九年，亲征高丽，大破之。九月班师，十月丙午次营州，而不登碣石，盖以其山非真，而高洋之故事不足修耳。丙辰入临渝关，戊午次汉武台，刻石纪功。而不刻碣石，则时无此山可知矣。妄意推测碣石之亡，当在魏、齐之世，丙午至癸酉二十八年间也。宋儒不加考核，而沿袭旧闻，谓在平州南海中，去岸五百余里。岂知曩立于巨海之中者，后并化为波涛也哉。近世有郭造卿著《碣石丛谈》，以昌黎县北十里仙人台当之，曰台即碣石之顶也，绝壁万仞，上凌霄汉，其台崇广，顶有巨石，为天桥柱，人莫能至。夫天桥柱者，郦氏明言在海中，其又可移之平陆邪！剑去远矣，而锲舟以求之，非大愚不至此也。

客有难余者曰：自剖判以来，碣石不知历几何年，何以一旦忽沦于海中？郦氏之言殆不可信。余曰：凡物之成毁，各有气数，山川亦然。如谓历年之多者，终古不毁，则岐山何以忽崩于周幽之三年，梁山何以忽崩于鲁成之五年，岷山何以忽崩于汉成之元延乎！仙传有桑田沧海之说，人皆知其诞。然高岸为谷，深谷为陵，诗人不我欺也。尝以近事验之，小孤山本连北岸宿松县，明成化中，江流冲断，独立江心，此与碣石之沦海何异。郦氏亲见营州之城垂沦者半，因知渤海之北岸多为水所吞食，致碣石苞沦，斯实录也。又何疑焉。

难者曰：诚如是，则史何以不书？曰：郦不云乎，岁月逾甚，而苞其山，盖非一朝一夕之故，人莫得而识之，郡不以上闻，故不书也。且史所不载，而见于他书者多矣。其可尽以为妄乎！

难者曰：是则然矣，谓其后复遭荡灭，事无可征，理亦难信。曰：地理潜，变化无方，不可以常情测也。山有土戴石者，有石戴土者，碣石安知非土戴石者乎！初在平地，盘基牢固，及其沦于海也，洪涛飓风，四面撞击，山根之土，日渐搜空，一旦颓陷，理之所有。古语云：水非石凿而能入石。况土也哉。

难者又曰：河包底柱，至今无恙。它如瞿唐之滟滪，京口之金山，皆特立江心，屹然不动，即海中岛屿，亦未闻有忽遭荡灭者，何独碣石有此大变。曰：山体当有不同，本在水中者，必全体皆石，深入厚地，牢不可拔，故历久而存。本在平地者，或土上戴石，山根浮脆，苍沦之后，海水日夜漱啮，下空上重，倾仆海底，此碣石所以独异于诸山也。

难者又曰：山有朽壤则崩，一隅之变耳，何至全体皆没。曰：如梁、岐等山在平地，绵亘数十里，故虽有所崩，而全体无伤。碣石孤立海滨，与梁、岐等山大小悬绝，又为海水所剥，山根瘦削，一倾则俱倾矣，何留余之有？金吉甫云：大抵天地之间，山陵土石，自有消长。顾其消长之数甚长，而人之年寿有限，则不及见其消长，遂以为古今有定形耳。朝菌不知晦朔，夏虫不可语冰，其斯之谓矣。碣石本在临渝海中，昔有而今亡，正所谓土石消长之变也。人不信其为崩，亦朝菌夏虫之见耳。

言有似是而非者，为害最甚。如《经》云"太行、恒山，至于碣石"，说者谓碣石与二山并举，则必高大相敌，故以昌黎县北之山为碣石，而其实不然。《经》云"底柱、析城，至于王屋"，今底柱见在，其能与析城、王屋争雄乎？观底柱则碣石可知矣。不信海中之碣石，而以昌黎县北之山为碣石，则亦将不信河中之底柱，而以阳城县南之山为底柱。然底无异论，而碣石多枝辞，何也？一在一亡故也。善言《禹贡》者，当凭古记以推寻，不可以在亡为疑信。海中之碣石，《水经注》具有明文。若昌黎县北离海数十里之碣石，轨言之而孰传之邪？苏秦说燕曰南有碣石。国人必皆识其处，秦之灭燕未久也，始皇岂误刻？汉之去秦亦未久也，武帝岂误游？曹孟德、魏文成相望在数百年间也，岂皆误登？道元北人，家又近碣石，其本朝故事亦必熟谙，岂误认海中一山为先帝之所幸而改名。如其误也，必别有一处，为秦、汉诸君之古迹，号曰碣石者，而它书绝无闻焉，舍道元之所说将安据乎？世之言《禹贡》者，抱挛拘之识，废昭旷之观，谓碣石无亡理，而必求见在之山以实之。斥古记为荒唐，奉近志为典要，吾末如之何也已矣。

乐亭西南三岛，迫近海滨，指为《禹贡》之碣石，亦无不可，而吾终主文颖，何也？盖古时勃海北岸之地，未为水所吞食，则此岛去海尚远，不当河流之冲，禹亦无所用其破，故惟絫县海旁之石，可以当之。郦云：汉世波襄，吞食地广，由今以观，颖时石犹著海旁，而张君者始言在海中，苞沦之事，恐又出汉后也。世之言碣石者，不信吞岸苞山之说，则求之乐亭西南，犹未为大失。若昌黎县北之山，离海八九十里，既违孟坚，又背叔良，而且与"夹右入河"之义不合，失之远矣。金吉甫以在高丽者为左碣石，而沙门岛对岸之铁山，当勃海之口者，为《禹贡》之右碣石。此地非骊成，亦非絫县，西距昌黎四五百里，传记无征，其何以取信于天下乎！

碣石，冀州山，后世有因黄河改道，而移之于兖域者，元王充耘、明刘世伟之说是也。充耘著《读书管见》，言今合口御河入海处，北岸有石山，耸立状如小孤山，北俗呼为碣石，古人尝镌铭其上，或云此即古黄河道，谓之逆河，而自海道入河者，碣石亦正在右转屈之间，与《经》文吻合。渭按：御河即卫河，亦名永济渠、今河间府青县南二里有合口镇，为漳、卫合流处。其地有中山，山岩耸峙，悬瀑数十丈，俗呼为高土冈，岂即所谓石山耸立，状如小孤者邪。盖宋时商胡北流，合永济渠，至乾宁军入海。故金、元之世，流为妄谈，王氏采入《经》解，无识甚矣。世伟阳信人，著论言海丰县北六十里有马谷山，一名大山，高三里，周六七里，疑即古之碣石，为河入海处。渭按：《水经注》：笃马河东北迳阳信县故城南，又东北入海。阳信故城在今海丰县界。《县志》云：钩盘河北派，经县西北三十里，又东北经马谷山前入海。盖即古笃马河，亦名陷河者。宋二股河下流合笃马河，经此山入海，非禹迹也，安得指马谷为碣石。刘氏凿空无据，或乃赏其新奇而笔之书，亦独何欤！

"入于海"，《正义》云：言山傍之水皆入海，山不入海也。渭按：碣石之西为逆河，其东则海，禹导山至此，须浮海观其形势，此句当与

"逾于河"作一例看。言山入海固非，言山傍之水入海，则尤非。禹痛先人之功不成，而劳身焦思，八年于外，险阻艰难，备尝之矣。何独于海惮风涛之危，而不敢一涉邪！

《传》云：百川经此众山，禹皆治之，不可胜名，故以山言之。《正义》云：谓漳、潞、汾、涑在壶口、雷首、太行经底柱、析城。济出王屋，淇近太行，恒、卫、滹沱、滱、易近恒山、碣石之等也。渭按：怀襄之时，平地尽为流潦，故必升高以望，审其所当治者。禹实随山以行，非百川不可胜名，而姑举山以表之也。此义施之于壶口、梁、岐、蒙、羽之类则可耳。且自导岍以至碣石，皆为治河张本，漳、潞诸川，悉归于河。言河则诸川在其中矣。疏举细而遗大，殊失要领。

《禹贡锥指》卷十三中之下：

同为逆河，入于海。传曰：同合为一大河，名逆河，而入于渤海。《正义》曰：郑玄云：下尾合名为逆河，言相向迎受。王肃云：同逆一大河，纳之于海。其意与孔同。苏氏曰：逆河者，既分为九，又合为一，以一迎八，而入于海，即渤海也。薛氏曰：河入海处，旧在平州石城县，东望碣石，其后大风逆河，皆渐于海，旧道堙矣。程氏曰：逆河，世之谓渤海者也。逆河之地，比九河又特洼下，故九水倾注焉。虽其两旁当有涯岸，其实已与海水相合，不止望洋向若而已。黄氏曰：逆河、碣石，今皆沦于海。渭按：《经》所谓海乃东海，在碣石之东，而说者以为渤海，由不知渤海故逆河，后为海所渐耳。此先儒之通患，唯子瞻、士龙、泰之、文叔能辨之。石城县，唐初析平州卢龙县地置，其故城在今直隶永平府滦州南三十里。

碣石之东为沧溟，《经》之所谓海也。其西则逆河，后世谓之渤海。《河渠书》曰：同为逆河，入于渤海。盖汉人以渤海为海，而不知其为逆河，遂谓逆河在南皮、浮阳。河自章武入海，不至碣石矣。千年积谬，至苏、薛、程、黄四公而一正，蔡氏不收，何以为《集传》。

王横曰：往者天尝连雨，东北风，海水溢西南出，浸数百里，九河之地已为海所渐矣。九河但堙塞耳，而横云为海所渐，世莫不痛诋之。百诗独为余言曰：九河若作逆河，则未为不是。余颔之而未有以见其诚然，百诗亦更无所发明也。及读薛氏语，始知古人先得我心，益叹百诗之敏悟。盖横虽博闻强记，而讨论不精，临文多误。如秦决河沟，以灌大梁。河沟者，鸿沟也。而横误以为大河，西山不言黎阳，亦其疏漏处。逆讹为九，即此可证也。高忠宪有言，万世之心目，固有渐推而愈明，论久而后定，信夫！

渤海之名，古未尝有也。《韩非子》云：齐景公与晏子游于少海，登柏寝之台。少海即渤海，景公时已有之。不但此也，《左传》：僖四年，楚子使言于齐侯曰：君处北海。北海亦即渤海，则桓公时已有之。逆河南岸之地为海所渐，当在其前。王横云往者，犹言昔者，其时之远近不可知，而必非谓汉世，网罗旧闻，自有所据。议者以此事不见于正史，疑横言为妄。吾不知其所谓正史者，秦、汉之史邪？抑古史邪？如谓古史，则诸侯史记皆为秦所烧，世无由见，安知其书与不书？如谓秦、汉之史，则海水西南出数百里，《汉书·沟洫志》固已明载之矣。岂必大书特书曰某年某月，而后为可信乎？且变异之事，正史无文而见于它书者多有，历阳之国没为湖，见《淮南子》；邛都县陷为邛池，长水县沦为谷水，海盐县沦为柘湖，武原县沦为当湖，并见《水经注》。而正史不书，可尽以其言为妄邪？扬州旧有海门县，南对太仓州，其海口即江尾也。东北境为海水所侵，吞食浸广，西南出数十里。本朝康熙初，县治遂沦于海，今又过其西四十里矣。风涛撞击，其声如大炮，日夜不绝，每沙岸将崩，必先有龟坼之痕，居人指以为候，辄迁去，而县遂废。计三十余年中，四十里之地，化为海水，过此以往三四百年，安知此江尾者，不与渤海同其深广邪！天下事固有不可以常理论者，此类是也。

许商云：九河自鬲以北至徒骇间，相去二百余里。则其同为逆河也，虽大当亦不及三百里，而今渤海南北相距有五百里之远，则两岸之地，其为海水所渐者多矣。郦道元云：昔燕、齐辽旷，分置营州，今城届海滨，海水北侵，城垂沦者半。王横之言，信而有征，碣石入海，非无证矣。此不过借营州以证碣石，而实与横所言之事不同。横事在南岸，故曰：天尝连雨，东北风，海水溢西南出，浸数百里。事当在春秋之前，是逆河变为渤海之由也。道元所言在北岸，是碣石沦于海中之由，事出汉后，故又曰：汉世波襄，吞食地广，赞水卑耳之溪，当同碣石苞沦洪波也。自碣石以西北岸所侵者，汉骊成、索县地，今为滦州、乐亭、昌黎地，其所吞食南北裁数十里；南岸所渐者，汉漯沃、琅槐、广饶、钜定、寿光、平寿界，今为沾化、利津、蒲台、乐安、寿光、潍县界，其所溢出南北殆二百余里。古之逆河，北起宝坻南界，历静海、沧州、盐山、海丰及沾化北界而止耳。窃意禹时济、漯、潍、淄入海之口，去今入海处尚远也。

九河之所以入海而无壅者，赖逆河之复合为一也。逆河既渐于海，则八枝之亡无日矣。《淮南水利考》云：海水潮汐日二至，每入也以二时，其山也亦二时。二时之出系湖水，二时之入则海水。海水遏湖水不得流者，每日有八时，黄沙宁无停乎？此最精于物理者，然此犹就清水言之耳。若黄河则一石水而六斗泥，海之所入者沙，河之所出者亦沙也。以沙遇沙，如胶之投漆，唯受以广二百余里之逆河，踊跃翻腾而入海，而又有碣石以当其冲，则潮汐不能逾而西，内沙不停，外沙不入，此禹河所以千载无患也。自逆河变为渤海，而潮汐直抵九河之口，九河势分力弱，不足以攻沙，外沙日至，内沙不出，徒骇犹能相敌，八枝立就堙废矣。汉人不知此义，而唯以九河为急，纵令穿为四五，亦不旋踵而淤耳。盖逆河既沦，则河不宜分而宜合，合则行疾而湍悍，力能冲刷泥沙。故周定王时，上流虽徙，而章武入海之道自若。宋北流入海之道唯一独流口，阔六七百步，深八九丈，趋海之势甚迅，其明效也。

臣瓒曰：《禹贡》：夹右碣石入于河。则河入海乃在碣石。武帝元光三年，河徙，从东郡更注勃海。禹时不注也。今按：《武帝纪》：元光三年春，河水徙从顿丘东南，句。流入勃海。盖河夺漯川之道，至千乘入于勃海。以上句文势不可但已，故用此四字足之，非河先不入渤海；至元光徙流而始入渤海也。寻瓒之意，盖以《禹贡》九河同为逆河，自碣石入于海，故云禹时不注，而不知汉人所谓勃海者，其北一半即逆河之故道也。河岂能越渤海而至碣石哉？总之，渤海甚广，占汉辽西、右北平、渤海、千乘、北海、东莱六郡之境，跨古冀、兖、青三州之界，自禹时以迄唐、宋，河之所入皆渤海也，济、漯、潍、淄之所入亦勃海也。但禹河、汉河及宋之北流，俱自章武入海，碣石正当其冲，而东汉以后之河及济、漯、潍、淄诸水，其入海处，则远在碣石之西南耳。

《冀州》云：夹右碣石入于河。则逆河在碣石之西可知。《导山》云：至于碣石入于海。则海在碣石之东又可知矣。《导河》不言碣石，以行至逆河而止耳，非省文也。碣石者，河海之限；勃海者，逆河之变也。自《汉志》云"河至章武入海"，而人不复知有逆河、碣石在章武之东矣。然臣瓒云：禹时河入海在碣石。郦道元云：河之入海旧在碣石，又云：大禹凿其石，右夹而纳河。是犹据《经》而不从《志》也。自唐人指卢龙县南二十三里之山为碣石，则碣石与河不相值，而瓒、道元之说弃若土梗矣。

黄文叔云：禹河自碣石入海。此不言已见也，盖以为省文互相备。今按禹导山至碣石，故言碣石，导河抵逆河，知其下已治不复东，故不言碣石，皆纪实，非故为详略也。然则中间相去不太辽阔乎？曰奚有于是。碣石距九河之尾裁三百里耳，江、汉之汇彭蠡，济之会汶，淮之会泗、沂，去海甚远，三危之去南海，更不知几千里，皆据身所及而止，不复言海口之地，何独疑于此章。

章武，汉属渤海郡，郡治浮阳，即今之沧州。故《孔疏》云：郡北距碣石五百余里。河入海处，远在碣石之南，禹行碣石不得入河。盖远行通水之处，北尽冀州之境，然后南回入河而逆上也。近世学者皆宗其说，斥瓒、道元之谬，是何也。碣石在卢龙县南二十三里，离海七八十里，而河欲至此入海，则必自今天津北行，历宝坻界，转东自丰润迳滦州废石城县南，又东过卢龙县南，而南入于海。取道迂远，地势益高，无是理也。故据《导河》无碣石之文，以为河不至碣石入海。是殆未有以苏、薛、程、黄之解示之者也。诚知勃海即逆河，而碣石负海，当逆河之冲，则纷纷诸说，不攻而自破矣。《汉志》云：河自羌中积石山，东北至章武入海，过郡十六，行九千四百里。以《经》言之，河乃自章武东出为逆河，迳骊成至絫县碣石山入海，又过郡二，行三百余里也。自禹告成之年，下逮东周齐桓公之世，九河亡其八枝，后数十岁为定王五年己未，当鲁宣公之七年，而河遂东徙，凡一千六百六十余岁。

《地理志》：渤海郡，莽曰迎河；南皮县，莽曰迎河亭。《沟洫志》亦云：同为迎河，入于渤海。迎河即逆河。说者谓莽多忌讳，改"逆"曰"迎"也。《寰宇记》云：迎河在清池县西南二十三里，从南皮来。清池即浮阳。余初不解逆河何以在此地，求之数月，始得其故。《水经》《淇水注》云：清河自东光县西，又东北，右会大河故渎，又东北迳南皮县故城西，又北迳浮阳县故城西，又东北，滹沱别渎注焉。《漳水注》云：衡漳自成平县南，又东，左会滹沱别河故渎，又东北入清河，谓之合口。盖莽时大河南徙，清河自东光县西行其故渎，历南皮、浮阳至成平与漳水合。《水经》东汉时作，故指为清河，实西汉大河之经流也。汉人以九河播自元城之沙丘堰，东北至南皮、浮阳县西，仍归大河，是谓"同为逆河"云尔。不知禹河自成平东迳二县之北，未尝由东光而北历其西，九河下尾东北出抵高城、柳县、章武之东，同合为一大河以入海，南北广二百余里，东西长三百里，占地甚多，非逆河纵而九河横，东流至二县之西，为逆河所截，而各注之也。总之，大伾以东，汉人不详禹河之所经，而以北渎为禹河。禹河一差，则降水、大陆、九河、逆河无所不差矣。逆河以《班志》言之，似为横绝之河，而郑、王以为迎受之河，其义较长。然终不能指言逆河在某地，至东坡始云逆河即渤海，薛士龙又因王横之言，更定其义云。逆河皆渐于海，而后经旨乃大明，与郑、王之义亦甚协也。

河之播而为九也，势至此不得不分，非禹有意分之也。其同为逆河也，势至此不得不合，非禹有意合之也。所以名逆者，郑义尽之。自汉人以渤海为海，而逆河无所容其地，唐人亦不明逆河在何处。徐坚《初学记》曰：逆，迎也。言海口有朝夕潮以迎河水。此义最优。至宋而谬论迭出，贻惑滋甚矣。林氏曰：王介甫谓"逆河"者，逆设之河，非并时分流也。其意以"同为逆河"句，释上文"播为九河"之义，如此则逆河即是九河矣。罗泌曰：圣人于冀、兖间，逆设为河，以防暴至之患。未至则不妨民耕，既至则不堕民舍。程必曰：禹因地之形而逆设为九河，凡河之道，则不建都邑，不为聚落，不耕不牧，故谓之逆河。董鼎曰：《格言》云：逆河是开渠通海，以泄河之溢，秋冬则涸，春夏则泄。此皆踵介甫之谬，以九河为逆河，而缘餙其辞也。陈师道曰：逆河者，为潮水所逆行千余里。边海又有潮河，自西山来，经塘泊。按潮河一名界河，在今静海县西北，受滹沱、易、巨马三水，合御河东至独流口入海。此河在直沽口西，亦不得指为逆河。明丘文庄浚又言：当于直沽入海之后，依《禹贡》逆河法，截断河流，横开长河一带，收其流而分其水。以逆河为横绝之河，承西汉之误。以上诸说，总由不知渤海即逆河，而求逆河于渤海之外，遂愈求愈远耳。

胡渭认为凡异于文颖、郦道元之说的都是错误的，并加以指责，包括著《汉书》的班固。班固《汉书》中于右北平郡骊成县记载的是"大揭石"，于辽西郡絫县记载的是"揭石水"，文颖不知"揭石"与"碣石"之别，注《汉书》时，错认碣石在辽西絫县，胡渭不指责文颖篡改之谬误，反而认为颖说长于固，批评班固纰缪。

按文颖、郦道元的观点，"碣石在絫县、河道在章武"，即碣石山在河北昌黎，黄河入海口在今天津附近，这与《禹贡》"岛夷皮服，夹右碣石，入于河"及"河之入海，旧在碣石"之说不符。"河道"与"碣石"一个在渤海北岸，一个在渤海西岸，之间出现脱节，有好几百里断档。为解决脱节问题，宋代诸儒尽情想象，臆造"碣石与九河之间为逆河"说，以补其失；而胡渭更是极尽想象，发展程大昌"逆河之地，比九河又特洼下……其实已与海合……惟其未为海也，故未可名之以海……而它河不能与之比大，故本其实而命之曰逆河"之意，而臆创出"古无渤海"，逆河为海所渐的谬论。从其绘制的地图上，也可看出黄河及九河入海口就在渤海西岸，但他奉文颖、郦道元的观点为不疑，不信九河末梢的无棣马谷山（大山）为碣石，将逆河绘于渤海之中，竟然说"古无渤海"。

胡渭提出"古无渤海"的奇谈怪论，认为禹时没有渤海，何时才有的渤海呢？是在春秋前，逆河为海所渐，才成为海，至战国时才有的"勃海"之名。

郦道元将"碣石沦于海",也给后来诸儒带来了疑问,汉时"碣石"已"苞沦洪波",那汉末魏武帝曹操登临的"碣石"又在何处?后世学者面对如此重大矛盾,不是从根源上找问题,而是继续迷信文颖、郦道元之说,还为郦道元打"圆场"。胡渭言:"郦云:汉世波襄,吞食地广,由今以观,颖时石犹著海旁,而张君者始言在海中,苞沦之事,恐又出汉后也。""妄意推测碣石之亡,当在魏、齐之世,丙午至癸酉二十八年间也。宋儒不加考核,而沿袭旧闻,谓在平州南海中,去岸五百余里。岂知曩立于巨海之中者,后并化为波涛也哉。"

胡渭说碣石苞沦之事是在汉以后,郦道元家郦亭,距临渝才五六百里,家近碣石,所谓沦于海乃目验知之,岂会误认一山为先帝之所幸而改名。并自称"妄意推测"当在北魏郦道元生活的魏、齐之时,以此弥补郦道元"汉时碣石沦海"造成的东汉末曹操无山可登之失。胡渭为"维护"和附会郦道元的"沦海说",只好篡改和延后碣石沦海的年代了。延后到什么时间了呢?北魏孝昌二年(526)至北齐天保四年(553)之间,原因是齐文宣帝于天保四年登临了营州碣石,这时平州碣石已沦于海了,"不然岂有舍此登彼之理,自是以后登碣石无闻焉"。

胡渭为维护文颖"今其地无山以应之"的种种抵牾,还说:"余初不解逆河何以在此地,求之数月,始得其故。""禹河自碣石入海,碣石以西为逆河,其东则海,无所谓勃海也。"又以"土山戴石"解释碣石颓陷消亡之由,并来了五大段自欺欺人的自问自答。

一代名儒胡渭,说郦道元是北魏人,家近碣石,其本朝的故事亦必熟谙,《水经注》记海中有碣石,有什么可怀疑的,为何郦道元其后的人看不到了?这是因为碣石是上石下土之山,入海后,土流失了,就平了。地理变化无方,不可以常情测也。山有土戴石者,有石戴土者,碣石安知非土戴石者乎!初在平地,盘基牢固,及其沦于海也,洪涛飓风,四面撞击,山根之土,日渐搜空,一旦颓陷,理之所有。对碣石为何这么多说辞,这是因为碣石没有了,看不见了。既然碣石消失了,碣石之说不相信郦道元所说还能相信谁呢?

胡渭认为班固《汉书》骊成大碣石山误作"揭",将郦道元"碣石沦于海"

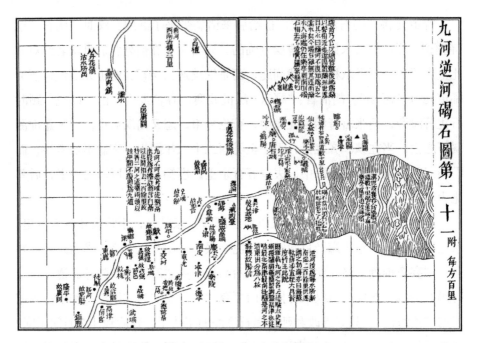

（清）胡渭：《禹贡锥指·九河逆河碣石图》

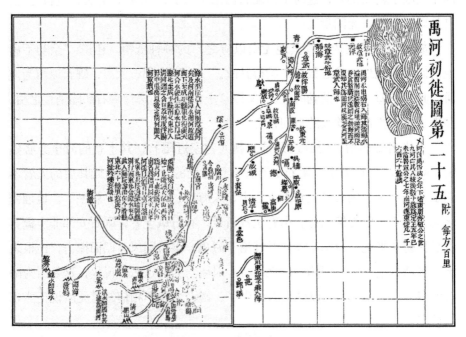

（清）胡渭：《禹贡锥指·禹河初徙图》

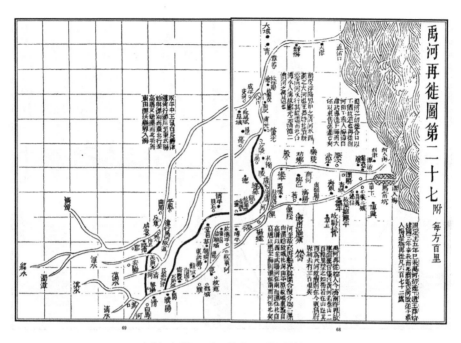

（清）胡渭：《禹贡锥指·禹河再徙图》

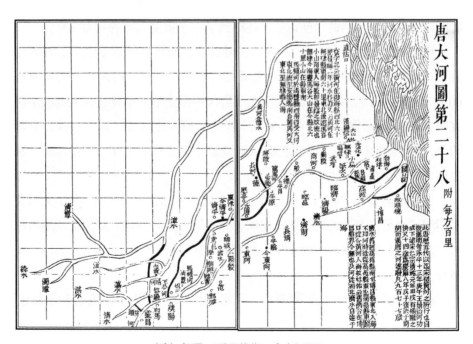

（清）胡渭：《禹贡锥指·唐大河图》

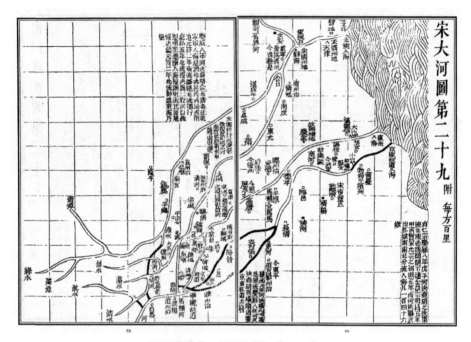

（清）胡渭：《禹贡锥指·宋大河图》

时间延后到了其生活的六朝以后，还得到了一个重要人物的有力支持。

杨守敬（1839—1915），字惺吾，号邻苏，晚年自号邻苏老人，湖北省宜都市陆城镇人。杨守敬历史地理研究的代表作是他与门人熊会贞历时近60年写成的《水经注疏》。顾颉刚在《当代中国史学》中评述清人地理学研究时说："守敬实集清代三百年来《水经注》研究之大成，其专心致志真可惊也。"文学史家、目录学家汪辟疆则赞誉此书"精语络绎，神智焕发，真集向来治郦注之大成也"。

杨守敬附会说"碣石"虽沦海，而去北岸不远，犹可扬帆揽胜；又因袭了胡渭"妄意推测"的碣石沦海时间，只是沉没地点不同，胡渭说"碣石沦海"之地在昌黎县南海岸数十里处的海底，杨守敬认为在乐亭县西南旧滦河口外。

杨守敬在《水经注疏》①"卷五·河水"中"碣石在海中，盖沦于海水也"

---

① 杨守敬、熊会贞：《水经注疏》，江苏古籍出版社 1989 年版。

后云：

赵云：《禹贡锥指》曰，按道元卒于魏孝昌二年，岁在丙午，下距齐文宣登碣石之岁，天保四年癸酉凡二十八年。而文宣所登，乃在营州，前此营州未闻有碣石。疑是时平州之碣石已亡，故假营州临海之一山登之，以修故事。不然岂有舍此登彼之理？自是以后，登碣石者无闻焉。妄意推测，碣石之亡，当在魏、齐之世，丙午至癸酉二十八年间也。会贞按：《水经山水泽地》碣石山在辽西临渝县南水中。《注》云，海水西侵，岁月逾甚，而苞其山，故言水中。《濡水注》，昔在汉世，海水波裹，吞食地广，碣石苞沦洪波。此《注》亦言碣石沦于海水，胡渭并引之。复称曹孟德诗，东临碣石。后魏文成帝登碣石山。接云，山虽沦海，而去北岸不远，犹可扬帆揽胜。是胡氏疏解郦说，盖谓碣石本连北岸，至后世潮流冲断，立于海中，非谓碣石遂荡灭也。又据齐文宣事，乃终言碣石之亡在魏、齐间耳。赵但以《锥指》言碣石之亡，证此《注》，骤观之似沦为亡者，故补所未备，使读郦书者了然焉。

赵云：《禹贡锥指》曰，薛氏曰，河入海处，旧在平州石城县，东望碣石。其后大风，逆河皆渐于海，旧道堙矣。又曰，王横曰，往者天尝连雨，东北风，海水溢，西南出，浸数百里。九河之地，已为海所渐矣。九河但堙塞耳，而横云为海所渐，世莫不痛诋之。百诗独为余言曰，九河若作逆河，则未为不是。余颔之而未有以见其诚然。及读薛氏语，始知古人先得我心。又曰，九河之地，为海所渐，王横这言诚误。若程大昌云，郦道元亦谓九河沦苞于海，则擅长实未之有也。按郦氏三言碣石沦于海中，而九河不从横说。第五卷《河水注》云，自鬲、般、东光、河间、乐成以东，城地并存，川渎多亡。第十卷《漳水注》云，九河既播，八枝代绝，遗迹故称，往往时存。此与许商、郑康成所言，如出一口，而程氏与碣石连举，遂使郦亭负此长冤。吁！可怪也！一清按：郦《注》引王横之言，以证碣石沦海，而九河为海所渐之语，竟概从删削，卓见特识，得东樵为之阐明，善哉言乎！薛氏名季宣，见《宋史·儒林传》。守敬按：郦氏以上引王横云，海水侵数百里，又引张君云，碣石在海中，恐人以为不足凭，故即所目验者申明之，谓营州之海水北侵，可为王说之徵，营州城之半沦，可为张说之证也。

在"卷十四·濡水"又云：

> 至成孺谓《禹贡》作碣，《汉志》作揭，本非一石；又谓《说文》
> 碣，特立之石，是不甚大。不知匡庐亦特立之山，而圆基数百里，将
> 谓匡庐犹小山乎？至揭、碣音同，成氏岂不知之，而为此呓语。即如
> 其说，是《禹贡》之碣石，《汉志》竟成俄空焉，可乎？胡东樵之言曰，
> 欲辨碣石之所在，莫若以今所谓滦河者证之。可谓要言不烦。惟明知
> 郦以其山跨二县之境，乃又谓文颖与《汉志》立异，而创为小碣石之目。
> 自后无不惑于其说，而班固、文颖、郭璞、郦道元之义皆隐矣。按大
> 碣石即碣石，郦氏合文颖、班固说为一，是也。又王莽改骊成为碣石，
> 正以碣石在骊成之故，岂与大碣石参异同？今本《汉志》误作揭，赖有
> 此《注》以正之。全、赵、戴反据误本《汉志》改此《注》，俱矣。

胡渭和杨守敬两人的名头实在太大了，其附会和发展郦道元"碣石沦
海"之说，使其被视为权威观点，为学术界广为采用，影响巨大。

碣石地望　古今多少

由于河水屡徙、故迹填堙，河海之滨人迹罕至，碣石难得有人青睐，
渐被人淡漠。汉末后，造成"碣石"踪迹难觅，学者们才开始注解、探寻
碣石。文颖注《汉书》，将"碣石"注于辽西絫县，是历史错位的肇始。至
于后来，在辽西一带出现的多个"碣石"，这都是受文颖影响的结果。加之
一些后世学者的不断穿凿附会，"学有未达，强以为知，理有未安，妄以臆
度"，致使江山代有"碣石"出，"碣石之谜"变得更加扑朔迷离，终成"千
古疑案"。

民国以后，地名学兴起，发表了论著，出版了几部地名大辞典，这其
中对碣石地望，还是莫衷一是。

徐兆奎、韩光辉《中国地名史话》[①] 云：

---

① 徐兆奎、韩光辉：《中国地名史话》，商务印书馆 1998 年版。

民国时期一直动荡不安，学术研究当然受到阻滞，不过由于西方学术思想与治学方法的传入，对学术界也有不少影响，随着报纸、杂志的增多，所发表涉及地名的文章还是不少的，不过作为地名学的这门学科而言，仍是处于萌芽阶段。

值得称道的是，这一时期有了几本地名辞典的出版，其中以北平研究院刘钧仁所编的《中国地名大辞典》和商务印书馆出版的臧励和等人编的《中国古今地名大辞典》比较著名。

刘钧仁长期浏览典籍，抄录古今地名，积累大量资料，自民国十年（公元 1921 年）迄民国十五年（公元 1926 年），历时六载完成《中国地名大辞典》的编纂工作，于民国十九年（公元 1930 年）出版。该辞典"举凡国内古今地名变迁沿革，道里远近，俱甚详备"，"郡县而下，凡城、镇、堡、塞，以及其余，无不备录"，所载地名约计三万条。

几乎与刘钧仁编纂《中国地名大辞典》同时，由陆炜士先生创议、谢冠生主编的另一部中国地名辞典，中途因故辍置一年之后，由臧励和等人以谢氏主编的前半部分为基础，继续编写，至 1931 年 5 月，由商务印书馆以《中国古今地名大辞典》的书名出版发行。该辞典的编纂自创议发起至出版发行历时近 10 年之久。全书收录地名约 4 万条，合计 250 多万字。所收地名以叙述地名沿革和地名方位为主要内容，言简意赅。

早在 1934 年初，谭其骧先生即对当时中国的三部地名辞典就作了对比性评述，称前者为"研究院本"，后者为"商务本"，认为《中国地名大辞典》比现存我国第一部地名辞典，即清人李兆洛的《历代地理志韵编今释》，当然较为详备，检索辞条亦较方便。

刘钧仁"以一人之力，费时六载，成此浩瀚巨著，其勤劳洵足令人钦佩"。

同时，谭其骧先生认为，"商务本""自经始至出版，历时十载，参与编辑者先后八人，故其成就实远在研究院本之上"。"所录地名约计近四万条，较研究院本多万余条。不入研究院本之山名、水名，此本一并搜录，相形之下，最见优长。编排之字划以多寡为先后，亦甚便利"。"姑无论山水名，即以地方名而论，此本所录，亦较研究院本为多"。可能因为这种缘故，60 余年来《中国古今地名大辞典》一直是一本有价值受欢迎的地名工具书。

1924 年，葛绥成等人根据当时的需要，编纂了《中外地名辞典》，至 1940 年，经重新修订为收录中外地名达 2.5 万个的《最新中外地名辞典》，中外地名之比为 3∶2。

30 年代之后，中国学者受到西方近代地名学理论和研究方法的影响，开始以近代地名学方法进行地名研究，发表了有关地名学的论著和地名研究文章近百篇，成为我国地名研究的重要时期。如葛绥成发表了《地名之研究》，金祖孟发表了《地名通论》和《地名学概说》，是我国最早以近代科学眼光来论述地名研究的几篇有价值的论文，标志着我国近代地名学的兴起。1933 年，为纪念《申报》创刊 60 周年，由丁文江、翁文灏、曾世英主编出版了《中华民国新地图》(申报馆出版)，这是 1949 年之前记录地名最多的一部中国地图集，图的索引即达 162页，这本地图集也是当时流行的许多图册的共同蓝本。清末民初人杨守敬所编制的《历代舆地图》和《水经注图》则是包括众多历史地名的重要图集，清末已经完稿，民国时更受到学术界的重视。近年谭其骧先生主编的《中国历史地图集》八册，所载历史地名之多与考订之精确当然远在杨图之上。

臧励和（1875—?），江苏武进人，字伯纶，又字博纪，别号啸云仙史，清末举人，民国词典编纂学者，参与《中国古今地名大辞典》、《韩愈文》、《汉魏六朝文》、《战国策》、《中国人名大辞典》、《新体中国地理》等书编纂。主编的《中国人名大辞典》（1921 年）、《中国古今地名大辞典》（1931 年）至今尚无能取代者。

《中国古今地名大辞典》由商务印书馆香港分馆 1931 年初版，1935 年再版，1982 年 11 月重印。该书资料丰富，解释详细。

《中国古今地名大辞典》[①] 在其"碣石山"条目下，据史书记载，归纳列举出了"碣石"地望的 8 种不同观点，并对个别论点进行了批驳。

---

① 《中国古今地名大辞典》，（香港）商务印书馆 1982 年版，第 1110—1111 页。

一一〇

《中国古今地名大辞典》"碣石山"条

　　《书·禹贡》夹右碣石入于河。[孔传]"碣石，海畔山。"其所在古今传说不一。

　　（甲）《汉书·武帝纪注》："文颖曰，碣石在辽西絫县。"絫县故城在今直隶昌黎县东南。郭璞注《山海经》，谓在临渝南水中。盖因絫县后汉省入临渝，即文颖之说也。《水经·濡水注》云，碣石沦于海中。"濡水注"又云，濡水东南至絫县碣石山，今枕海有石如甬道数十里，尝山顶有大石如柱形，世名之曰天桥柱。韦昭以为碣石。《明一统志》则曰：在昌黎西北五十里。《府志》又以为即今县北十里之仙人台。皆言在昌黎说，而又各不同。

（乙）《汉书·地理志》："右北平郡骊城县，大揭石山在县西南。"骊城，今直隶乐亭县。《禹贡锥指》骊城之山称大碣石，必有小碣石在。盖即絫县海旁之石矣。

（丙）《后汉书·郡国志》："常山九门县，碣石山，战国策云在县界。"此在今直隶藁城县。《书疏》郑云，战国策碣石在今九门县，今属常山郡，盖别有碣石与此名同。今九门无此山也。

（丁）《史记正义》："碣石，在幽州蓟县西三十五里。"蓟县故城在今京兆大兴县西南。

（戊）《史记案隐》："大康地志，乐浪遂城县有碣石，长城所起。"此在今朝鲜境。

（己）《北齐书·文宣帝纪》天保四年，大破契丹于青山，道至营州，登碣石山。《唐书·地理志》："营州柳城县有碣石山。"此即热河凌源县。

（庚）《隋书·地理志》："北平卢龙县有碣石。"《括地志》、《通典》、《通考》诸说相同。卢龙在今直隶。《清一统志》云，卢龙不滨海。今县志亦无此山。

（辛）《肇域志》："山东海丰县马谷山，即大碣石。"刘文伟亦以马谷山在古九河之下，合于《禹贡》入海之文，断为碣石。海丰，今山东无棣县。

此外，历史上还有"沦于海"和"没入陆"之说。"沦于海"、"没入陆"是后世学者寻觅不到碣石踪迹，曲解、臆度之说，目的是为销"九河"、"碣石"之谜案。

1947年，刘钧仁在《国立沈阳博物院筹备委员会汇刊》（第1期）发表《碣石新考》[①]，文中列举了"马谷山说、昌黎境说、藁城县说、卢龙县

---

① 刘钧仁：《碣石新考》，《国立沈阳博物院筹备委员会汇刊》1947年第1期。

说、蓟县说"五种，指出"以上五说，均非定论，予以为欲解决此问题，仍须于古籍中求之"。"在今天天桥石葫芦岛一带，较为近似"，并列举了8条考证。其文中云：

> 予两至昌黎，城外高山磅，询知系碣石山，县志一作仙台山，俗称仙台顶，因山中有石如柱形，合乎碣然特立之貌，遂为命名之起源。

> 此皆误于混碣石山与碣石合而为

《中国古今地名大辞典》"马谷山"条

一，又不明碣石有左右之分，强将夹右二字分作一句，以致聚讼纷纭，致成千古讼案。

> 右北平郡骊成县下之大碣石山，与辽西郡县之碣石并非一地，连山湾葫芦岛一带如为古之碣石，而昌黎县之山，仿有其为碣石山之价值也。

碣石又争 起于谭老

谭其骧（1911—1992），字季龙、笔名禾子，浙江嘉善人。1934年与顾颉刚等发起成立中国第一个历史地理的学术团体——《禹贡》学会，创办《禹贡》半月刊，为中国现代历史地理学科的创始人之一。后任复旦大学历史系主任、中国历史地理研究所主任，主编《中国历史地图集》（1—8册）。

新中国成立后，1954年夏天，一代伟人毛泽东在北戴河海滨有感于魏武帝曹操诗篇《观沧海》那首诗，引发思古幽情，写下了不朽名篇《浪淘沙·北戴河》：

> 大雨落幽燕，白浪滔天，秦皇岛外打鱼船。一片汪洋都不见，知向谁边？往事越千年，魏武挥鞭，东临碣石有遗篇。萧瑟秋风今又是，换了人间。

1957年，毛泽东《浪淘沙·北戴河》在《诗刊》创刊号上发表后，又勾起了人们对"碣石"的向往和探觅。其中关于"碣石"的注释却出现了两种说法：有的认为词中所提到的碣石山原在今河北省乐亭县西南，南北朝时沉入海中；有的认为古碣石山即今河北昌黎县城北的碣石山。

谭其骧与《碣石考》

1974 年，《地理知识》（第 4 期）杂志上发表了南开大学地理系讲师孙寿荫的《沧海桑田话碣石》一文。孙寿荫在文中试图从现代地理科学的角度论证"碣石沦于海说"，并提出应到昌黎县东南的七里海东海岸附近去寻找沉在海底的"碣石"。当时，几位学者正编译英文版《毛泽东诗词》，注释"碣石"采用了"沧海说"。散木《诗人袁水拍的悲剧》文中说："但据说毛泽东阅审书稿时，对此说持怀疑态度"，一些学者也有反对意见。"为了搞清古碣石山是否已沉入大海，1975 年 1 月，袁水拍亲自带人到昌黎、秦皇岛一带对碣石山及其邻近海域做过实地考察。"[①] 可见，"碣石沧海说"影响之深远。

在此期间，人们动用了先进探测仪器，进行了实地勘测，发现无论昌黎县南海岸数十里处，还是乐亭县西南旧滦河口外，甚至整个渤海北部海域，海深平均不超过 20 米，海底平坦，全系沙质，距岸数十里内连块石头都找不到，并无胡渭所说的上石下土塌陷流失的痕迹，更不用说一座山了。

1976 年，著名历史地理学家谭其骧在当时的上海市革命委员会机关刊物《学习与批判》（第 2 期）发表了专论《碣石考》，文中云：

> 伟大领袖毛主席在《浪淘沙·北戴河》一词中写道："往事越千年，魏武挥鞭，东临碣石有遗篇。"魏武帝曹操登临的碣石现在何处？我们查阅了多种毛主席诗词注释和曹操著作注释，都说是已沦没入海，现在看不到了。一九七四年第二期《地理知识》上刊载了《沧海桑田话碣石》一文，又从现代地理科学角度，论证了古代碣石山确已沦亡入海。
>
> 事实果然是这样吗？不然。
>
> 根据以上考订，最后让我们对这个长期以来纠缠不清，以致成为毛主席诗词注释中的疑难问题的碣石问题，作出如下一个简括的结论：
>
> 魏武以及秦皇汉武所登的碣石山，就是今天昌黎县北的碣石山。

---

① 散木：《诗人袁水拍的悲剧》，《党史博览》2006 年第 3 期。

但山前的地貌，不同的历史时期不断在发生变化。约在东汉中叶以前，山前余脉露出地表，延伸至海边特立着一块巨石，被称为"碣石"。此后海水内侵，山前平地被淹，余脉露出水面的石块枕海如甬道数十里，那块"碣石"则随潮汛涨落时隐时现，有"天桥柱"之称。约在郦道元之后的北朝晚期（六世纪中叶以后），海水又大规模后退，山前出现了大片平陆，从此碣石不再成为登临胜地；那些枕海石和那块特立的碣石，终于全都被埋没在平陆之中了。

该文以充分的论据，批驳了肇始于公元6世纪北魏郦道元，为清代胡渭和杨守敬所倡导，并被后人奉为权威的"碣石沦海说"；指出：帝王登临的是昌黎碣石山，山前那块"碣石"埋没于平陆了。

"碣石沦海"权威说法遭到彻底否定后，昌黎仙人台为碣石之说，逐渐成为主流。

在编纂《中国历史地图集》时，上海复旦大学历史地理研究室曾向全国各地"单位革命委员会（或军管委）"发出了大批查询信件。关于"碣石"问题，据葛剑雄《悠悠长水》记载，曾向河北昌黎、乐亭等渤海沿岸地区发信查询。

1971.6.30	江西清江	红木矮山岗和田家村在今县何处，里程，简图
1971.7.27	河北昌黎	碣石山及附近沿海现状，有何传说，汉辽西垒县在今何处，是否有遗址，滦河下游曾否经昌黎入海
1971.7.27	河北乐亭	海底沙坝，有何金以前文化遗址，县西南有何古城遗址，海岸或近海有否独立山峰
1971.8.14	安徽怀远	马头集位置，有何古城遗址，今马头集是古城或新城

葛剑雄：《悠悠长水：谭其骧后传》（上海复旦大学历史地理研究室编纂《中国历史地图集》时发出的查询信件内容）

1971年7月27日，向河北昌黎发查询信件："碣石山及附近沿海现状，有何传说，汉辽西絫（图中误为'垒'）县在今何处，是否有遗址，滦河下游曾否经昌黎入海。"同天，向河北乐亭发查询信件："海底沙坝，有何金以前文化遗址，县西南有何古城遗址，海岸或近海有否独立山峰。"

"文革"期间，地方上正常的学术文化活动大多受到严重破坏，所收到的答复大多没有什么具体内容，但谭其骧教授的《碣石考》的"碣石山"观点，在《中国历史地图集》上竟有了体现。

朱永嘉说《碣石考》

朱永嘉（1931—　），历史学者，曾就读于复旦大学历史系，师从谭其骧、周予同等文史名家，后从事秦汉史、三国史、明史等方面的教学与研究，著有《晚年毛泽东重读古文内幕》、《论曹操》等。

朱永嘉在《毛泽东为曹操翻案的历史细节》①"碣石山究竟在哪里"章节中，说毛泽东实际上是接受了"碣石沦海之说"：

> 这里附带有一个要讨论的问题，即曹操东临碣石，这个碣石山究竟在哪里？在北戴河、秦皇岛、山海关那一带有没有这样一个使曹操可以登高远望大海的碣石山呢？不仅曹操登临过碣石山，秦皇、汉武都登过此山以观沧海，曹操以后北魏的文成帝和北齐的文宣帝也曾登上碣石山观海，北魏的文成帝还"大飨群臣于山下"，"改碣石山为乐游山。"（《魏书·高宗文成帝纪》太安四年）北魏郦道元所著《水经注》讲到原来陆上碣石山为海水所侵，脱离了大陆，"立于巨海之中。"到清末由于见不到"立于巨海之中"的大山，才认为北朝以后，此山由于地壳的变化，已沉入海底，故有碣石沦海之说。毛泽东词中"一片汪洋都不见，知向谁边"实际上是接受了这一说法的，所以他在给女儿李敏、李讷的信中会说"北戴河、秦皇岛、山海关一带是曹孟德到过的地方"，大概由此而来。根据是什么呢？据他的保健医生徐涛回忆，有些天，毛泽东在海岸沙滩漫步，嘴里总是念念有词地背诵《观沧海》，夜里工作疲劳后，稍作休息，出门观海，有时也是这样低声吟诵。他还找来地图，查证出曹操是来过这里的，所以才写作《浪淘沙·北戴河》这首词，所以才有给他女儿信中所写的那几句话。

①　此文节选自朱永嘉新著《论曹操》，上海社会科学院出版社 2012 年版。

朱永嘉文中赞同谭其骧"昌黎碣石山说"和山前"碣石没于陆说"的观点：

但曹孟德登临的碣石山是不是正如毛泽东所说在北戴河、秦皇岛、山海关一带呢？一九七六年二月，谭其骧先生在《学习与批判》上发表了一篇文章，题为《碣石考》，其引《水经注》讲到碣石沧海的状况，有一段生动具体的描述，其云："今枕海有石如甬道数十里，当山顶有大石如柱形，往往而见，立于巨海之中，潮水大至则隐，及潮波退，不动不没，不知深浅，世名之天桥柱也。"另一方面自汉至明，历代地理志都载有碣石山，既没有说在海中，也没有说古今碣石山有别，可见都是指今天在昌黎县西南的碣石山，距海有三十里，不仅不在海中，也不在海边，很难临碣石观沧海，故碣石山并不在北戴河、秦皇岛、山海关一带，在那儿找不到能"大飨群臣于山下"的平坦地区。谭其骧先生的结论认为，魏武及秦皇、汉武所登的碣石山，就是今天昌黎县北的碣石山，但山前的地貌，不同的历史时期不断发生变化。约在东汉中叶以前，山前余脉露出地表，延伸至海边特立着一块巨石，被目为"碣石"，此后海水南侵，山前平地被淹，余脉露出水平的石块枕海如甬道数十里，那块"碣石"则随潮水涨落时隐时现，有"天桥柱"之称。约在郦道元之后的北朝时期，海水大规模后退，山前出现大片平陆，从此碣石不再成为登临胜地，那些枕海石和那块特立的碣石，终于全部都被埋没在平陆之中了。历史时期，只有碣石山前的那块碣石，近二千年来曾经三度改变其相对位置，先是"著海旁"，继而"立于巨海中"，最后沉埋于地表之下。所以把秦皇岛、山海关、北戴河这一带作为曹孟德登碣石观沧海的地点，不一定正确。花那么多笔墨讲一个碣石的位置，是为了说明一个问题，如碣石的地理位置，并不是哪一个人说了就能定的，在历史著作中有许多矛盾的陈述，只有比较研究各种矛盾的陈述才能从中找出一个比较符合实际，能比较正确地解释历代著作中所出现的相互矛盾的陈述，历史的事实是在互相矛盾的陈述中显露其本来真相的。如碣石这样一个问题，只是一个地名的正确地理位置问题，它的结论只能是唯一的，至于对一个历史人物的品评，则更要复杂得多。因为不仅在事实的表述上，在历史记载上有许多矛盾，而且牵涉到记述者主观的好恶，各人在价值取向上亦各有不同，这就更需要冷静、客观地比较和思考，才能在弄清事实的基础上，比较正确地评述他在历史上的功过得失。弄清事实的前提是要直接去阅读原始的资料，比较各个历史时期人物何以有不同的评判，它背后真实的动因是什么，才能最终得出比较合情合理的观念，这也不可能是绝对的，所以这次我想强调让大家一起来阅读原著，就是为了能比较客观地弄清事实，而且这也只能是相对的。虽然碣石山这个具体地点可以讨论，它也许不在秦皇岛、北戴河、山海关一带，但它并不影响毛泽东《浪淘沙·北戴河》这首词的诗情画意和广阔的古今联想所表述出当年曹操北征三郡乌丸统一北中国以后东临碣石那种豪迈的气魄。

朱永嘉为参加复旦大学谭其骧师诞辰一百周年学术讨论会，还撰写了一篇《在求真中求是——纪念谭其骧诞辰一百周年》[1] 发言稿。说：70年代，向谭其骧约稿，直到1975年，谭老才将其撰写的《碣石考》一文交付，讲"谭其骧求真求是，不屈从任何权威，在毛泽东接受'沧海碣石说'情况下，还写出《碣石考》来，我佩服谭先生的胆略和智慧"。文中云：

关于曹操的讨论中，还留下一个问题，那就是曹操东临碣石，那个碣石山是否就是毛泽东所说的北戴河、秦皇岛、山海关一带呢？碣石山的地址究竟在哪里？七十年代初，我一直要谭先生给《学习与批判》写一点文章，他一直拖着，到七五年他给了我一篇《碣石考》，写这篇文章的直接起因是一九七四年第二期《地理知识》上刊登了《沧海桑田话碣石》一文，论证了古代的碣石山确已沦亡入海。实际上谭先生要回答的是毛主席在《浪淘沙·北戴河》一词中写的"往事越千年，魏武挥鞭，东临碣石有遗篇"的碣石山，究竟是不是在北戴河一带。他用大量事实证明秦皇、汉武、魏武所登临的碣石山就是现今河北昌黎县北偏西十里那座碣石山。论述了这个地区二千多年来地貌的变化，订正了自郦道元《水经注》以来许多以讹传讹的说法。他送给我这篇文章，我看了知道他的用意，看我有没有胆量发这一篇考证文章。我想了一

---

① 朱永嘉：《在求真中求是》，《谭其骧先生百年诞辰纪念文集》，上海人民出版社2012年版。

下，毛泽东是一个诗人，他是从文学的视角去意会曹操《观沧海》那首诗的意境，当然不会去具体考证碣石山的位置究竟在哪里，他只能根据陈说，如果说毛泽东同志在碣石山地点的论证上有误，也无损于他。所以我决定照发无误，但不张扬，太张扬了怕引起其他的猜测，那就不好办了。他从曹操翻案问题的百家争鸣到《碣石考》，一以贯之的就是在求真中求是，在那个特定的社会环境下，不屈从于任何权威，同时又能妥善地保全自己，在学术研究上要真正做到这一点也真不容易。我佩服谭先生的胆略和智慧。

20世纪70年代，为出版毛泽东英文版《毛泽东诗词》，注解"碣石"有两种说法，毛泽东对"沧海说"是持怀疑态度的，谭其骧的《碣石考》是一篇政治因素影响下的命题文章，应制应景之作，"碣石沧海"说不成立，需找一处"碣石"来完成当时的注解任务，所以谭老在《碣石考》中"不无谦虚"地说：

> 古碣石山即今碣石山，这并不是笔者的创见。自汉至明，历代的地理总志和正史地理志里都载有碣石山，既没有说在海中，也没有说碣石山有古今之别，可见所指都是今天的碣石山。（《大清一统志》受了胡渭的影响，才改称碣石山为仙人台山，认为别有一个古碣石山在昌黎县西南。）特别是生活在碣石山附近的当地人，都明确主张古碣石山即今碣石山，撰有专文，收录在《昌黎县志》、《永平府志》等地方志里。

在文章最后，还谨慎地、实事求是地说：

> 这是我对碣石问题所作初步探索得出的结论，不一定正确，希望关心这个问题的同志们多多予以指正。要彻底解决这个问题，像我这样主要依靠文献资料的整理与分析，是办不到的，重要的是应该对碣石山前的平陆和海域，作一番科学的细致的实地调查考察工作。

《碣石考》一文，后收入1987年人民出版社出版的《长水集》中。

谭老自1982年开始至1992年去世，一直负责主持点校顾炎武《肇域志》的整理出版工作，王文楚在《后记》中记述"《山东肇域记》由杨正泰点校，谭其骧、王文楚覆校"，顾炎武"海丰（无棣）县马谷山即古之碣石"的观点和详细论断就在其中。谭老在这期间，或早或晚，一定能见到顾氏之说，对《禹贡》碣石所在地，也一定有新的思考。

后来，即 1998 年，谭老的两位学生持卫星航拍图，顺渤海沿岸寻访碣石，自山海关进关后，一路寻访到无棣，见到无棣这座几百里沿海唯一的山体，非常激动，让鲁北化工的人员请了解当地历史的人来座谈，当时鲁北化工集团请去了于长銮先生，讲起了县志中对此山即古碣石的记载。两人离棣时，还与时任县委宣传部部长的郭云鹰进行了短暂交谈，也说出了当时谭老的"无奈"与遗憾，谭老推断碣石应在黄河故道、九河入海处，也就是天津以南的范围内，但遗憾的是未能实地考察过，我们见到这座山，也算了却谭老的遗憾，可以告慰谭老了。郭、于两人至今还记忆犹新。

"文革"后的"碣石"研究论著与"碣石"观点

谭其骧在《碣石考》中，批评郦道元将"碣石"与"碣石山"混为一谈，否定了其"碣石沧海说"；指出"只有碣石山前的那块碣石"，即"文颖的著海旁'碣石'，郦道元的沧海之中的'天桥柱'、'枕海石'、'山望'，曹操诗中的'山岛'"，先是"著海旁"，继而"立于巨海之中"，最后沉埋于地表之下，并不是"沦于海"，而是"没于陆"，"魏武以及秦皇汉武所登的碣石山，就是今天昌黎县北的碣石山"。

《碣石考》发表后，关于"碣石"究竟在何处的问题，引发了史学界的广泛争论。"文革"后，一些学者和地方史志爱好者无所顾忌、畅所欲言，各种观点竞出，"碣石考"论著不断问世。而谭其骧教授的"碣石"与"碣石山"不是一体的看法，也引导学者对"碣石"的研究，产生了"《禹贡》碣石、《山海经》碣石山、秦汉碣石"之分，出现了"'碣石'一名二地说、两名二地或多地说、非山非石非门之碣石地域说"等。目前，排除碣石"沦于海"、"没于陆"说，还存有"山东无棣碣石说、辽宁绥中姜女石说，河北昌黎碣石山说、秦皇岛北戴河金山嘴说、唐山说，以秦皇岛为中心，东北至辽宁绥中县石碑地、西南至金山嘴一个碣石地域说"等等，至今争论不休。

现就掌握的一些著名学者、考古专家和地方文史研究者撰写的各种"碣石"观点的、具有代表性的论述文章，大致归纳为如下几种说法：

1.《禹贡》"碣石"一名，无棣、昌黎（或常山）二地说

此观点认为《禹贡》"夹右碣石，入于河"、"太行、恒山至于碣石，入于海"记载的是两处碣石，一为无棣马谷山，一为昌黎碣石山（或常山）。

代表文章：

黄盛璋《碣石考辨》（《文史哲》1979 年第 6 期）；

周慕林《碣石山在何处》（《地球》1985 年第 6 期）；

梁守让《亦考"碣石"》（《河北师范大学学报》1987 年第 3 期）；

李军《"碣石"一词新解》（《历史教学》1993 年第 8 期）。

2."碣石"与"碣石山"，两名、两地说

此观点认为"碣石"与"碣石山"不能混为一谈，而是两个不同实体。观点又有：

（1）帝王登临昌黎碣石山、《禹贡》碣石"没于陆"

代表文章：

谭其骧《碣石考》（《学习与批判》1976 年第 2 期）。

（2）帝王登临昌黎碣石山、《禹贡》碣石在乐亭海中

代表文章：

刘起釪《碣石考》（《江海学刊》1984 年第 5 期）。

（3）《禹贡》碣石在昌黎、帝王至碣石为海边之石（辽宁、河北均是）

代表文章：

吕绍纲《说〈禹贡〉碣石》（《史学集刊》1995 年第 1 期）。

3."碣石"为"特立之石"说

此观点依据文颖"此石著海旁"，及秦皇、汉武、魏武等帝王巡游碣石时，史籍又均记载为"之、至、到、临"碣石，而无登上之意，说明碣石是"特立之石"，不能攀登；后代帝王登临的碣石又在别处。观点又有：

（1）秦皇岛北戴河金山嘴

代表文章：

冯君实《"东临碣石"的碣石在那里》（《吉林师范大学学报》1978 年第 3 期）；

黄盛璋《碣石考辨》（《文史哲》1979 年第 6 期）。

（2）辽宁绥中姜女石

代表文章：

严宾《碣石新考》（《辽宁大学学报（哲学社会科学版）》1989 年第 3 期）；

傅金纯、纪思《曹操何处"观沧海"》（《辽宁师范大学学报》1991 年第 4 期）；

华玉冰《试论秦始皇东巡的"碣石"与"碣石宫"》（《考古》1997 年第 10 期）；

韩晓时《东临碣石秦宫阙》（《中国地名》2006 年第 9 期、《文化学刊》2006 年第 2 期）。

4. 河北昌黎碣石山说

代表文章：

陈可畏《论西汉后期的一次大地震与渤海西岸地貌的变迁》（《考古》1979 年第 2 期）；

王育民《碣石新辨》（《中华文史论丛》1981 年第 4 辑）；

高洪章、董宝瑞《碣石考》（《历史地理》1983 年第 3 期）；

董宝瑞《"碣石宫"质疑——兼与苏秉琦先生商榷》（《河北学刊》1987 年第 6 期）。

5. 碣石地域说

此观点认为碣石，非山、非石、非门，是以秦皇岛为中心，东北至辽宁绥中县石碑地、西南至河北秦皇岛金山嘴的一个地域——碣石地域，即秦皇岛一带地域说。

代表文章：

孙志升、高知然《碣石、秦皇求仙与徐福集团东渡》。

6. 唐山碣石说

此观点认为碣石在今唐山境内燕山山脉中，即市区中心大城山。

代表文章：

王志力、罗爱平《唐山碣石考》（《冀东学刊》1994 年第 4 期）。

7. 庙岛列岛说

代表文章：

修俊善《碣石今何处》（《禹城与大禹文化文集》2002 年）。

8.《山海经》碣石之山即长白山说

代表文章：

周述椿《〈山海经〉中的碣石之山即今吉林长白山》（《文史杂志》2012 年第 1 期）。

按文章发表时间，对其"碣石"观点进行分析，并摘录如下：

（1）1978 年，冯君实（1924—2013，原籍抚宁，居长春，东北师范大学历史文化学院教授）发表了《"东临碣石"的碣石在那里？》[1] 文中不同意谭其骧教授的"魏武东临的碣石即今昌黎县境之大碣石山"观点，提出了"北戴河金山嘴小碣石"之说，并且绘制了碣石位置示意图。文中说：

> 伟大领袖毛主席在《浪淘沙·北戴河》词中提到"魏武挥鞭，东临碣石有遗篇"。这个碣石在哪里？许多有关碣石的注释都认为早已沉沦于大海，实际是沿袭过去的通说之一。谭其骧先生在《碣石考》中以充分的论据驳了沦海说，指出魏武东临的碣石即今昌黎县境之大碣石山。对此，个人拟提出另一地点进行商榷。

> 如果没有理由证明临渝碣石沉于大海或为冲积层所掩埋，那它在今天就不但存在，而且可以从榆关镇以南沿海找到它，可能就是今天的北戴河海滨，具体地说就是金山嘴。首先是金山嘴的自然面貌与临渝碣石相符。《临榆县志》记"金山嘴，距城（山海关）西南六十里，半入于海"。"三面临海，凡东西往来风帆，独此处登眺，最为可观"。笔者幼时曾到过这里，还依稀有些印象。那是一个比秦皇岛大得多的半岛，迎海一面是陡峭巉崖，高约数丈。崖脚下怪石兀突，一个特大石门（当地称为南天门）矗立海中，门似穹窿，曲折宽阔，可以数人并行穿越。门前洪涛激荡，浪花飞白，极为壮观。攀登崖顶，极目海天，心畅神骇。半岛上有望海楼和灯塔，以供眺望和导航。其次，是地理位置相符。它北距榆关三十里，与金山嘴巅连的连峰山（即临榆山）脚下，便是渝河（今戴家河）的入海口。裴文中先生一九四八年曾在北戴

---

[1] 冯君实：《"东临碣石"的碣石在哪里？》，《吉林师范大学学报》1978 年第 3 期，第 50—53 页。

河海岸发现一早于战国的古文化遗址，指出"两千多年来，北戴河附近的海岸线是没有多少变迁"。这个发现同时也说明北戴河海滨的开发时间相当早，无怪后来地位的重要。最后，还有考古记载可资参考。据《北戴河海滨志略》载，1924 年前后，曾有包括安特生在内的中外人士，不断在金山嘴发现过古代文化遗址。其中有汉砖、千秋万岁瓦当、铁镞头、古瓷，特别是还发现有军事遗址，如古城断垣、烽墩遗址，那里的烽墩与临榆山、渝河口的烽墩遥相呼应，联成一线，标志当地的军事战略地位。有人推测发现之铁器约为两千年前遗物，还有人推断当地为汉之海军根据地。姑不论这些推测是否正确，但这个遗址完全可以说明金山嘴是古代军事要地，这与临渝碣石的地位又是一致的。

现在是否可以作这样一个推测，即古人最先接触的还是海边碣石，因为无"碣"便不成碣石，其后泛指昌黎、抚宁一带山都称碣石，于是出现了大、小两个碣石。胡渭在《禹贡锥指》中就曾指出"骊城之山称大碣石者，必有小碣石在，盖即象县海旁之石矣"。《昌黎县志》也说"地理志既名为大碣石，必有小碣石，则抚宁县南一带连山皆为碣石，其说近理"。这个看法有一定道理。本文所述，仅根据古籍所载，进行一些推测，没有涉及这一带的地貌变化，一定会有错误，望读者指正。

(2) 1979 年，黄盛璋（1924 年生于安徽合肥，中国科学院历史地理学家、古文字研究专家）发表了《碣石考辨》[①]，认为"《山海经》的碣石之山在黄河支流上源"，"《禹贡》中有两个碣石，'太行、恒山，至于碣石'是在常山，'夹右碣石，入于河'是在冀州、古黄河入海口，即无棣马谷山"；推论"'秦汉碣石'应在今北戴河金山嘴附近，后代帝王登临的碣石又在别处。"文中说：

碣石是历史上有名的地方，特别是毛主席的诗作《北戴河》中又有"往事越千年，魏武挥鞭，东临碣石有遗篇"的名句，碣石问题就更被现代人所注意。碣石究竟在哪里，很早就说法不一，而且久经争论未获解决。

---

① 黄盛璋：《碣石考辨》，《文史哲》1979 年第 6 期，第 34—35 页。

《山海经》说"碣石之山，绳水出焉，而东流注于河"，这是指黄河支流上源的一座山。《禹贡》中有两个碣石，一是在常山，"太行、恒山，至于碣石"，恒山又名常山，为太行山的一支，碣石与太行恒山相接，属于太行山的支脉，应即《战国策》中燕"南有碣石"，"在常山郡九门县"者，《禹贡》另一个碣石在冀州，"夹右碣石入于河"，这是讲岛夷入冀州的水路贡道，《禹贡》的黄河经今河北入海，碣石夹黄河入海口之右。今天津市以南，除了无棣县马谷山外，古黄河口都没有山，因此后代也有以马谷山为《禹贡》冀州之碣石。《山海经》和《禹贡》中的碣石都不在渤海湾北岸，可是后代注释地理的认为就是秦始皇、汉武帝所到之地，郭璞的《山海经注》、郦道元的《水经注》等地理名著，就是如此。

渤海湾北岸有一处碣石，秦始皇、汉武帝、魏武帝曹操都曾登临，这已无疑问，问题是究竟在什么地方？从汉以来，主要有如下几说：

关于渤海湾北岸碣石的位置，历史上众说纷纭，究竟哪一说较近乎事实，首先必须弄清两个问题：碣石是山还是石？是紧临海水还是距海有一段距离？

秦汉碣石应在金山嘴附近，既有证据也很合理。

北戴河南海角旁现在还有这类孤崖耸立的海石，例如鹰角亭的鹰角石和金山嘴的南天门，金山嘴西、中海滩路南突出海中的老虎石，其中金山嘴半入海中，三面临海，近海一面就是高达数丈的海蚀崖，矗立海中。南天门就是在崖脚下，中为海水蚀穿，穹窿似门，可容数人穿行其中，登临崖顶，则海景全收眼底，一览无遗，所以一直是观海胜地，早就有人认为这就是碣石。金山嘴是一个比秦皇岛大得多的半岛，早在1924年前后就不断有人在金山嘴发现周、汉古文化遗址、遗物，包括千秋万岁瓦当、汉砖、铁链、烽燧遗址。特别值得指出的金山嘴西北，紧倚戴河东岸，并距戴河口不远，有村名古城，此处当为一古城所在，古城之东不远就是西联峰，此处也有古烽燧遗址，山下有古墩台，当为明代海防墩台遗址。以上遗址、遗物，《北戴河海滨志略》已有较详细报导，并附砖瓦拓片，虽系二十年代私人调查，后亦未经考古正式勘查，但遗物"千秋万岁"瓦当与砖瓦纹饰时代为汉时文物无可疑，至于古城也很可能和久已失考的汉骊成或絫县有关，有烽燧，又有古城，必当古代交通要道之冲，至今形势未改，这样，秦汉碣石应在金山嘴附近，既有证据也很合理。

至于公元458年北魏文成帝所登的碣石乃在今河北肥如县境内，公元553年北齐文宣帝所登的碣石更在营州，当即《新唐书·地理志》营州柳城下碣石山。他们不过为模仿秦皇、汉武的故事，找个目标当作碣石，和秦汉时代的碣石并不是一回事可毋庸置论。

碣石是历史地理长期争论不下的问题之一，具体的位置究竟今哪里，还需要有更多更确切的证据，特别是考古的勘查、发掘，才能最后落实和解决。本文一是就近年在这一带考察所见，二是综合历史记载，加以总结，写出一个初步意见，供今后进一步工作参考，如有不当，请批评指正。

（3）1979年，陈可畏（1932—2006，湖南澧县人，曾任中国社会科学院历史研究所历史地理研究室主任、历史所学术委员会委员、中国边疆史地研究中心学术委员会委员）发表了《论西汉后期的一次大地震与渤海西岸地貌的变迁》[1] 一文，指出："《汉书·沟洫志》记载的大司空掾王横（亦有记为'璜'）言'海水溢，浸数百里，九河之地已为海所渐矣'，是由发生在西汉后期的一场地震引起的"；"千百年来，郦、胡、杨及其推崇者都没有也不能指出碣石山沉没的具体地点与物证"；"'碣石入海'之说是根据王横之言和张君（即张晏）推论的基础上进一步推断出来的，并不是有什么真凭实据。"文中说：

在我国历史上，渤海西岸地区的地貌曾发生过很大的变化。历史时期最明显的一次是发生在西汉后期的一次大海浸，海浸引起渤海西岸西移，后来地壳又上升，海水后退，又逐渐恢复到原来的状况。关于这次大海浸，《汉书·沟洫志》引王莽时的大司空掾王横的话说："往者天尝连雨，东北风，海水溢，西南出，浸数百里，九河之地已为海所渐矣"。后来郦道元在他的《水经注》里，对此也有记载。它究竟发

---

① 陈可畏：《论西汉后期的一次大地震与渤海西岸地貌的变迁》，《考古》1979年第2期。

生在那一年？又是什么原因引起的呢？我认为应当是汉元帝初元元年，即公元前48年，因为《汉书·元帝纪》载初元元年四月诏云："间者地数动而未静，惧于天地之戒，不知所繇（由）"。《天文志》接着就记载："五月，勃海水大溢"。《元帝纪》在这年九月官方公布的灾情里说："关东（指函谷关以东地区）郡、国十一大水，饥"。第二年七月，汉元帝又在诏书中说："一年中，地再动，北海（春秋至西汉，人们常称渤海为北海。汉北海郡因此得名）水溢，流杀人民"。在此以前，史书根本没有关于渤海海水大溢的记载。由此可见，这次大海浸是由地震所引起的。

最初提出沉没说的是公元六世纪北魏人郦道元。他在《水经注》中说："濡水（今滦河）又东南至絫县碣石山"。秦始皇曾刻石于此山，"汉武帝亦尝登之，以望巨海，而勒石于此。今枕海有石如埇道，数十里。当山顶有大石，如柱形。往往而见立于巨海之中，潮水大至则隐，及潮波退，不动不没，不知深浅，世名之'天桥柱'也。"后来很多学者沿袭其说。到了清初，胡渭更进一步。他在《禹贡锥指》里说：郦道元时在海水中的那座碣石山，今已沦于渤海海底。清末杨守敬所作的《水经注疏》《水经注图》和《历代舆地图》，完全采用胡氏之说。因为郦、胡、杨三人是著名的历史地理考据学者。所以他们关于碣石山沉没之说被后人奉为权威，至今仍然为许多历史地理工作者所采用。其实，这是完全错误的。

千百年来，郦、胡、杨及其推崇者都没有也不能指出碣石山沉没的具体地点与物证。实际上，即使用现代的科学方法进行勘察，在整个渤海西部海域之内，也根本找不到碣石山沉没的痕迹。因为碣石山并没有沉没。

既然历代文献都有记载，为什么郦道元又说当时碣石山已经沦于海水中了呢？

由此可见，他的"碣石入海"之说是根据王璜（即《汉书》所作"王横"）之言和张君（即张晏）推论的基础上进一步推断出来的，并不是有什么真凭实据。

在今昌黎县的碣石山上，我们还能看到这块直插霄汉的大石柱。

总之，碣石山沉没于海之说是错误的。所谓另外一块碣石先沦于海，后没于陆，也是不正确的。

(4) 1981 年，王育民（上海师范大学历史系教授，著《中国历史地理概论》上下册和部颁教材《中国人口史》）发表的《碣石新辨》①中质疑冯君实、黄盛璋提出的"金山嘴说"新论断，并与之商榷，仍主张"秦汉碣石"为昌黎碣石山，实际还是维护谭其骧的观点。文中说：

> 碣石在历史上是个著名的地方。两千多年来，有不少封建帝王曾经到过。从秦始皇、汉武帝"东巡碣石"，到魏武帝（曹操）、唐太宗"碣石观海"，史书屡有记述。近年来，因毛泽东同志在《浪淘沙·北戴河》词中有"往事越千年，魏武挥鞭，东临碣石有遗篇"的名句，关于碣石究竟在何处的问题，引起了史学界广泛的注意与争论，至今尚未取得统一认识。

> 1976 年，谭其骧先生发表《碣石考》一文，以充分的论据，批驳了起源于公元六世纪北魏郦道元，为清代胡渭和杨守敬所倡导，并被后人奉为权威的"碣石沦海说"，指出秦皇、汉武、魏武所登临的碣石山，就是现今河北省昌黎县北偏西十里的那座碣石山，使碣石沦海这一渊源已久的通说，得到了澄清。

> 近两年来，冯君实与黄盛璋两先生，根据历史记载、考古发现并结合碣石的自然面貌，又对秦汉碣石的地理位置，提出一种新的论断，认为应在今北戴河南海岸的金山嘴。对此，笔者拟提出不同看法，进行商榷。

> 综合历史记载、考古发现和现代地貌等材料，两相印证，碣石即今金山嘴说似难成立。笔者的看法，仍主张秦汉碣石即今河北省昌黎县北的碣石山，不当之处，还望读者指正。

(5) 1983 年，昌黎高洪章、董宝瑞发表的《碣石考》②中不同意黄盛璋"《禹贡》碣石有二"和谭其骧"碣石山前的'碣石'没于陆"之说："黄盛璋同志的文章在掐头去尾地引用这两段文献记载后，便断言《山海经》和《禹

---

① 王育民：《碣石新辨》，载《中华文史论丛》，上海古籍出版社 1981 年第 4 期。

② 高洪章、董宝瑞：《碣石考》，载《历史地理》，上海人民出版社 1983 年版，第 225—228 页。

贡》中的碣石都不在渤海北岸，实在是难以令人苟同。""谭其骧教授否定了这种颇具权威的'碣石沦海'说，是完全正确的。但又说郦道元时代确有碣石孤悬海中，后来由于海陆形势和地貌变迁，'它不是沦于海，而是没于陆'了。这种解释，同样是不能成立的。"同意谭其骧所说昌黎碣石山为帝王登临的，继而固执地认为古今碣石为一山，即"古碣石当是今碣石山"。

近年来，碣石考成了一个引人注目的课题。一九七六年，历史地理学家谭其骧教授撰有专论《碣石考》，否定在历史上有一定影响的"碣石沦海说"，认为古碣石山即今河北昌黎县北立于渤海近岸的碣石山。一九七九年的第六期《文史哲》，又发表了黄盛璋同志的《碣石考辨》，提出了只能在今北戴河海滨附近一带去寻找古碣石遗迹的说法。研读上述两篇论文，我们作为长期生活、工作在今碣石山下的当地人，根据多年来实地勘察和对有关史料的分析研究，是基本上赞同谭其骧教授的结论的。

《禹贡·导山》："导岍及岐……太行、恒山，至于碣石入于海。"从这段山脉的走势来看，"碣石"当为一座与太行、恒山两座大山脉络相连、形势相应的显要山峰。恒山又名常山（西汉时避文帝刘恒讳改），指太行山脉的北段，与燕山山脉交接。而碣石山为燕山主峰伸向渤海之滨突起的支脉。说"太行、恒山，至于碣石入于海"，是与华北地区这一带整个山势的走向基本相符的。又《禹贡》的这段记述也与《新唐书·地理志》妫州妫川郡怀戎县"东南五十里有居庸塞，东连卢龙、碣石，西属太行、常山，实天下之险"的记述，大体一致。居庸塞即居庸关，它西接太行山脉，东连燕山群峰（这里的"卢龙"当为"卢龙塞"，即燕山山脉的山脊）。由此可知，早在两千多年以前，碣石山就为渤海北岸的一座有名的大山了。尽管它没有太行、恒山那样气势磅礴，却也高大得足以成为沿海地区的重要标志了。而黄盛璋同志在摘引《禹贡》这段记述时，将最后"入于海"很关键的三个字删去了，提出了"常山碣石说"，显然是有问题的。

至于《禹贡》关于碣石的另一段记述"夹右碣石入于河"（《史记·夏本纪》作"入于海"），我们认为有进一步分析的必要。《禹贡》在这句话之前，还有这样几句记述："冀州：……岛夷皮服"。"岛夷"据《史记·夏本纪》应为"鸟夷"之误。"鸟夷皮服"即以鸟为图腾的民族，以兽皮为贡品。与"夹右碣石入于河"合看，意即东北冀州以兽皮为贡品的鸟夷行经碣石山西入于河口，以达于都城。今碣石山正在古黄河口（约在今天津市附近）之东偏北，与"夹右"之说正相符合。这里还有一个值得注意的问题，即当时人们由陆路或水路，特别是从浩淼的海上南下上贡，必望大山为标准。今碣石山由大、小近百座山峰组成，方圆数十里，跨昌黎、卢龙、抚宁三县界，其主峰仙台顶（俗称娘娘顶）海拔六百九十五米，恰为渤海近岸当海陆交通冲要的大山。一直到今天，昌黎、乐亭、滦南一带的渔民，出海二、三百里捕鱼，还常以碣石山为航海标准。黄盛璋同志的文章在掐头去尾地引用这两段文献记载后，便断言《山海经》和《禹贡》中的碣石都不在渤海北岸，实在是难以令人苟同的。

谭其骧教授否定了这种颇具权威的"碣石沦海"说，是完全正确的。但又说郦道元时代确有碣石孤悬海中，后来由于海陆形势和地貌变迁，"它不是沦于海，而是没于陆"了。这种解释，同样是不能成立的。今碣石山南的平陆，近一千多年内确是在上升，但还不能把海边一柱高大的峭石埋没。今昌黎南沿海根本不存在这么一块主观臆想的"碣石"。

（6）1984年，刘起釪（1917—2012，中国社会科学院历史研究所兼研究生院教授，中国社会科学院荣誉学部委员）发表了《碣石考》[①]一文，文中对自古以来关于碣石地点的种种说法，逐条进行了缕析，提出"《禹贡》碣石，当是乐亭南面海中之石"、"古代几个帝王登临的碣石，则是今昌黎县北的碣石山"的观点。文中说：

对于碣石基本可以得出如下的认识：本来有可能作为《禹贡》碣石的，应该是秦皇岛海畔之石，但事实上真正作为"夹右入于河"的标志的碣石，当是乐亭南面海中之石（即第一说）。到秦皇、汉武、魏武、北魏文成等以帝王而搞登临碣石故事时，不会到海滨的小石墩上

---

① 刘起釪：《碣石考》，《江海学刊》1984年第5期。

去，只能是到那座陆地上可以"观沧海"的处于昌黎北抚宁南的碣石山上，那就是文颖、郦道元等所说的絫县的碣石（即第二说），不过他们误说成沦入海中了。北齐文宣时搞不清这一碣石山所在，就在离海较远的营州柳城找一座山假为碣石登临，以修帝王登碣石故事，地点在今朝阳、凌源以南（即第四说）。以后由于弄不清碣石，帝王们就没有再登碣石的了。随着黄河入海口的南移，人们也就跟着向南面找碣石，于是有谷口御河入海处的碣石，地点在今沧县以东（即第七说）；又有海丰马谷山九河之下的碣石，地点在今山东无棣县东境（即第八说）；又有沙门岛对岸铁山的碣石，即今山东蓬莱县北辽宁西南所当渤海海峡北口的碣石（即第九说）。这三处碣石都不属冀州而属兖州青州境了。碣石所在地的变化，大抵沿着渤海西部海岸自北向南逐步移徙着，最南的竟远到了广东（即第十说）。要知其真正最原始的《禹贡》碣石，且确实作为据以右折西行的航行标志的，应该是正处在转角点上的乐亭县海上的碣石（祥云、李家、桑坨三岛或其一）；古代几个帝王登临的碣石，则是今昌黎县北的碣石山。

（7）1985 年，著名地质学家周慕林发表的《碣石山在何处》[①]一文，说有四种不同意见。从地质学角度否定了"碣石沦海说"；说北戴河海滨的鹰角石是假设中的"碣石"；虽认为"昌黎碣石山，海拔 695 米，峰顶圆柱形，为渤海北部航海定向的标志山，符合史载地图上的位置及历史上曹伐乌桓途经路线，以及碣石篇内景物描写情况，应是名实相符的碣石山。"但还指出："无棣大山为渤海湾西南海域中的航向标志，可称为该地区的碣石。一般多认为碣石有二，昌黎碣石山为大碣石，无棣大山为小碣石。"文中说：

碣石山为中国古代名山，名见于《禹贡》，秦始皇、魏武帝登临其上观海赋诗以咏胸怀。但碣石山究竟在何处，却有四种不同意见。

由第四纪构造运动资料看来，昌黎及北戴河一带均为挽近地壳上升地区。目前均已抬升到海拔 20—50 米的高程。又经沿海考察及航空照片、卫星照片研究结果，并未发现"碣石五百里沦入于海"的迹象，

---

① 周慕林：《碣石山在何处》，《地球》1985 年第 6 期，第 4—5 页。

故千年传闻的沧海之说实不可信。

北戴河海滨的鹰角石是假设中的"碣石",可以领略"东临碣石,以观沧海"的意境,但决不是碣石山。

昌黎碣石山,海拔 695 米,峰顶圆柱形,为渤海北部航海定向的标志山,符合史载地图上的位置及历史上曹伐乌桓途经路线,以及碣石篇内景物描写情况,应是名实相符的碣石山。

无棣马谷山:无棣的碣石指位于冀、鲁交界的大山、小山,大山即古之马谷,小山即古之马骝。在渤海湾西岸,自天津往南,沿海经黄骅、海兴、无棣至老黄河口以北,数百城的广阔沿海平原均为九河入海的盐滩碱地,除大山、小山两个孤山可作为海中航运标志外,实无一丘可指。尤其是大山,形体虽小,在解放前仍为江浙帆船驶入大沽的标志,据调查,大山位于无棣县城东北 30 公里的马颊河左岸(约 38 度 00N 及 117 度 45E),系一被黄土覆盖的小火山锥,海拔高度 62.5 米,表面覆盖的大孔砂质黄土含零星钙核,疏松有垂直节理,层理不显,最大堆积厚度不过 10 米,下伏黑褐及褐红色气孔状玄武岩至少曾经三次喷发。小山在大山的西北(约 38 度 10N 及 117 度 40E),位埝口与羊二庄之间,东距渤海滨约 23 公里,亦为圆锥形火山孤丘,丘项海拔 36 米,由晚更新世末期的火山碎屑堆积而成,顶部 20 米为火山砂砾,下部为灰黑公火山粗砂层夹黄褐色黏土,底部为灰黄色凝灰质砂层夹玄武岩岩屑及橄榄石晶体的透镜体。经钻探查明,本期玄武岩埋藏深度有 30—100 米,岩芯经古地磁测定,位于磁性地层拉斯钱普照极性事件附近。

结论:无棣大山火山锥,海拔 62 米,为渤海湾西南海域中的航向标志,可称为该地区的碣石,但非碣石篇所指的碣石。一般多认为碣石有二,昌黎碣石山为大碣石,无棣大山为小碣石。

(8) 1987 年,董宝瑞先生发表《"碣石宫"质疑——兼与苏秉琦先生商榷》[①]一文,质疑苏秉琦教授把 1984 年 12 月和 1986 年 10 月发掘的"辽宁

---

① 董宝瑞:《"碣石宫"质疑——兼与苏秉琦先生商榷》,《河北学刊》1987 年第 6 期。

绥中县石碑地（姜女坟）"和"河北秦皇岛市北戴河金山嘴"两座秦代行宫，先后认定为"碣石宫"，就说解开了"千古之谜"；认为"碣石宫只能在都城，不可能在远离都城几百里外的海滨。借碣石山命其名，是为壮其声威。"文中说：

近年来，在辽宁绥中县境内和河北秦皇岛市北戴河海滨，相继发掘出了两座秦代行宫遗址。它们有一个共同的特点，即都建在有着壮美景观的渤海岸边，两者之间相距也不为远，约有 40 公里。然而，颇有意趣的是，国内某些考古学家不知何故，先后确认这两座秦代行宫遗址，均为文献上记载的"碣石宫"。据 1984 年 12 月 16 日《辽宁日报》报道："中国考古学会副理事长、考古学家苏秉琦教授看了大瓦当拓片、肯定姜女坟遗址（即石碑地秦代行宫遗址——笔者注），就是文献上记载的'碣石宫'。其发现意义可与万里长城相比。"另据 1986 年 10 月 25 日《秦皇岛日报》发表的秦方志《秦始皇东巡碣石》一文介绍："一九八六年，河北省考古队在这里（指北戴河海滨金山嘴一带——笔者注）发掘了秦代行宫遗址，经我国考古学会理事长苏秉琦教授和我国著名考古学家俞伟超教授来北戴河亲自鉴定，认为这是秦始皇东巡时期的行宫，名碣石宫。"倘若《辽宁日报》记者写的报道无误，《秦皇岛日报》发表的文章内容属实的话，那么，苏秉琦教授在不到两年时间内，先后认定了两个"碣石宫"，就令人大惑不解了。莫非当年秦始皇"之碣石"时，凡建有行宫处，其地就是"碣石"所在地，其宫必名"碣石宫"？这实在值得商榷与考究。

按照燕昭王在都城招贤纳士的壮举，他为应招而来的驺衍筑宫，只能在都城，不可能在远离都城几百里外的海滨。借碣石山命其名，是为壮其声威。也就是说，此"碣石宫"旁附近并无碣石山，也不在东去五六百里外的碣石山所在地或其邻近地域。

驺衍后来又回到了齐国，晚年他曾为齐使赵。他当年究竟在碣石宫留居多久，已很难考究。其所居的碣石宫即便安然保留到秦始皇统一中国之后，按其建筑规模及其历史状况，也很难成为秦始皇出巡的行宫，即使改建为行宫，也在燕故都地，与建在辽西郡海边的两座行官风马牛不相及。苏先生对此史况当有所知晓，但他却在鉴定石碑地、金山嘴秦代行宫遗址时，一连认定了两个"碣石宫"，这就不能不让人莫明其妙了。情有可原的是，苏先生在作出"碣石宫"的判断时，肯定受到了秦代行宫遗址发现地即为古碣石所在地这一说法的强烈影响。其地既然有"碣石"，其宫很可能就是历史上曾有过的"碣石宫"，这是一个很简单的推理。然而，出人意料的是，继一个秦代行宫遗址发现之后，又发现了一个秦代行宫遗址，而且这两座秦代行宫遗址均明显与秦始皇东巡碣石有密切关系，这就难为苏先生了，只好都认定为"碣石宫"。殊不知，态好表，矛盾却难以解决。道理很简单，即使按照有的古人所疑，燕昭王所筑的"碣石宫"很蹩脚地建在了这一带，也不会由一个变成两个吧？倘若在这一带再发掘出一两个秦代行宫遗址（这并非无稽之谈，据《史记》记载秦始皇在关中以外修建的行宫有四百处，当时的辽西郡地域广阔，恐怕在沿海不会仅修这两座行宫），终归不会出现一连串的"碣石宫"吧！

当代历史地理学家谭其骧教授著文《碣石考》，否定"碣石沦海说"，确认今碣石山即古碣石山时，因解释不通郦道元关于"天桥柱"的描述，从而提出了另有一块"碣石"没于陆的说法。这样，就使得当代一些学者在考证碣石时，纷纷在昌黎、乐亭、抚宁、秦皇岛一带海边寻找起消失的"古碣石"来。在这种情况下，辽宁省的一些考古工作者在绥中县海边发现秦、汉建筑遗址时，即认为邻近海中的"姜女坟"礁石可能是那块"碣石"，也是情有可原的事。但是，未经严谨的考证，便说"姜女坟"就是"碣石"（此说法在石碑地秦代行宫遗址发现两个多月即公诸报端了），未免操之过急，言之失慎。因为没料到，继石碑地秦代行宫遗址发现后，金山嘴也发现了秦代行宫遗址。既然辽宁省一些考古工作者以发现秦代行宫遗址为依据，发出"姜女坟"为"碣石"的"爆炸性新闻"，河北省的一些考古工作者又有何不可依据考古发现，说"碣石"在金山嘴呢？这样，又一个"碣石"也问世了。

(9) 1987年，梁守让（1992年版《昌黎县志》副主编）发表了《亦考

"碣石"》①一文，来了个折中的办法，提出了《禹贡》"碣石"为"一名两地"
的观点，即"夹右碣石，入于河"是指古河水入海处、渤海西南岸的无棣大
山；"太行、恒山至于碣石，入于海"是指与太行、恒山脉络相连、山势呼
应的昌黎碣石山。文中说：

> 《禹贡》载"碣石"一名有二处："夹右碣石，入于河"及"太行、
> 恒山至碣石，入于海。"笔者略述管见：虽"碣石"一名，实二地也。

梁守让先生不赞同"碣石与黄河无涉"的说法，在第一部分"无棣大山"
中论述：

> 《禹贡》云："夹右碣石，入于河"。《史记·夏本纪》云："夹右碣石，
> 入于海"。二者所指"碣石"为同一座山体，即今无棣大山，昔称"碣
> 石山"。此山位于山东无棣县境北，南距无棣县城 30 余公里，东距渤海
> 约 40 公里（应为东北距渤海 30 公里），东南距徒骇河约 46 公里，距宣
> 惠河约 14 公里。山体占地面积约 0.39 平方公里，海拔 66.2 米（应为
> 63.4 米），为喜马拉雅期第四纪更新世喷出岩，以安山玄武岩为主。无
> 棣大山是一低矮岗丘，与太行山、燕山相比实不足道。然而，就其所
> 处地理位置，拔地而起，耸立河、海之滨，这在春秋以前，即有其标
> 识的重要作用。
>
> ……
>
> 无棣大山，虽山体不大，不高，但在古代作为标识，作用显著。
> 故《十三经注疏·尚书正义》孔颖达注"碣石"曰："碣石海畔山，禹
> 夹行此山之右而入河，逆上。"《史记·夏本纪》"碣石"注：[集解]
> 孔安国曰："碣石，海畔之山也。""入于海"注：[集解] 徐广曰："海，
> 一作河"。《史记·河渠书》"入于渤海"注：[集解] 瓒曰：《禹贡》
> 云'夹右碣石入于海'，然则河口之入海乃在碣石也。"《山海经》曰
> 碣石之山渑水出焉，东流注于河。河之入海，旧在碣石。今川流所
> 导，非禹渎也。"以上诸说，以今无棣大山（即昔陶唐碣石）佐证，
> 均无不相符。只不过自春秋以后，以其山无林木称无棣山，以其山下

---

① 梁守让：《亦考"碣石"》，《河北师大学报》1987 年第 3 期。

有沽塘产盐称盐山，以其北有小山称大山。随社会的发展，科学技术的进步，指南针的出现，此"碣石"作标识的意义远不如春秋以前的时代，其"碣石"之名被"盐山"、"大山"等所替代。从地质发展方面，近二千年来还没有发生大的地壳升降、变迁，偌大一个"碣石"既没有"沦于海"，也没有"没于陆"，仍占有一定的空间，只不过其"碣石"之名"泯灭"了。

综上所述，今之无棣大山，即是唐尧时的碣石山。

在第二部分"昌黎碣石"中论述：

《禹贡》中记述有关山势走向，又载"碣石"云："太行、恒山至碣石，入于海。"此处所指"碣石"不是"夹右碣石，入于河"之"碣石"，系指今昌黎碣石。可否认为，那时就已出现碣石一名用于二地的重名情况呢？

昌黎碣石，位于今昌黎县城北。山体跨越昌黎、抚宁、卢龙三县，占地面积可达 300 平方公里，由近百座山峰峦组成，比之无棣大山（古河水入海口附近的碣石）占地面积大 750 倍。可谓春秋以后，两个"碣石"，一个声名赫赫，一个默默无闻。昌黎碣石，系燕山伸向渤海边沿的余脉，恰附《禹贡》及《汉书·地理志》"太行、恒山至于碣石，入于海"之说。《汉书·地理志》[师古]注释曰："太行山在河内山阳西北，为新华夏系燕山联合弧向东南突出部分，其主峰仙台顶，南距昌黎城关 5 公里，东南距渤海（大浦河口）18 公里，海拔 695.1 米，为渤海北岸近岸的最高峰。比今无棣大山高 10 倍多。近视其峰巅，为南北对峙，并立的两大柱石，拔山而起。远望主峰，状若柱锥，在其它较低峰峦簇拥中，宛如鹤立鸡群，直插云天，故似'碣然特立之貌'谓之'碣石'，其山体称'碣石山'。"

既不用到乐亭县南海中寻找，也不用在北戴河海滨觅寻，更不是今之"姜女坟"。此外，在古"河水"入海处，在渤海西岸偏南，以渤海北岸的昌黎碣石佐证"夹右碣石，入于河"，即便在还没考证出今无棣大山即是另一古碣石以前，它的说服力也是不足以确信的。昌黎碣石，恰是《禹贡》"太行、恒山至碣石，入于海"的碣石。

（10）1989 年，严宾发表了《碣石新考》①一文，认为"碣石山"与"碣石"是两个不同的实体，"碣石山"为山、"碣石"非山为石，指出，根据记载"真正原始的碣石应在絫县与骊成县交界地带，两县共有一个碣石，即现在辽宁绥中县与河北秦皇岛市山海关之间海中巨石'姜女坟'"。文中说：

> 那么，这块原始的真正的碣石究竟在何地？首先，碣石的地理位置在絫县与骊成县之间。战国至三国时期，一说碣石在絫县，一说碣石在骊成县。因为絫县与骊成县是邻县，合起来的面积才共有两个方百里，所以不可能每县各有一个碣石，只可能两县共有一个碣石。毫无疑问，这个碣石的位置必在两县的交界地带；换言之，两县的分界在碣石。以今地言之，碣石一定位于辽宁绥中县与河北秦皇岛市山海关之间的地带。
>
> 碣石的形体特征是高大峭拔之石。司马迁记述秦始皇巡游，凡秦始皇登上某山者必以"登"、"上"之类的词语详加书之。例如："上邹峄山"，"上泰山"，"穷成山"，"登之罘"，"登琅邪"，"上会稽。"然而独于碣石，或言"之碣石"，或言"游碣石"。足见秦始皇到碣石而未登。其他诸君，史言秦二世"到碣石"，汉武帝"至碣石"，曹操"临碣石"，司马懿"越碣石"，皆无登上碣石者。这些帝王将相所以临碣石而不登，必因碣石是高耸峭立之石而不可登攀。顾炎武指出："始皇刻石凡六，《史记》书之甚明。于邹峄山则上云立石，下云刻石颂秦德。于泰山，则上云立石，下云刻所立石。于之罘，则二十八年云立石，二十九年云刻石。于琅邪，则云立石刻颂秦德。于会稽，则云立石刻颂秦德。无不先言立，后言刻者。唯于碣石，则云刻碣石门，门自是石，不须立也。古人作史，文字之密如此。""碣石门"就是碣石，是碣石为石。试看《禹贡》《史记》《汉书》《后汉书》《三国志》乃至《晋书》，均不称今渤海北的碣石为山。《说文》明谓碣石是"特立之石"，文颖明谓碣石是"石"，这些记载反映了碣石形体的真实面貌。
>
> 今有俗称"姜女坟"者，位在河北秦皇岛市山海关与辽宁绥中县交

---

① 严宾：《碣石新考》，《辽宁大学学报》（哲学社会科学版）1989 年第 3 期。

界之区，矗立于北距海岸至多一华里的大海之中，由高出海面约二十米和十米上下的三块天然巨石构成，景象蔚为壮观。"姜女坟"的地理位置、地理环境与形体特征，与上述碣石的地理位置、地理环境与形体特征完全相同。因此我们确认，所谓原始的真正的碣石，就是今河北秦皇岛市山海关与辽宁绥中县之间海中的巨石"姜女坟"。

（11）1991年，傅金纯、纪思发表了《曹操何处"观沧海"》①一文，文中批驳了"碣石和碣石山同一"、"碣石沦没"、"昌黎碣石山"三种具有代表性的学说和观点，认为"碣石山"与"碣石"一为山、一为石；"碣石沦没"种种说法相互抵牾，经不住事实的推敲；昌黎所谓"碣石山"之说正是国人"怪癖"与牵强附会所形成的误区。指出"山海关外现今辽宁省绥中县境内海中的'姜女坟'即'碣石'所在"。

《史记·秦始皇本纪》载："三十二年（公元前215年）。始皇之碣石"，公元前209年，秦二世胡亥"东行郡县"，"到碣石"。《史记·孝武本纪》中载：公元前110年，汉武帝封禅泰山后，"并海上，北至碣石，巡自辽西"；又《汉书》所载：汉武帝"行自秦山，复东行海上至碣石"。而魏武曹操在《观沧海》诗中写道："东临碣石，以观沧海。"上述所列史料中明确言其"之""到""至""临"，都不曾写他们"登"上碣石，更没有说碣石是"山"。另外，西汉人编辑的《尔雅》，成书于秦皇汉武同一时代。该书解释碣石是"褐然而立"之石，"在海旁也"。东汉人许慎在《说文解字》里也解释"碣"为"特立之石"。所谓"碣"者，本是圆顶的石碑。"碣石"自然是指形制若"碣"石之石。还有，我们也可以从《观沧海》的诗文中窥见一斑，诗中"山岛竦峙"即白描出碣石耸立海中高且长的形态。这里应当说明一点：笔者并非有意自投罗网，关于"山岛"之"山"，不是用来作为碣石是山的佐证。须知古人谓"有石而高象"者为山（见许慎《说文解字》），其字义涵盖比现代汉语要宽泛得多。况且诗文上用字更讲究模糊性，由此可见，碣石确是"著于海畔"的"特立之石"。

---

① 傅金纯、纪思：《曹操何处"观沧海"》，《辽宁师范大学学报》1991年第4期。

　　碣石既然是中国北方重要的地物，而且秦皇汉帝，曹王唐宗都曾幸此，便不能不对历史和国人有个交代。沧海沉陆未免令人沮丧，于是凭《汉书·地理志》中有"骊成，大揭石山在县西南"一句片言断语，以"山"换"石"，又进而按图索骥，认定河北昌黎仙台为正宗"碣石山"。自清代以后，相关的府志、县志、书注、地图皆众口一词，大有"一边倒"之势。

　　经笔者踏勘得见，这座"碣石山"形貌平常，当地俗称"娘娘顶"。山高 695 米，南距渤海约 24 公里。山顶确有巨石突兀，高耸峭拔，却不成"碣碑"之象。可以想见：当年秦皇汉帝登攀这座远离大海的山巅谒仙讨药，岂不等于缘木求鱼？更不要说曹操观海赋诗之事。站在 700 米高山顶向东南眺望，眼前烟凌微茫，哪里会有什么"水何澹澹"、"洪波涌起"的感受？何况在视野所及之外也没有"山岛辣峙"可瞻。由此说来，他要写出《观沧海》诗篇，就如同白日说梦一般。可以推而论之，昌黎所谓"碣石山"之说正是国人"怪癖"与牵强附会所形成的误区。

　　碣石今安在？不管"沦没"还是"昌黎山"，其说都不能自圆。但是长期以来人们又无可奈何！各家注释只得因循诸说并兼而用之，本来无可厚非。只是一经文学读本的扩散，它的影响面就大了，几乎天下人都以昌黎"碣石山"作为"正宗"碣石，光顾扣访者也不乏其人。又由于古今许多人的意识里有"文化不度山海关"的观念，使得他们把关外世界看成"文化沙漠"地带，所以不肯移步俯就去探寻这里的"莫高窟"。碣石一案，几个世纪以来都不能做出终结。

　　以近年出土文物为依据，参照史籍中的合理记载，并通过实地勘察，得出新的结论：山海关外现今辽宁省绥中县境内海中的"姜女坟"即"碣石"所在。自然，曹操在此面对苍茫海天，情魄引发，洒墨挥毫，写出《观沧海》诗篇。

（12）1993 年，李军发表了《"碣石"一词新解》① 一文，分析了《辞海》、《辞源》中对"碣石"的解释，赞同梁守让"碣石"为"一名两地"的观点，

　　① 李军：《"碣石"一词新解》，《历史教学》1993 年第 8 期。

试对"碣石"一词新解为"(1)山名：在河北昌黎北，雄踞渤海北岸。(2)古山名。一、在山东无棣，渤海西岸。"

碣石是个有名的地方。碣石之名见于我国最早的地理著作《禹贡》。《禹贡》载"夹右碣石，入于河"和"太行、恒山，至于碣石，入于海"。前者说的是今无棣大山，后者所云即昌黎碣石。

刊行于1979年新版《辞海》的解释比刊行于1936年旧版《辞海》有几个优点：把《禹贡》两处谈的碣石给分开。确认昌黎碣石后接着写道："太行、恒山，至于碣石。"这里的碣石指昌黎碣石。"夹右碣石，入于河"。"有人指出《禹贡》时代黄河不可能在渤海北岸入海，这个山应在渤海西岸古黄河口"。这里的碣石虽没明说但实指今无棣大山。为进一步研究"碣石"一名二地开了先河。

总结新版《辞海》《辞源》优点去其不足，试对碣石一词新解如下：

碣石(1)山名：在河北昌黎北，雄踞渤海北岸。(2)古山名。一、在山东无棣，渤海西岸。《禹贡》："夹右碣石入于河"。这里提到的碣石是今无棣大山，唐尧时"碣石"因不长林木春秋称无棣山。山下沽塘产盐，魏晋称盐山。唐初乡人为纪念起义首领马君德（东盐州人）又称盐山为马谷山。因其北（今海兴县境）有34米的马骝山，隋时称峡山。北宋后称小山。故盐山改为大山。碣石始称随山名变化泯灭。山更名再加上隋开皇六年（586年），借盐山之名改汉置高成县为盐山县。盐山（大山）原在盐山县境，唐开元六年（713年）划入无棣县。故更难找今无棣大山的位置。二、《水经·河水注》："（秦）始皇令太子扶苏与蒙恬筑长城，起自临洮。"按《晋太康三年地记》乐浪郡"遂城县有碣石山，长城所起"。此碣石山即今朝鲜平壤西南南浦北元龙岗。

(13)1994年，王志力（唐山市地方志办公室）、罗爱平发表了《"唐山碣石"考》[1]一文，认为"自明中叶始即谓昌黎仙人台为《禹贡》右碣石，以及秦皇岛海滨诸山、绥中县姜女坟等诸说，均距'九河地域'有牵强附会之嫌，不能苟同"。指出"充当河水入海、贡道溯河标志的'禹贡右碣石'，

① 王志力、罗爱平：《"唐山碣石"考》，《冀东学刊》1994年第4期，第17—21页。

非今唐山市区中心大城山莫属"。文中说：

> 反复讨论，碣石是山并未沦于海的科学论证，得到了越来越多专
> 家学者的首肯，其坐落位置业已集中到渤海西北岸，似乎也是碣石的
> 最佳归宿。但自明中叶始，即谓昌黎县北仙人台山即禹贡右碣石，以
> 及今秦皇岛海滨诸山、绥中县姜女坟等诸说，笔者却实在不能苟同。
> 因为上述不仅绝非前汉右北平郡骊城县西南或絫县之地，而且距"九河
> 地域"大有牵强附会之嫌。同时与上古濡水河道并无直接关系，故均非
> 禹贡碣石确切的地望所在。笔者以为，追溯到距今4000年前"满目青
> 山"的洪荒时代，参照夏商周阶段中原地区版图范围，在秦汉右北平
> 郡南部沿海，唯有今唐山辖区玉田、丰润县境内燕山山脉作为上古"碣
> 石地域"才能位当其选，而充当河水入海、贡道溯河标志的"禹贡右碣
> 石"，则非今唐山市区中心大城山莫属。

（14）1995年，吕绍纲（1933—2008，吉林大学古籍研究所教授）发表
了《说〈禹贡〉碣石》[①]一文，认为"《禹贡》碣石是一座山，不是一块孤
石"。"历代帝王登临的碣石与《禹贡》碣石没有必然联系"、"帝王们先后
登临的碣石实际上不必是同一个"；指出"谭其骧先生考证《禹贡》碣石即
今河北昌黎的碣石山是对的，但说是秦皇、汉武登临的碣石就不对了。今
辽宁绥中、河北秦皇岛等地，都可能是古帝王登临的碣石，而绝非《禹贡》
之碣石。"

金景芳（1902—2001，辽宁义县人，吉林大学教授、历史系主任、古
籍研究所教授、博士生导师，著名历史学家、文献学家）在与吕绍纲合著的
《尚书·虞夏书新解》[②]中也持此观点。

吕绍纲《说〈禹贡〉碣石》文中说：

> 《禹贡》碣石在何处，自古以来说者纷然，未得一是。原因在于人
> 们忽略了对《禹贡》本文的研究，从而把碣石与碣石山混为一谈，把后
> 世帝王们登临的碣石与《禹贡》碣石等同起来造一片混乱。

> 第一，《禹贡》碣石在渤海湾西岸，接近河水入海处（今天津市

① 吕绍纲：《说〈禹贡〉碣石》，《史学集刊》1995年第1期，第8—10页。
② 金景芳、吕绍纲：《尚书·虞夏书新解》，辽宁古籍出版社1996年版。

东南）。

第二，《禹贡》碣石是一座山，不是一块孤石。《禹贡》说"太行、恒山至于碣石"，碣石与太行、恒山并言，太行、恒山是山，碣石必也是山。

碣石是泛称，是一般名词。凡能满足"碣然特立"这一条件的孤石，无论在海在陆，皆可称为碣石。《禹贡》碣石是专称，是专用名词，它只有一个，它必是一座山。虽然别处或许亦有山名碣石者，然而那是另一座山，不与此山同。

第三，既认定《禹贡》碣石是一座山不是一块石，便应当想到历代帝王登临的碣石与《禹贡》碣石没有必然联系。例如秦始皇、汉武帝、魏武曹操，他们寻求的是海边奇特的孤石而不是碣石山。当他们登临碣石的时候，感兴趣的是观海揽胜，刻石纪功。

海边水中孤立的碣石是不可能登上的。可是曹操有诗曰"东临碣石，以观沧海"云云，他站在什么地方看呢？他站的不是碣石，也不是碣石山，而是人造的官观楼台之类。海水中孤立之碣石本身当也是他观看的对象。

帝王们先后登临的碣石实际上不必是同一个。

谭其骧70年代作《碣石考》（《学习与批判》1976年第2期，收入《长水集》下），正确地指出今河北昌黎县北偏西10里的碣石山就是《禹贡》的碣石。他还考证说，郦道元讲的沦入海水中时隐时现、胡渭说已彻底没入海底的碣石山不是碣石山本身，而是昌黎碣石山向海水中延伸的余脉。这余脉不是没于海，是埋于陆。当年昌黎碣石山就在海边，后来距海远了，是海变陆的结果。这些说法符合《禹贡》的文意，是对的。谭氏终于找到了《禹贡》的碣石！

但是他仍然因袭古人旧说，强调昌黎碣石山也就是秦皇、汉武登临过的碣石。于是麻烦就来了。80年代以来陆续有人在别处发现了秦皇、汉武、魏武登临过的碣石，而且证据确凿，不容置疑。谭氏昌黎碣石山是《禹贡》碣石的论断面临不攻自破的危险。

这样一来，后世帝王们先后光顾过的碣石，可以肯定地说，在绥中至秦皇岛长达 40 公里的海滨区间内。姜女坟、鸽子窝、南天门都可视为他们登临过的碣石。将来在这一带发现新的碣石也是可能的。碣石太多，这是不是相互抵触呢？我以为不抵触。海边碣石本不止一块，帝王们光顾的完全可能不是同一块碣石。辽宁人说秦皇、汉武登临的碣石在绥中，河北人说在秦皇岛，同样可信。

但是，河北、辽宁两省考古工作者的新发现动摇不了谭氏今昌黎碣石山就是《禹贡》碣石的论断。说姜女坟、鸽子窝、南天门是帝王们光顾过的碣石，可以；说是《禹贡》碣石，则不可以。因为第一，它们是海水中孤石，《禹贡》碣石是滨海陆上一座山。

第二，它们距离《禹贡》河水入海处太远，与"夹右碣石入于河"句意不合。

第三，它们三块既然都是碣石，这本身就证明它们不是《禹贡》碣石。《禹贡》碣石无论在何处，它只能是一，不能有二。

总之，后世帝王登临的碣石与《禹贡》碣石不是一回事，宜分开看。辽宁绥中和河北秦皇岛市北戴河区的考古新发现证明姜女坟、鸽子窝、南天门是帝王们登临的碣石。谭其骧关于今昌黎碣石山是秦皇、汉武登临的碣石的说法，是不对的。但是，姜女坟、鸽子窝、南天门哪一个也不是《禹贡》碣石。《禹贡》碣石，仍应相信谭其骧的论断，它就是今昌黎县北 10 里的碣石山。

（15）1997 年，华玉冰（辽宁省文物考古研究所副所长、研究员）发表了《试论秦始皇东巡的"碣石"与"碣石宫"》[①] 一文。认为"谭其骧《碣石考》引用文献论述极为精辟，但疏于物证"，即没有像行宫这样的文化遗迹佐证，"冯君实、黄盛璋提出的'秦汉碣石'应在金山嘴一带寻找的新看法"，也存在矛盾现象。经过几年来的考察与发掘，颇以"姜女石"说为是。

1982 年，在辽宁省绥中县万家镇南部沿海地区发现了规模宏大的秦汉时期建筑群，引起了史学界、考古学界的高度重视。依据该遗址群的规模、结构及其文化内涵，考古专家认定它应是一处宫殿遗址，

---

① 华玉冰：《试论秦始皇东巡的"碣石"与"碣石宫"》，《考古》1997 年第 10 期。

与秦始皇东巡有关。该建筑群址的主体建筑位于岸边高台地上，其中石碑地遗址面积最大，位置居中。其前方海中高耸矗立着三块自然礁石（俗称"姜女坟"、"姜女石"）。由此，部分学者依据历史文献认定"姜女石"就是"碣石"，石碑地遗址就是秦始皇的"碣石宫"。经过几年来对"姜女石"的考察及对石碑地遗址的进一步勘探与发掘，我们颇以此说为是。

随着谭其骧先生《碣石考》一文的发表，今河北昌黎大碣石山即古之"碣石山"几成定论，并称特立之石的碣石在山前"没于陆"而非"沦于海"。该文引用文献对碣石山的论述极为精辟，但对"碣石"的考证还是疏于物证。

与此同时，冯君实、黄盛璋先生等利用了一些考古调查资料，提出了秦汉"碣石"应在金山嘴一带寻找的新看法。为了解释文献记载与实地有差异的矛盾，指出了北魏以后历朝皇帝所莅临的"碣石"与秦始皇、汉武帝所登"碣石"非一地之说。1982 年以后，随着辽宁绥中"姜女石"和河北金山嘴秦汉遗址的发现，人们终于将目光转移到遗址附近的山石身上，进而提出"碣石"是山不是石、是国门、是港口等看法，使"碣石"的研究进入一个全新的境地。但如何解释历代文献所载"碣石"在地域上不统一的矛盾现象，还需要进一步研究。

总之，"姜女石"建筑群址的发现，尤其是石碑地宫城遗址的勘探与发掘，为我们探寻"碣石"及"碣石宫"提供了新的研究资料。随着工作的进一步开展，相信这一课题会取得更大的进展。

（16）2002 年，修俊善（山东省龙口市文联）发表了《碣石今何处》[①] 一文，提出了"碣石山就是现今的庙岛列岛，大禹治水是从这里开始的"观点。

辽东半岛从前与登莱半岛一样同隶属于青州。古时交通不发达，航海技术尚处原始阶段，登莱与辽东两个半岛竟联合并为一州，可见当时庙岛列岛以西并未成海，其间地势相连，陆地可以相通，不然，《禹贡》九州，大都以水为界，两个半岛遥隔茫茫大海。怎么能共为青

[①]　修俊善：《碣石今何处》，《禹城与大禹文化文集》，禹城大禹文化研究会，2002 年。

州呢？西汉司空掾王横曰："往者天尝连雨，东北风，海水溢，西南出，侵数百里，碣石遂沦于海。"照这句话看来，就在这时，逆河变成了后来的渤海，只可惜，没有说明这个"往者"究竟在何时。

根据上述分析可以得出结论：碣石山就是现今的庙岛列岛，大禹治水是从这里开始的。

(17) 2005 年 4 月 29 日，"走近徐福"网站上有孙志升先生（1946 年生于江苏无锡，高级编辑，秦皇岛市历史文化研究会会长、秦皇岛市碣石研究会及徐福研究会副会长）的文章《碣石、秦皇求仙与徐福集团东渡》，后又见孙志升、高知然（《秦皇岛日报》社总编辑）两人网文《碣石、秦皇求仙与徐福集团东渡》。文中认为"碣石，非山、非石、非门，是以秦皇岛为中心，东北至辽宁绥中县石碑地、西南至金山嘴的一个地域——碣石地域，即秦皇岛一带地域说"。文中说：

近年来，随着秦皇岛沿海一带（包括山海关外的绥中县沿海）秦汉遗址的发掘，国内专家学者（包括一些历史考古爱好者）研究风又起，而与秦皇岛求仙有关的碣石之说，已基本排除了流传盛广盛久的碣石沉沦于海和碣石没于陆说，也排除了是大山的说法，而逐渐趋同于以下四种说法：

一、北戴河金山嘴说。亦可谓北戴河海滨说。

二、秦皇岛说。

三、绥中石碑地说。也可称姜女坟说。石碑地在辽宁省绥中县万家乡墙子里村南的海岸边，毗邻山海关界，西距山海关城约 15 公里，石碑地海中有几块突兀耸立的奇形礁石，也就是被当地人称为姜女坟的礁石。

四、秦皇岛一带地域说。执此种说法的是以秦皇岛市原地方志办公室主任王岳辰为首的一些学者，他们认为："碣石，一非山，二非石，三非门，是地域，是碣石地域。"

笔者赞成此种说法，并于 1987 年写过《秦帝国海岸国门巡礼》一文，发表在《信息潮》报上，文章说："近年来的考古发掘不但科学地证实了这大群建筑基址是祖龙秦始皇东巡渤海时的行宫遗存，而且为秦皇岛的得名之说提供了确凿的依据。以秦皇岛为中心（当初秦皇岛是海中孤岛），东北30多公里是石碑地秦宫遗址，西南20多公里是金山嘴秦宫遗址，而在石碑地以东还有止锚湾，石碑地以西还有黑山头等秦汉遗址，在金山嘴以北则在鸽子窝，以西则在莲蓬山也都发现有秦砖汉瓦，把这几个点连结起来，可以看到这是一组颇似覆压三百余里的阿房宫式的宫殿建筑群。""这些建筑遗址的共同特点是都坐落在临海高台高地上，而且都面对海中或海边昂然而立的礁石，如石碑地古建筑面对的是海中巨石——姜女坟，黑山头面对的是被称为'龙门石'的两块东西对峙的礁石，金山嘴南端有海蚀台地和海蚀拱桥南天门，北端亦有海蚀台地和鸽子窝巨石。"考古学会理事长苏秉琦教授认为："山海关东有墙子里的秦皇遗址，金山嘴也有秦皇遗址，这是一回事……秦皇'之碣石'其思想是'普天之下，莫非王土，率土之滨，莫非王臣'。把中国海岸连成一条线，东南是线，这里是个门，有这个门，就有一个统一大帝国的地位。"

可以说，正是当代的考古新发现，为我们解开了秦皇岛"之碣石"的"碣石"千古之谜。

（18）2006年，韩晓时（辽宁社会科学院民俗学文化学研究所研究员）发表了《东临碣石秦宫阙》①一文。文中归纳了六种说法："山名：在河北省昌黎县、山东无棣县；岛名：秦皇岛；崖名：金山嘴；石名：姜女坟；地名：一非山、二非石、三非门，是地域，是碣石地域。"认为"姜女石"为"碣石"：

结合"碣"的字义去考察，我们会发现许多的巧合：碣石，应该是海边奇特耸立的圆柱形大石碑，姜女石赫然耸立在海边（中），而正对着姜女石的岸上被称作"石碑地"的地方发现了大型秦代皇家宫廷建筑，秦始皇东巡的行宫又称作"碣石宫"……是因为有碣石而行宫得的名呢？还是因建了行宫、立了碣石才得的名呢？这还需要进一步的考古科学证明。但不管怎么讲，辽宁省绥中县万家乡墙子里村"石碑地"的姜女石恐怕是秦始皇"之碣石"最有说服力的地点。

---

① 韩晓时：《东临碣石秦宫阙》，《中国地名》2006年第9期。

（19）2012 年，周述椿（水利部成都勘测设计研究院高级工程师）发表了《〈山海经〉中的碣石之山即今吉林长白山》[①] 一文，认为长白山才最有可能是《山海经·北次三经》中所载的古碣石之山：

> 由于有碣石沉海说，碣石山在何处，历史上形成多种说法，从而造成今天碣石山在何处之争；但都论争的是《禹贡》碣石。《山海经》中所载的碣石之山在何处，除谭先生所著的名文外，多有将经载碣石与《禹贡》碣石相提并论者，笔者尚未见到其他说法。仅以此长白山即经载碣石之山说，就教于诸方家。

---

① 周述椿：《〈山海经〉中的碣石之山即今吉林长白山》，《文史杂志／史坛纵论》2012 年第 1 期。

三、碣石释疑

历代研究《禹贡》的学者，都将主要精力放在地名的考证上，由于先秦时代地理观念模糊，因此先儒们对《禹贡》182个地名中的绝大部分地名都有不同看法。至今，对《禹贡》导山、导水及地名的考证研究，仍如火如荼，分歧依然显著，也屡出新说，但学者们各尽其所学，进一步挖掘各种可能性。事实上，这一难题也只有在不断推陈出新的过程中才能穷尽各种证据，淘汰已有的错漏之说，继续向真理靠近。

禹疏九河　至于碣石

古代船舶航行一般沿海岸线航行选择沿海靠近港口、河口的自然岛屿作为航标。"碣石"作为远古的海畔导航标识山，位于由海入河河口处，这是"碣石"最初的本义，学者们一直持此观点，也是共识。

《禹贡》记载："岛夷皮服，夹右碣石，入于河"、"太行、恒山至于碣石，入于海。""至于大陆，又北，播为九河，同为逆河，入于海。"这是"碣石"最初之本，也是其定位之要义。

关于"岛夷皮服"，伪孔传云："海曲谓之岛。居岛之夷还服其皮，明水害除。"正义云："孔读鸟为岛，岛是海中之山。九章算术所云'海岛邈绝，不可践量'是也。传云'海曲谓之岛'，谓其海曲有山，夷居其上。此居岛之夷常衣鸟兽之皮，为遭洪水衣食不足。今还得衣其皮服，以明水害除也。郑玄云：'鸟夷，东方之民，搏食鸟兽者也。'与孔不同。"校勘记引臧琳言：

"孔传'海曲谓之㠀'。正义曰'孔读鸟为㠀。郑玄云鸟夷，东方之民搏食鸟兽者也。王肃云鸟夷，东北夷国名也。与孔不同'。据此知郑王本皆作鸟夷。孔传虽读鸟为岛，然未改经字。正义本亦作鸟也。《史记·夏本纪》冀州作'鸟夷'，扬州作'岛夷'。盖因集解采孔传，后人遂私改。《汉书·地理志》冀州、扬州皆作'鸟夷'。《群经音辨》鸟部云：'鸟，海曲也，当老切。《书》鸟夷。'是北宋孔传尚作'鸟'字。"校勘记按："唐石经已作'㠀'。"

《禹贡》在流传中受到后人的改窜，是无可否认的事实。今本《尚书·禹贡》"岛夷"的岛字就是后人改窜的。《史记·夏本纪》冀州作"鸟夷"，而在扬州则作"岛夷"。《大戴礼记·五帝德》亦称"东长鸟夷"。而《汉书·地理志》序文引《禹贡》皆作"岛夷"。"鸟夷"之被伪为"岛夷"，开始于西汉孔安国的读音，而成于《唐石经》。《史记·儒林传》"孔氏有古文尚书，而安国以今文读之"。到唐玄宗天宝年间，命卫包用楷书改写"米古定"本《尚书》，卫氏不精通文字学，改错了不少，把《禹贡》的"鸟夷"写作"岛夷"便是其中之一。[1]

《史记》集解孔安国曰："碣石，海畔之山也。"颜师古注："碣，山特立貌。"许慎《说文解字》："碣，特立之石。东海有碣石山。"《后汉书·窦宪传》注："方者谓之碑，圆者谓之碣。"《唐律疏议》引《丧葬令》："五品以上听立碑，七品以上立碣。"

追本溯源。碣石既非一石，也非指一地域，而是一山，且是独立高耸，突兀特立，上呈圆弧形，相对于"大"山而较小的海畔之山，其之所以能在古地名中占有一席之地，主要是因《禹贡》时代及以后较长历史时期内在渤海海岸、古黄河口起到了一个引人注目的地理坐标和导航标识作用。只是后来广义延伸为特立之石，所以全国各地涌现出了多处碣石，这仅是同名而已。

厘清了"碣石"之本义，明确了"碣石"之定位，再去对照黄河下游、鲁北平原上一峰拔地而起，居古九河之末梢、突兀于渤海岸边的无棣碣石，也就揭开了千古碣石之谜。

---

[1]　陈家麟：《"岛夷"、"雕题"、"东鳀"非台湾早期名称》，《复旦学报》（社会科学版）1985年第2期。

无棣碣石，始见于《禹贡》，魏晋时称盐山，唐宋时又称马谷山，明清俗称大山。为什么无棣碣石会被历史湮没？究其根源有其频繁更名，被世人遗忘的因素，但主要的还是被辽西"揭石"混淆并取代，后世学者又奉文颖之说，不敢、也无诘难之能造成的。

顾氏断言　马谷即碣石

最早提出"渤海郡碣石"观点的是晋人伏琛，其著《齐地记》云："渤海郡东有碣石，谓之渤碣。"无棣境地时隶属渤海郡东部。

明初，李柳西倡之碣石在阳信，刘世伟和之在海丰（无棣）；清儒顾氏炎武《肇域记》又复主之，钦定尚书暨江氏永治学颇受顾炎武影响，亦取碣石即马谷之说。

李柳西，明永乐初由山西洪洞县迁此，观海丰场煮盐盛况，曾著《杨二镘志》一书，详记海丰场制盐规模、煮盐过程以及产盐数量。《盐山县志》（同治版）记载，柳西适于盐山居杨二庄(今羊二庄)污湾头，以东邻汉之柳县，自号柳西，原名竞佚。当时靖难兵往来河间以东反复征伐达三年之久，沧盐民忠义奋发御之境上，后燕王怒赤其地。柳西至盐山见青磷白骨，震怀心目，于是遍访士人得其遗事，私著《义民禄》一书，写下"靖难之役"后的惨状，唯此书足补正史之阙。李柳西笔记又云，元末大山拔隶海丰。可能在柳西遍访士人、遗事时，也考证了此山即碣石的事实。

李柳西《九河辨》[①]云：

> 盐山即马谷，马谷即碣石，未尝沦于海也。盖《禹贡》皆以山川表识疆域，无以舟车表识者，禹施功皆由冀始，由冀而东，河南为右，由北而南，海西为右，经明云："夹右碣石"，则碣石必在河、海两右相夹之地，可知今盐山在海之西岸，与大河之南岸，与经文"夹右"之说吻合，其证一。山之特立者曰碣，由直北至山东，南北相去几千里，当九河下游者，惟盐山适在其间，绝无仅有，与碣石名义相合，其证二。汉宋诸儒多言海水西溢，碣石、九河胥沦于者五百余里，今海岸

---

① 贾恩卿：《盐山新志》1916 年版。

左近，柳县二城，皆秦汉遗址，海之未尝西溢也，甚明，其证三。汉儒以碣石求之永平，抑思骊城县之碣石在大山之下，舍大而识小，已不近情，而又无河道可以附会，今盐山通顶皆石，一峰特立，又为平原特出之山，近在鬲津之南，北距大河亦不过五十里，其证四。至'逆河'非九河并为一河，亦非海潮上逆之谓，盖九河在交河之上，则播为九，交河以下则百道千歧，不得限以九河之目，水大则汪洋巨浸，南北二百余里皆逆河公境，皆可名以逆河。水小则南北二流，南为鬲津，北为徒骇是也。盖碣石属之盐山。

—— （民国）贾恩绂：《盐山新志·人物志·文学·李柳西》

刘世伟，字宗周，阳信人，明嘉靖中官宁州州同，著有《过庭诗话》二卷和《厌次琐谈》等。《厌次琐谈》中有"碣石考"，云：

《禹贡》：夹右碣石入于河。注言：夹右碣石，九河入海处。父老传云：即海畔大山。旧属阳信，今属海丰（即今无棣县）。中有洞，广两丈余，深不可测。按《纲目》秦始皇三十二（年至）此处。

清初著名学者阎若璩《潜丘札记》①卷二，载录刘世伟"碣石"之说：

阳信有刘世伟者，著论曰"海丰县北六十里，有马谷山，一名大山，高三里，周六七里，疑即古之碣石，为河入海处。夫事无所证，当求之迹，迹有不明，当度之理，以迹而论：九河故道咸属齐，鬲津等三河在县之界，而碣石不当复在他境；以理而论：禹之治水，行所无事，齐地洿下滨海，以禹之智，不从此入，而反转绕千里之外，乃自平州而入海耶？况平州地形高，此山既在九河之下，又巍然独出于勃海之上，为碣石，似无疑。"

---

① （清）阎若璩：《潜丘札记》，《景印文渊阁四库全书·子部·杂家类》第444页。

著名大儒顾炎武编纂《肇域志》和厘定《山东肇域记》时，对李柳西倡之、刘世伟和之的"碣石"观点以及"九河"研究，又有了新的进一步论断和发展，对后世产生了重大影响。康熙二十一年（1682），顾炎武在曲沃逝世，其《肇域志》等所有存稿被携至北京，由其外甥徐乾学、徐元文保管。

阎若璩（1638—1704），字百诗，号潜丘，山西太原人，侨居江苏淮安府山阳县。在清初的学术史上，阎若璩上承顾炎武、黄宗羲，下启惠栋、戴震，列为"国朝六儒"（顾炎武、胡渭、梅文鼎、阎若璩、惠栋、戴震）之一。康熙二十九年（1690）受徐乾学聘纂《大清一统志》，又曾为顾炎武《日知录》订正错误。

阎若璩在文中除记录阳信刘世伟无棣马谷即"碣石"的观点论述与论证外，在其后记载了几人的分歧："顾宁人赏其新，东海公（徐乾学）载入了《一统志》中。"自己不赞同此观点，东海公还笑其《永平府志》已进呈未及正之云"。

顾炎武及其在山东的活动

顾炎武（1613—1682），原名绛，明亡后改名炎武，字宁人，亦自署蒋山佣，学者尊称为亭林先生。顾炎武学识渊博，在经学、史学、音韵、小学、金石考古、方志舆地以及诗文诸学上，都有较深造诣，是著名经学家、史地学家、音韵学家，被称作清朝"开国儒师"、"清学开山始祖"，与黄宗羲、王夫之并称为明末清初三大儒。

顾炎武少年加入"复社"，与宦官作斗争，清兵南下后，参加昆山、嘉定人民的反清武装斗争。入清后，顾炎武秉承母训，坚守民族气节，终身不在清朝为官，以处士终。顾炎武在治学方面，学风严谨健实，成就卓著宏富。梁启超评价顾氏之学说："亭林的著述，若

顾炎武画像

论专精完整，自然比不上后人，若论方面之多，气象规模之大，则乾嘉诸老恐无人能出其右。"据《亭林年谱》统计，一生著述多达 38 种。在地理著作中，《肇域志》和《天下郡国利病书》气势规模最为宏大，《利病书》专记郡国利病，《肇域志》专述舆地之记，由于分析归类工作比较粗疏，二书分而不净，杂夹在一起的资料不少。因此，《利病书》也夹有山川、城池的资料，《肇域志》也包含食货、兵防、水利的内容。一般说来，《利病书》偏重于经济，《肇域志》偏重于舆地，它们仍各有自已独特的价值。

清顺治十二年（1655），顾炎武因支持"反清复明"入狱，获救后，又有刺客追杀。无奈于顺治十四年（1657）变卖家产，北上山东。此后 21 年的时间（45 岁至 65 岁），或长或短居住在山东。他几乎游历了山东的各个地方，并且对各地的风物人情、名胜古迹都有所研究。

顾炎武在山东期间，不仅参与修订了《邹平县志》、《德州志》、《山东通志》等方志，还完成了许多著作。清顺治十八年（1661），完成《山东考古录》。《顾炎武年谱》[①]载："[纲]十二月十五日立春日，《山东考古录》成书。[目]是书一卷，《四库全书》入史部类存目，有《亭林遗书汇辑》本。其中杂考山东古地名、人名和史传记载之讹误，而尤以辨正地名者居多。"康熙元年（1662）"十月，《肇域志》成书"。康熙十二年（1673），修订《德州志》，参编《山东通志》，完成《山东肇域记》。"四月，至德州，订州志；继往济南，参编《山东通志》。先生本人于是年所作《与颜修来手札》（载《亭林佚文辑补》）亦谈及此事：'而修志之局，郡邑之书颇备，弟得藉以自成其《山东肇域志》。若贵省之志，山川古迹稍为刊改，其余概未经目，虽抱素餐之饥，幸无芸人之病。'可见先生的确参加了《通志》的纂修，但在志局期间，他的主要精力是放在《肇域志》山东部分（共二卷）的写作上的。""《山东肇域记》即成，复至章丘。作《与颜修来手札》，称'近日又成《日知录》八卷'。"此外，还有《音学五书》、《金石文字记》等，究竟有多少著作，恐怕很难一一细数。其他如《岱岳记》等，虽经刊刻，却已经失传。

---

① 周可真：《顾炎武年谱》，苏州大学出版社 1998 年版。

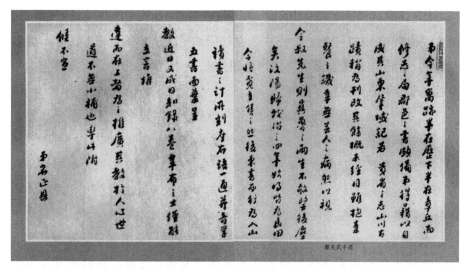

顾炎武手迹：《与颜修来手札·肇域志》，上海古籍出版社 2004 年版

《山东肇域记》的学术地位与价值

顾炎武自顺治十四年（1657）来山东，至康熙十六年（1677）离开山东，约有 20 年之久，其足迹几乎遍及山东各地，他除了掌握丰富的文献资料外，还十分注重实地调查研究，这是他超越前代和当代一些书斋学者之处。

顾炎武编纂的全国性地理总志《肇域志》成书于康熙元年（1662），12 年后，又亲自将是书的山东部分厘正成体例统一、考辨精详之《山东肇域记》。

《肇域志》类似读书札记，是顾炎武随手札记之初稿，准备著书的资料长编和一部辑录史料的文稿，也是未经厘正体例、删定统一的一部地理总志。该手稿辑成后，顾炎武本想把《肇域志》整理成书，但已年逾花甲，力不从心，预期有生之年难以完成全书的删定工作，遂利用旅居山东济南修志馆的有利条件，只完成了《山东肇域记》，并在序中自言："余老矣，日不暇给，先成此数卷为例，以待后之人云。"希望后人"续而传之，俾区区二十余年之苦心，不终泯没"。严格地说，《肇域志》是未成之书，体裁尚未拟定。若假设顾炎武曾考虑过《肇域志》体裁的话，那就是《山东肇域记》所采用的体裁。

《山东肇域记》又名《有明肇域记》，或《肇域记》。清康熙十二年（1673）顾炎武旅居山东济南修志馆时所撰。

杨正泰[①] 在《肇域志与山东肇域记》一文和《中国历史地理要籍介绍》(四川人民出版社 1987 年版)一书中,总结归纳了《山东肇域记》的学术地位和价值,而在与赵荣合著的《中国地理学史·清代》一书中,又将其作为一个独立部分,重点进行了阐述:

顾炎武选择《肇域志》的山东部分,将其删定为《山东肇域记》,不是偶然的。他在山东作过长期的文献研究和实地调查,对齐鲁地区的地理情况十分熟悉。此前,他撰有《山东考古录》一书,该书名曰考古,实言地理,"最为精赅"(《续山东考古录·杜受田序》),另有许多地理考证收集在《谲觚十事》、《日知录》和《亭林文集》中。顾炎武撰著《山东肇域记》时,吸收了以前的研究成果,该书实际上是他研究山东地理集大成的著作。明山东布政使司有南北 2 部,南部相当今山东省;北部辽东都司相当今辽宁省大部、吉林省西部和内蒙古自治区东隅一部。今存《山东肇域记》仅载山东布政使司南部府州县,夏文焘怀疑它不是足本(《续山东考古录·杜受田序》),但《山东肇域记》6 卷与顾炎武所云"先成此数卷为例"合,与顾炎武外甥徐秉义《培林堂书目》所云"一册"合,与道光间陈揆《稽瑞楼书目》、咸丰间韩应陛《读有用书斋书目》所云卷数同,似可断定《山东肇域记》仅此 6 卷,今所存者乃是足本。

《山东肇域记》的主要特点是:

(1)立论严谨。《山东肇域记》的论点与论据,经过作者严密思考和反复推敲,与兼收并蓄、不加考辨的《肇域志》大不相同。例如:《肇域志》费县曾子墓下,引《战国策》及《史记索引》,证曾子为费人;又于嘉祥县曾子墓下,引《兖州志》、《嘉祥县志》,证曾子为嘉祥人(已如上述)。《山东肇域记》载曾子墓则完全不同,嘉祥县下已删除了曾子墓的全部内容,而于费县下引《孟子》、《战国策》、《史记》、《后汉书》为证,辨曾子为费人,并在其后曰:"曾子费人无疑,而嘉祥之武城谬

---

① 杨正泰,1942 年生,1968 年毕业于复旦大学历史系,曾任中国历史地理研究所副所长,现为复旦大学教授、旅游经济专业研究生导师。曾参与整理出版《肇域志》,并负责《山东肇域记》的点校。

矣"(《山东肇域记》卷二）。又如《肇域志》引《莱芜县志》注牟国，云"牟城在县东二十里"。修《山东肇域记》时，顾炎武已纠正了《莱芜县志》"多未分析"的含混注释，改用《山东考古录》"春秋以牟名国与地者有三"的说法，将三牟（牟娄、根牟、牟山）分注于诸城、莱芜、安丘县下（《山东肇域记》卷一、四）。顾炎武很重视收集原始资料。《肇域志》辑录的资料虽已十分丰富，但修撰《山东肇域记》时又有增补。例如：《肇域志》载长城，仅援引《竹书纪年》、《齐记》、《括地志》为证。《山东肇域记》成书时，又新增了《管子·轻重》、《史记·六国年表》、《史记·苏秦传》3条资料，使论据更为坚实有力，内容更为丰满。《山东肇域记》引用的资料，皆经过"去伪存真、去粗取精"的筛选。顾氏认为："凡考地理，当以《水经》、《皇览》、《郡国志》等书为据。"（顾炎武：《谲觚十事》)《山东肇域记》援引史料，以经典和正史为主，很少使用方志资料。《山东肇域记》引书80余种，引文700余条。其中出自《尚书》、《春秋》三传、《国语》、《战国策》及先秦诸子者，共280余条（内《春秋》、《左传》近200条）；出自《史记》、《汉书》等二十一史者，共300余条（内前四史约200余条）；《水经》、《水经注》80余条；各类典章制度，政书、总志、方志、碑刻、文集、游记60余条。而其中元、明方志则不满20条。即使引用方志，也证之于正史，例如《肇域志》在恩县下，引《旧志》释"四女树"得名，未详始末，《山东肇域记》则另引《旧唐书》为据，叙明其原委，充分地占有资料和科学地鉴别资料，正是顾炎武立论严谨的前提和保证。改动《肇域志》之处，《山东肇域记》皆有考证。有些条目下未附考证，并不是作者的武断和疏忽，而是别有专论，故于书中省略的缘故。例如：辨潍水和考徐州见于《日知录》；辨孟尝君封邑和考泰山无字碑见于《谲觚十事》；考画邑和辨"淄川非薛"见于《山东考古录》；辨《集解》"二向为一地"和"凡伯之楚非僖二年所城之楚丘"见于《左传杜注补正》。

（2）考辨精详。顾炎武很重视考证史料，从不"信古注而拂事理"（顾炎武：《谲觚十事》)，拜倒在古人脚下。例如：《春秋》杜预注、《史记》刘昭注、《通典》皆云，莱人兵劫鲁侯之夹谷，"在赣榆县西五十里"。顾炎武经过考证，认为赣榆距齐、鲁之都各五六百里，莱人径入鲁境如此之远，兵劫鲁侯，有乖史实。而《一统志》言夹谷在"莱芜县南三十里"，该地正当齐、鲁边界，鲁侯在边境被擒，颇合事理，与《水经注》记载亦合，殊为可信。于是，他便摒弃古注，采用新说（《山东肇域记》卷二）。又如:《魏书·地形志》、《旧唐书·姜抚传》:"劳山"误作"牢山"，《太平寰宇记》误作"劳盛山";《史记·秦始皇本纪》:"成山"误作"荣成山"，千余年来，无人匡谬。顾炎武在《山东肇域记》中，一一考辨订正，指出唐人"未曾详考"，"遂使劳山并盛之名，成山冒荣之号。"经过考证，顾炎武发现和纠正了经、史及地志的许多错误。例如:于钦将《汉志》济南郡之邹平县和台县，误断为邹县和平台县;又不知《晋志》有阙文，误引《晋志》为证，以为汉济南郡有邹县，而邹平县为后汉所改。顾炎武考证后，作了改正。

顾炎武考证地理的重要方法之一，是进行野外调查。例如他曾多次到即墨劳山和临淄田氏四王冢考察，《亭林文集》卷三《劳山图志序》和卷五《齐四王冢记》，记载了他考察和调查的详细经过。野外调查使顾炎武跳出了书斋考证的窠臼，得到很多收获，这是《山东肇域记》能够超越旧志的重要原因。

（3）在运用史料和编撰体例方面有许多独到之处。夏文焘对《山东肇域记》运用史料的独到之处有一简单介绍，现转引如下:

济南府历城县之解华不注;淄川县之不载孟尝君封邑而于滕县载之;长清县之考灵岩寺;泰安州高里山辨"蒿里"之误;肃然山不用服虔在梁父、《酉阳杂俎》长白山之说，而一以《史记·封禅书》、《魏书·崔光传》为据;莱芜县夹谷引《水经注》"夹谷之会即此地"，而辨杜元凯东海祝其之说为太远;兖州府曲阜县引《鲁世家》"筑矛阙门"以证阙里;引司马彪《庄子注》以证杏坛为不可知其地;滕县灵丘城辨《赵世家·正义》今蔚州县之误;宁阳县洸水引《晋书·荀羡传》以辨商辂《堰城闸记》"至元二十六年，始筑坝障汶水南流，由洸河注济宁"之误;金乡县东缗城辨非陈留之东缗;城武县楚丘亭辨其非卫文公所迁之楚丘;东河县治本汉东郡之穀城县，辨其为春秋之穀而非小穀，曹县景山辨其非"景山与京之景山"；沂城向城言春秋之向，现杜注分为二而其实一向；宣四年注以丞县之向远为疑，而隐二年注以为龙亢之向城，不知其更远；费县言曾子居之武城，而以嘉祥之武城为谬；又引《史记·田完世家》以证南城之即南武城，引程大昌《澹台祠友教堂记》以证子羽亦南武城人；青州府诸城县载齐之长城；辨潍水《汉地理志》"淮"、"惟"、"维"三见之为异文；登州府胶州洋河引《通鉴》刘怀珍遣王广之袭不其城事，而不沿胡三省注即巨洋水之讹。

又地名之同而异者，莱芜县牟城引《春秋》桓十五年及僖五年《传》；安丘县之牟山故城则云隋置牟山县；诸城县之娄乡城则引隐四年"莒人伐杞取牟"为证。旧书所未分析而是书逐一剖别之，凡此皆先生平日读书有得，发前人之所未发者。(《山东肇域记·夏文焘序》)

《山东肇域记》在体裁方面也有革新。论门类，它只叙郡邑、藩封、官守、山川、古迹，不收食货、风俗、职官、艺文、灾异；叙沿革，"上接《元史》，迄于崇祯"，以有明一代为断；考古迹，重在注释今地和阐述现状，一开卷就新人耳目。这些体例是顾炎武为后人续纂《肇域记》制定的准则，也是他为改革方志所作的尝试。

从《肇域志》山东节本到《山东肇域记》成书，不仅有"量"的变化，更主要是"质"的飞跃。前代学者早已注意到它的学术价值，黄丕烈将《山东肇域记》与《明一统志》比较，"稍检数条，已知此善于彼"(《山东肇域记·黄丕烈序》)。清嘉庆年间重修《一统志》，馆臣们曾多次引用《山东肇域记》。

顾炎武一生著述甚丰，但同时留下资料长编与已定文稿的著作却绝无仅有，因此《肇域志》山东部分和《山东肇域记》，又是我们研究顾炎武学术思想极其难得的实物资料。

王文楚在《肇域志》[①]"前言"中云：

《山东肇域记》仅韩应陛"读有用书斋"抄本及陈揆"稽瑞楼"抄本见存，韩氏抄本乃请王雪舫从苏州黄丕烈藏本抄出，现藏中国国家

---

① (清)顾炎武：《肇域志》，谭其骧、王文楚、朱惠荣等点校，上海古籍出版社2004年版。

图书馆、上海图书馆，影抄于清咸丰九年（1859 年）。陈氏抄本也出自
黄丕烈藏本，今归常熟瞿氏。黄丕烈藏本，称为"亭林先生所撰原本"，
"荛圃主人（即黄丕烈）以善价得之。"这次整理将《山东肇域记》附
于本书之后，因中国国家图书馆藏本为残缺本，卷首、卷六缺少较多，
故以上海图书馆藏本为底本，校以中国国家图书馆藏本。

杨正泰在《肇域志与山东肇域记》中也说："《山东肇域记》原稿亡佚后，
此书久已不见。1982 年，上海图书馆和北京图书馆先后发现了二部极为珍
贵的《肇域记》，从序跋和内容判断，这二部抄本出于同一系统，正是长期
杳无下落的《山东肇域记》抄本。""次年又将《山东肇域志》列入整理计划。"

2004 年，散失 300 余年的顾炎武《肇域志》，经沪滇学者 20 余年通力
合作下，终于收集、整理、点校完毕，由上海古籍出版社出版。该书点校
主编：谭其骧、王文楚，点校副主编：朱惠荣，点校者还有：王天良、王颋、
李自强、李孝友、李东平、周振鹤、胡菊兴、葛剑雄、杨正泰、郑宝恒。它
的出版，是历史地理工作者的喜讯，也是我国文化史上的盛事。2008 年 3 月，
入选国务院公布的第一批《国家珍贵古籍名录》。

《山东肇域记》中的"碣石"

顾炎武在《山东肇域》[1]"海丰县"条目中云：

海丰县：州东北六十里，本元之无棣县，改今名。

北一百五十里有大沽河，海口巡司。

北六十里有马谷山，亦名大山，高三里，周六七里，山半有洞，
广二丈余，深不可测。刘世伟曰：此即古之碣石也。《禹贡》"岛夷皮服，
夹右碣石入于河"，又曰，"太行、恒山至于碣石，入于海。"是其在九
河之末、入海之口，明矣。传者以为在辽西骊城之地，而郦道元又谓
"九河、碣石，苞沦于海"。夫事无所证，当求之迹，迹有不明，当度
之理。以迹而论，九河故道，俱在德、棣之间，而碣石不当复在他境；
以理而论，禹之治水，行所无事，齐地洼下滨海，以禹之智，不从此
入，而反转绕千里之外，乃自北平而入海耶？况地势北高，无行水之

---

① （清）顾炎武：《肇域志》，第 2496 页。

道，今自直沽以北，水皆南注，北平地高，则河又奚由而达耶。又云，碣石已去岸五百里，审如是，当在麻姑岛以东，塔山大洋以南，而海道图经，又无此山，则此语尤不足信矣。今此山既在九河之下，而又巍然独出于海滨之上，其为碣石无疑。太史公亦言，播为九河，同为逆河，入于渤海，其时去三代未远，当有所见，今济南、青州之北，正古之所谓渤海也。

顾炎武《肇域志》在"阳信县"条下记有"碣石"，载："鬲津河，自乐陵经阳信县西金堤趋枣园桥，东北夹河，经碣石入海。"而在"海丰县"条下记有"马谷山"。在编纂《山东肇域记》时，进行了综合分析、修订厘定，认识到鬲津河出阳信进海丰县再入海，鬲津河下游的碣石即马谷山，所以纠正了这一错误，并以"迹""理"详细论述了"马谷山即碣石"的正确性，作出了最精辟准确、最具权威的论断。正如杨正泰《肇域志与山东肇域记》所说：顾炎武在修《山东肇域记》时，纠正了"多未分析"的含混注释。碣石记载亦是这样。

卷一

二十三

鼎阚令复浚

西北十五里有无棣溪通海隋末废唐永徽元年刺史薛大

之北正古之所谓渤海也

为逆河入于渤海其时去三代未远当有所见今济南青州

独出于海滨之上其为碣石无疑太史公亦言播为九河同

此山既在九河之下而又巍然

审如是当在麻姑岛以东塔山大洋以南而海道图经又无

不足信矣今

碣石已去岸五百里

注北平地高则河又奚由而达耶今自直沽以北水皆南

而入海那况地势北高无行水之道

下滨海以为智不徙此入海而反转统千里之外乃自北平

碣石不当复在他境以理而论鬲之治水行耶无事乔地湾

海丰县东北六十里本元之无棣县改令名

北一百五十里有大沽河海口巡司

广二丈余深不可测剖世传曰此即古之碣石也两贡岛夹

北六十里有马谷山亦名大山高三里周六七里半有洞

其在九河之末入海之口明矣传者以为在远西骊城之地

皮服夹右碣石入于河又曰太行恒山至于碣石入于海是

而郦道元又谓九河碣石苞沦于海大事无所证当求之迹

迹有不明当度之理以迹而论九河故道俱在德棣之间而

改石勒屯兵之所即令之桑落墅或曰令之乐陵县乃汉富

东南四十里有富平县晋柴陵太守邹绩典跋巴碑第文鸯

平城也

(清) 顾炎武:《山东肇域记》(六卷)"海丰县"条中"马谷即碣石"论断,《山东肇域记》手抄稿为清代王雪舫抄本, 韩应陛跋, 现藏国家图书馆, 索书号 8077

肇域志

海豐縣　州東北六十里。本元之無棣縣。改今名。

北一百五十里有大沽河海口巡司。

北六十里有馬谷山，亦名大山，高三里，周六、七里。山半有洞，廣二丈餘，深不可測。劉世偉曰：此即古之碣石

也。　島夷皮服。夾右碣石，入于河。又曰：太行、恆山，至于碣石，入于海。是其在九河之末，入海之口明矣。

傳者以爲在遼西驪城之地，而酈道元又謂九河碣石苞淪於海。夫事無所證，當求之迹，迹有不明，當度之理。以迹

而論，九河故道俱在德、棣之間，而碣石不當復在他境。以理而論，禹之治水，行所無事，齊地渟下濱海，以禹之智，不

從此入，而反轉繞千里之外，乃自北平西入海耶？〔三四〕況地勢北高，無行水之道。今自直沽以北，水皆南注，北平地

高，則河又奚由而達耶？　又云碣石已去岸五百里，審如是，當在麻姑島以東，塔山大洋以南，而海道圖經又無此山，

則此語尤不足信矣。　今此山既在九河之下，而巍然獨出於海濱之上，其爲碣石無疑。太史公亦言：播爲九河，同

爲逆河，入於渤海。　其時去三代未遠，當有所見。今濟南、青州之北，正古之所謂渤海也。

西北十五里有無棣溝，通海。　隋末廢。唐永徽元年，刺史薛大鼎開。今復淤。

樂陵縣　州西北九十里。

有舊縣鎮巡司。

南有鉤盤河。　後漢書公孫瓚傳：出軍屯槃河。注：即爾雅九河之鉤槃河。其枯河在今滄州樂陵縣東南。〔三五〕

按九河在濟南境者有四，其徒駭、胡蘇、簡、潔，襄盛記皆以爲在滄州之鉤槃河。禹後歷商、周，至齊桓時，千五百餘年，支流漸

大陸趨海，勢大土平，自播爲九，禹因而疏之，非禹鑿之而爲九也。定王五年，河南徙砱礫。漢世漸決而南，自宣房既塞，河復北

絕，〔三六〕經流獨行，其勢必然，非齊桓塞八流以自廣也。永光五年，決清河。河平二年，決平原，流入濟南千乘。宋紹熙以後，乃南連大野，并泗入淮。金初又改由

決館陶。渦。近歲復由泗入淮。自定王以來，又千五百餘年。今按桑田之地，講求廢迹，欲盡合古書，難矣。漢世去古未遠，

河堤都尉許商言九河故道，謂徒駭在成平，〔金獻州樂壽縣景城鎮有古成平城。〕胡蘇在東光，〔今景州東光縣東連滄州，有古胡蘇

亭。〕鬲津在鬲縣，〔金獻州有鬲縣城，乃今陵縣。〕曰太史，曰馬頰，曰覆釜，在東光之北，成平之南，曰簡，曰潔，曰

鉤盤，在東光之南，鬲縣之北。　其言簡而近實。欽嘗往來燕、齊，熟訪九河故道。昔河北流，衡漳注之。今之御河，漢初猶

《肇域志》后附《山东肇域记》"海丰县"条中"马谷即碣石"论断，上海古籍出版社 2004 年版

顾炎武治学严谨，注重文献资料的辑录、考证和实地调查，清代学者阮元（1764—1849）为顾炎武《历代宅京记》作叙称："宁人顾氏，崎岖南北，所考山川、都邑、城郭、宫室，皆出自实践。当先生盛游之时，尝以一骡二马载书自随，所至扼塞，即呼老兵土民，询其曲折。或与平日所闻不合，则即坊肆中发书而对勘之。"

《山东肇域记》是《肇域志》的写定本，由《山东肇域记》的学术地位和价值看，《禹贡》碣石在无棣、马谷即碣石的观点也是不容置疑的。

《肇域志》、《山东肇域记》虽早于胡渭《禹贡锥指》31年和23年，但遗憾的是一直未能刊印，其"碣石"观点也是深藏闺中。

朱惠荣，《肇域志》点校副主编，1936年生，贵州兴义人，云南大学教授，博士生导师，曾任云南大学历史系中国古代史教研室主任、云南大学出版社第一任总编辑，中国徐霞客研究会副会长、云南徐霞客研究会会长，曾参与主编《中国历史地图集》和点校《肇域志》，长期从事中国古代史和历史地理教学与研究。

朱惠荣先生从1976年开始整理《徐霞客游记》，1985年由云南出版社出版《徐霞客游记校注》，1997年由贵州人民出版社出版《徐霞客游记全译》，2009年由中华书局"中华经典普及文库"出版《徐霞客游记》整理白文本，2002年由台湾古籍出版公司出版整理并加注的《徐霞客游记》。一生从事徐学研究，堪称国内外研究第一人，所校点本是国内最好的版本。

朱惠荣点校《肇域志》时，接受了顾炎武的"碣石"观点，在其《徐霞客游记全译》[①]"溯江纪源"一文，注解"岂若大河下流，昔曲而北趋碣石，今徙而南夺淮、泗，漫无锁钥耶？"中的"碣石"：

> 古籍中称碣石的地方很多。《肇域志》载："山东海丰县马谷山，即大碣石。"海丰在今山东无棣县，则此碣石在无棣县北的海边，距黄河入海处甚近。

《肇域志》与《山东肇域记》中的"九河"

顾炎武在《肇域志》和《山东肇域记》中详细记述和阐明"九河"故道

---

① 朱惠荣译注：《徐霞客游记全译》，贵州人民出版社1997年版。

多在济南府各县，府之东北海丰（今无棣）、滨州、利津、沾化、蒲台皆涉海，本名渤海，亦谓之渤澥，九河多于海丰入海，"碣石"当于九河下游之海丰县。

之前，明代许胥臣引用当代经学著述家王樵（1521—1601，字明逸，别号方麓。嘉靖二十六年进士，累官至大理寺卿、刑部侍郎、南京都察院右都御史等职。著有《尚书日记》16 卷）的著述，就对"九河沦海说"进行了批判，并指出九河在今沧州、德州、滨州一带，庆云县尚有古黄河，九河并未海堙。其《夏书禹贡广览》①云：

> 按：王方麓氏樵曰：（九河）在今（沧瀛景德）之间，或者求于此而不得，则以为沦于海。殊不知河昔北流，故分为九。自周定王五年，河道既改，则九河渐堙，乃必然之理，岂得经流既息，而枝流仍在乎。纵非海水沦没其故迹，亦岂可得而求，大率河底尝高，故自古滨河之地，每有异常之水，河必骤盈，盈则决；每决必弥漫横流，深者成渠，以渐成河；浅者淤殿，以渐成岸，数年之后，下流淤塞，则中流河底又以渐而高，而河又不容于徙矣。既徙之后，则其故槽，风填沙塞，复为平陆。无足怪者，是以九河之故迹，不可复寻也。今庆云县尚有（古黄河）广可三四里许，两岸堤俱高丈余，居人历历能道之；距（沧州）百四十里，距（天津）三百余里，（九河）非海堙，其理甚明，诸儒臆度之言，不足信也。

顾炎武《肇域志》"济南府"条云：

> 济南府：旧黄河，在德州城东二十里。西南自济河，南接于梁山，北过临邑西南四里，曰大土河。秋冬俱涸，盛夏霖雨时，水或涨溢，从禹城流入县界，东接济阳黑水湾，北流至乐安县白龙口入海。又西北流至德州界，经德平西北十三里，曰土河。又经陵县、武定州南三里，又东北至海丰县入海。今其流皆涸，每值霖雨，河水泛溢，居民患之。或曰即九河经流之故道云。

九河故道多在济南各县。

曰马颊河，环绕于平原县之东南、商河县之北三十里。《舆地记》曰：即马颊河也。今东昌府高唐、堂邑、莘县亦有马颊河。

曰覆鬴河，在陵县西三里，至海丰县北二十五里。《寰宇记》云：在无棣县界。盖陵与海丰，即古无棣境也。

曰钩盘河，在德平县西南，东至陵县东五十里，今尚谓之盘河店；又东至乐陵县南入海。

曰鬲津河，在陵县南一里，东至乐陵县北。乐陵今有鬲津乡。《水经》云：大河西流，经平原、鬲县故城西。《地理志》曰：鬲津也，王莽名之曰河平亭。光武封朱祐为侯国。又东北至海丰县北九十里，今涸为蔬圃。又海丰有大枯河，即鬲津河之下流也。

曰徒骇河，在齐河县八十里，即所谓徒河者是已。今直隶沧州亦有徒骇河。

按九河在济南者惟五，其徒骇、胡苏、简、洁，《寰宇记》皆以为在沧州。惟太史河不知所在。蔡九峰曰：自汉以来，讲求九河者甚详。汉世近古，止得其三。唐人集累世积传之语，遂得其六。欧阳忞《舆地记》又得其一。或新河而载以旧名，或一地而立为两说，要之皆似是而非，无所依据。至其显然谬误者，则班固以滹沱为徒骇，而不知滹沱不与古河相涉。乐史马颊乃以汉笃马河当之。郑氏求之不得，又以为九河，齐桓塞其八流以自广。夫曲防，齐之所禁，塞河宜非桓公之所为也。河水可塞，而河道里能平乎？皆无稽考之言也。惟程氏以为九河之地已沦于海，引碣石为九河之证，以为沧州之地，北与平州接境，相去五百余里，禹之九河当在其地，后为海水沦没，故其迹不存。方九河未没于海之时，从今海岸东北，更五百里平地，河播为九，在此五百里中。又上文言"夹右碣石"，则九河入海之处，有碣石在其西北岸。九河水道变迁，难于推考，而碣石通趾顶皆石，不应仆没。今兖、冀之地既无此石，而平州正南有山而名碣石者，尚在海中，去岸五百余里，卓立可见，则自古河自今以为海处向北斜行，始分为九，其河道已沦入于海明矣。汉王横言："昔天常连雨，东北风，海水溢，西南出，浸百里。"九河之地已为海水所渐。郦道元亦谓九河、碣石苞沦于海。后世儒者知求九河于平地，而不求碣石有无以为之证，故前后异说，竟无归宿。盖非九河之地而强凿求之，宜其支离而不能得也。

《山东肇域记》卷一"济南府"下云：

按九河在济南者有四，其徒骇、胡苏、简、絜，《寰宇记》皆以为在沧州，惟太史河不知所在。于钦《齐乘》曰：河至大陆趋海，势大土平，自播为九，禹因而疏之，非禹凿之而为九也。禹后历商、周，至齐桓时，千五百余年，支流渐绝，经流独行，其势必然，非齐桓塞八流以自广也。定王五年，河南徙砱砾。汉世渐决而南，自宣房既塞，河复北决馆陶。永光五年，决清河。河平二年，决平原，流入济南千乘。宋绍熙以后，乃南连大野，并泗入淮。金初又改由涡。近岁复由泗入淮。自定王以来，又千五百余年。今按桑田之地，讲求废迹，欲尽合古书，难矣。汉世去古未远，河堤都尉许商言九河故道，谓徒骇在成平；（金献州乐寿县景城镇有古成平城。）胡苏在东光；（今景州东光县东连沧州，有古胡苏亭。）鬲津在鬲县；（德州有鬲县城。按此所谓德州，乃今陵县。）曰太史，曰马颊，曰覆釜，在东光之北、成平之南；曰简，曰絜，曰钩盘，在东光之南、鬲县之北。其言简而近实。钦尝往来燕齐，熟访九河故道。昔河北流，衡漳注之。（今之御河，汉初犹入河。汉时名漳水，至隋始名御河。）河既东徙，漳自入海。安知北流之漳，非古徒骇河欤？（宋会要：神宗熙宁三年，议开御河，臣寮奏云：可于恩州武城县开约二十余里，入黄河北流故道，下五股河。详此，则御河入黄河北流故道无疑。）逾漳而南，清、沧二州之间，有古河堤岸数重，地皆沮洳沙卤，太史等河，当在其地。沧州之南有大连淀，（今曰大梁五龙堂，宋碑作大连，疑即隋末群盗所据豆子卤亢。）西逾东光，东至海，此非胡苏欤！淀南至西无棣县百余里间，有曰大河，有曰沙河，皆涉古堤，县北地名八会口，（土人云：因河会而得名）县城南枕无棣沟，非简、絜等河欤！无棣县北有陷河，阔数里，西通德、棣，东至海，非钩盘河欤！滨州北有土伤河，西逾德、棣，东至海，非鬲津河欤！（土伤河最南，比他河差狭，是为鬲津无疑。）蔡氏《书传》乃曰：自汉以来，讲求九河，皆无依据。祖王横之言，引碣石为证，谓九河已沦于海。钦按《禹贡》文:北过洚水,至于大陆,又北播为九河,同为逆河,入于海。大陆在邢、赵、深三州之境,《尔雅》之广阿泽也,去海岸已数百里,又东至海中,始叙九河,则大陆与九河相去千里,如是之远而绝无表识,不合《禹贡》之文,其不可信一也。王横谓海溢出,浸数百里,而青、兖、营、平郡县不闻有漂没之处,乃独浸九河,其不可信二也。今平原迤北诸州之间,虽皆树艺,已为平土,而地势河形,高下曲折,往往可寻。但禹初为九,厥后或三或五,迁变多寡不同,必欲按名而索,故致后儒纷纷之论耳。

最后云:

> 府之东北海丰、滨州、利津、沾化、蒲台皆涉海。本名渤海,亦谓之渤澥,海别枝名也。韩非子:齐景公游于少海。今谓之小海。《齐乘》曰:《禹贡》:海、岱惟青州。谓东北跨海,西南距岱,跨小海也。盖太行、恒岳北徼之山,循塞东入朝鲜,海限塞山,有此一曲。北自平州碣石,南至登州沙门岛,是为渤海之口,阔五百里,西入直沽几千里。汉王横乃谓九河之地,沦为小海。然则唐、虞之时,青州跨海者,跨何海耶?近世蔡氏《书传》、金履祥《通鉴前编》皆祖横说。又谓小海所沦,青、兖北境,悉非全壤。岂二州北境有荒漠弃地,为海所渐,而历代信史不之书耶?金氏又云碣石有二:在高丽者,曰左碣石;在平州者,《禹贡》之右碣石也。乃今沙门岛对岸之铁山,正当渤海之口中,果为右碣石,则唐、虞之时,冀、青二州东北直岸大海,无渤海矣。此又可信耶?今齐境东南则胶州、日照、即墨,正东则宁海、登州,皆岸大海;东北则莱、潍、昌邑,正北则博兴、寿光,西北则滨、棣二州,皆岸渤海云。

黄河的迁徙与古贝壳堤的形成

无棣,位于渤海湾西南岸,为古九河入海之域,黄河携带大量泥沙,长时期周而复始地在渤海湾南岸、西岸迁徙,在此塑造了世界上规模最大的淤泥质海岸,种类繁多的海洋贝类在这里繁衍生息;河水的迁徙,海岸线的变迁,潮汐的运动,大量贝壳在海岸堆积,经千年积累,在此形成了两列总长达60公里的平行于海岸线的贝壳堤和散落其间的众多的贝壳堤岛,与美国圣路易斯安那州、南美苏里南贝壳堤并称世界三大古贝壳堤。

第一列没于陆地的贝壳堤，位于张家山子—李家山子—下泊头—杨庄子一线，呈西北、东南走向，现高程2—3米，距今海岸线约20—40公里，长近40公里，埋深0.5—1米，贝壳层厚3—5米，据^{14}C测定是距今5000年前的新石器时代，黄河变迁的产物。在杨庄子至沾化县山后村的连线向陆一侧的王家坟曾出土新石器时代的石铲，证明该地在4000—5000年前，已有先民在此生活。

4000年前，大禹治水，疏导九河，于碣石入海。《禹贡》载："夹右碣石，入于河"、"太行、恒山至于碣石，入于海。""至于大陆，又北，播为九河，同为逆河，入于海。"

无棣碣石居"九河"之域，第一列贝壳堤向其陆几公里处，德惠新河（新马颊河）、马颊河（老马颊河）环绕左右，两河汇合后入海；再西有漳卫新河（鬲津河），于无棣、黄骅之间名大口河，入海；东有徒骇河，东南还有朱龙河（覆鬴河）、钩盘河汇入徒骇河，入海，这几条河道许已不是大禹疏

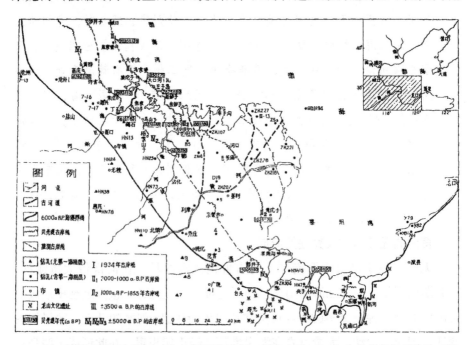

庄振业等：《渤海南岸6000年来的岸线演变·渤海南岸6000年来的几条古岸线》，《青岛海洋大学学报》1991年第2期

导的"九河"古河道，但却还保留了古"九河"之名，"碣石"、"九河"符
合《禹贡》之文，确为《禹贡》碣石无疑。

大禹疏导"九河"于碣石漫流入海，无棣海岸呈弱进积状态，使第一
列贝壳堤逐渐远离海岸。到距今 3000 多年前，秤砣台、广武城、凤台（烽
台）等处又开始堆积贝壳。据 ^{14}C 测定，今广武城（车辋城）、秤砣台、凤台、
沙头、岔尖等贝壳堤岛的贝壳形成于距今 3260±85 年。

新石器时代至战国以前，黄河未筑堤防，平原地区的河道无约束，漫
流改徙无定。

葛剑雄教授在《悠悠长水：谭其骧后传》[①] 中说："谭其骧认为，从黄河

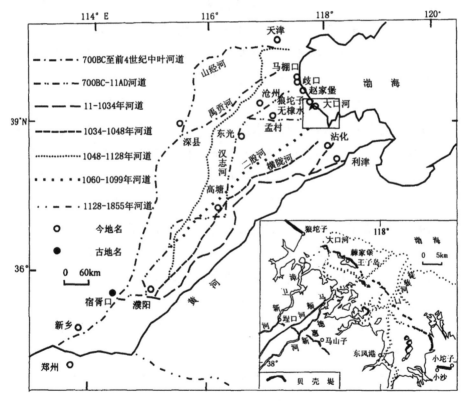

薛春汀等：《古黄河三角洲若干问题的思考·公元前 700 年以来黄河下游河道变迁和山
东北部大口河至徒骇河口海岸岛链状贝壳堤》，《海洋地质与第四纪地质》2003 年第 3 期

----

① 葛剑雄：《悠悠长水：谭其骧后传》，华东师范大学出版社 2000 年版。

下游的地形特征分析，黄河在汉以前不可能不改道，《周谱》中的记载只是很多次改道中偶然被保留下来的一次。""黄河下游在战国筑堤以前，决溢改道是屡见不鲜的事，只是因为当时河北平原中部人烟稀少，荒芜寥落，黄河改道对人民生活的影响很小，因而为一般古代文献记载所不及。""战国筑堤以前，黄河下游曾多次改道，但黄河经流每条河道的确切年代已不可考。"

西汉以前的文献记载极少，古今学者讲西汉前的黄河故道，都只知道见于《尚书·禹贡》记载的那一条。从司马迁的《史记·河渠书》开始，直到清代研究黄河变迁的名著——胡渭的《禹贡锥指》、现代研究黄河的巨著——岑仲勉的《黄河变迁史》，叙述黄河的历史都是从"《禹贡》大河"开始的，都没注意到在《山海经》中还隐藏着相当丰富的有关黄河下游河道的具体资料。1975 年，谭其骧在研究先秦时代黄河下游河道的位置时，发现了这一秘密，尽管在《山海经》中没有像《禹贡》那样有一节"导河"来记载黄河的具体流路，却在《山经·北次山经》中记录了数十条黄河下游的支流。谭其骧发现，与《汉书·地理志》、《水经》及《水经注》中所载的河北水道作比较，这些支流的终点、即它们流入黄河的地点不同于后世，所以只要将这些支流的终点连接起来，就可以钩稽出一条径流确凿、远比《禹贡》河水详确的古河道，这就证明了西汉以前的黄河水道绝不止《禹贡》这一条。1978 年，谭其骧将这一考订过程撰为《山经河水下游及其支流考》，发表于复刊后的《中华文史论丛》。在《长水集自序》中，谭其骧说："这是我的一篇得意之作。古今学者讲到汉以前古黄河全都只知道有一条见于《禹贡》的河道，谁也不知道还有其他记载。如今被我从《山经》中找出这么一条径流确凿可考、远比《禹贡》河水详确得多的大河道来，怎不令人得意！"

但谭其骧的研究并没有因为得意而止步，他进而考虑另一个重大课题：西汉以前的黄河河道是不是只有已知的几条，也就是说，在西汉以前黄河究竟改道过了多少次？前人只有两种看法：一种是认为汉以前只发生过一次改道，那就是《汉书·沟洫志》所载王莽时大司空掾王横所引《周谱》中"定王五年河徙"这一次。从东汉的班固、北魏的郦道

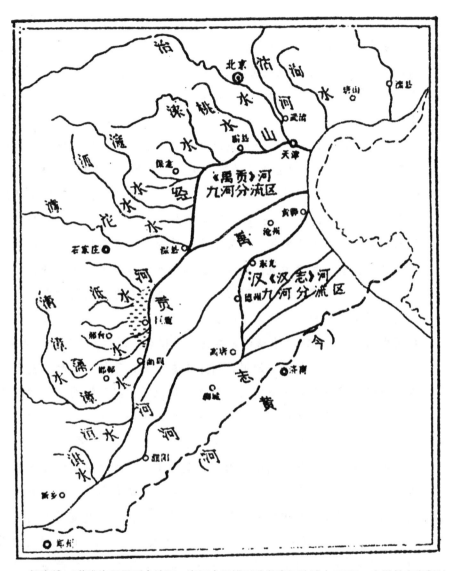

邹逸麟:《黄淮海平原历史地理·海河水系雏形阶段海河流域水系图》，安徽教育出版社1993年版

元、南宋的程大昌，到清代的阎若璩、胡渭都是如此。胡渭的《禹贡锥指》将黄河有史以来至清代的改道归纳为"五大徙"，这是第一次，他认为发生在春秋时周定王五年，即公元前602年。岑仲勉也持此观点，只是将发生的年代改为战国时的后定王五年（公元前462年）。另一种

是认为《周谱》的记载不可信，汉以前黄河根本没有改过道，首先提出这一观点的是清嘉庆、道光年间的学者焦循所著《禹贡郑注释》、史念海《论禹贡的导河和春秋战国时期的黄河》一文更进一步提出，见于《汉书·武帝纪》元光三年的"河水徙从顿丘，东南流入勃海"，才是历史上的第一次改道。

谭其骧认为，从黄河下游的地形特征分析，黄河在汉以前不可能不改道，《周谱》中的记载只是很多次改道中偶然被保留下来的一次，以上两种说法都不正确。不过，再要在文献记载中寻找当时的黄河故道目前已无可能，谭其骧把目光转向考古发现，果然找到了新的论据。因为迄今为止的考古发掘，从新石器时代直到春秋时期，河北平原中部始终存在着一片极为宽广的空白，其间既没有发现过有关的文化遗址，也没有任何城邑聚落的可靠记载。这片空白直到战国时期才逐渐消失。谭其骧指出：由于这片空白正是河北平原相对低平的地区，在战国中期黄河筑堤之前水道经常在这一带摆动。因为没有河堤的约束，每遇汛期，黄河不免漫溢泛滥，河床渐渐淤高，每隔一段时间就会改道，所以人们不会在这里定居。而在筑堤以后，经常性的泛滥和频繁的改道得到控制，两岸的土地才逐渐开发，大小居民点才会形成。因此谭其骧在《西汉以前的黄河下游河道》一文得出了一系列重要结论：汉以前至少可以上推到新石器时代，黄河下游一直是取道河北平原注入渤海的。黄河下游在战国筑堤以前，决溢改道是屡见不鲜的事，只是因为当时河北平原中部人烟稀少，荒芜寥落，黄河改道对人民生活的影响很小，因而为一般古代文献记载所不及。见于《周谱》记载的周定王五年那一次"河徙"是汉以前唯一被记载下来的一次改道，但决不能说事实上汉以前只改过这一次道。不能因为胡渭对这次改道的解释不可信，而否定这一记载。黄河下游河道见于先秦文献记载的有《禹贡》河及《山经》河这两条，见于《汉书·地理志》《沟洫志》和《水经注》的西汉河道，既不是"禹之旧迹"，也不是形成于周定王五年的河徙，更不可能迟至汉武帝元光三年黄河在顿丘决口后才形成。《汉书·地理志》所载河道始见于公元前7世纪中叶，并且是春秋战国时代长期存在的河道,《禹贡》《山经》两河形成较晚,目前无法决定两者的先后。春秋战国时黄河下游可能有东(《汉书地理志》河)、西(《禹贡》、《山经》河)两股长期并存,迭为干流,而以东股为常。战国筑堤以前,黄河下游曾多次改道,但黄河经流每条河道的确切年代已不可考。约公元前4世纪40年代,齐与赵、魏各自在河的东西两岸筑堤,从此《禹贡》《山经》河断流,专走《汉书·地理志》河,沿袭至汉代。

袁廷海《无棣海岸话沧桑》中说:到秦汉时期,海岸线推进到今秤砣台、广武城、秦台一线向海一侧,于是,这一带出现了第一批较大规模的建筑。①

秦台:位于西小王镇秦口河畔,现遗址面积约2000平方米,高0.5米,传秦始皇命人在沿海所筑瞭望高台之一。"秦台眺望",为无棣古八大景之一。

广武城:位于县境东北部埕口镇、高坨子河东岸。1977年实地勘查,古城残基的夯痕仍历历可见,在蓬蒿海沙间散弃着汉陶残片,曾出土铜剑、箭簇等文物。传为西汉广武君李左车所筑,故名,俗名"车辋城"。后唐、后周曾驻兵于此。

秤砣台:位于广武城东南2000米处。1990年地区文物考查组实地勘查时,发现汉代青铜箭头3支、残陶豆1个、汉陶片若干及许多冶炼过的铁块,台北侧还有一古车道,地表下1米处有古灶膛遗迹,每排20个,并有木灰状遗物。据出土文物测定为汉代遗址。

光武城:位于秦台西北,俗名"光广城"、"光棍城",或讹混为"广武城",曾出土汉代砖瓦陶器残片及马蹄钱、铁神像等文物。传为东汉光武帝刘秀据燕制齐时所建。②

在这些遗址中,仅见战国和西汉遗存,不见西汉晚期和东汉的遗存,这与天津市文化局考古发掘队《渤海湾西岸古文化遗址调查》记叙的"天津郊区、黄骅北部和宁河南部,仅见战国和西汉遗存,不见西汉晚期和东汉的遗存,再迟的就是唐宋时期的遗物"一样,中间也有一个割裂现象。

大量考古资料证实,这种割裂现象是由西汉晚期渤海湾沿岸海溢事件

---

① 袁廷海:《无棣海岸话沧桑》,见 http://www.infobase.gov.cn/intro/fzlt/30.htm,山东省情网·发展论坛。

② 《无棣盐业志》,山东地图出版社2003年版。

造成的。关于西汉时期发生的海溢，历史文献中多有记载。《汉书·沟洫志》载大司空掾王横言："往昔，天尝连雨，东北风，海水溢，西南出，浸数百里，九河之地，已为海所渐矣。"郦道元《水经注》："昔在汉世，海水波襄，吞食地广，当同碣石，苞沦于洪波也。"这两段文字可能是将西汉晚期发生的一次特大风暴潮灾害和海侵记录在了一起。据沿海居民长期生活经验，一般规律，渤海湾连刮数天东南风，恰逢潮日，而又骤转东北大风，渤海西南岸则必有较大的风暴潮出现；若加上天气连雨，那海潮更甚。[①] 据《无棣县志》记载：1939 年，曾发生一次危害最严重的特大风暴潮，海潮来之前，东南风持续半月之久，8 月 31 日，骤转东北大风，风力 6 级以上，并伴随大雨，海潮随即侵入内陆 35 公里，浸溢四天，方渐回落。1949 年 7 月 28 日，海潮上陆 20 公里，郭桥、高田两乡 8 个村 6 个海堡被淹，柳堡以东农田被淹没，房屋多倒塌。1992 年 9 月 1 日，沿海遭受特大海潮袭击，最大风力 9 级，大口河、水沟、望子岛、岔尖、沙头等渔村（堡）及鲁北化工总厂、埕口盐场、县养殖公司等企业被淹。1997 年 8 月 19—20 日，受 11 号台风影响，沿海出现特大风暴潮，风力达 12 级，沉没渔船 50 艘，造成严重灾情。

《汉书》中的记载与 1939 年发生的潮灾极为相似，但潮势之强，侵入内陆百里，应该是与当时海面上升背景有直接关系的。高海面，大致从西汉晚期开始，东汉早期以后达到高峰，高出现代海面 1—1.5 米，沿海 3.5 米高程以下的低洼地受到浸淹。[②]

事实上，西汉晚期海侵，不可能使"九河之地已为海所渐矣"，更不可能将无棣境内海拔 63.4 米的碣石"苞沦于洪波"，只是淹没了一些陆地，造成海岸线向陆地退缩数十公里。第一列古贝壳堤外的秤砣台、广武城、凤台等贝壳岛，被冲刷、分割成零散、孤立的海中小岛，"苞沦于洪波"之中。东汉以后，加之黄河改道从滨县南入海，县境沿海转为南积北蚀，海水进一步冲刷侵蚀第一列古贝壳堤及堤外的贝壳砂岛，使得第一列贝壳堤外的秤砣台、广武城、凤台并没有像第一列及第二列贝壳堤那样，形成连片成列的带状贝壳堤，而成为了一个个孤立的贝壳堤岛。大潮时，海水可涌至无棣碣石

---

① 《无棣盐业志》。

② 韩嘉谷：《再谈渤海湾西岸的汉代海侵》，《考古》1997 年第 2 期。

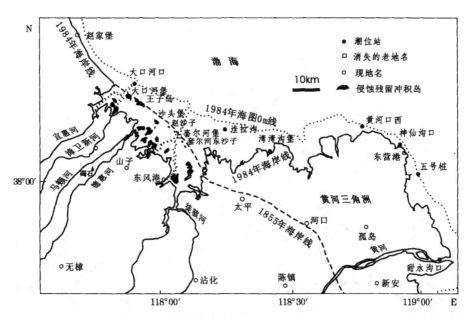

薛春汀：《渤海西岸漳卫新河口至徒骇河口海岸地貌成因·1855 年和 1984 年漳卫新河
口至徒骇河口及其附近海岸线的比较》，《海洋科学进展》2011 年第 3 期（"碣石"为编著
者标注）

山下。

东汉末，建安十一年（206）秋八月，曹操率兵东略边境，征讨青州海
贼管承，登上时属冀州渤海郡的无棣碣石山，看到辽阔的海面上，点缀着若
干突兀耸立的贝壳岛，才有了《观沧海》中"水何澹澹，山岛竦峙"的诗句。

无棣自西周初年，已"兴渔盐之利"，并有"课渔盐利中国，富厚甲天
下"之说。魏晋时期，无棣碣石山因山下的月明沽盛产盐，曾改名为"盐山"。
《寰宇记》云："月明沽，在县东界，西接马谷山，东滨海，煮盐之所。"《山
东通志》载："月明沽，在海丰县（今无棣县）东北。"月明沽即今马颊河下
游一段，第一列贝壳堤外。

第二列贝壳堤位于今沿海大口河—旺子堡（望子岛、汪子岛）—赵砂子
一线。据 1992 年航测资料，这列贝壳堤由 40 余个贝壳岛（高于 0 米）组成，
长近 22 公里，岛宽 100—500 米，贝壳层厚 3—5 米，属裸露开敞型，形成
于全新世晚期。据 ^{14}C 测定，西段大口河贝壳堤岛下层距今 1850±75 年，
东段老沙头贝壳堤岛距今 1690±80 年。

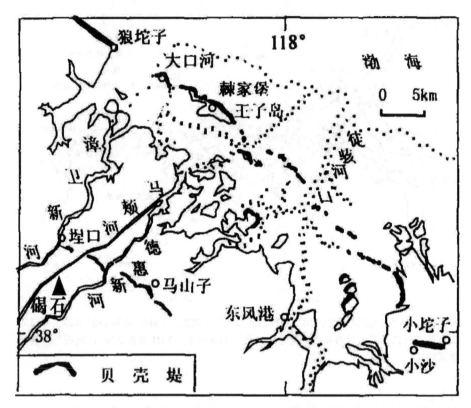

薛春汀等：《古黄河三角洲若干问题的思考·山东北部大口河至徒骇河口海岸岛链状贝壳堤》，《海洋地质与第四纪地质》2003年第3期（"碣石"为编著者标注）

南北朝后期，由于地壳上升，海水逐渐减退。隋初建县时，无棣东部海岸，已推进到赵沙子一带，赵沙子附近也开始堆积贝壳，逐渐形成了第二列贝壳堤。至唐宋时，已基本上恢复到西汉海侵以前的情况。

清咸丰五年（1855），黄河结束了700年由淮入海的历史，夺大清河由利津入海。县境南部受黄河泛溢水冲淤影响，重新呈现进积状态，秦口河东连年出现大片淤地。

近百年来，渤海西及南岸沿海平原与海岸线的形态发生了巨大变化。泻湖与湿地大面积消失，海岸线逐渐平直、平均大潮高潮线向陆地方向后退、潮间带逐渐变缓、变宽，不同岸段的岸线变化特征不尽相同，但普遍经历了岸线（平均大潮高潮线）蚀退。风暴潮期间，除大口河、高坨子、棘家堡子、汪子岛、老沙头5个面积较大的外，其他不稳定的小砂岛，皆可被淹没。经 1927、1929 年两次大潮，无棣海岸线全面退蚀，沿海渔村、渔堡居民生产、生活日益恶化。1939 年大潮后，套尔河堡内迁并入岔尖堡，南北石桥二村废弃。1957 年大潮后，大口河堡受到威胁，于 1959 年内迁至牛角屋子（改名水沟堡），1974 年再迁沙沟子。1964、1969 年两次潮淹，沙土堡变成了一个"七里沾脚，八里难熬，捧心台上歇歇，又怕月河来潮"的地方，于 1974 年内迁至北长滩。高坨子、棘家堡子、汪子岛常住居民亦全部搬走，变成了季节性渔堡加工场所。①

自 20 世纪 80 年代，因修堤、养殖、盐田等海岸带资源的开发和利用，沿海海岸线迅速外推、缩短，使岸线迅速向海推进 2—20 公里，直至贝壳堤岛一带，自然岸线逐渐被人工岸线所取代。现在，无棣海岸高潮平均线已稳定在第二列贝壳堤外，低潮线退至该贝壳堤以东平均 1500 米以外的地方。海岸线已远离了碣石，"东临碣石，以观沧海"的景象已不复存在。

清儒著书　渐从顾氏说

《肇域志》、《山东肇域记》一直未能刊印，但顾炎武对《禹贡》碣石在山东无棣的论述，有理、有据，至今无有出其右者。清代部分学者见到顾炎武的分析，才意识到"河道自在渤海西岸，碣石自在渤海北岸"的错误，所以在此后一些学者都开始倾向《禹贡》碣石即马谷山的见解，这也说明人们在经过若干朝代的探索分析之后，逐步找到了禹迹九河的归海之地；虽有学者不认同此观点，但在其著作中，也作为一种观点记述其中。

蒋廷锡（1669—1732），字扬孙，一字西君，号南沙、西谷、青桐居士，江苏常熟人，清文献学家、藏书家。康熙四十二年（1703）进士，授翰林院编修，历官礼部侍郎、户部尚书、文华殿大学士，曾任《明史》总裁及《佩文韵府》、《康熙字典》、《古今图书集成》等典籍总纂官，著有《尚书地理今释》、《破山集》、《秋风集》、《青铜轩诗集》等，为保存和整理我国古代文献付出了毕生精力。其在《尚书地理今释》"碣石"条云：

碣石：案《汉书·地理志》云，大碣石山在右北平郡骊城西南，《武

---

① 袁廷海：《无棣海岸话沧桑》。

碣石　案漢書地理志云大碣石山在右北平郡驪城西南武帝紀注文穎云碣石在遼西絫縣絫縣今罷入臨榆此石著海旁益驪城即今直隸永平府樂亭縣絫縣即今昌黎縣二縣壤地連接杳無碣石踪跡而海水蕩滅之說又荒誕不可信考肇域志云山東濟南府海豐縣有馬谷山即古碣石劉文偉亦以馬谷山在古九河之下合於禹貢入河入海之文斷為碣石無疑近世論碣石者惟此說庶幾近之（明劉文貢敍碣石有入河入海之文其在九河之末入海之口明矣今九河故道俱在德棣之間碣石不當復在他境況地勢北高南下北平高地河水奚由而達耶馬谷山既在九河之下而又巍然獨出于海濱其為碣石無疑

蒙　蒙山在今山東青州府蒙陰縣南八里西南接兖

（清）蒋廷锡：《尚书地理今释·碣石》条

帝纪注》文颖云，碣石在辽西絫县，絫县今罢入临渝，此石著海旁。盖骊城即今直隶永平府乐亭县，絫县即今昌黎县，二县壤地连接，杳无碣石踪迹，而海水荡灭之说，又荒诞不可信。考《肇域志》云，山东济南府海丰县有马谷山，即古之碣石，刘文伟亦以马谷山在古九河之下，合于《禹贡》入河、入海之文，断为碣石无疑。近世论碣石者，惟此说庶几近之。（明刘文伟云，《禹贡》叙碣石有入河、入海之文，其在九河之末入海之口，明矣。今九河故道俱在德、棣之间，碣石不当复在他境，况地势北高南下，北平高地，河水奚由而达耶。马谷山既在九河之下，而又巍然独出于海滨，其为碣石无疑。）

杨陆荣，字采南，号泽西，生卒年不详，青浦（今江苏青浦县）人。

流經河之委在東北九河之上受漳恆衛之衝灌
衍千里逆趨數郡孟子云沈溺於天下沈溺於中
國當時沈溺之跡猶可推見者惟大陸之千里雲
夢之千里鉅野等處次之水大則害大害大則治
之必難東萊先生恐亦未之思耳疑經文恆衛二
句錯簡在田賦句後○又曰禹王治冀以必治之
法治之也覃懷四句皆言治河非泛言治水大行
懷州巨鎮河經其下西東崇山不能為患兗在河
東而地土最下隄防稍有不固勢必被決惟覃懷

禹貢臆參　卷上　六　禹貢集成

底績而充庶免河患然猶未可專恃隄防也由
此更北則二漳恆衛大陸之水皆自東北來入于
河非殺其勢一隄遂足障之乎揣之為九則勢分
力緩下流洩而大陸作沚○又曰讀古人之書須
善體其意水性就下行所無事蓋不生事不多事
耳若任其意水就下而一無所事則兗州最下將為壑
矣禹王八年在兗歷歲如此之久底績如此之難
其可謂之無事乎水性猶人性也好德其性食性
亦其性就下其性衝決亦其性有以坊之則無不

治矢故曰以必治之法治之
島夷皮服
海曲曰島海島之夷以皮服為貢也
夾右碣石入于河
冀州三面距河他州貢賦皆浮河以達即達于河
者亦各因其本州之水以達于河惟冀州之北無
通河之水貢賦之來必由海道以達河南向西轉
而碣石在其右故曰夾右○今釋漢書地理志碣
石在右北平驪山縣西南即今撫寧縣漢武帝紀注

禹貢臆參　卷上　七　中國歷史地理　文獻輯刊

在遼西絫縣即今昌黎縣撫寧昌黎襄地相接今
玆兩縣內並無碣石縣跡後人遂謂二縣瀕海碣
石已為海水蕩滅其言誕不足信攷摩崴志山東
濟南府海豐縣有馬谷山即古之碣石在九河之
下斷為碣石無疑○楊陸榮曰漢人去古未遠其
言必非鑿空而陵谷遷變之所有不足為誕
漢人云在遼海之北且自遼海以至濟南五百餘里海中島
懸隔若此自肇域志則在渤海之南何至
嶼絡繹以十百計上經島夷皮服雖貌言瓘真之

（清）杨陆荣：《禹贡臆参·夹右碣石入于河》注解（1）

袤實則此處之島爲最多然不在九河下流者豈
止一馬谷山黃且濟南卽是入河之處此處文意
全擧海道而言夫右碣石是海道之始入河是海
道之終統始終而言之爲是

禹貢臆參〈卷上〉　八　禹貢集成

濟河惟兗州

兗州之境東南距濟西北距河地勢最下而當河
濟之衝所宜先治也　○今釋兗州今山東之東昌
府兗州府之曹州陽穀壽張鄆城三縣濟南青州
二府西北境直隸之大名府及眞定河間二府東
南境河南衛輝府之胙城是也　○河濟詳後導水

九河既道　▼

河自西北來以至華陰爲山所東故患小自華陰
折東山少土疏故患大兗土尤旱受患最其播河
爲九則力弱而患去矣道者順其性而道之　○今
釋九河一曰徒駭二曰大史三曰馬頰四曰覆釜
笙曰五曰胡蘇六曰簡潔七曰鈎盤八曰鬲津九
亦曰　則河之經流也蔡傳本曾胝之說所分如此林之
奇極辨其非是今案直隸河間滄州之西交河之

東北六十里有徒駭河卽漳沱河濟南府平原照
北有篤馬河卽馬頰河德州有覆釜河河間府東
光縣東南有胡穌河南皮縣城外有蘭河河間二
河相去甚近而實非一河濟南府榮平縣東南有
鈎盤河德州西南有高津河其大史河漯齊乘在
清滄二州之間一曰　貌志在南皮縣北　○楊陸榮曰
九河在冀兗二州之間九河播而後大陸作不叙
于冀而叙于兗者其爲功于兗者大也　○又曰此
言治兗州之河亦以必治之法治之也

禹貢臆參〈卷上〉　九　中國歷史地理文獻輯刊

雷夏既澤

雷夏濟水之所經也澤者水所瀦也納上流而足
以容淺下流而無所壅也　○今釋雷夏在今山東
東昌府濮州東南水經注在大成陽故城西北十
餘里其陂東西二十里南北十五里卽舜漁處　○

瀦沮會同

楊陸榮曰此泊兗州之濟也
水自河出爲瀦濟出爲沮會同同入于海也　○今
釋瀦沮二水同出于濮州雷澤西北平地距縣四

（清）楊陸榮：《禹貢臆參·夾右碣石入于河》注解（2）

康熙五十六年(1717)，著纪事本末体史书《三藩纪事本末》4卷，还著有《五代史志疑》、《辽史金史纲目》、《殷顽录》、《萝吤集》等。其《禹贡臆参》①云：

> "夹右碣石入于河"：〇今释：《汉书·地理志》碣石在右北平骊城县西南，即今抚宁县；《汉武纪注》在辽西絫县，即今昌黎县。抚宁、昌黎壤地相接，今考两县内并无碣石踪迹，后人遂谓二县濒海，碣石已为海水荡灭，其言诞不足信。考《肇域志》：山东济南府海丰县有马谷山，即古之碣石，在九河之下断为碣石无疑。

> 杨陆荣曰：汉人去古未远，其言必非凿空，而陵谷迁变亦理之所有，不足为诞。汉人云，在辽海之北，《肇域志》则在渤海之南，何至悬隔若此，县自辽海以至济南五百余里，海中岛屿络绎，以十百计，上经岛夷皮服，虽统言环冀之夷，实则此处之岛为最多，孰不在九河下流者，岂止一马谷山哉，且济南即是入河之处，此处文意全举海道而言，夹碣石是海道之始，入河是海道之终，统始终而言之为是。

晏斯盛（? —1752），字虞际，号一斋，江西新喻（今上高县蒙山浒江）人，清朝官吏。撰有《楚蒙山房易经解》16卷，著《禹贡注》8卷。《禹贡解》卷一云："《肇域志》云山东济南府海丰县有马谷山即古碣石，刘文伟亦以马谷山在古九河之下，合于《禹贡》入河入海之文。"②

秦蕙田（1702—1764），字树峰，号味经，江南金匮人，清朝官员、学者。乾隆元年进士，授编修，累官礼部侍郎，工部、刑部尚书，两充会试正考官。治经深于《礼》，继徐乾学《读礼通考》作《五礼通考》。又有《周易象日笺》、《味经窝类稿》等。《五礼通考》（卷二百一）③云："明刘世伟又云海丰县北马谷山疑即古之碣石。"

李兆洛（1769—1841），字申耆，晚号养一老人，阳湖（今属江苏常州市）人。清著名地理学家、藏书家、文学家，精舆地、考据、训诂之学，是阳湖派代表作家之一，历时数年编成《历代地理志韵编今释》20卷，仿《汉

---

① （清）杨陆荣撰：《禹贡臆参》（清康熙乾隆刻杨潭西先生遗书本），见李勇先主编《禹贡集成》卷五。

② （清）晏斯盛：《楚蒙山房集》，第266页，《四库全书存目丛书·经部》第五十九册，影印南京图书馆藏清乾隆新喻晏氏刻本。

③ 文渊阁《四库全书》本。

禹貢地理考　《山》　三　禹貢集成

碣石　漢書地理志云大碣石山在右北平郡驪城縣西南武
帝紀注文穎云碣石在遼西絫縣絫縣令罷入臨渝此石著
海旁蓋驪城即今直隸永平府振宇縣絫縣即今昌黎縣二
縣壞地連接查無碣石踪跡而海水蕩滅之說又荒誕不可
信考肇域志云山在濟南府海豐縣有馬谷山即古碣石劉
文偉亦以馬谷山在古九河之下合于禹貢入河入海之文
斷為碣石無起近世論碣石者惟此說庶幾近之

岱　魯頌作泰山周禮作岱山在今山東濟南府泰安州北五
里

蒙羽　蒙山在今山東青州府蒙陰縣南八里西南接兗州府
費縣界延袤一百餘里羽山在今山東兗州府沂州近南一
百里接郯城縣及江南淮安府海州贛榆縣界
〔熊氏禾曰蒙山與龜山相連延袤八十餘里蒙山之陽為費
縣陰為蒙陰縣羽山在今淮安府贛榆縣西北八十里即舜
殛絲庭殛登州府又有羽山在府治東南二十里亦以為舜
殛絲處

嶧陽　一名萬嶧山在今江南淮安府邳州西南俗名距山以
與沂水相距也

禹貢地理考　《山》　四　中國歷史地理文獻輯刊

荊　在今湖廣襄陽府南漳縣西少北八十里昭四年左傳荊
山九州之險指此
曾氏畋曰此荊州之陰山非荊岐既旅之荊山

衡陽　即衡山之陽南岳周禮作衡山海經作岣嶁山在今
湖廣衡州府衡山縣西三十里接衡陽縣長沙府界

華陽　即華山之陽西岳禹貢作太華周禮作華山在今陝西
西安府華陰縣南十里

岷嶓　岷山跨古雍梁二州自陝西鞏昌府岷州衛以西大山
重谷磕砑起伏西南走嶐箐中直抵四川成都府之西境凡
茂州之雪嶺灌縣之青城皆其支脈而導江之處在今松
嶓冢衛北西蕃界之浪架嶺漢書地理志所云岷山在湔氐
西徼外是也嶓冢有二一在陝西漢中府寧羌州西九十里西漢水所出二
東漢水所出一在鞏昌府泰州西南六十里西漢水所出二
山南北相去三四百里而支脈雖聯屬郡縣志所謂隴東
之山皆嶓冢是也
〔焦氏竑曰在鄒縣者為鄒嶧在邳州者為萬嶧
葉氏蔆得曰江漢先於荊者源濬宗于海則已治矣故於發
源無所用力特言岷嶓鮖蓺則不特水治也

（清）李兆洛：《禹貢地理考·碣石》條

书》以下各史《地理志》中地名，注历代所属州、郡及今地所在，是中国第一部历史地名辞典，查考古代地名沿革变迁的重要工具书之一，颇便于治史者翻检。此外，选辑有《骈体文抄》、《江干香草》、《皇朝文典》、《历代地理韵编》、《皇朝一统舆图》、《海国集览》、《历代地理沿革图》、《凤台县志》、《皇朝舆地韵编》等。其在《禹贡地理考》①"碣石"条云：

> 《汉书·地理志》云，大碣石山在右北平郡骊城县西南，《武帝纪注》文颖云，碣石在辽西絫县，絫县今罢入临渝，此石著海旁。盖骊城即今直隶永平府抚宁县，絫县即今昌黎县，二县壤地连接，杳无碣石踪迹，而海水荡灭之说，又荒诞不可信。考《肇域志》云，山东济南府海丰县有马谷山，即古之碣石，刘文伟亦以马谷山在古九河之下，合于《禹贡》入河、入海之文，断为碣石无疑。近世论碣石者，惟此说庶几近之。

清代，一些文人学者逐渐接受顾炎武的观点，还吟咏论证，留下了考证碣石的诗文。

杜堮（1764—1859），字次厓，号石樵，山东滨州（今滨城区）人。嘉庆六年（1801）进士，曾任职于翰林院，外放顺天和浙江学政，任内阁学士兼礼部侍郎，兵部和吏部侍郎等职，加太子太保衔，赠大学士，谥号"文端"。一生勤于笔耕，是山东文坛的盟主，其传世之作《遂初草庐诗集》，是所作诗歌总集。

嘉庆二十年（1815）六月一日，52 岁的杜堮出任顺天学政，至二十四年（1819）九月任满的四年间，他不仅深入地方考察民俗，还遍访了顺天府及永平、宣化、承德东北三府，太行山、顺德等地，探寻名山大川，考证古迹志乘。"丙子，五十三岁。……东至海濒，北行上塞，而永平、宣化、承德，历览山川之秀丽，关隘之雄壮，以及朝烟暮霭风雨气候之殊。短舆无事，则形为诗歌，咨访故迹，合咎志乘。非敢谓轺轩采风，亦庶几志其梗概，备异域日存省云。""戊寅，五十五岁。以明年万寿加科，东北三府岁科连考，余因不复来。于考后，永平登清风台，谒夷齐庙；宣化至书院，与诸

---

① （清）李兆洛撰：《禹贡地理考》（浙江大学图书馆藏清道光间蓝格写本），见李勇先主编《禹贡集成》卷六。

滷瀝露華泠中有素心人獨坐發深省

送張魯源之溫州

聞道東甌郡江山勝跡饒危樓吞漲海孤嶼蕩迴潮謝客留題舊

仙樣入望遙知君游屐在興與白雲超 　　吳熙曾

九河

禹跡茫茫問九河（九河古道在德州河間棣州之合地，與禹貢大陸在北播為九河之……）

鉻磨石（白周圍三里許，形如碣石，蓋卽同爲逆河處，與禹貢夾右碣石皆……）

漢家分土名猶在（河間以九河得名）

自昔洪流歸渤澥（棣州古歸海地，河所……）

宋氏傳經說竟訛（人地不歸金，其跡宋……）

豈容別派混滹沱（則北……）

島夷尚識來時路萬丈潮頭奈爾何

春官 杜塲 濱州　海濱碣石永……

閒居

以蔡傳九河之淪入於海之說，可謂疏矣

承銷深信淪案入於海

故臆說也，其聞蔡傳多耳

天津溥沱豈得越入平州乎

南明矣 　　王爰瀚

無棣縣志　卷二十三　藝文　詩歌　　山東商務印書所印

（清）杜塲：《无棣县志·九河》诗

生燕语；承德历普拉搭扎什伦卜，升高望塞外诸山。"① 侯玉杰等著《滨州明清望族之滨城杜氏》② 载："从他的诗中，我们能清晰地看到他行踪不定、奔波劳碌的身影。过八达岭，走红石梁，登九松山；雨渡洺河，大风发沙河；晓发北平，夜宿古北口；滦平观山，关外看寋云；春晚至津门，初夏行瀛鄚，秋过邯郸，冬行太行山下，岁晚走密云……他的足迹印遍了顺天府的山山

---

① （清）杜塲编，杜乔羽续编：《杜文端公自订年谱》，清咸丰九年刻本。

② 侯玉杰等著：《滨州明清望族之滨城杜氏》，见顾峰主编《山东省滨州市政协文史丛书·滨州明清望族》，中国戏剧出版社 2011 年版。

水水。并且每到一处，除了视学，他还'咨访故迹，合咎志乘。'他曾数过居庸关、渝关，也曾到土木堡谒显忠祠，谒桓侯祠；他曾访孤竹国，拜夷齐庙，也曾在博陵怀古；圆津庵、雨花庵、孤竹山堂、砚阳山房等处都留下了他酣畅淋漓的诗篇。"

在此四年间，"杜墤访名山胜水，探寻古迹，考察民俗，使他的眼界大开，增长了见识，丰富了阅历；特别是北国壮丽的山川引发了他的灵感，激发了他的创作热情，他从大自然中找到了创作的源泉，写出了一首又一首饱含深情的祖国山河的颂歌。他的诗歌创作获得了空前的丰收，迎来了创作的第一个高峰期。在这短短的四年中，《遂初草庐诗集》共选诗四卷，260 余首，比前 52 年的总和尚多近百首。"[①]

走出京城前，他还专修过治河方略，加之对黄河下流及历史上的九河入海处，对永平府、渤海滨海等历史古迹的实地考察，以及志乘的查阅，这才能写出考证碣石的《九河》诗：

> 禹迹茫茫问九河，海滨碣石未销磨。
>
> 汉家分土名犹在，宋氏传经说竟讹。
>
> 自昔洪流归渤澥，岂容别派混滹沱。
>
> 岛夷尚识来时路，万丈潮头奈尔何？

杜墤并在诗中附有注释。禹迹茫茫问九河："九河古道，在德州、河间、棣州之地，与《禹贡》大陆北播为九河之文合。"海滨碣石未销磨："自天津南尽棣州，数百里内，惟海丰旧河岸有马谷山，趾顶皆石，周围三里许，形如碣石。盖即同为逆河处，与《禹贡》'夹右碣石'之文相合。"汉家分土名犹在："河间以九河得名。"宋氏传经说竟讹："地归金，南宋人不履其迹，故蔡传多耳闻臆说也。"自昔洪流归渤澥："棣州古渤海地，河所归。"岂容别派混滹沱："北则天津，滹沱入海处，九河在其南明矣，岂得越入平州乎。"岛夷尚识来时路，万丈潮头奈尔何？"蔡传深信沦入于海之说，以销九河之案，可谓疏矣。"

薛宁廷，字补山，雒南人。乾隆丁丑进士，改庶吉士，授编修。有《洛

---

① 侯玉杰等著：《滨州明清望族之滨城杜氏》，见顾峰主编《山东省滨州市政协文史丛书·滨州明清望族》，中国戏剧出版社 2011 年版。

间山人诗》。其《九河故迹》①诗云：

> 鬲水碧吞千古月，盘河清漾万年风。
>
> 东连碣石荒堤在，指点沙痕忆禹功。

清乾隆四十五年（1780），海丰义井张氏第九世、岁贡、候选教谕张克嶷撰写《重修马谷山寺记》②云：

> 马谷山，古之所谓碣石也。思自历下以北蜿蜒三百六十里，乃于覆鬴、鬲津之间突出一峰，则灵秀所钟，谓非海邑之巨镇乎？山之巅有碧霞元君官，不知始于何时。

张衍重（1809—1861），字子威，海丰张氏第十四世，道光十九年举人，二十一年进士，两榜进士，由授翰林院庶吉士升检讨，咸丰二年担任贵州乡试主考官，历任福建汀州知府、江西饶州知府，诰授"中宪大夫"。

张衍重吟咏马谷山，直接将诗名写为《望碣石》③：

> 一发贴天点黛螺，玄圭曾此莫洪波。
>
> 周移汉决无良策，那向荒墟觅九河。

清代崔启晦《禹舆诗》④中有"碣石"诗，云：

> 云净骊城海色消，亭亭天柱望中标。
>
> 一源青碧藏编水，万里烟霜枕石桥。
>
> 碑碣欲留封禅迹，沧桑空信往来潮。
>
> 九门误拟称名合，地较临渝郡更遥。

诗后注曰：

> 蔡传《战国策》以碣石在常山郡九门县者，恐名偶同，而郑氏以为九门无此山也。又《后汉郡国志》以碣石山在辽西郡临渝县之南，今直隶永平府即秦辽西右北平，二郡地唐曰平州，骊城，即今抚宁县，临渝即今昌黎县，同属永平，壤地相接，故前后两汉志一载骊城，一载临渝也。又考《地理今释》，抚宁、昌黎二县，杳无碣石踪迹，《肇域志》

---

① 《乐陵县志》1990 年版。

② 张方墀：《无棣县志》。

③ 张方墀：《无棣县志》。

④ （清）崔启晦撰：《禹舆诗》（清同治三年长沙刻本），见李勇先主编《禹贡集成》卷六。

重修馬谷山寺記〔乾隆四十五年〕　張克嶷

馬谷山，古之所謂碣石也，思目歷下以北蜿蜒三百六十里，乃於
覆釜滹津之間突出一峯，即靈秀所鍾，謂非海邑之巨鎮乎？山之
巔有碧霞元君宮，不知始於何時，明季殿宇傾欹，迨國朝定鼎歲
次乙酉為順治二年，賊兵經過，民之避禍山上者皆被殺僇，寺之
殘破尤甚，其後漸次修築，亦有歷年，又遭雷風之變，拔木揭瓦，
牆壁俱壞，時康熙乙丑季夏間也，住持者募化五年，工始竣，爰勒
石以序其廢興之由，嗣後善信敬禮，週迴瞻仰，且自乾隆紀元以
來日盛一日，香積之富，更裕從前矣，詎至四十二年夏四月，將近
古會之期，忽而鐵光照燿，災降自天，正殿兩廊燒燬，靡有孑遺，論
者各以臆度回祿之由，來要亦刻數之一定，不必深究也，寺長演
譚幹新庀材鳩工，三年而院宇一新，遂因邪子構堂記於余，余
允其請，顧不然，儈然有感矣，夫道有升降，氣運循環樂
英樂於適當其盛也，今以山寺之宏敞，所費奚翅萬億，無論戎馬
跺踏，倉皇不能為經營，即使烽烟已靜，盜息儉藏，值水旱人
失其養，皆是鳩死亡流離之不暇，獨能爭為施舍乎，
供奉臺土木之資耶？昔人嘗因名園之盛衰隱占國運之降替，然
則馬谷山寺之再建於今日，而聖天子宵衣旰食以致民安物阜
之盛，於此可見矣，彼夫月鐺雲枘得優游於泉石，其亦思誰之賜
乎？嗚呼！何其幸也。

（清）张克嶷：《重修马谷山寺记·无棣县志》（民国十四年）

碣石

雲淨驪城海色消，亭亭天柱望中標〔前漢地理志石北平郡驪城
縣大碣石山在縣西南，水經註大碣石山在右北平郡驪城
縣西南枕海，一源青碧藏編水〕
經碣石之山編水出焉，萬里煙霜枕石橋，石如柱立於巨海之中，
水經註碣石山頂有大石如柱立於巨海之中，漢之時昭昭可知
也，天橋柱韋昭云，碣石云，史記漢武紀東巡至碣石，水經註謂武
帝嘗登此為碣石，滄桑空信往來潮，九門誤擬稱
其經碣石之山，大至潮水出焉，不動不沒不知深淺，
世名天橋柱，策以碣石在常山郡九門縣者，
名合地較臨渝郡更遙，恐傅戰國策以碣石為九門，無此山也，又
石出以望巨海而勒石出以望巨海而鄭氏以為九門誤，
巡至碣石，水經註謂武帝嘗登此上，

禹輿詩　卷一

七　禹貢集成

後漢郡國志以碣石山在遼西郡臨渝縣之南，今直隸永平府即
秦遼西右北平二郡地，唐日平州驪城郡今撫寧縣臨渝即今昌
黎縣，同永平壤地相接，破前後兩漢志一載驪城，一載臨渝也，
又考地理今撫寧縣有碣石山，碣石蹤跡昏無，碣石踪跡聾偉域志云碣
南府海豐縣有馬谷山，劉文偉亦云馬谷山即古碣石，又文斷爲碣石，
黎之下，位於禹貢入河之文，以碣石為九河之
平州正南海中者，亦似未確，然
以碣石為九河之證，自是定論。

（清）崔启晦：《禹舆诗·碣石》诗

云，山东济南府海丰县有马谷山，即古碣石，刘文伟亦以马谷山在古九河之下，合于《禹贡》入河、入海之文，断为碣石无疑。则蔡传谓碣石在平州正南海中者，亦似未确，然以碣石为九河之证，自是定论。

崔启晦《禹舆诗》书前还附有一幅地图，在图中注曰："碣石宜再考。"

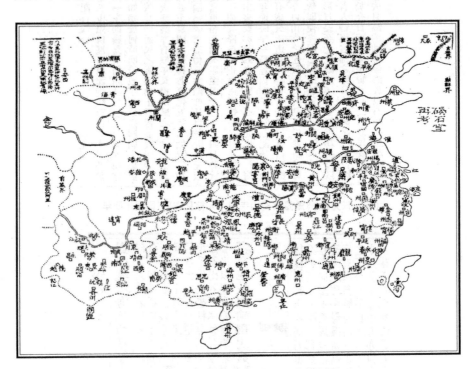

（清）崔启晦：《禹舆诗·碣石宜再考》图

清代，当涂芮日松撰《禹贡今释》① （2 卷），其于"夹右碣石，入于河"云：

> 夹，挟也。冀都三面距河，他州贡赋皆以达河为至，故东西南不必书，惟北方自海入河，逆流而西右顾碣石，如在挟腋。碣石即今山东省武定府海丰县之马谷山，盖此山在古九河之下，合《禹贡》入河、入海之文，蔡传泥于古训，不足凭也。

清代黄冈洪兆云撰《禹贡汇解》②，其于"碣石沦海"云：

①　（清）芮日松撰：《禹贡今释》（民国年间安徽丛书第一期本），见李勇先主编《禹贡集成》卷七。

②　（清）洪兆云撰：《禹贡汇解》（清光绪二十八年洪良猷刻本），见李勇先主编《禹贡集成》卷八。

大陸作者言可耕治水患既息故平地之廣衍亦

可耕也恒衛水小而地遠大陸地平而近河故成

功於田賦之後

島夷皮服

海曲曰島謂海中可居之地也北地苦寒水患既

平故海曲之夷獻其皮服

夾右碣石入於河

夾挾也冀都三面距河他州貢賦皆以達河為至

故東西南不必書惟北方自海逆流而西右

禹貢今釋　卷上　六　禹貢集成

顧碣石如在挾腋碣石卽今山東省武定府海豐

縣之馬谷山益此山在古九河之下合禹貢入河

入海之文蔡傳泥於古訓不足憑也

濟河惟兗州

兗州之域東距濟西距河北濱海南接徐豫之境

當河之下流在河之曲處兩岸無山皆是平地故

常濬決禹自其曲處導之用工尤難濟河見導水

今山東省之東昌府及兗州府之陽穀縣壽張縣

曹州府之鄆城縣濟南青州二府西北境直隸省

府之輝縣滑縣皆古兗州地也

九河旣道

九河爾雅釋水曰徒駭太史馬頰覆釜胡蘇簡絜

鉤盤鬲津蔡傳不遵古訓並遠朱子獨據曾畎之

說合簡絜為一而以其一為河之經流非是九

潔沱河是也山東省濟南府平原縣北有篤馬河

縣之東北六十里有徒駭河卽漢書地理志所謂

故道今考直隸省天津府滄州之西河間府交河

禹貢今釋　卷上　七　中國歷史地理文獻輯刊

東北經陵縣德平縣武定府之商河縣樂陵縣界

其流或斷或續相傳卽馬頰河是也濟南府德州

有覆鬲河東北至武定府海豐縣入海河間府至

樂陵縣東南有鉤盤河自濟南府平原德平二縣

光縣東南有胡蘇河東經帝津縣滄州之慶雲縣至

海豐縣入海天津府南皮縣城外有簡河絜河又

界流入至海豐縣東入海德州西南有鬲津河東

經河間之吳橋寧津濟南之德平武定之樂陵天

津之慶雲諸縣界至武定之海豐縣大沽口入海

（清）芮日松：《禹贡今释·夹右碣石入于河》注解

氏說以今為令又加石作碻遂為周時河徙之處而蔡傳相承

引用耳

恒衞既從大陸既作

禹貢書法九州一律他州水土之平皆言于田賦之前而恒衞

大陸獨言于田賦之後傳以為恒衞水土而地達大陸地至而

近河敷成功于田賦之後愚按恒衞與衡漳相去不遠若以為

水小地達則衡漳亦然大陸與覃懷皆濱于河自覃懷而下皆

曠然平地常有水患若以為平地近河則覃懷亦然此二句蓋

錯簡耳當在至于衡漳之下則書水土之平者既有其序而冀

州東北田賦之入島夷皮服之貢皆由碣石入于河者語亦有

禹貢匯解　卷首　十三　禹貢集成

倫

恒水

地理今釋恒水一名長溪源出恒山自直隸真定府阜平縣龍

泉關北迤邐流經大派山為大派水亦曰沙水又東南至保定

府祁州界合滋河入於唐水即唐即涎水也案此亦只詳恒水

之源流則非禹時故道矣

衞水

地理今釋衞水今名雷溝河出真定府靈壽縣界同村南流至

縣東南入滹沱河案蔡傳云恒衞水小而地達故其功成於田

賦之後出於村則小可知也

碣石論海

孔頴達曰碣石海畔山也地理今釋碣石在古北平郡驪城即

今直隸永平府撫寧縣昔無碣石踪跡而海水蕩滅之說又荒

誕不可信考肇域志云山東濟南府海豐縣有馬谷山卽古碣

石在古九河之下合於禹貢入河入海之文近世論碣石者惟

此說近之

禹貢匯解　卷首　十四　中國歷代地理文獻集成

沈濟截河

路史餘論濟源縣在河東濟南濟北濟陽濟陰皆在河南鄭樵

謂濟自荥末旱塞不復截河南渡而以水經攷取禹貢為疏不

知濟水既入於河性與河別不能合混滲漏入地伏行達荥陽

而遂溢為滎耳豈必無水哉鄭樵謂山則分水過水

則合謂漢入於江其交亦止此而上有脫交爻入於其文亦止此而

溢為滎之上當更有導沇水數句說經不通不以為脫必以為

誤此蕢生之篤疾也

九河故道

地理今釋按孔疏九河徒駭在成皋胡蘇在東光南在南縣此

碣石沦海：孔颖达曰，碣石，海畔山也。《地理今释》碣石，在右北平郡骊城，即今直隶永平府抚宁县，杳无碣石踪迹，而海水荡灭之说又荒诞不可信，考《肇域志》云，山东济南府海丰县有马谷山即古碣石，在古九河之下合于《禹贡》入河、入海之文，近世论碣石者，惟此说近之。

清丹徒李慎儒，字鸿轩，著《禹贡易知编》[1] 参考域外舆地图，云：

（程大昌云）今平州正南有山而名碣石者，尚在海中，去岸五百余里，卓立可见……近来西洋人所绘海道图及英国人金约翰所辑《海道图说》，于海中岛屿綦详，皆不云此海中间峙有一岛，则程氏之为凿空毫无疑义。

清末，台湾大诗人胡殿鹏（1869—1933），字子程，号南溟，台南人，甲午（1894）之前为清朝廪生，曾就职《台澎日报》、《福建日日新闻》，为台湾岛三大诗人之一。在"台湾文献丛刊·第280种"《台湾诗钞》有《黄河曲》，诗中云"百庙坊表尊亲重，春满宫墙秋又深。六经一出照天地，禹贡九河不陆沉；八方泊流源汨汨，五龙塘树覆阴阴。马谷郁盘古碣石，归墟渤海到如今。"诗中直指"马谷即《禹贡》古碣石"。

清代及以后，编纂的《山东通志》均记载：

马谷山，在山东无棣县城北六十里，一名大山。《齐乘》：大山，在无棣县北八十里，山西南半麓有洞，广二丈，深不可测。相传，古有龙马从此出，故以为名。山多石，无树木。顾炎武《肇宇记》（《肇域记》）以为即碣石也。（《大清一统志》）《金史·地理志》无棣有老乌山，未详其处，或云即此山。

恩绶著论　碣石辨正本

民国以来，无棣马谷山即古之碣石影响更加广泛。

贾恩绶（1865—1948），字佩卿，河北盐山县常金乡贾金村人，教育家、方志学家。恩绶精于方志，1915年主持畿辅备乘局（后改为直隶通志局），纂修《直隶通志》；1947年，河北又组建省通志馆，任总纂，续修《河北通

---

① 李慎儒：《禹贡易知编》，《续修四库全书》第五十五册，第462页。

志》。一生撰修有《盐山新志》、《定县志》、《南宫县志》、《清苑新志》、《枣强县志》等多部方志。

贾恩绂在《盐山新志》①中，对"碣石"多有论述，其"碣石"条曰：

> 盐山即古碣石、无棣，其说虽碻（同"确"），徒以古籍难明罕不讶为创闻者，恩绂旧为《碣石辨》上、下篇，兹全录之。

贾恩绂《碣石辨》分上、下篇，对碣石进行专题论述。

上篇，从方隅、形势、道里（距离）进行分析，指责和驳斥：东汉儒学大师班氏（固）之骊城、絫县，郑氏（玄）之九门，非以释夹右之碣石；北魏郦氏（道元）注《水经》，于碣石力主班说，并附会汉代王璜之九河沦于海之说，谓碣石亦沦于海，隋唐到今，学者奉郦氏之说，造成河道自在章武，碣石自在絫县，离之则各有佐证，合之则动见抵牾，而清代胡渭虽明知"方隅道理无一而合"，反臆创"古无渤海"之说，以曲成郦氏之失。贾恩绂指出："大凡地理之难明者，以方隅、形势、道里求之，自无大谬。"他从方隅、形势、道里三方面，论述了无棣马谷山为碣石的正确性："马谷距海口十余里……适居鬲津南岸，河在其北，则南为右，海在其东，则西为右，山适在河、海之间，经所由号为夹右欤。"又从文献、考据方面，批判郦氏等人的凿空附会，"徒据班氏泛记山川之语"，不可信也。进一步论断，"明初李柳西倡之，阳信刘世伟和之，而清儒顾炎武《山东肇域记》又复主之"，马谷山即古碣石，为"考据格致后出者胜"。

《碣石辨》上篇曰：

> 北方山川之载于经典者，九河而外，以碣石、无棣为最著。顾汉晋以前，二者均无达诂。碣石，不详其所在；无棣，不详其为山为川。

> 班、郑为东汉大师矣，郑注碣石旁及九门，而不训经文，人知其文不具班志于骊成、絫县及碣石矣，而未尝谓即河道所经。厥后，北魏郦氏道元注《水经》，于碣石力主班说，且附益王璜九河沦于海之言，谓碣石亦沦于海。夫碣石之名众矣，九河故道，最北不过章武，其距永平也远甚。班氏之骊成、絫县，与郑氏之九门无异，非以释夹右之

---

① 贾佩卿：《盐山新志》1916年版。

碣石也。乃隋唐迄今，学者奉郦氏为不刊，有附会无诘难，于是河道自在章武，碣石自在絫县，离之则各有佐证，合之则动见抵牾。有清胡氏渭《禹贡锥指》，明知方隅、道里无一而合，反臆创古无渤海之说。并逆河、碣石而胥沦之，以曲成郦氏之失，而经义益晦矣。

大凡地理之难明者，以方隅、形势、道里求之，自无大谬。永平碣石方隅、形势既在难合，而沦海又事理所必无（下详）。是九河下游，舍渤海固无所归；渤海河口，舍许商南鬲津、北徒骇之说，固别无以易；鬲津下游，舍海丰之大沽口，实不能更北；徒骇下游，去今天津三岔口，且更在其南（详逆河下）。由是言之，济南以北、天津以南，沿海三四百里，非有足为海道表识之山，不足当碣石之目。乃济、津之间平衍广斥，舍马谷、马骝二孤山外，实无一丘之可指。马谷距海口十余里，矗立无偶，草木不生，适居鬲津南岸，河在其北，则南为右，海在其东，则西为右，山适在河海之间，经所由号为夹右欤。

盖古地代更，易滋疑窦，此山在唐虞则号碣石，在春秋则号无棣，在魏晋隋则号盐山，在唐宋则号马谷，在元明清则号大山。今方志于盐山，往往以时过名易，尚不敢以大山当之，则盐山之即无棣，无棣之即碣石，其不免疑信参半也，亦固其所而吾之敢于臆断者，盖论方隅则南不至济，北不抵辽，适当大河故道之前者，此山实不先而不后。论道里，则章武、阳信二百余里之中，堪为贡道表识者，此山实绝无而仅有；论形势，则居河之右，居海之右，与经文夹右合，孤立卓尔名与碣石合，濯濯童山义与无棣合。

以视永平碣石居大山之下，位居河道之左，海水之北，不惟道里遥庭，抑且形影俱失者，固不待智者而知所择矣。或曰，文献无征不嫌武断乎？是又不然。永平碣石，徒据班氏泛记山川之语，曷尝有碻（确）证也，然且据为典要，争相附和。

乃伏琛《齐土记》曰：无棣，今之渤海高城，是明言无棣在高城境内，则知无棣之即山矣。京相璠则曰：旧说无棣在孤竹，是明袭骊戎碣石之误，则知无棣即山，且知与碣石为一山矣。厥后，伏氏之说，清代钦定尚书暨江氏永皆取之碣石即马谷之说。明初李柳西倡之阳信，刘世伟（引作文伟者误）和之，而清儒顾氏炎武《肇域志》，又复主之。考据格致后出者胜，安见顾、江诸名儒之实事求是，不愈于郦氏之凿空附会乎。郦氏沦海之说，阎若璩已引魏帝登碣石之说，以正其谬，而海中天柱又早无踪，胡氏不得已，谓没于郦氏注经二十余年之间，旋称之而旋沦之，其饰益无足辨，又况河经吕梁，郦氏谓在离石以东可二百里，今其地西去黄河二百里，绝无河流，其误显然。尽信书不如无书，读经且然，何况郦氏。

下篇指出，"碣石沦海谬始郦生"，盖汉王璜先沦九河，清代胡渭笃守载籍，墨守传注，穷于置辨，不敢不附会郦生，臆创沧桑之奇变，公然说"古无渤海"。贾恩绂列举其谬厥六端，一针见血地驳斥了胡渭臆创的"古无渤海"和臆度的"碣石为戴石土山"之说，以及"沦于海"和其他学说的种种穿凿附会和臆想之词，充分论述了无棣马谷山的历史更属和演变。

《碣石辨》下篇曰：

碣石沦海谬始郦生，而汉之王璜实启之（汉志璜误横）；地在临榆误始文颖，而清之胡渭实主之。郦、胡古今舆地巨擘也，虽疑窦纷如莫厌人意，迄无敢异其说者，《括地志》、《寰宇记》、《舆地广记》诸书，或曰石成，或曰骊成，或曰卢龙南，或曰肥如，或曰象县，差仅毫厘，名异实同，无足辨者。惟元之王充耘谓即青县合口之土山。明之刘世伟谓即海丰之马谷。青县距海既远，且系土岗，不足为贡道标识，胡氏驳之当已；海丰马谷实较古说为长，胡氏以佐证颇孤，定为凿空无据，且云，马谷山前乃宋之笃马河，非禹迹，遂与充耘说一例驳弃，实非笃论。兹先破胡氏沦海之惑，则临榆之谬，不攻而自破。临榆之说废，则舍马谷一山无足当碣石之目已。盖九河自永平入海，胡氏明知其妄，徒以永平而外，征之古书不见碣石之名，于是碣石必移于永平，碣石有在，而河道仍难附会，于是不得不取沦海之说。沦海可据，而逆河益难证明，于是不得不并逆河而胥沦之。盖王璜先沦九河，郦氏继论碣石，胡氏并沦逆河，种种穿凿，皆以贡道表识，汉无确诂，遂不得不设臆想之词，以济其穷。

约举其谬厥有六端：

渤海斗入内地，南北约五百里，东北约三百里，此延袤六七百里之地。据胡氏言之，禹夏、二周之时，尽系大陆，更西至今之河间，复有三四百里，通计陆地横距七八百里。春秋以前，无一古地、古国之可名，古人纵不与水争地，有未变沧溟之四五百里，已足以容狂澜；再西以迄河间，百里之国约可容以三四，何至灭国五十以封同姓，而近在兖冀之瓯脱，反熟视而无睹，此其不可通者一。

渤海左近地势北高而南下，若禹时海果为陆，其北高之势，亦岂能少异于今，天津东北，凡龙鲜封大载在汉志之十一水率顺流南下，大河独逆而北行，以赴北山之麓，能乎否乎？胡氏亦知其然也，遂云：禹时河道由章武入海处直东注于临榆，不必折而北行，将以救北高南下之失，然濡、㶟二水，均在临榆西北，不能越河以入海明甚，乃经文于直隶诸水，但及衡、漳、恒、卫其发源西北诸山者，不惟龙鲜诸水未尝言及入河，即濡、㶟大河，亦且不载，经文大陆以东，加以化渤为陆之地几逾千里，既无一水以入河，又无经过之一地，经文虽简，不应漏略至此。此其不可通者二。

碣石本海道之标识，不必适当河冲，《尚书》详于贡道、略于导河，马谷虽小，至今江浙帆船入大沽者，犹取以为了望之标识。海客谈瀛询而可悉。若乐亭海北大山崔嵬，自当取识于高且大者，片石孤碣必为它掩，何至舍大取小？若是，此其不可通者三。

胡氏据王璜之言，以证沦海之非诬，不知璜言海溢西南出浸数百里，九河尽可为所渐，稍近海者，皆知其谬。盖海溢至远不出百余里，亘古无浸数百里者，且旋溢旋复，骤渐则有之，亦不能永沦陆地也。海滨浸陷堤岸，如胡氏所称海门县暨郦氏营州城沦之类，亦所时有。然沦则以渐而不以骤，与海溢两不相蒙，且至速必待数十年而始觉，至广亦不过数十里而已。故秦汉以来，所设沿海郡县，如柳、絫、临榆，距海或百里、数十里不等，征诸历代地志，千年未尝稍易，设以胡氏之说推之，固当早付洪涛矣。沿海各县皆千年而如故，独与九河之尾闾忽生奇变，伊谁信之。陆地成海之后，渤澥以西、以北，亦当渐沦，而未有已，乃既成渤海之后，千余年来不更沦陷其尺土，抑又何耶？此其不可通者四。

　　陆地沦海之先，近陆之海必先淤浅而后沦及岸上碣石，沦海之后即不露巅，亦必成为暗礁，今碣石左近秦皇岛已辟口岸，轮船往来，反形深广，碣石东并无浅海以为后沦之证，亦不闻测有一礁以为碣石之证也。胡氏亦知其罅漏，乃臆度戴石土山渐啮以陷，不知土山入水亦非垆壤可比，何至悠然而逝？忽陵忽泽，此其不可通者五。

　　禹功以后，代有记述，以四五百里之地未沦以前，既无古地古国之可指，既沦之后，复无何代何年之足征，胡氏反谓由来者渐，郡不以闻，强词粉饰，疑窦弥滋。此其不可通者六。

　　盖吾国地图不精，经师足迹罕历海滨，藉令胡氏目验盐山东西地势，未必泥古，以自是若此。乃碣石所在不敢不附会班氏沦海之说，不敢不曲徇郦生，其笃守载籍可谓慎矣。殆至穷于置辨，反于夏商以后创沧桑之奇变，公然曰古无渤海，以墨守传注之故，成亘古不经之谈，其慎也，乃其所以为妄欤。

　　按，山距今治东南约七十里，其高三里，周六、七里，山半有洞，广二丈许，深不可测。魏晋以来，始有盐山之号，立有神祠，意者近山产盐，遂祠盐神以得名耳。至唐，又有马谷之号，俗传马君德叛据此山，以附刘黑闼，因名马谷；又云，以洞中曾出龙马之故，殆皆无稽之言也。伏琛《齐土记》云：无棣今之渤海高成，其意盖知无棣为山，言山在高成县耳。山在盐山，此为最古之证。乃元魏《地形志》，高成下不言有山，反以盐山神祠系之阳信，似当时山已属之阳信，不隶高成。至隋，改称盐山，此山必又在境内。惟自汉迄隋之沿革不备于史氏，窃疑盐山境地之拓，当在东魏，侨置东西河郡及隰城之际，其时章武之南境、东境，暨阳信之北境，率入高成为侨郡以缩流民。隋改盐山以后，尚以壤地太广，析其西南以置浮水。唐初复升为东盐州以领一县，皆以大于常县之故，此可度而知者，史文自不具耳。宋乐氏《寰宇记》云：以东南八十里盐山为名。又云，马谷为无棣邑内之名山，似宋时又以此山割隶无棣者。及金史则又云，盐山境有浮水、盐山，且云后增利丰、扑头二镇。扑头，今海丰北境密迩马谷之泊头镇也。观后增之语，金时，此山左近复还盐山，似尚可据。永乐初，邑人李柳西笔记又云，元末大山拨隶海丰。柳西时代距元末最近，当得其实。盖汉迄隋唐，山隶高成境内，其时，海滨寂寞，殆鲜居民，厥后渐辟。至宋，或拨入阳信，金世仍复来属，元末复归海丰县境。小小沿革，史家所略，参互钩稽，乃敢臆定其委曲若此。迄于有清，《长芦盐法志·方舆纪要》仍载此山于境内，盖沿《舆地广记》《九域志》《金史》诸书而误。乾隆州县志、《大清一统志》谓境内无山，一例删驳，盖袭盐山旧志谬说而误（《寰宇记》东南八十里有盐山，盖据宋治所而言，旧志以与今治道里不符，谓东南境止三十五里，且无一山，斥为无据，《一统志》及洪氏遂沿其误），不知盐、海二邑之名，本互为其主，盐山之山在海丰，而海丰之主名亦在盐山（即海丰镇），律以名从主人之义，非各归汶阳不足以既其实，故志盐山者不能不详境外之马谷，其不惮详考，非徒以经义所关，亦非蹈争墩之陋，所谓岂好辨哉，不得已焉者也（按民国又改海丰为无棣）。

贾恩绂在《盐山新志》沿革篇二"盐山"、古迹篇三"无棣""逆河"等条中，均有对"碣石"相关问题的论述。

　　盐山：在《禹贡》为兖州之域，为九河游荡出没之区。……惟春秋以前，此邦未尝一见载籍，宁惟盐山由渤海西上，抵河间以东北行，抵天津以南，纵横三百余里，既无山川表识，又无古国遗墟、佚闻往事，更无论矣。三代前去此邦最近之古地，如大陆之见《禹贡》、山戎之载《春秋》，皆在九河以西、以北，独九河以东，渺无佐证，仅一碣石名胜。而汉儒穿凿，又移之永平。于是，九河经流之区，益附之洪荒无稽之列。召陵一役，管子四至，始有无棣之说，其三至皆河、海、山陵，惟无棣古无碣诂，以意例之，非山即薮。或曰无棣者，无尽也，泽薮广漠无尽，审是，即《尔雅》海隅之异名也；或曰无棣者，不毛之义，九河入海之区，延袤数百里，平衍无山，惟一童山矗海之右，可为表识，古号碣石，后名马谷者是也，无棣、穆陵均为以山表封，审是，即碣石之异名也。曰海隅、曰无棣，乃此邦最古之名称，而碣石犹在，然疑之间详见古迹篇。盖春秋前之可考见者仅此，夫战国以

碣石

盐山即古碣石无棣其说难碣徒以古籍难明罕
不訝爲瓟闻者恩裁旧爲碣石辨上下篇兹全錄之其

上篇曰北方山川之載於經典者九河而外以碣石无
棣爲最著顧漢晉以前二者均无達詁碣石不詳其所
在无棣不詳其爲山爲川班鄭爲東漢大師矣鄭注碣
石旁及九門而不訓經文人知其文不具班志於驪成
絫縣及碣石矣而未嘗謂即河道所經厥後北魏酈
道元注水經於碣石力主班說且坿益王璜九河淪海
之言謂章武其距永平也逢甚班氏之驪成絫縣與鄭
北不過章武其距永平也達甚班氏之驪成絫縣與鄭
者奉酈氏爲不刊有坿會無詰難於是河道自在章武
氏之九門而不訓經文人知其文不具班志於驪成

碣石自在絫縣離之則各有佐證合之則勤見牴牾有
清胡氏渭禹貢雖指出明知方隅道里無一而合反肌
翔古無渤海之說并逆河碣石而吾論之以曲成酈氏
之失而經義盖晦矣大凡地理之難明者以方隅形勢
道里求之自無大謬所必無是九河下游舍渤海固無以
而論海又事理所必無不詳是九河下游舍渤海固無以
歸津下游舍海豐之大沽口實不能更北徒駭下游去
今天津三岔口且更在其南河下由是言之濟南以北
天津以南沿海三四百里非有足爲海道表識之山不

（下承）

山實不先而不後論道里則章武陽信二百餘里之中
堪爲貢道表識者此山實絕無而僅有論形勢則居河
之右居海之右與經文夾右合孤立卓爾名與碣石合
濯濯童山義與無棣合以視永平碣石居大山之下位
居河道之左海水之北不惟道里逞庭抑且形影俱失
者固不待智者而知所擇矣或曰文獻無徵不嫌武斷
乎是又不然永平碣石徒擦班氏泛記山川之語嘗曰
有碣證也然且據爲典要爭相坿和乃伏琛齊士記曰
无棣今之渤海高城是明言无棣在高城境内則知无
棣之即山矣京相璠則曰舊說无棣在孤竹是明襲酈

方隅則南不至濟北不抵遼適當大河故道之前者蓋此
不免疑信參半也亦固其所而吾之敢於臆斷者蓋論
敢直以大山當之則盐山之即无棣無往往以時過者不
則號无棣在晉魏隋則號盐山在唐宋則號馬谷在元
明清則號大山今方志於盐山之即无棣之即碣石其
蓋古地代更易滋疑竇此山在唐虞則號碣石在春秋
其東則西爲右山適在河海之間經所由號爲夾右歟
偶草木不生適居扁津南岸河在其北則南爲右海在
孤山外實无一邱之可指馬谷距海口十餘里矗立無
足當碣石之目乃濟津之間平衍廣斥舍馬谷驪二

（民国）贾恩绂:《盐山新志·碣石辨》（上、下篇）

成碣石之誤則知無棣郎山且知與碣石為一山矣厥
後伏氏之說清代欽定尚書暨江氏承皆取之碣石即
馬谷之說明初李柳西倡之陽信劉世偉作訟和之
而清儒顧氏炎武肇域志又復主之考據格致後出者
勝安見顧江諸名儒之實事求是不愈於廟氏之鑿空
呰會平廟氏淪海之說闇若璞巳引魏帝登碣石之說
以正其謬而海中天柱又早無蹤胡氏不得巳謂沒於
足辨又況河經呂梁廟氏謂在離石以東可二百里今
廟氏注經二十餘年之間旋稱之而旋淪之其飾益無
其地西去黃河二百里絕無河流其誤顯然盡信書不

志卷三疆域略元　古蹟

如無書讀經且然何況廟氏其下篇曰碣石淪海謬始
廟生而漢之王璜實歟之漢橫地在臨榆誤始文穎
而清之胡謂實主之廟胡古今與地巨擘也雖疑實紛
如莫厥人意迄無敢異其說者括地志寰宇記與地廣
記諸書或曰石城或曰驪成或曰盧龍南或曰肥如或
謂卽青縣差僅毫釐名異實同無足辨者惟元之王无耘
日紊縣合口之土崗不足為貢道標識胡氏駁之
青縣距海旣遠且係土崗不足為貢道頗孤定為
當巳海豐馬谷實較古說為長胡氏以佐證顧氏之馬谷
鑿空無據且云馬谷山前乃宋之篤馬河非禹跡迷與

充莃說一例駁秉實非篤論茲先破胡氏淪海之惑則
臨榆之謬不攻而自破臨榆之說廢則舍馬谷山無
足當碣石之目巳甚蓋九河自永平入海胡氏明知其妄
徒以永平而外徵之古書不見碣石之名於是碣石必
移於永平而淪海有在而河道仍難證明於是不得不並
淪海之說淪海可據而淪河益難證明於是不得不
逆河而胥淪之蓋王璜先淪九河廟氏繼淪碣石胡氏
并淪逆河種種穿鑿皆以濟其窮約舉其謬欸有六端渤海斗
不設肥想之詞以濟其窮約舉其謬欸有六端渤海斗
入內地南北約五百里東北約三百里此延袤六七百

志卷三疆域略六　古蹟

里之地據胡氏言之禹夏二周之時盡係大陸更西至
今之河間復有三四百里通計陸地橫距七八百里春
秋以前無一古地古國之可名古人縱不與水爭地有
未嘗滄溟之四五百里已足以容狂瀾再西以迄河間
百里之國約可容以三四何至滅國五十以封同姓而
近在充冀之畎胲反熟視而無覩此其不可通者一巀
海左近地勢北高而南下若禹時海果為陸其北高之
勢亦豈能少異於今天津東北凡龍鮮封大戴在漢志
之十一水率順流南下大河獨逆而北行以赴北山之
麓能乎否乎胡氏亦知其然也迷云禹時河道由章武

（民國）賈恩綬：《盐山新志·碣石辨》（上、下篇）

入海處直東注於臨楡不必折而北行將以救北高南
下之失然濡逆二水均在臨楡西北不能越河以入海
明甚乃經文於直隷諸水但及衡漳恆衞其發源西北
諸山者不惟龍鮮諸水未嘗言及入河
且不載經文大陸以東加以化渤爲陸之地幾逾千里亦
旣無一水以入河又無經過之一地經文雖簡不應漏
略至此其不可通者二碣石本海道之標識海雖簡不必適
當河衝何書詳於導河馬谷雖小至今江浙
帆船入大沽者猶取以爲瞭望之標識海客談瀛詞而
可悉若樂亭海北大山崔嵬自當取識於高且大者片

志卷三疆域略二　古蹟

石孤碣必爲宅掩何至舍大取小若是此其不可通者
三胡氏據王璜之言以證淪海之非誣不知璜言海溢
西南出浸數百里九河盡爲所漸稍近海者皆知其謬
蓋海溢至遠不出百餘里亘古無浸數百里者且旋溢
旋復驟漸則有之亦不能永淪陸地也海濱侵陷隄岸
如胡氏所稱海門縣曁鄘氏營州城淪之類亦所時有
然淪則以漸而不以驟與海溢兩不相蒙且至速必待
數十年而始覺至廣亦不過數十里而已故秦漢以來
所設沿海郡縣如柳絫臨淪距海或百里數十里不等
徵諸歷代地志千年未嘗稍易設以胡氏之議推之固

盧壤可比何至悠然而逝忽忽陵忽譯此其不可通者五
當早付洪濤矣沿海各縣皆千年而故獨於九河之
尾閭忽生奇變伊誰信之陸地成海之後勃澥以西以
北亦當漸淪而未有已乃旣成勃海之後千餘年來不
更論陷其尺土抑又何耶此其不可通者四陸地淪海
之先近陸之海必先於淺而後淪及岸上碣石左近
口岸輪艦往來反形深廣碣石東並無淺海以爲後淪
之證亦不聞測有一礁以爲碣石之證也胡氏亦知其
餺漏乃臆度戴石土山漸陷以陷不知土山入水亦非

志卷三疆域略八　古蹟

禹功以後代有紀述扣四五百里之地未淪以前旣無
古地古國之可指旣淪之後復無何代何年之足徵胡
氏反謂由來者漸郡不以聞強詞粉飾疑竇彌滋此其
不可通者六蓋吾國地圖不精經師足跡罕歷海濱藉
令胡氏目驗臨山東西地勢未必泥古以自是若此乃
生其篤守載籍可謂愼矣殆至窮於置辯反於夏商以
後朔滄桑之奇變公然曰古無勃海以墨守傳注之故
成亘古不經之談其愼也乃其所以爲妄歟按山距今
治東南約七十里其高三里周六七里山半有洞廣二

（民国）贾恩绂：《盐山新志·碣石辨》（上、下篇）

尺許深不可測晉魏以來始有鹽山之號立有神祠意
者近山産鹽遂以得名耳至唐又有馬谷之號
俗傳馬君德叛據此山以附劉黑闥因名馬谷又云以
洞中曾出龍馬之故殆皆無稽之言也伏琛齊土記云
無棣山在鹽山此爲最古之證乃元魏爲山言山在高成
縣耳今之渤海高成其意蓋知無棣之陽似當時山已屬之
不言有山反以鹽山神祠繫之陽信似當時山必又在境內惟自
陽信不隸於隋之沿革不備於史氏竊疑鹽山境地之拓當在
漢迄隋東西河郡及隰城之際其時章武之南境東

志卷三鹽域略九　與鬱

境暨陽信之北境率入高成爲僑郡以羇流民隋改鹽
山以後尙以壤地太廣析其西南以置浮水唐初復升
爲東鹽州以領一縣皆以大於常縣之故此可度而知
者史文自不具耳宋樂氏寰宇記云以東南八十里鹽
山割隸無棣者及金史則又云海豐北境有浮水鹽山且
山爲名又云馬谷爲無棣邑內之名山似宋時又以此
云後鎮增利豐撲頭二鎮金時此山在近復還鹽山似尙
泊頭鎮也觀後之語金時撲頭又
可據永樂初邑人李柳西筆記又云元末大山襏出山隸海
豐柳西時代距元末最近當得其實蓋漢迄隋唐山隸海

高城境內其時海濱寂寞殆鮮居民厥後漸闢至宋或
撥入陽信金世仍復來屬元末復歸海豐縣境小小沿
革史家所略參互鈎稽乃敢臆定其委曲若此迄於有
清長蘆鹽法志方輿紀要仍載此山於境內蓋沿輿地
廣記九域志金史諸書而誤乾隆州縣志大清一統志
謂境內無山一例刪駁蓋襲鹽山舊志謬說而誤
統志里不符蓋八十里據鹽山舊志以東南三十五里且
里八十里謂東南境止三十五里所與無據一道
遂沿其訛東南境東南境
不知鹽符二邑之名本互爲其主鹽山之
山在海濱而海之主鹽山者卽海律以名從主
人之義非各歸汝陽不足以既其實故志鹽山者不能

志卷三鹽域略十　古蹟

人之義非各歸汝陽不足以既其實故志鹽山者不能
不詳境外之馬谷其不憚詳攷非徒以經義所關亦非
蹈爭墩之陋所謂豈好辯哉不得已焉者也按民國又改海豐爲

無棣

篋山

篋山始見於水經注隋書作峽山高一里許延袤
十里許水經注有二巘東大西小其勢自南而北復折
而西漸平形如環帶上土下石草木繁茂或曰峽山以
二巘得名或曰篋山以形如筐篋得名蓋本名篋山後
以同音之峽代之又從而爲之辭爾唐宋名馬騮元明
名小山名隰時變而馬騮之稱爲元明以前地志所不
載當與馬谷同時立名准見劉長卿詩小山大山亦

（民国）贾恩绂：《盐山新志·碣石辨》（上、下篇）

后，河间东迄海之地，彰彰矣。顾不见称于古籍者，此殆有说盖大禹导河不与水争地，河间以东为九河泛滥之区，交河以东为逆河合受之境，其以九河为在沧、盐，暨以逆河专为海门者，皆未历其境之臆说也。逆河所及南北，几二三百里，水盛则弥漫无际，水衰则分为数道，交河以东河道，百歧不得限之以九，而经流所过，又不过二三故渎，故盐山、海丰一带，全属逆河公境。三代以上，略如今之东淀、西淀，杳无居人，始悟禹功千年不弊者，此无限之尾闾与有赖焉。直至春秋，九河渐淤，齐人始据而有之，河徙以后，田庐日增；直至战国，而河间、渤海诸名始著；直至嬴秦，而盐山境内始有柳县之设。是以三代古籍，不惟盐山无可考见，即河间以东十余州县，地无古名，人无土著，除九河、逆河、碣石一一可征外，绝无故实可稽，职是故也。

无棣：齐之四履为河、海、穆陵、无棣，夫人知之。然东西南三履皆能确指，惟北履初无达诂，其最古之训，杜预则曰：齐境；伏琛则曰：今之渤海高城；京相璠则曰：旧说无棣在孤竹；其后杜佑则曰：盐山，春秋无棣邑；郦道元则曰：无棣沟有支干二渎。于是，训无棣者，竞从后说，不以为邑名，则以为沟名。抑知春秋以前，此邦为九河出没之区，杳无居人，八流既塞，以后渐有田庐，不成邑聚，安得有县邑之设。杜氏因伏琛高城之言，妄加邑字耳，沟之名尤为后出，始见《北魏·地形志》及郦氏《水经注》。其实，沟本大河经流，未必非九河之一。《经》既云：西至于河，不当复以河为北履也。推伏氏之意，盖谓无棣在高城境内，以南履对文推之，其为山名无疑。而古高城境内之山，舍今大、小二山外，实无一丘之可言。始知春秋之无棣，即夏商之碣石，晋魏之盐山（《晋书》：大兴二年，石勒击段匹磾于盐山，大败之。《魏地形志》：阳信有盐山神祠，史文始见盐山。郦道元亦云：无棣沟迳盐山东北入海。）唐宋之马谷，元明之大山，异名同实，古今随变有如此者，其实只一山也。且以京相璠无棣在孤竹之说推之，盖汉儒于碣石多主在今永平，疑无棣在孤竹，正袭骊城碣石之说，不知春秋时孤竹入燕非齐履之所得而至。然方隅虽误，而无棣之为山名与碣石之为一山，知汉代诸儒尚明其故，即此可以证矣。河徙以后，齐人尽有瓯脱，逾无棣而北几二百里，当时以广地为讳，自当深没无棣之名，加以居民日众，恐复九河故道，并碣石之名，亦复讳莫如深，故三履皆详，独北履与经文碣石，付诸疑以传疑之列，终古几莫得其主名，此可度而知也。然碣石之即盐山，尚有巨儒主持一二者，而无棣之即碣石，实始今日，非夫好学深思实以目验者，得不以为妄言乎哉。（余详碣石篇）

逆河：逆河者，九河下游之通称也。徒骇以南、鬲津以北、南皮以东，皆逆河公共之流域，其地在汉则平舒以南、高城以北，在今则静海以南，盐山、海丰以北，水盛则弥漫无际，水衰则分为数道。成平（今交河）、南皮以上，尚有九河之目，以下则听其游荡，不与水争。郑康成谓：下尾合名为逆河，言相迎受也，可知逆河非一线河流，乃鬲津、徒骇两河间之总名耳。鬲津为德、恩以迄，碣石以北之古黄河，徒骇下游即汉屯氏之所经。班氏《地理志》于屯氏黄河皆云至章武入海，其为一河明甚。后世以宋河所行为禹迹，因以天津为章武，而屯氏所行益无知为徒骇故道者，使知汉县章武远在天津静海以南，则海丰大沽一口自为鬲津、徒骇两河总汇之地，则与《禹贡》、马、班所纪自疏然以解，何至顾此失彼，徒滋后世之疑窦哉。善夫吴名凤之言曰（见通志）：九河穷其所归，曾不出海丰一县。盖河道下游，自东汉以后去禹迹，而南宋、金之际，又去禹迹而北，惟东光、南皮、沧州、盐山之地适居南北徙道之间，为禹迹汉河所莫能外，而入海之地则皆西汉之章武县也。北魏时，章武犹在，《地形志》曰，有沽水海神祠，沽水者，南大沽口，在今马谷山北，与天津无涉，益可证明盐山适居鬲津之北、徒骇之南，当禹之世，全境皆逆河所出没之区，直至上游八支既塞以后，始有居人，概可想已。

贾启伦在《贾恩绂与〈盐山新志〉》[1]中说："《盐山新志》为时人推崇，是其方志的代表作，材料翔实，体例简洁、分析清楚，见解颇有新意。""整部书体现了先生不拟古，不唯他说、敢于向权威挑战，敢用新观点写志。"

---

[1]　贾启伦：《贾恩绂与〈盐山新志〉》，《河北师范大学学报》1991 年第 4 期，第 99—102 页。

其中表现之一是："大胆怀疑，不泥古人。如碣石位置，学术界有几种说法。先生亦进行考证，著'碣石新说'陈述自己的观点。"

（民国）贾恩绂：《盐山新志·沿革篇二"盐山"》

民国十四年版《无棣县志》[1]记载：

> 马谷山。在县北六十里。《齐乘》：有大山，在无棣县，即此山。山高三里许，周六七里，山半东西两峰，西峰下有洞，广二丈，深四五丈许。相传，有龙马自中出，故名马谷山。后两脊环抱，陂陀而下，至半岩为钓鱼台，其中平田数亩，外周石齿嶙峋，东西两涧深数丈。《肇域志》以为古碣石也。

1931 年，商务印书馆香港分馆出版的《中国古今地名大辞典》，在"马谷山"、"碣石"等条目中，均记载无棣马谷山为"碣石"。

---

① 张方墀：《无棣县志》。

渤海西上抵河間以東北行抵天津以南縱橫三百餘里

既無山川表識又無古國遺墟佚聞往事更無論矣三代

前去此邦最近之古地如大陸之見禹貢山戎之載春秋

皆在九河以西以北獨九河以東逈無佐證僅一碣石名

也或曰無棣者不毛之義九河入海之區延袤數百里

勝而漢儒穿鑿又移之永平於是九河經流之區益付之

洪荒無稽之列召陵一役笈子四至始有無棣之說其三

至皆河海山陵惟無棣古無碣詁以意例之非山即藪或

曰無棣者無蓋也澤藪廣漠無盡審是即爾雅薮海之異

名也平衍無山惟一童山矗海之右可為表識古號碣石後名

馬谷者是也無棣穆陵均為以山表封審是即碣石之異

名也日海隅日無棣乃此邦最古之名稱而碣石猶在然

疑之間詳見古蹟篇蓋春秋前之可考見者僅此夫戰國

以後河間東迄海之地彰彰矣顧不見稱於古籍者殆

有說蓋大禹導河不與水爭地河間以九河為在滄鹽暨

逆河專為海門者皆未懸其境之覺其以九河為九河泛濫之

區交河以東為逆河翁受之逮河所及南北

幾二三百里水盛則瀰漫無際水衰則分為數道交河以

東河道百岐不得限之以九而經流所過又不過二三故

瀆故鹽山海豐一帶全屬逆河公境三代以上略如今之

東淀西淀杳無居人始悟禹功千年不弊者此無限之尾

閭與有賴焉直至春秋九河漸淤於齊人始據而有之河徙

以後田盧日增直至戰國而河間渤海諸名始著直至嬴

秦而鹽山境內始有柳縣之設是以三代古籍不惟鹽山

無可考見即河間以東十餘州縣地無古名人無土著除

九河逆河碣石一一可徵外絕無故實可稽職是故也

　右春秋戰國以前

鹽山今境兼有漢四縣之地曰柳縣曰高城全境也曰章

武今蓋得其南境曰千童今蓋得其東境地名以饒安為

最古設官以柳縣為最早蓋皆起於秦代以後秦之柳縣

中國方志叢書

華北地方·第四九六號

據

民國·孫輔琦修·賈恩紱纂

民國五年刊本　影印

河北省

鹽山新志

（四）

成文出版社有限公司印行

（民国）贾恩绂：《盐山新志·沿革篇二"盐山"》

盐山新志　邑人贾恩绂佩卿纂　卷第三

古蹟篇三

班志以後談輿地者率徵古蹟以其有關典要也乃踵事增華斬失本旨覽名勝俊圍亭熠綴流連羌無故實事則獵豔虛荒文則沿襲稗說陋已鹽山關土在周秦以後古蹟最罕惟無棣碣石逆水屯氏碣在此邦幾爲穿鑿者所汩没經義所關不可不辨其外關於史事與替兆民樂利者亦莫得而略也錙釘附會略從刪削故不以列之志餘而殿諸彊域之末焉

〔志卷三篇三疆域略一　古蹟〕

無棣

齊之四履爲河海穆陵無棣夫人知之然東西南三履皆能碻指惟北履初無達詁其最古之訓杜預則曰齊境伏琛指曰今之渤海高城京相璠則曰舊說無棣在孤竹其後杜佑則曰鹽山春秋無棣邑酈道元則曰無棣溝有支幹二瀆於是訓無棣者競從後說不以爲邑名則以無棣溝名之抑知春秋以前此邦爲九河出没之區杳無居人八流既塞以後漸有田盧不成邑聚安得有縣邑之設尤爲後出始見北魏地形志及酈氏水經注其實溝本大河經流未必非九河之一經既云西至於河不

當復以河爲北履也推伏氏之意蓋謂無棣在高城境內以南履對文推之其爲山名無疑而古高城境內之山舍今大小二山外實無一邱之可言始知春秋之無棣卽夏商之碣石晉魏之鹽山〔晉書大興二年太守劉疇擊魏地形志陽信有鹽山神祠〕史文始入海唐宋之馬谷山酈道元〔亦云無棣溝鹽山東北入海〕元明之大山異名同實古今遞變有如此者山也且以京相璠無棣在孤竹之說推之蓋其實祗一石多主在今永平爲無棣在孤竹之說襲戴碣石之說不知春秋時爲孤竹入燕非齊履之所得而至然方隅雖誤而無棣之爲山名與碣石之爲一山知漢代諸儒尚

〔志卷三篇三疆域略二　古蹟〕

明其故卽此可以證矣河徙以後齊人盡有甌脫踰無棣而北幾二百里當時以廣地爲諱自當深没無棣之名加以居民日眾恐復九河故道并碣石之名亦復諱莫如深故三履皆詳獨北履與經文碣石付諸疑以傳疑之列終古幾莫得其主名此可度而知也然碣石卽鹽山尙有巨儒主持一二者而無棣之卽碣石實始今日非夫好學深思實以目驗者得不以爲妄言乎哉餘詳碣石篇

碣石

鹽山卽古碣石無棣其說雖碻徒以古籍難明罕不訝爲剙聞者恩紱舊爲碣石辨上下篇茲全錄之其

（民国）贾恩绂：《盐山新志·古迹篇三"无棣"》

逆河

逆河者九河下游之通稱也徒駭以北
南皮以東皆逆河公共之流域其地在漢則平舒以
南高城以北在今則靜海以南鹽山海豐以北水盛則瀰
漫無際水衰則分爲數道成平河炎南皮以上向有九
河之目以下則聽其游蕩不與水爭鄭康成謂下尾合
名爲逆河逆河之總名耳高津爲德恩以迄碣石以北之
徒駭兩河間之所經班氏地理志於德恩以迄碣石以北之
古黃河徒駭下游卽漢屯氏之所經班氏地理志於屯
氏黃河皆云至章武入海其爲一河明甚後世以宋河

所行爲禹跡因以天津爲章武而屯氏所行益無知爲
徒駭故道者使知漢縣章武遠在天津靜海以南則海
馬班所紀自可瞭然以解何至顧此失彼徒滋後世不
豐大沽一口自爲高津徒駭兩河總滙之地見通九河
疑竇哉善夫吳名鳳之言曰志
出海豐一縣蓋河道下游自東漢以後去禹跡而南宋
金之際又去禹跡而北惟東光南皮滄州鹽山之地適
居南北徙道之間爲禹跡所莫能外而入海之地形日
則皆西漢之章武也北魏時章武猶在地形志日有
沽水海神祠沽水者南大沽口在今馬谷山北與天津

〔志卷三　疆域略　十七〕　古蹟

無涉益可證明鹽山適居高津之北徒駭之南當禹之
世全境皆逆河所出没之區直至上游入支旣塞以後
始有居人概可想已

（民国）贾恩绂：《盐山新志·古迹篇三"逆河"》

明爲山東省濟南府武定州海豐縣
清爲山東省武定府海豐縣
民國爲山東省濟南道無棣縣

山川

馬谷山在縣北六十五里齊乘西峯下有大山在無棣縣卽此山高三里
許週六七里山牟東西兩峯下有洞廣二丈深四五丈許相
傳有龍馬自中出故名馬谷山後兩脊環抱胶阤而下至牟巘爲
釣臺其中平田數畝外過石齒嶙峋東西兩澗深數丈肇域志以

爲古碣石也叉金史無棣有老烏山或云卽此山

驪山在縣北一百里齊乘乘小山在無棣縣卽此高一里自南而
北復折而西勢漸卑形如環帶延袤十許里西滸水經此而東
峯上有望海亭北一里爲七龍口山乃中斷山西滸水經此而
山之兩旁土沃甘饔石爲井灌植蔬果萬區棋列稱一方之腴
壞山東通志海豐二山泰山極北之培塿也
無影山在縣東北一百里高阜豐起俗呼亂山子產艾炎病
甚巕土中有折戟故劍人嘗掘得之有鐵錢模槖槖在地悉破碎
許其文爲大定字樣其地泉列而甘掘之不竭

《无棣县志·马谷山》（民国十四年）

马谷山。在山东无棣县北六十里，一名大山。《山东通志》：山西南半麓有洞，广二丈，深不可测。相传，古有龙马从此出，故以为名。顾炎武《肇域记》(《肇域志》) 以为即古之碣石山。

碣石山。《书·禹贡》夹右碣石入于河。《孔传》"碣石，海畔山。"其所在古今传说不一。……（辛）《肇域志》"山东海丰县马谷山，即大碣石。"刘文伟亦以马谷山在古九河之下，合于《禹贡》入海之文，断为碣石。海丰，今山东无棣县。

《禹贡》碣石　一名为一地

1979 年，黄盛璋在《碣石考辨》中提出了《禹贡》碣石"一名两地说"："《禹贡》中有两个碣石，一是在常山，'太行、恒山，至于碣石'，恒山又名常山，为太行山的一支，碣石与太行恒山相接……《禹贡》另一个碣石在冀州，'夹右碣石入于河'，这是讲岛夷入冀州的水路贡道，《禹贡》的黄河经今河北入海，碣石夹黄河入海口之右。今天津市以南，除了无棣县马谷山外，古黄河口都没有山，因此后代也有以马谷山为《禹贡》冀州之碣石。"

《辞海》① 及《中国历史大辞典》载：

碣石，古山名，《禹贡》"夹右碣石入于河。"过去多数学者认为此山就是导山中的碣石山；但也有人指出《禹贡》时代黄河不可能在渤海北岸入海，这个山应在渤海西岸古黄河河口。

何幼琦在 1985 年第 2 期《历史研究》上发表的《海经新探》一文中指出：

积石山在何处？《海外北经》云："禹所积石之山在其东，河水所入"。《禹贡》的"导河积石"有原始资料，本来是与此相同，不幸被编者理解错了，将逆行的起点当做河源，把积石山写到了雍州了。《北山经》云："碣石之山，绳水出焉，而东流注于河。"积、碣音近。这个河水所入的积石山也就是碣石山。《禹贡》说河水"至于碣石，入于海"，可以互证。前人认为禹河在章武（今沧县附近）入海，把碣石的地望说得离谱很远和《禹贡》的碣石沾不上边。排除了各种错误的说法，

---

① 《辞海》，上海辞书出版社 1979 年版，第 3769 页。

可以确定，在《海经》的时期，河水是夺马颊河入海的，河水所入的积石山、碣石山，就是今无棣县北的马谷山。明人刘世伟称："海丰县（今无棣县）北六十里有马谷山，一名大山，高三里许，周六、七里。《县志》云：山多石，无草木。疑古之碣石，为河入海处。"他疑的很准确，山不大，多石而无草木，正是被神话为"禹所积石"的根据。后来顾炎武在《肇域志》中肯定了这一主张："山东海丰县马谷山即大碣石山。"

随着科技进步和地理认知水平的提高，人们皆知黄河不可能到达渤海北岸入海，胡渭"古无渤海"的理论也是荒谬的。昌黎仙人台成为"碣石"，同样面临着"河口自在天津，碣石自在昌黎"的矛盾问题。只有否定"碣石"与"黄河"、"九河"的关系，矛盾就不存在了，一切也能解释的通顺。于是，一些学者开始鼓吹"碣石与黄河无涉"、"碣石是与太行、恒山脉络相连、山势呼应的显著山峰"的错误理论。

《〈海经〉疆域及氏族分布示意图》，见何幼琦《海经新探》，《历史研究》1985 年第 2 期

1987 年，河北《昌黎县志》副主编梁守让先生在《河北师范大学学报》发表的《亦考"碣石"》①，来了个折中的办法，也提出《禹贡》碣石一名两地说，不过是在无棣、昌黎两地。

文中在"无棣大山"条中说：

无棣大山是一低矮岗丘，与太行山、燕山相比实不足道。然而，就其所处地理位置，拔地而起，耸立河、海之滨，这在春秋以前，即有其标识的重要作用。

今之无棣大山，据《盐山新志》载：唐尧时，距海口十余里，为导航标识之山，人称"碣石山"。因山上不生林木，春秋时改称无棣山。山下有沽塘产盐，晋魏时称盐山，《晋书》云："大兴二年，石勒击毁段匹磾于盐山，大败之。"《隋书·地理志》渤海郡盐山县下载："有盐山、峡山。"《中国历史地图集》"隋·河北诸郡图"始标注"盐山"及其北的"峡山"。《元和郡县志》盐山县下记有："盐山在县南八十里。"上述书志所记述的盐山，均指今无棣大山。《盐山县地名资料汇编·大山考》载：唐初，乡人为纪念起义首领马君德（东盐州人），又称盐山为马谷山。因其北（今海兴县境）有一座海拔 34 米的马骝山（隋时称峡山），北宋以后被人称为小山，故盐山改谓大山。《中国历史地图集》"北宋·河北东路图"有"马谷（大山）"及"小山"标注。盐山（大山）原在盐山县境，唐开元六年（公元 713 年）划入无棣县境。《中国历史地图集》"元·中书省南部图"在济南路有"大山"、"小山"标注，"明·山东南部图"在济南府有"马谷山"（大山）及"马骝山"（小山）的标注。《河北省地图集》沧州地区图有"大山"、海拔 62 米及"小山"、海拔 34 米的标注。

今无棣大山，在唐尧时称碣石山，这是可信的。但是，自春秋以后，几更其名，大山之称已有七百年之久，故后人对今之大山始称"碣石"愈来愈淡漠了，更何况隋开皇六年（公元 586 年）于此"碣石"之南，析阳信县之地，置无棣县，开皇十八年（公元 598 年）借盐山之名改汉

---

① 梁守让：《亦考"碣石"》。

高祖五年（公元前 202 年）所置高成县为盐山县；又自北宋以后，盐山、马骝二山又有大山、小山之名，且两山之前，相继建村立庄，均以山名得大山庄、小山庄。于是，大山、小山叫响至今。而"碣石"之始称，随其名的频繁变化泯灭了，几乎使后人找不到山仍立然名更的"碣石"之确切位置，故考证"碣石"，不得其解。

梁守让先生不同意"碣石与黄河无涉"，但支持"碣石是与太行、恒山脉络相连、山势呼应的显著山峰"的观点。

鼓吹"碣石与黄河无涉"者，曲解"岛夷皮服，夹右碣石入于河"为"碣石山在滦河水系，与黄河水系无关联，仅是鸟夷沿辽东湾西岸航行，去黄河口转航的贡道标识"。殊不知，以位于渤海北岸、辽西滦河水系的"碣石"作为导航标识，而转航进入距此几百里、渤海西岸的黄河河口，能否准确找到黄河口未尝可知，误入滦河口，或"滦河水系"与"黄河水系"之间某个歧途"河口"的可能性会大些吧。《禹贡》时代，即使黄河河水在其曾到达过的最北位置，即天津附近入海，东北鸟夷民族乘船来帝都进贡，在辽东湾岸由南向西转航时，无须选择什么标识，沿着海岸线航行即可，只是航行到黄河河口附近，才真正需要参照导航标识，方可准确地进入黄河河口。而以滦河水系的"碣石"为导航标识，只能引导船只进入"滦河河口"吧！

鼓吹"碣石与太行、恒山脉络相连、山势呼应，为一显著山峰"者，曲解"太行、恒山至于碣石，入于海"为"碣石必当与太行、恒山一样为高大之山"。

《禹贡》文中，九州之后，云："导岍及岐，至于荆山，逾于河；壶口、雷首至于太岳；砥柱、析城至于王屋；太行、恒山至于碣石，入于海。"其中包含很多山名，今天我们已无法详考其所在，但它们大致分布在秦岭和黄河两岸。汉儒对《禹贡》"导山"部分加以阐述，形成了所谓"三条"、"四列"之说。[1] 受此影响，一些学者认为这是在叙述天下的山川走向。从《禹贡》文中紧跟其后的两条看，这一说法未尝没有道理。若"导山"叙述的是山川走向，那无棣碣石，只是鲁北平原孤立的一座小山丘，而且与太行、

---

[1]　赵荣、杨正泰：《中国地理学史·清代》第四章地理类编与论著二，商务印书馆 1999 年版。

恒山相去甚远，又不相连，根本谈不上什么山川走向。很自然地，人们就会排除无棣碣石。昌黎碣石山属燕山余脉，海拔695米的碣石山主峰仙台顶更为显著，从太行、恒山而至燕山，用山势对等、脉络相连的山势走向理论的确解释得通，所以一些人士认为应选燕山山脉中更显著的碣石山主峰才对。

早在清代，胡渭就曾批判过此观点，其在《禹贡锥指》中指出：

> 言有似是而非者，为害最甚。如《经》云"太行、恒山，至于碣石"，说者谓碣石与二山并举，则必高大相敌，故以昌黎县北之山为碣石，昌黎本汉絫县。后汉省入临渝。晋以后为肥如县地。隋、唐为卢龙县地。后侨置营州柳城县。辽改县曰广宁。金又改曰昌黎，而其实不然。《经》云"厎柱、析城，至于王屋"，今厎柱见在，其能与析城、王屋争雄乎？观厎柱则碣石可知矣。不信海中之碣石，而以昌黎县北之山为碣石，则亦将不信河中之厎柱，而以阳城县南之山为厎柱。阳城县在山西泽州西八十里。近志县南有厎柱山，而传记无之，与昌黎县北之碣石，正是一类。然厎无异论，而碣石多枝辞，何也？一在一亡故也。

其实，"导山是为了治水……是导水的准备工作。"[1]是以山为标识，阐述河水的走向。"《禹贡》导山部分所举山岳，皆治水经过的重要山名。"[2]胡渭评论："（导山）本无列之可言，自说经者就大禹之迹以为列，遂觉九州实有此四列耳。""然则本意云何？曰莫善于陈寿翁栎之言，曰禹之导山，虽曰因而治众水大概。岍岐之列，河济所经；西倾之列，伊、洛、淮、渭所经；嶓冢之列，汉水所经；岷山之列，江水所经也。明此义则枝蔓之辞一切毋庸矣。"[3]离扬《禹贡小证》云："后面的'导河、积石，至于龙门'一段，明显是在叙述黄河（这次是水路）。"[4]

---

① 施丁：《汉书新注》，三秦出版社1994年版。

② 赵荣、杨正泰：《中国地理学史·清代》。

③ 顾颉刚：《禹贡注释》，见侯仁之主编《中国古代地理名著选读》（第一辑），科学出版社1959年版。

④ 离扬：《禹贡小证》，2011年8月25日，见 http://www.360doc.com/content/11/0825/21/1302411_143292563.shtml。

　　既然，"太行、恒山至于碣石，入于海。"是叙述黄河的走向，无棣碣石孤立、突兀于华北平原的古九河末梢、渤海岸边，堪称贡道标识，与太行、恒山，山势不相连，是无关紧要的了。

　　离扬《禹贡成文浅议》还指出：

　　　　昌黎碣石位于滦河水系下游，而在滦河水系与海河水系之间存在一道约五六米高差的隆起，形成两大水系的自然的分水。"引滦入津"工程为了越过这一地段，不得不在引水渠上设立若干提水站。由于这一隆起的存在，我们可以肯定无论史前黄河在渤海的入海口如何靠北，都不可能在昌黎碣石附近入海。这样从天津向南数百公里内，只有无棣的碣石山才是《禹贡》碣石之所在。从昌黎碣石在相当长时间内一直是主流观点，可见古人对于地势之不敏感。①

　　从上述中不难看出，"太行、恒山至于碣石，入于海"是叙述黄河的走向，与"夹右碣石，入于河"中的"碣石"是一处，即古河水入海处、渤海西南岸、河海之滨的碣石。《禹贡》中并不存在"'碣石'一名，实两地"的重名情况。

　　景以恩编著的《炎黄虞夏根在海岱新考》有一幅《炎黄虞夏形势略图》，这是景以恩先生结合何幼琦等著名学者和自己多年的研究绘制的一幅综合图，《禹贡》碣石就标注在今无棣县碣石山的位置。

　　山东社会科学院历史研究所研究员王赛时在《无棣马谷山的名胜价值》中指出：

　　　　《尚书·禹贡》记载大禹治水从源头治理。先是"敷土，随山刊木"，接着疏导漳、恒、卫水，最后"夹右碣石，入于河"，使之"九河既道"，也就是众水有归。按照当时治水的路线，碣石所在地属于冀州。那时的冀州范围甚广，今济南、滨州以北皆属其壤。此外，《山海经·海外北经》也记载了大禹治水的踪迹："禹所积石之山在其东，河水所入。"这与《禹贡》中的"导河积石"相载甚似。古音积、碣相近，那么，积石山就有可能同样是指碣石山。前人探讨禹疏九河，认为大河之流在

---

　　① 离扬：《禹贡成文浅议》，见 http://www.docin.com/p-612771849.html。

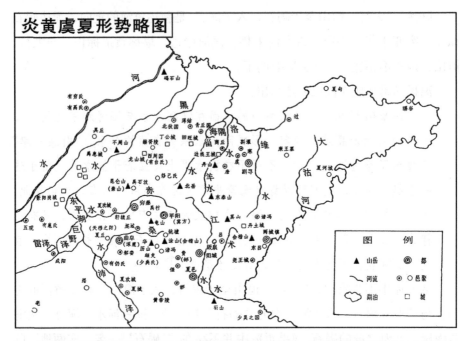

景以恩：《炎黄虞夏根在海岱新考·炎黄虞夏形势略图》，中国文联出版社 2001 年版

章武（今河北沧县附近）入海，应属失误。因这里的大河入海口并无碣石山。只有确定了《禹贡》碣石的位置，才能找到当时的黄河入海方位。

由于夏禹时期的碣石所在地点十分模糊，秦汉以后的碣石地名又有数处之多，从而使得后人难以分辨。从史书中看，碣石所在地有以下诸说，即右北平骊城西南之碣石（在今河北乐亭县境）、辽西絫县之碣石、常山九门之碣石（在今河北藁城县境）、辽西临榆之碣石（在今河北抚宁县境）、乐浪遂成之碣石（在今朝鲜西江郡西咸从多里）、北平卢龙之碣石（在今河北卢龙县境）。《尚书·禹贡》明确记载黄河经太行之后"至于碣石，入于海"，黄河无论如何也不可能绕过燕东山岭而到达滦河平原地带。因此，搜索禹疏九河的故道，只能在今沧州以南、利津以西的范围内寻找，碣石山是其入海标志，上面所列各处碣石，大多位于燕岭以东，不可能是禹河终端，那么，今黄河入海口向西几百里的滨海之地，就只有无棣马谷山可以寻踪了。这座马谷山或许就是当年《禹贡》所说的碣石。

最早指出无棣马谷山为碣石的是晋人伏琛，他在所著《齐地记》中说："勃海郡东有碣石，谓之勃碣。"他用"勃碣"之名来区别燕东辽西的各处碣石。后来唐人编纂地理书，也认为碣石在棣州（棣州前身即为渤海郡）。如《元和郡县志》卷一七《棣州》记述厌次县："相传以秦始皇东游厌气，至碣石，次舍于此，因名之。"由于晋唐之间，碣石之名遍及数处，所以，渤海棣州之碣石未受到世人重视。

明代以来的海丰县志书中提及马谷山时，皆"疑古之碣石，为河入海处"，而后顾炎武撰写《肇域志》，翻检了很多方志，根据历史线索，断言："山东海丰县马谷山即大碣石山。"从这时起，把马谷山当作《禹贡》碣石的人逐渐增多。张克嶷《重修马谷山寺记》云："马谷山，古之所谓碣石也。"杜墱《九河》诗注也说："九河古道在德州、河间、棣州之地，与《禹贡》'大陆北播为九河'之文合。自天津南尽棣州数百里内，惟海丰旧河岸有马谷山，趾顶皆石，周围三里许，形如碣石，盖即同为逆河处，与《禹贡》'夹右碣石'之文相合。"清人张衍重吟咏马谷山，干脆将诗名写为《望碣石》，其诗云："一发贴天点黛螺，玄圭曾此莫洪波。周移汉决无良策，那向荒墟觅九河。"就连学者顾祖禹撰写《读史方舆纪要》，虽不太同意马谷山为古碣石之说，但在书之三十一卷中还是列述："马谷山……一名大山，或以为即古碣石。"清代以来，这么多人都开始倾向《禹贡》碣石即马谷山的见解，说明人们在经过若干朝代的探索分析之后，逐步找到了禹迹九河的归海之地。

秦皇汉武　巡游碣石

在古代，东方沧海被认为是仙人出没的地方，传说海中有三仙山，曰蓬莱、方丈、瀛洲。无棣碣石居齐北、燕南，渤海岸边，是神仙方士最活跃的地方。秦汉时期，随着方士入海求仙活动的加剧和帝王的登临，在它附近发生了许多故事。

据史籍记载：历史上曾有大禹、商王武丁、秦始皇、秦二世、汉武帝、魏武帝曹操、北魏文成帝拓跋濬等帝王，登临无棣碣石。

秦时，无棣属"齐郡厌次县"，今厌次故城在其南几十公里处的惠民县境内。关于秦厌次名称的来历，《山东通志》记载：

> 秦始皇东游至碣石，次舍于此，因名厌次县。

《史记·秦始皇本纪第六》载：

> （二十八年）既已，齐人徐市（福）等上书，言海中有三神山，名曰蓬莱、方丈、瀛洲，仙人居之。请得斋戒，与童男女求之。于是遣徐市发童男女数千人，入海求仙人。

> 三十二年，始皇之碣石，使燕人卢生求羡门、高誓。刻碣石门。坏城郭，决通堤防。其辞曰：

> 遂兴师旅，诛戮无道，为逆灭息。武殄暴逆，文复无罪，庶心咸服。惠论功劳，赏及牛马，恩肥土域。皇帝奋威，德并诸侯，初一泰平。堕坏城郭，决通川防，夷去险阻。地势既定，黎庶无繇，天下咸抚。男乐其畴，女修其业，事各有序。惠被诸产，久并来田，莫不安所。群臣诵烈，请刻此石，垂著仪矩。

秦始皇东巡除其政治目的外，还有其重要内容就是寻求长生不死之药。秦代，方士于无棣碣石入海求仙，在此附近留下了"千童城"、"丱兮城"两座古城和若干秦台遗址。建城是为了屯兵管理，训练童男童女和百工水手；筑台是为了登高眺望大海，期盼方士归来。

《中国古今地名大辞典》载：

> 千童城，在山东无棣县西南。《寰宇记》：秦始皇遣徐福将童男童女千人入海求蓬莱不死之药，筑此城以居之。

> 丱兮城，在直隶盐山县东北，相传秦始皇遣徐福发童男女千人，入海求仙，筑城侨居童男女，故名。

《盐山县志》云：

> 高城县东北岭，旧有丱兮城。

"丱"是象形字，如古代儿童将头发在两鬓角扎成发髻之状。在无棣碣石附近修筑千童、丱兮两座城，是作为方士徐福训练童男童女的场所和入海求仙活动的大本营。

近几年，河北省盐山县对千童城的研究已经取得了中日两国史学界的

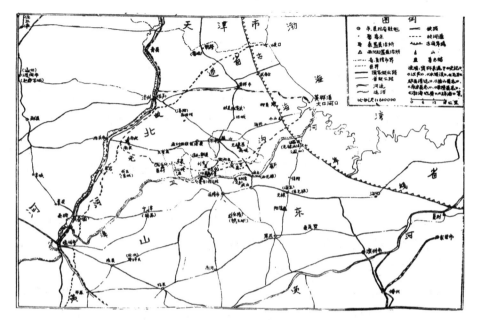

郑一民主编：《中国千童城徐福国际学术研讨会论文集·汉千童县历史地理示意图》，河北教育出版社 1998 年版

认可。1992 年 8 月 29 日《光明日报》发表了记者蔺玉堂《徐福何处渡扶桑，专家说是盐山县》一文，文中载：

> 据南朝《舆地志》、北魏郦道元《水经注》和唐朝李吉甫的《元和郡县图志》以及当今历史地理学家谭其骧编著的《中国历史地图集》都确认，齐国饶安、汉千童县、晋饶安县就是现在河北盐山县旧县镇（古千童城，今千童镇）。因徐福率上千童男女从饶安入海，汉高帝五年（公元前 202 年）特在饶安置千童县，东汉末年，汉灵帝改千童县为饶安县。1973 年南京大学地理系对盐山地下水调查后指出，埋深于 15 米的黄河故道的走向和郦道元《水经注》中有关无棣沟的记载是一致的。无棣沟由千童城流至碣石入海，因徐福率童男女由此入海，秦始皇命士兵在无棣沟南岸筑一土台，至今遗址尚存，山东《无棣县志》中称为"秦台"。

从 1993 年开始，盐山县大规模兴建文化产业——千童园。1997 年 5 月，完成千童园一期工程，包括千童碑、望亲台、千童祠大殿及附近老君炉、训童港、无棣沟、斩鲛台等遗迹景点。千童祠由全国政协副主席程思远题写祠匾，在'97 中国旅游年活动时，中国历史第一侨乡——千童镇列为全国旅游线路中的重要景点。

1997 年 5 月至 2000 年 12 月，盐山县按照"研究开路、项目起步"方针，建成沧州乃至全省规模最大、功能最全的县级博物馆——千童博物馆。馆藏文物有与徐福东渡有关的古镜、刀币、瓮棺，斩鲛用的圆首菱格剑等百余件；有近几年征集的各种墓志铭、思维菩萨像、万户印等珍贵文物上千件；有中日友好交流的图片、留言题字，并存有赵朴初、彭冲、程思远和日本国东京徐福会羽田武荣、日本徐福会会长饭野考宥等人的手迹。

周宝忠《天时地利人和——浅谈千童故里的人文地理优势》[1] 文中，指出盐山县千童城具备得天独厚的地理条件：

> 饶安位于南齐北燕之交界处，黄河播布的九河下梢（鬲津河、马颊河、钩盘河、秦口河、胡苏河、朱家河、大沽河、无棣沟），均绕碣石（今无棣大山）而东入海。其鬲津河、无棣沟二渎，分别在千童城南北半华里经过。无棣沟又称老黄河，秦代是通海的一条大通道，宽约 800 米。郦道元《水经注》对黄河古道——无棣沟作了详细记载："经千童县故城东……又经盐山东北入海。"关于无棣沟宽约 800 米的数据，是 1997 年 11 月南京大学地理系古河道调查队调查盐山浅层地下水所发布的《报告》中论述的："无棣沟古河道自旧县（今千童镇）向东北经刘集、刘范、杨集出县境，宽约 800 米，年代当在 2000 年以前。"当时黄河入海口的大口河，自古以来就是较发达的海上交通枢纽。《海丰县志》载："大沽河海口，东至登莱，西达天津，横渡山海关等处，可一帆而至，旧为运粮经商水道。"所以说，这里具有良好的水上交通条件。

河北省文史研究馆、省民间文艺家协会主席、省徐福千童会秘书长郑一民《千童城"信子节"的产生和传衍》[2] 文中对信子节的起因和最初形成进行了论述，指出与徐福东渡有关：

> 信子俗称抬阁，是流传在河北盐山县千童镇一带的风情奇特的民

---

① 郑一民主编：《中国千童城徐福千童国际学术研讨会论文集》，河北教育出版社 1998 年版，第 29 页。

② 郑一民主编：《中国千童城徐福千童国际学术研讨会论文集》。

间祭祀活动。据《盐山县志》记载和当地老人介绍，这一活动始于汉代，距今已有2000余年的历史，每逢甲子年（即60年、人生一个轮回）农历三月二十八日举办一次。称信子，是表示对远离故土的年幼儿女们的怀念。在农历三月二十八日举行，是因为农历三月二十八日是徐福千童集团东渡的出海日是。

今日的盐山县，即历史上的饶安县，汉代的千童县。昔日的县城所在地就是今天盐山县的千童镇。信子节发生、传衍在这里，因为这里是秦始皇遣徐福率领数千童男童女和百工茂匠入海求仙的起航地，也是出海前募集和培训童男童女、百工巧匠的地方。汉来秦后，因此故，汉高祖刘邦在公元前202年将县名改为千童县。至今，东渡人留下的数十处遗迹，仍可辨证。据宋代撰写的《太平广记》记载和史学家推算，徐福东渡是大规模的、有计划的得到秦王朝全力支持和帮助的行动，除3000童男童女，还有百工巧匠、维修航船的技师、驾驶航船的员工、护卫武士、杂役仆人等，多达六千人、七八十条船。

盐山县地方志办公室主任张爱国《秦千童城沿革考》文中曰：

秦千童城是徐福东渡活动的重要基地。始皇三十七年春（时为公元前209年），秦始皇东游返回咸阳途经饶安时，命徐福在此作再次入海寻三神山取长生不老药的筹备事项。何以为证？唐代著名宰相、卓越的方志地理学家李吉甫（758—814）于唐太宗元和八年（公元813年）著成《元和郡县图志》四十卷。该书按贞观十三年（公元639年）规划的十道为纲，以当时四十七节镇为标准，分镇记述所辖府、州、县及户数、沿革、山川、道里、贡赋等项。在河北道二·厌次县条目下有"相传以秦始皇东游厌气，至碣石次舍于此，因名之"记载。"碣石"系指渤海西岸的碣石山（今山东省无棣县大山），位于无棣沟入海口西南十余里处，为海道标识之山（此山在唐尧虞舜时代号碣石，春秋、战国、秦汉之际称无棣，晋至隋代名盐山，唐、宋称马谷山，元代以后谓之大山）。"次舍于此"即秦始皇停住三日之地，并置厌次县……饶安地处"碣石"西南，"厌次"东北，无棣沟支渎西。原为齐国旧地之重镇。……饶安系水陆商埠，物资集散地，士、农、工、商、渔五民俱全。土地肥沃，特产丰饶。沿无棣沟支渎上逆可达中原、关洛地区，下出海可达辽东半岛、山东半岛，进而可至朝鲜半岛和日本列岛。徐福奉秦始皇之命，以饶安为东渡的大本营，招募童男、童女、百工、善射者，并集居于此地。训练童男女，以备衣食舟楫，故饶安名"千童城"。一切准备就绪，徐福于三月二十八日率千名童男女、百工及射手等数千人，从千童城登楼船起航顺无棣沟支渎东下入海寻蓬莱仙山取长生不老药。

秦始皇在渤海西南岸沿海一带修筑若干"秦台"，有无棣秦台、滨城秦台等，这些高台的功能就是登高远望。

《无棣县志》[1] 记载：

> 秦台，高丈余，长数丈，状如龙，蛰伏朱龙河之阳、秦口河之阴，遥望马谷，濒临渤海，相传秦王遣徐福入海求仙，即在此垒土筑台。

清代，张廷翰有《秦台》诗云：

> 高台凌空翠，樵路平如砥。
>
> 上蒙千尺松，下接万里水。
>
> 不见徐福还，但闻祖龙死。
>
> 落日无人行，白鸥接翅起。

原无棣沟入海处有一"海岛"，名望子岛、汪子岛、旺子岛。据记载，徐福率千名童男童女由千童城经无棣碣石入海，父母思念远去的孩子，奔波于徐福入海处眺望，期盼孩子归来，望子不见子，故名"望子岛"，又称"汪子岛"、"旺子岛"。而今海岛犹在，岛上仍有渔民休养生息。

徐福入海求仙自始皇二十八年开始，长达10年之久，入海求仙不止一次，起航处也不可能只有一处。徐福为何选择在无棣碣石起航？这与无棣碣石区域当时所具备的地理位置、航运交通、人口经济等各方面条件是分不开的。

无棣碣石在《禹贡》时期处于黄河播布的九河下梢，是一依河傍海的导航标识之山，秦代的无棣沟又称老黄河，纵深开阔，宽800米，绕碣石入海，是船只锚泊和出海的理想良港。加之该区域为黄河淤积平原，土质肥沃

---

① 张方墀：《无棣县志》。

富饶，人口众多，原是齐国重镇，以"其地丰饶，可以安人"而闻名，故有"饶安"之名，"燕得之，势足以弱齐，齐得之，势足以胁燕动赵矣"。可见其地理位置之重要，物资资源之富饶，为徐福在此征召童男童女、百工武士和筹措"衣食舟楫"等物资提供了坚实的保障。

汉武帝也曾东游碣石。《汉书·武帝纪》载：

> （元封元年，武帝）行自泰山，复东巡海上，至碣石。自辽西历北边九原，归于甘泉。

《汉书·郊祀志》载：

> 天子既已封泰山，无风雨，而方士更言蓬莱诸神若将可得，于是上欣然庶几遇之，复东至海上望焉。奉车子侯暴病，一日死。上乃遂去，并海上，北至碣石，巡自辽西，历北边至九原。五月，乃至甘泉，周万八千里云。

汉武帝东游求仙药与秦始皇不同，他不是派童男女数千人求仙药，而是直接遣方士入海求神人采药。

在无棣碣石以东、以北、以南，有信阳城、广武城、光武城三座古城，三城呈三足鼎立之势，扼河海、控平原、环碣石。从广武城、光武城出土的青铜箭头、砖瓦、陶器残片看，为汉代遗址；从信阳城城体格局、构筑方法、城土夹陶等方面测定，筑于战国后期至西汉初期。汉高祖五年（前202），置阳信县，隶渤海郡，县治信阳城。自刘邦"论功而定封"，汉代封邑阳信的有阳信胡侯吕青、阳信夷侯刘揭及其子刘中意、阳信长公主刘婧、阳信侯郑业等。阳信长公主为汉武帝刘彻的大姐，她见刘彻多年无子，费尽心机将身边美女卫子夫予刘彻，生太子刘据，刘彻大喜，后封卫为皇后，令长公主常住京城。汉武帝刘彻"元封元年……行自泰山，复东巡海上，至碣石"，一为求仙，二为巡视，同时也拜访大姐的封邑。据记载，汉武帝东巡时还临渤海望祀蓬莱，举行过祀祠等活动。

在无棣碣石东有一汉代古村，名"帝赐街"。《无棣县志》记载：

> 帝赐街，在县北七十里，相传汉武帝驻跸于此，下诏免除此村赋税，故名。

在无棣碣石西北几十公里还有一处"汉武台"。《魏土地记》：

章武县东一百里处有汉武台，南北有二台，相距六十里，台高六丈，俗传汉武帝东游海上所筑。

汉代曾在秦始皇筑的"千童城"设置千童县，在"卅兮城"设置高城县。汉武帝封刘担为"千童侯"。高城县北邻章武县，到魏晋时仍有"海神祠"和"汉武台"。

秦皇、汉武在无棣碣石一带相似的求仙活动轨迹，说明无棣碣石一带确实人杰地灵。无棣这片素称"冀、兖之域"、"齐、燕之壤"的历史文化沃土，存有难以计数的秦汉遗迹。一些关于秦皇、汉武的传说也在古棣传为佳话或神化为乡野口碑。据当地传说，秦始皇为入海求仙药，从全国各地选拔而来的健康漂亮的男女青少年，何止千人。有的在终日单调枯燥的训练过程中，耐不住寂寞；有的惧怕风高浪涌、前途未卜，等等，纷纷结队逃跑，流入民间。这个传说，其准确性有待考察，但是徐福东渡遗迹仍在；这方的姑娘、小伙自古以来长得特别漂亮确是实事。

秦皇、汉武的游临，将碣石载入史册；魏武帝曹操"东临碣石、以观沧海"的诗篇，使碣石名扬天下。

魏武挥鞭　东临碣石

魏武帝曹操，不仅是一位政治家、军事家，而且还是一位才华横溢的文学家，建安文学的开创者，"外定武功、内兴文学"的一代枭雄。

曹操"以相王之尊雅爱诗章"①，在"仗铖征伐"②之际，常常"横槊赋诗"③，写下了不少脍炙人口的军旅诗章，在中国军旅诗歌史上占有重要的一席之地。他的军旅诗歌，是一部汉末历史剧，兴亡大事，历历在目。从诗史中不仅可以看到一些重大历史事件的发生、演变，还可以看到一些历史人物以及他们活动的场景、画面，了解到他们的精神风貌和内心活动变化，感受那个时代的脉搏和心声。其军旅诗歌代表作有《蒿里行》、《苦寒行》、《却东西门

---

① （南朝·梁）刘勰：《文心雕龙·时序篇》。
② （汉）曹操：《让县自明本志令》。
③ （宋）苏轼：《前赤壁赋》。

行》、《步出夏门行》等。

《步出夏门行》又名《陇西行》，也称《碣石篇》①，分为《艳》辞（序曲）及《观沧海》、《冬十月》、《土不同》（亦作《河朔寒》）、《龟虽寿》四章（解）。

《观沧海》是中国文学史上一首完整的写景诗，也是一首抒情诗。一首《观沧海》使得碣石名扬天下。此诗的写作年代，史料中未有明确记载，曹操何时登碣石观沧海，碣石究竟在何处，说法不一。文人学者大多认为此诗作于建安十二年，又分北伐途中或北伐得胜回师时两种意见；而碣石所在有河北乐亭西南、昌黎碣石山及沦于海等多种说法，这些观点在各教科书、诗词书籍中都有明确体现。这些观点，令组诗《步出夏门行》（下称《碣石篇》）被拆散解读、赏析，漏洞百出。但从《碣石篇》整个组诗内容上解读、历史背景上分析，组诗叙写现实，反映时事，真实记录了建安十一年秋八月曹操东征，遣乐进、李典讨青州海贼管承，又遣于禁斩东海昌豨，至建安十二年春二月还邺的过程。曹操重视现实，作诗为文，本于实感，堪称"汉末实录，真诗史也"②。其《碣石篇》在艺术风格上，意境宏大，笔调明朗，既有叙实、写景，又有借景抒情、托物寄兴，集中了曹操诗歌的忧患意识、生命意识，以及悲凉慷慨、刚健有力的风格，充分体现了"建安风骨"的特征和思想。

组诗"艳"辞　披露至碣石时间

《三国志》、《资治通鉴》虽未记载曹操东临碣石、赋诗《观沧海》的时间、地点，但记载史事翔实，对这一时期曹操平定北方幽、冀、青、并四州，以及东征青州海贼管承、平东海昌豨、北伐乌桓的征战历程记述较明确。我们可以从"艳"辞与曹操征伐活动记载中，分析推断出曹操"东临碣石、以观沧海"的时间、地点和路线。

《三国志·魏书一·武帝纪第一》③记载：

　　　　九年，春正月，济河，遏淇水入白沟以通粮道。……九月……天

① （唐）房玄龄等：《晋书·乐志下》。

② （明）钟惺：《古诗归》。

③ （晋）陈寿撰：《三国志》，（宋）裴松之注，中华书局1982年版。

子以公领冀州牧，公让还兖州。……十二月，公入平原，略定诸县。

十年，春正月，攻谭，破之，斩谭，诛其妻子，冀州平。……是月，袁熙大将焦触、张南等叛攻熙、尚，熙、尚奔三郡乌丸。

夏四月，黑山贼张燕率其众十余万降，封为列侯。故安赵犊、霍奴等杀幽州刺史、涿郡太守。三郡乌丸攻鲜于辅于犷平。秋八月，公征之，斩犊等，乃渡潞河救犷平，乌丸奔走出塞。

冬十月，公还邺。

初，袁绍以甥高幹领并州牧，公之拔邺，幹降，遂以为刺史。幹闻公讨乌丸，乃以州叛，执上党太守，举兵守壶关口。遣乐进、李典击之，幹还守壶关城。

十一年，春正月，公征幹。幹闻之，乃留其别将守城，走入匈奴，求救于单于，单于不受。公围壶关三月，拔之。幹遂走荆州，上洛都尉王琰捕斩之。

秋八月，公东征海贼管承，至淳于，遣乐进、李典击破之，承走入海岛。割东海之襄贲、郯、戚以益琅邪，省昌虑郡。

三郡乌丸承天下乱，破幽州，略有汉民合十余万户。袁绍皆立其酋豪为单于，以家人子为己女，妻焉。辽西单于蹋顿尤强，为绍所厚，故尚兄弟归之，数入塞为害。公将征之，凿渠，自呼沲入泒水，名平虏渠；又从泃河口凿入潞河，名泉州渠，以通海。

十二年，春二月，公自淳于还邺。丁酉，令曰："吾起义兵诛暴乱，于今十九年，所征必克，岂吾功哉？乃贤士大夫之力也。天下虽未悉定，吾当要与贤士大夫共定之；而专飨其劳，吾何以安焉！其促定功行封。"于是大封功臣二十余人，皆为列侯，其余各以次受封，及复死事之孤，轻重各有差。

将北征三郡乌丸，诸将皆曰："袁尚，亡虏耳，夷狄贪而无亲，岂能为尚用？今深入征之，刘备必说刘表以袭许。万一为变，事不可悔。"惟郭嘉策表必不能任备，劝公行。夏五月，至无终。秋七月，大水，傍海道不通，田畴请为乡导，公从之。引军出卢龙塞，塞外道绝不通，乃堑山堙谷五百余里，经白檀，历平冈，涉鲜卑庭，东指柳城。

未至二百里，虏乃知之。尚、熙与蹋顿、辽西单于楼班、右北平单于能臣抵之等将数万骑逆军。八月，登白狼山，卒与虏遇，众甚盛。公车重在后，被甲者少，左右皆惧。公登高，望虏陈不整，乃纵兵击之，使张辽为先锋，虏众大崩，斩蹋顿及名王已下，胡、汉降者二十余万口。辽东单于速仆丸及辽西、北平诸豪，弃其种人，与尚、熙奔辽东，众尚有数千骑。初，辽东太守公孙康恃远不服。及公破乌丸，或说公遂征之，尚兄弟可禽也。公曰："吾方使康斩送尚、熙首，不烦兵矣。"九月，公引兵自柳城还，（《曹瞒传》曰：时寒且旱，二百里无复水，军又乏食，杀马数千匹以为粮，凿地入三十余丈乃得水。既还，科问前谏者，众莫知其故，人人皆惧。公皆厚赏之，曰："孤前行，乘危以徼幸，虽得之，天所佐也，故不可以为常。诸君之谏，万安之计，是以相赏，后勿难言之。"）康即斩尚、熙及速仆丸等，传其首。诸将或问："公还而康斩送尚、熙，何也？"公曰："彼素畏尚等，吾急之则并力，缓之则自相图，其势然也。"十一月至易水，代郡乌丸行单于普富卢、上郡乌丸行单于那楼将其名王来贺。

《三国志·魏书十一·袁张凉国田王邴管传第十一》载：

（田畴）建安十二年，太祖北征乌丸……随军次无终。时方夏水雨，而滨海洿下，泞滞不通，虏亦遮守蹊要，军不得进。太祖患之，以问畴。畴曰："此道，秋夏每常有水，浅不通车马，深不载舟船，为难久矣。旧北平郡治在平冈，道出卢龙，达于柳城；自建武以来，陷坏断绝，垂二百载，而尚有微径可从。今虏将以大军当由无终，不得进而退，懈弛无备。若嘿回军，从卢龙口越白檀之险，出空虚之地，路近而便，掩其不备，蹋顿之首可不战而禽也。"太祖曰："善。"乃引军还，而署大木表于水侧路傍曰："方今暑夏，道路不通，且俟秋冬，乃复进军。"虏候骑见之，诚以为大军去也。太祖令畴将其众为乡导，上徐无山，出卢龙，历平冈，登白狼堆，去柳城二百余里，虏乃惊觉。单于身自临阵，太祖与交战，遂大斩获，追奔逐北，至柳城。

《三国志·魏书十四·程郭董刘蒋刘传第十四》载：

（董昭）邺既定，以昭为谏议大夫。后袁尚依乌丸蹋顿，太祖将征之。患军粮难致，凿平虏、泉州二渠入海通运，昭所建也。

《三国志·魏书十八·二李臧文吕许典二庞阎传第十八》载：

（李典）从围邺，邺定，与乐进围高干于壶关，击管承于长广，皆破之。

《三国志·魏书十七·张乐于张徐传第十七》载：

（乐进）别征高干，从北道入上党，回出其后。干等还守壶关，连战斩首。干坚守未下，会太祖自征之，乃拔。太祖征管承，军淳于，遣进与李典击之。承破走，逃入海岛，海滨平。

（于禁）昌豨复叛，遣禁征之。禁急进攻豨；豨与禁有旧，诣禁降。诸将皆以为豨已降，当送诣太祖，禁曰："诸君不知公常令乎！围而后降者不赦。夫奉法行令，事上之节也。豨虽旧友，禁可失节乎！"自临与豨决，陨涕而斩之。是时太祖军淳于，闻而叹曰："豨降不诣吾而归禁，岂非命耶！"益重禁。东海平，拜禁虎威将军。

《资治通鉴·卷第六十四·汉纪五十六》①载：

——孝献皇帝己建安九年（甲申，公元二零四年）

春，正月，曹操济河，遏淇水入白沟以通粮道。

九月，诏以操领冀州牧；操让还兖州。

冬，十月，有星孛于东井。

高干以并州降，操复以干为并州刺史。

——孝献皇帝己建安十年（乙酉，公元二零五年）

袁熙为其将焦触、张南所攻，与尚俱奔辽西乌桓。触自号幽州刺史……触等遂降曹操，皆封为列侯。

夏，四月，黑山贼帅张燕率其众十余万降，封安国亭侯。

故安赵犊、霍奴等杀幽州刺史及涿郡太守，三郡乌桓攻鲜于辅于犷平。秋，八月，操讨犊等，斩之；乃渡潞水救犷平，乌桓走出塞。

冬，十月，高干闻操讨乌桓，复以并州叛，执上党太守，举兵守壶关口。操遣其将乐进、李典击之。

---

① （北宋）司马光：《资治通鉴》。

《资治通鉴·卷第六十五·汉纪五十七》载：

——孝献皇帝庚建安十一年（丙戌，公元二零六年）

春，正月，有星孛于北斗。

曹操自将击高幹，留其世子丕守邺，使别驾从事崔琰傅之。操围壶关，三月，壶关降。高幹自入匈奴求救，单于不受。幹独与数骑亡，欲南奔荆州，上洛都尉王琰捕斩之，并州悉平。

八月，曹操东讨海贼管承，至淳于，遣将乐进、李典击破之，承走入海岛。

昌豨复叛，操遣于禁讨斩之。

是岁，立故琅邪王容子熙为琅邪王。齐、北海、阜陵、下邳、常山、甘陵、济阴、平原八国皆除。

乌桓乘天下乱，略有汉民十余万户，袁绍皆立其酋豪为单于，以家人子为己女，妻焉。辽西乌桓蹋顿尤强，为绍所厚，故尚兄弟归之，数入塞为寇，欲助尚复故地。曹操将击之，凿平虏渠、泉州渠以通运。

——孝献皇帝庚建安十二年（丁亥，公元二零七年）

春，二月，曹操自淳于还邺。丁酉，操奏封大功臣二十余人，皆为列侯。

曹操将击乌桓，诸将皆曰："袁尚亡虏耳，夷狄贪而无亲，岂能为尚用！今深入征之，刘备必说刘表以袭许，万一为变，事不可悔。"郭嘉曰："公虽威震天下，胡恃其远，必不设备，因其无备，卒然击之，可破灭也。且袁绍有恩于民夷，而尚兄弟生存。今四州之民，徒以威附，德施未加，舍而南征，尚因乌桓之资，招其死主之臣，胡人一动，民夷俱应，以生蹋顿之心，成觊觎之计，恐青、冀非己之有也。表坐谈客耳，自知才不足以御备，重任之则恐不能制，轻任之则备不为用，虽虚国远征，公无忧矣。"操从之。行至易，郭嘉曰："兵贵神速。今千里袭人，辎重多，难以趋利，且彼闻之，必为备。不如留辎重，轻兵兼道以出，掩其不意。"

操遣使辟畴……拜为蓚令，随军次无终。

时方夏水雨，而滨海洿下，泞滞不通，虏亦遮守蹊要，军不得进。

操患之，以问田畴。畴曰："此道，秋夏每常有水，浅不通车马，深不载舟船，为难久矣。旧北平郡治在平冈，道出卢龙，达于柳城。自建武以来，陷坏断绝，垂二百载，而尚有微径可从。今虏将以大军当由无终，不得进而退，懈弛无备。若嘿回军，从卢龙口越白檀之险，出空虚之地，路近而便，掩其不备，蹋顿可不战而禽也。"操曰："善！"乃引军还，而署大木表于水侧路傍曰："方今夏暑，道路不通，且俟秋冬，乃复进军"。虏侯骑见之，诚以为大军去也。

操令畴将其众为乡导，上徐无山，堑山堙谷，五百余里，经白檀，历平冈，步鲜卑庭，东指柳城。未至二百里，虏乃知之。尚、熙与蹋顿及辽西单于楼班、右北平单于能臣抵之等将数万骑逆军。八月，操登白狼山，卒与虏遇，众甚盛。操车重在后，被甲者少，左右皆惧。操登高，望虏阵不整，乃纵兵击之，使张辽为先锋，虏众大崩，斩蹋顿及名王已下，胡、汉降者二十余万口。辽东单于速仆丸与尚、熙奔辽东太守公孙康，其众尚有教千骑。或劝操遂击之，操曰："吾方使康斩送尚、熙首，不烦兵矣。"九月，操引兵自柳城还。公孙康欲取尚、熙以为功，乃先置精勇于厩中，然后请尚、熙入，未及坐，康叱伏兵禽之，遂斩尚、熙，并速仆丸首送之。诸将或问操："公还而康斩尚、熙，何也？"操曰："彼素畏尚、熙，吾急之则并力，缓之则自相图，其势然也。"……时天寒且旱，二百里无水，军又乏食，杀马数千匹以为粮，凿地入三十余丈方得水。既还，科问前谏者，众莫知其故，人人皆惧。操皆厚赏之，曰："孤前行，乘危以徼幸。虽得之，天所佐也，顾不可以为常。诸君之谏，万安之计，是以相赏，后勿难言之。"

冬，十月，辛卯，有星孛于鹑尾。

乙巳，黄巾杀济南王赟。

十一月，曹操至易水，乌桓单于代郡普富卢、上郡那楼皆来贺。师还，论功行赏。

东征青州管承　至我渤海碣石

《碣石篇》"艳"辞是前奏曲，相当于后来词曲的"引子"，与正曲四章不同，可能本是用散文形式写的序，后来合乐时用做艳，为迁就乐调而改变了原句逗。①

《艳》辞云：

> 云行雨步，超越九江之皋。临观异同，心意怀游豫，不知当复何
> 从。经过至我碣石，心惆怅我东海。

在余冠英《三曹诗选》及各种诗词书籍中，"云行雨步"注解为"云行雨施"，表示将施泽惠给人民；"九江之皋"注解为荆州；"异同"注解为南征荆州、北伐乌桓两种不同意见。"云行雨步，超越九江之皋。临观异同，心意怀游豫，不知当复何从。"基本一致解读为：曹操起初打算南征荆州，施泽惠给江南人民。面对北伐、南征不同意见，心中犹豫，不知听从哪种意见，徘徊于北伐乌桓、南征刘表两种意见之间。这种解析，参照《三国志》、《资治通鉴》等史料记载和历史背景，是真实、合理的，符合曹操当时的心理状态和环境形势。

而"经过至我碣石，心惆怅我东海"的注解，则出现了注释歧义和解读模糊。其实，《艳》辞中已经明确交代了曹操"经过至我碣石"的时间，即曹操"心惆怅我东海"时。自汉代以来，诸儒纷纷对《禹贡》"碣石"考释，认为在右北平、辽西一带，偏重于"絫县碣石"说法。而曹操一生只有北伐乌桓时才去过东北一带，因此，几乎所有诗词书籍中，才都将曹操登碣石赋诗的时间落笔在了建安十二年。这种先寻找碣石、再推定赋诗时间的错误方法，必然会得出错误结论，又何况碣石千年都未定案，寻到的还未必是真正碣石，所以导致一些诗句蕴含的内容无法体会而出现不合情理的解读，导致一些诗词书籍中将"经过至我碣石，心惆怅我东海"错误地解读为遭大水阻隔而引起的惆怅心情。然而，《艳》中并没有提及"大水"，提到的只有"临观异同，心意怀游豫，不知当复何从"，曹操惆怅的不是"大水"，而是"东海"。因无法解读"东海"的准确意思，一些人就只好模糊地以为是"泛指大海"、"东海涯"了。事实上，"东海"不是虚指"大海"，而是实指"东海郡"，确切讲，是建安十一年（206）"东海郡昌豨的复叛"事件。史料记载，东海郡"昌豨复叛，操遣于禁讨斩之"。

---

① 余冠英：《三曹诗选》，人民文学出版社 1979 年版。

《艳》辞作为小序，叙述的是：曹操本意打算南征荆州刘表，施泽惠给江南人民。面临北伐乌桓、南征刘表两种不同意见，犹豫起来，不知何从。正是在犹豫不决、徘徊不定的心情下，曹操到达了碣石，心中又惆怅"东海郡昌狶的复叛"。"艳"辞，描写了诗人在东征途中对北伐、南征难以抉择的复杂心情和心理感受，反映了当时的时代背景和历史事实。这样解读，一切疑问都可迎刃而解，并能从《三国志》、《资治通鉴》等史料记载和分析曹操北伐乌桓前的历史背景、战争事件、行军路线中得到补充和印证。

建安五年（202），曹操破袁绍于官渡。

建安七年（203），袁绍病死，袁绍的儿子袁谭、袁尚火拼。

建安九年（204），春正月，济河，遏淇水入白沟以通粮道。九月，曹操拔邺，领冀州牧。高干以并州降。

建安十年（205），春正月，攻谭，破之，斩谭……冀州平。……是月，袁熙大将焦触、张南等叛攻熙、尚，熙、尚奔三郡乌丸。秋八月，公征之，斩犊等，乃渡潞河救犷狱平，乌丸奔走出塞。冬十月，高干闻操讨乌桓，复以并州叛，遣乐进、李典击之。

建安十一年（206），春正月，公征高干。

辽西、辽东、右北平是为三郡乌桓，其首领为辽西部的蹋顿。乌桓数次入塞为害，并屡次侵扰边境，掳掠人口财物。三郡乌桓与袁氏关系一直很好，袁熙、袁尚投奔三郡乌丸后，必会成为曹操北方的严重威胁。对曹操来说，乌桓与袁熙、袁尚兄弟的残余势力不除不足以安定北方。为肃清袁氏残余势力，也为彻底解决三郡乌桓入塞为害问题，曹操听从郭嘉建议，意欲北伐乌桓，但因并州高干复叛，而第一次推迟北伐。遣乐进、李典征高干，可能征讨不利，建安十一年（206）春正月，曹操从邺城（今河北临漳县西南）亲征据守壶关（在今山西长治市东南）的高干，并于西征途中作《苦寒行》：

北上太行山，艰哉何巍巍！

羊肠坂诘屈，车轮为之摧。

树木何萧瑟，北风声正悲。

熊罴对我蹲，虎豹夹路啼。

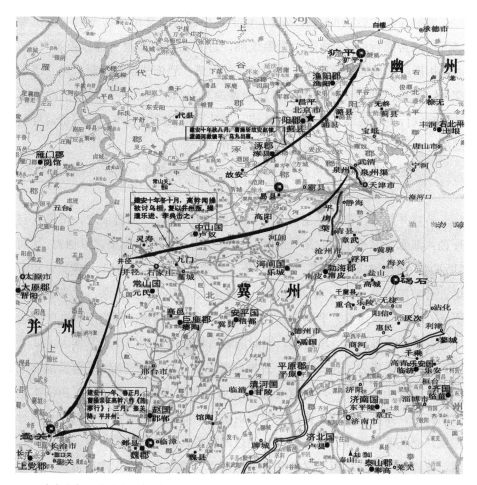

建安十年至建安十一年（205—206）春，曹操渡潞河救犷平、西征壶关高幹平并州路线示意图

　　　　溪谷少人民，雪落何霏霏！

　　　　延颈长叹息，远行多所怀。

　　　　我心何怫郁，思欲一东归。

　　　　水深桥梁绝，中路正徘徊。

　　　　迷惑失故路，薄暮无宿栖。

　　　　行行日已远，人马同时饥。

　　　　担囊行取薪，斧冰持作糜。

　　　　悲彼东山诗，悠悠使我哀。

曹操途经太行山的羊肠坂道，写下了格调古直悲凉，回荡着一股沉郁之气的《苦寒行》。尽管作为军事统帅，诗人在诗中却没有强作英豪之态，而是用质朴无华的笔触描述了委曲如肠的坂道、恐怖战栗的熊吼虎叫、风雪交加的征途、食宿无依的困境，赤裸裸地写出当时在那种环境下的内心波动，感叹行军的艰难、厌倦思乡情绪，表达了诗人排除万难、取得征讨胜利的决心，渴望战争结束、实现统一的心情。

　　建安十一年（206），操围壶关，三月，壶关降……并州（今治太原）悉平。

平复并州后，曹操开凿海运，又准备北伐乌桓。"公将征之，凿渠，自呼㳇入㳇水，名平虏渠；又从泃河口，凿入潞河，名泉州渠，以通海。"而《后汉书·郡国志》雁门郡"卤城"条下，梁刘昭注："魏志曰：'建安十年凿渠，自呼沱入汾（㳇），名平虏渠。'"许多人认为此引文甚谬，此文的错误不是时间，而是地点，平虏渠连接呼沱水和㳇水，其走向相当于现在的南运河从青县到静海县的一段河道，当时属渤海郡，而非雁门郡。其实，为北上消灭袁氏残余势力，建安九年，曹操就遏淇水入白沟以通粮道；曹操欲北伐乌桓，建安十年至十一年，又令董昭先后开凿平虏、泉州二渠。"白沟本是黄河古道，原名宿胥渎。曹操采取修筑枋堰的方法，将流入黄河的淇水强行拦截，逼其改变流向，注入白沟，经过内黄通入邺城附近的洹水。攻下邺城后，曹操继续北征乌桓，又向北开平虏渠，引漳沱水在今天津市境内入于㳇水。平虏渠入㳇水后，离塞上还有一段距离，于是，曹操又继续向北开渠。新开之渠纵贯泉州县（今天津武清区南）东部，故取名泉州渠。至此，曹操北伐乌桓所需军粮可由许昌或邺城经漳水、白沟、漳沱河、平虏渠、㳇水入泉州渠，北达塞上。"①

《水经注·濡水》有记载："魏太祖征蹋顿，与沟口俱导也，世谓之新河矣。"所以后人标注曹操开凿水运图中加有"新河"。而《三国志·魏书·武帝纪》和《三国志·魏书·董昭传》中均只提开凿平虏渠和泉州渠，只字未提开凿新河，所以，对于这条称之为新河的运河在历史上是否存在，历代学

---

① 程玉海：《中国大运河的形成、发展与繁荣》，《聊城大学学报》（社会科学版）2008年第3期。

者多持否定态度。既然是在同一时期，为了同一目的开凿运河，为何只提平虏渠和泉州渠而不提及新河，显然是当时根本没有开凿过新河。

建安十一年（206）三月，曹操平定并州高幹后，意欲北伐乌桓，前来平虏渠、泉州渠督促凿运，事情再次出现变故，青州海贼管承作乱。不得已，曹操第二次推迟北伐，东征青州海贼管承。在东征途中，曹操到达时属冀州渤海郡的无棣"碣石"时，又闻"东海昌豨复叛"，这使得曹操心中"惆怅"起来，就有了《碣石篇》"艳"辞中的"至我碣石，心惆怅我东海"之词。

秋八月，公东征海贼管承，至淳于，遣乐进、李典击破之，承走入海岛。昌豨复叛，操遣于禁讨斩之。

昌豨复叛，遣禁征之。……陨涕而斩之。是时太祖军淳于。……东海平，拜禁虎威将军。

割东海之襄贲、郯、戚以益琅邪，省昌虑郡。

曹操遣乐进、李典征青州海贼管承，乐进、李典击管承于长广，管承逃入海岛，海滨平。遣于禁攻打东海郡昌豨，不克，遂又派夏侯渊与于禁同攻昌豨，攻落其十余座据点，昌豨因与于禁熟识，遂赴于禁营投降。诸将皆以为昌豨已降，当送还曹操，于禁曰："诸君不知主公令乎！围而后降者不赦。奉法行令，事上之节也。昌豨虽我旧友，但我可失节乎！"自临与昌豨决，陨涕而斩之。曹操闻而叹曰："昌豨降不诣吾而归禁，岂非命耶！"更加器重于禁。东海平，曹操表汉帝，称于禁曰："武力既弘，计略周备，质忠性一，守执节义，每临战攻，常为督率，奋强突固，无坚不陷，自援枹鼓，手不知倦。又遣别征，统御师旅，抚众则和，奉令无犯，当敌制决，靡有遗失。论功纪用，宜各显宠。"

曹操平定东海后，还是担心东海不稳，拆分了东海郡，割东海之襄贲、郯、戚以益琅邪，省并了昌虑郡。

北伐、南征两种不同意见在建安十年就已出现，应该说，曹操部下诸将多数主张南征刘表，唯郭嘉主张北伐乌桓，曹操听从郭嘉意见，但由于并州高幹、东海昌豨的复叛，青州海贼管承的作乱事件，才使得北伐时间一再推迟。建安十一年，曹操除平叛并州高幹、东海郡昌豨，赶走青州海贼管承，还废除齐、北海、阜陵、下邳、常山、甘陵、济阴、平原8个刘姓王

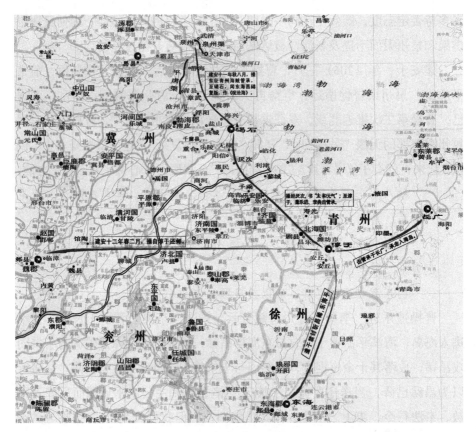

建安十一年（206）秋八月，曹操东征青州海贼管承、平东海昌豨叛乱路线示意图

国，这些大事都对稳定局势起了关键作用，奠定了曹操在北方的统治地位，所以，建安十二年（207）二月，曹操自淳于还邺后，作《封功臣令》，定功行封，大封功臣，开始北伐乌桓。

北伐塞外乌桓　冒险虚国而征

在北伐乌桓之前，曹操军中就有很多将领提出了异议，认为袁尚已经是残敌穷寇，乌桓不会为袁尚所用，无须多虑。如果孤军深入，南方的刘备肯定会劝刘表乘虚进攻许都，到那时后悔就来不及了！

针对这种言论，曹操的重要谋臣郭嘉做了精辟的分析：乌桓恃自边远，肯定不会做防备，出其不意击之，一定能击败他们。况且袁氏于乌桓有恩，而袁熙、袁尚两兄弟还在。现在青、冀、并、幽四州之民众，只是徒以威

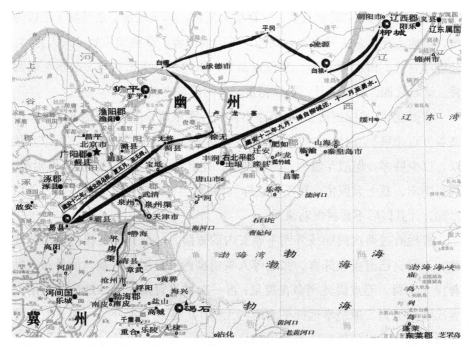

建安十二年（207），曹操北伐乌桓路线示意图

附，未予以德施，舍北伐，而南征，袁尚借乌桓之资，招其旧臣，则"民夷俱应"，恐怕青、冀等州不保。至于刘备更不足虑，刘表自知不如刘备，不仅不会重用他和听其意见，而且还会防备他。虽是"虚国远征"，也不用担忧。

建安十二年五月，曹操亲率大军到达无终（今天津蓟县），时正雨季，道路积水，"浅不通车马，深不载舟船"。曹操请田畴为乡导走"尚有微径可寻"的路线进军，上徐无山（今河北玉田北），出卢龙塞（今河北喜峰口附近一带），"塞外道绝不通，堑山堙谷五百余里"，经白檀，历平冈，涉鲜卑庭，直指乌桓老巢柳城（今辽宁朝阳南），至离柳城不足200里。八月，登白狼山，二军相遇，曹操登高瞭望，见敌军虽多，但阵势不整，遂命大将张辽为前锋，乘敌阵稍动之机，向敌军发动猛攻。乌桓军大乱，曹军阵斩蹋顿，大获全胜，胡、汉降者20余万，袁尚等人逃奔割据平州的公孙康。九月，曹操率军自柳城还师。不久，公孙康斩杀袁尚、袁熙，并将其首级献与曹操，曹操攻破三郡乌桓，也彻底肃清了袁氏势力。十一月至易水。归程途中，《曹瞒传》曰："时寒且旱，二百里无复水，军又乏食，杀马数千匹以为粮，凿地入三十余丈乃得水。既还，科问前谏者，众莫知其故，人人皆惧。公皆厚赏之，曰：'孤前行，乘危以徼幸，虽得之，天所佐也，故不可以为常。诸君之谏，万安之计，是以相赏，后勿难言之。'"

曹操北伐，"虚国远征"；道路不畅，行军艰难，"塞外道绝不通，堑山堙谷五百余里"；白狼山之战，面对数万乌桓骑兵，"左右皆惧"，虽以寡敌众，以少胜多，但战斗惨烈，死者被野，连曹操自己也说"这次赢得困难，赢得侥幸，是上天保佑，再不可这样"。并对当初劝阻他北伐的人员，予以赏赐，让其以后不要畏惧劝谏。

曹操有过两次只顾伐外而不顾安内的冒险，一次是为父报仇伐徐州陶谦，不料自己老巢被陈宫、张邈等人乘机搞内变，引狼入室，使吕布占据曹操大本营，差点因此而命丧黄泉；再一次就是冒险北伐，远征乌桓消灭袁氏残余势力，虽侥幸远征平北而内无变生，也将曹操吓了一跳。后来曹操吸取两次兵出门外而内有险情的危险教训，重内而轻伐外。曹操平定汉中后，没有像远征乌桓那样，冒蜀道和长江天险，来个远征蜀吴，完成统一大业。曹操宁可失去吞蜀灭吴的机会，也没有再第三次冒险，终成三国鼎立局面。

一些学者注释《观沧海》为"建安十二年（207），曹操北伐途经昌黎碣石山而作"，后来发现《三国志》、《资治通鉴》等史料中，对曹操北伐乌桓时行军路线记述清晰、明确，未经海道，根本不可能到过昌黎一带，而对回师时的路线记述笼统，迫不得已才将注释改成是曹操"建安十二年（207），北伐乌桓，胜利回师途经昌黎碣石有感"而作。

从曹操自柳城回师路线和时节、心理分析，曹操也不可能去过昌黎一带。九月，操引兵自柳城还，"时天寒且旱，二百里无水，军又乏食，杀数千匹马以为粮，凿地入三十余丈方得水"。加之，"乙巳，黄巾杀济南王赟"、南方刘表又蠢蠢欲动；郭嘉患病在易县等，面对这样天寒且旱的严酷天气，缺水少食的艰苦状况，"虚国而征"、后方不稳的严峻形势，心急如焚、忧国忧民的曹操，哪还有心思绕道去"游山玩水"，登碣石、看大海。所以，才急于赶回看望郭嘉，十一月，至易水。假使，九月曹操自柳城回师时，去过昌黎一带的碣石，那也早过了"百草丰茂"、"秋风萧瑟"的季节，而是"北风徘徊"、"繁霜霏霏"的"冬十月"了，与诗中描写的景色也不相符。

组诗"四章"　记录之东征历程

一些学者认为，《碣石篇》其四首诗赋作时间不相连属，不是一时一地所作，是北伐乌桓得胜归邺城后集结成的一组诗。这种错误认识，是源于以建安十二年为据，无法连贯解读所造成的。

《艳》辞及《观沧海》、《冬十月》、《土不同》、《龟虽寿》四章，真实记录了建安十一年秋八月，曹操东征，遣乐进、李典征讨青州海贼管承；又遣于禁讨斩昌豨于东海，至建安十二年春二月还邺的过程。整篇组诗，虽然没有直接描写战争，但是它将曹操战前徘徊于北伐、南征两种不同意见之间犹豫不决的心情；到达碣石"登高必赋"，勃发起一统天下，包容天地沧海、日月星汉的豪情；以及天气恶劣、行军艰苦、战争残酷，取得艰难胜利后由悲伤消沉心境，转而激发起的"壮心不已"英雄气概，都跃然纸上。

登高必赋　成就碣石名篇

曹操东征管承，史书中还称这次战事为"东略"、"东伐"、"东讨"等。曹操登上冀州渤海郡之碣石，面对苍色的大海、波涛中的小岛、秋风中的草木，怀着"挟天子以令诸侯"和统一青、冀、幽、并北方"四州"后、意欲"天下一统"之霸气，吟唱出了流传千古的诗篇《观沧海》：

> 东临碣石，以观沧海。
>
> 水何澹澹，山岛竦峙。
>
> 树木丛生，百草丰茂。
>
> 秋风萧瑟，洪波涌起。
>
> 日月之行，若出其中；
>
> 星汉灿烂，若出其里。
>
> 幸甚至哉，歌以咏志。

《康熙字典》载："沧，又州名，《广韵》：后魏所置，盖取沧海为名。"

晋朝张华著《博物志》曰："渤海亦称沧海。"《十州记》："沧海岛在北海中……水皆苍色，仙人谓沧海。"古时渤海有广义和狭义之分，广义指辽东湾、莱州湾、渤海湾和渤海海峡；狭义仅指渤海湾，黄河携大量泥沙于渤海湾迁徙入海，不但在此形成了广袤的泥质淤积海岸，而且使得海水"水皆苍色"，故又谓之"沧海"。

渤海，初名"勃海"；渤海郡名"勃海郡"，境内碣石，称"勃碣"。勃海郡，设立于汉高帝五年(前202)，属幽州；东汉，改冀州管辖。颜师古注："在勃海之滨，因以为名。"

1951年3月，根据周总理的意见，在北京组建国家专业文学出版社——人民文学出版社，其古典文学编辑室聚集了一批高水平的专家、教授，他们除了编社外作者的稿子而外，每个人还自己整理一部古典文学作品。其中，顾学颉整理《三国演义》。1953年11月，人民文学出版社以副牌"作家出版社"名义出版了《三国演义》① 一书，卷首附有"三国演义地图"和署有"作家出版社编辑部"名义的《出版说明》，其最后一段写道：

> 此外，还附印了一幅本书所述的"三国形势图"，帮助读者对书中的故事获得一个比较清楚的空间概念。不过，三国的疆域，本来就错综复杂，州郡的侨置分合，变动频繁；而本书又是在长期的民间传说的基本上大致参照正史而写成的一部通俗历史小说，并不是严格的历史记载，其中地名错误和虚拟的，以及方向位置与实际不符的，很有一些：所以这个地图不可能十分详尽精确，只是画出一个大概的轮廓而已。

《三国演义》出版后，毛主席看了，说里边好多的诗都是后人读了《三国演义》以后的点评，这些诗既表明点评人的身份，也表现了点评人的读后感，特别是对书中军事成败的见解，怎么把这些诗都给删掉了，那不行，要恢复。1954年，著名红学家、古典文学研究家周汝昌调人民文学出版社古典部编辑，对《三国演义》进行了第二次整理，并于1955年9月，以人民文学出版社名义出版。第二版《三国演义》卷首附前版的"三国演义地图"和周汝昌撰写的《前言》，《前言》中关于对此图的说明基本一致，只是将前版所述的"三国形势图"改成了"三国地图"。②

---

① 罗贯中：《三国演义》，作家出版社1953年版。
② 罗贯中：《三国演义》，人民文学出版社1955年版。

《三国演义》地图（局部），人民文学出版社 1973 年版

　　1973 年 12 月，人民文学出版社出版了第 3 版《三国演义》①，卷首亦附前二版的"三国演义地图"。在此版《关于本书的整理情况》中记述：

　　　　《三国演义》最初由作家出版社整理，于一九五三年初版印行。我

———————

①　罗贯中：《三国演义》，人民文学出版社 1973 年版。

社于一九五四年以此为基础，重加整理，自一九五五年出版后，印行较久。这次是再度整理，改出新版。……前版附印的'三国演义地图'，现仍保留。由于三国时期的区域和州郡分合变更，情况复杂，小说所叙更不等于历史实录，所以这幅图只是标示了一个粗略的梗概，为阅

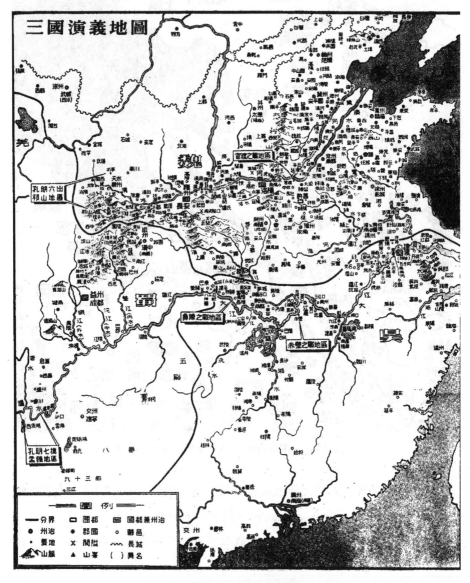

《三国演义》地图，人民文学出版社 1973 年版

读本书提供一些方便而已。

以后，人民文学出版社出版的《三国演义》[1]，以第三版为蓝本，均附有"《三国演义》地图"，图中均以"要地"符号，将"碣石"标在今山东无棣县碣石位置。

查看人民文学出版社《三国演义》第一、二、三版中所附的地图，绘制的地图范围、地名位置基本一致，不同的是原一、二版上，魏国北面沿长城一线、代表分界的粗黑线，在第三版删除了。

《三国演义》由古典文学编辑室顾学颉整理，编辑室包括聂绀弩、舒芜、陈迩冬、王利器等，都是著名古典文学方面的专家，整理校注工作都很谨慎，特别强调编辑工作的客观性，他们肯定熟知魏武帝曹操的诗篇《观沧海》，绘制、或请专家绘制地图时，在地图上方标上了曹操北伐乌桓经过和到达的无终、白檀、平冈、柳城等地名，而将"碣石"标注在山东无棣位置，这不会是随意的标注，一定进行了讨论、研究，并且有所依据和理由。1954年夏，毛主席在秦皇岛作《浪淘沙·北戴河》"往事越千年，魏武挥鞭，东临碣石有遗篇"，刊登于《诗刊》1957年第1期上，使得碣石更加名扬天下。有一些人挑出了《三国演义》采用地图和校订中的许多错误，地图在第三版《三国演义》中进行了修改纠正；却未有质疑"碣石"地点的，而图上"碣石"仍以"要地"符号，依然标注于无棣位置。

从诗的对仗来讲，"东临碣石"的"碣石"实指山，"以观沧海"的"沧海"，在此处不是广义的泛指大海，而是指登上"渤碣"看到的"水皆苍色的渤海湾"。

首二句，交代了观海的地点。次六句，描写登山观海时所见到的自然景物。曹操在碣石山上看到的是被海水包围的贝壳堤岛。历史资料记载，西汉晚期，渤海湾沿岸发生了海侵事件，海面上升，岸线后退，海水将碣石山外的贝壳堤冲刷、分割成零散、孤立的海中小岛，"苞沦于洪波"之中。现在，碣石山外的一些村庄还以李家山子、邢家山子、马山子命名，还有无影山、望子岛等贝壳岛。曹操面对萧瑟秋风，汹涌大海，耸立山岛，繁茂草

---

① 罗贯中：《三国演义》，人民文学出版社2000年版。

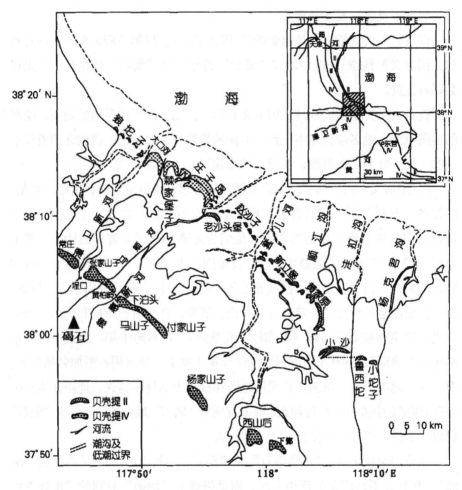

刘志杰等：《鲁北贝壳滩脊沉积特征及发育环境分析·无棣贝壳滩脊分布示意》，《海洋科学》2005 年第 29 卷第 2 期（"碣石"为编著者标注）

木，没有丝毫感伤情调，反而抓住大海平静时和起风时的状态、海边山岛巍巍耸峙的雄姿及草木繁茂的景象，大笔勾勒了一幅色调苍茫、气象雄伟的图画，展示了诗人热爱壮阔河山的情怀。"日月之行"四句，通过丰富的想象，描写了大海吞吐日月、含孕群星的壮阔气势，寄寓了诗人的胸襟、抱负和豪情。"幸甚至哉，歌以咏志"，这是合乐时的套语，与正文内容无关，但"歌以咏志"，实在是再确切不过了。以下各章都有。

　　"观沧海"这首诗，通篇写景，是我国诗史上现存的第一首完整的写景诗、山水诗，为开启后世山水诗、写景诗的繁盛局面，起了重要的推动作用，更为"建安文学"奠定了应有地位。

征战河朔　抒怀忧国忧民

从《三国演义》地图看，当时黄河分两支流入渤海，一支在今山东无棣附近注入渤海，另一支在今利津注入渤海。自东汉永平十二年（69），王景因势利导，筑起了西自荥阳（今荥阳东北）东至千乘（今滨州市滨城、高青一带）海口的大堤，黄河流经今黄河和马颊河之间，由利津附近入海，这种状况历经魏晋南北朝至唐末没有变化，长期相对稳定，史称"东汉河道"。曹操自建安十一年"秋八月，东征海贼管承"至"建安十二年春二月，至淳于还邺"，经历了一个冬季，主要是征讨海贼管承，活动范围就在山东北部沿海、黄河下游两岸区域内，也就有了《冬十月》、《土不同》这两首诗：

> 孟冬十月，北风徘徊。
>
> 天气肃清，繁霜霏霏。
>
> 鹍鸡晨鸣，鸿雁南飞，
>
> 鸷鸟潜藏，熊罴窟栖。
>
> 钱镈停置，农收积场。
>
> 逆旅整设，以通贾商。
>
> 幸甚至哉，歌以咏志。（《冬十月》）

这首诗比《观沧海》晚两个月，写于初冬十月。前8句，写初冬的气候和景物，北风凛冽，寒霜飘零，鹍鸡晨鸣，大雁南飞，猛禽匿迹，熊罴冬眠，严寒中透出一派平和安宁的生活画面；后4句，写人与事，农具停置，收成入场，旅店整修，以供商旅，描绘了一幅北方统一后局部地区人民安居乐业的生活场景。诗篇叙其征途见闻，体现了诗人追求国家统一、政治安定、经济繁荣的理想。

> 乡土不同，河朔隆寒。
>
> 流澌浮漂，舟船行难。
>
> 锥不入地，蘴藾深奥。
>
> 水竭不流，冰坚可蹈。

士隐者贫，勇侠轻非。

心常叹怨，戚戚多悲。

幸甚至哉，歌以咏志。（《土不同》）

曹操北伐乌桓回师时，"时天寒且旱，二百里无水。军又乏食，杀马数千匹以为粮，凿地入三十余丈乃得水"。这也与《冬十月》、《土不同》诗中描写的"繁霜霏霏"、"流澌浮漂"、"水竭不流，冰坚可蹈"景色不符、意境大相径庭。

《土不同》又称《河朔寒》。"河"唯指黄河；河朔，泛指黄河以北地区。《三国志·魏书·袁绍传》载："（袁绍）振一郡之卒，撮冀州之众，威震河朔，名重天下。"《三国演义诗词总汇》，刘表亡，叹刘表七绝一首，提及袁绍居于河朔之地：

昔闻袁氏居河朔，又见刘君霸汉阳。

总为牝晨致家累，可怜不久尽销亡！

袁绍曾为渤海太守，渤海郡地势优越，丰饶富庶，民风彪悍，袁绍就是以渤海太守起家，被推为关东诸侯盟主。荀湛曰："渤海虽郡，其实州也。"同样，曹操也非常重视渤海郡及其沿海一带的安定，对海贼必讨之。

《河朔寒》描写的就是曹操东征管承时，在渤海西南一带沿海的黄河下游两岸见到的情景。"河朔"当时仅指黄河以北的山东北部渤海郡一带，不会跑到河北昌黎那么远的地方。

这首诗，写作时间是继上首之后，文体相同。前8句，写河面冰块飘浮，船只难行，地冻田荒，锥扎不动，河流冻塞，坚硬可蹈，透出河朔天气严寒、田地荒芜的肃杀气氛。后4句，叙事抒情，忧虑、痛心河朔之士贫穷，勇武好斗，轻易做非法的事，诗人为此叹息怨恨，心中满是悲伤和忧愁。河朔一带，民生凋敝，生活艰苦，民风好斗，社会秩序混乱，使诗人心情沉重，体现了诗人"忧世不治"之情怀。

《冬十月》、《土不同》两首诗，虽没有直接描写战争场面，但从"天气肃清，繁霜霏霏"、"流澌浮漂，舟船行难。锥不入地，蘴藾深奥。水竭不流，冰坚可蹈"的恶劣天气环境，"士隐者贫，勇侠轻非"的民风民俗中，反映和衬托出了曹操行军的艰苦、战争的残酷及取得胜利的艰难，也就理解了曹操自陈留起事19年以来，为何于建安十二年第一次大规模封赏功臣，

发出具有历史意义的《封功臣令》：①

> 十二年春二月，公自淳于还邺。丁酉，令曰：'吾起义兵诛暴乱，于今十九年，所征必克，岂吾功哉？及贤士大夫之力也。天下虽未悉定，吾当要与贤士大夫共定之；而专飨其劳，吾何以安焉！其促定功行封。'于是大封功臣二十余人，皆为列侯，其余各以次受封，及复死事之孤，轻重各有差。

托物寄兴　抒发生命感悟

"管承走入海岛"、"东海昌狶为于禁俘斩"。曹操在恶劣气候条件下，取得了东征的艰难胜利，时年52岁，心中有了一丝年暮消沉之感，但想到国家统一的霸业尚未实现，更激发起"壮心不已"的英雄气概，便写下了：

> 神龟虽寿，犹有竟时。
>
> 腾蛇乘雾，终为土灰。
>
> 老骥伏枥，志在千里；
>
> 烈士暮年，壮心不已。
>
> 盈缩之期，不但在天；
>
> 养怡之福，可得永年。
>
> 幸甚至哉，歌以咏志。（《龟虽寿》）

这首诗，诗人运用传统的托物寄兴手法，自比是一匹上了年纪的千里马，虽形老体衰，屈居枥下，但想到北方乌桓尚未平定，南方刘表还须征讨，劝告自己不应因年暮而消沉，而要"壮心不已"、永不停止、积极进取，重新激起驰骋千里的豪情，表现了诗人对当时社会乱离、人生艰难的种种忧虑，表达了对人生及事业的看法和生命的感悟，体现了诗人积极进取、建功立业、一统天下的雄心壮志。

《碣石篇》组诗，交代了曹操东征的历史背景、行军路线、战争事件，抒发了曹操东征途中的所见所闻、所思所感，反映了诗人踌躇满志、叱咤风云的英雄气概，是诗人"鞍马间"军旅征战中的杰作。

事实胜于雄辩。从史料记载和曹操北伐乌桓前的历史背景、战争事件、行

---

① （晋）陈寿撰：《三国志·魏书一·武帝纪第一》，（宋）裴松之注。

军路线中充分印证：建安十一年（206）秋八月，曹操东征管承时"经过至我碣石"，《碣石篇》记录了曹操在山东北部沿海、黄河下游两岸的东征活动历程。

帝王墨客　吟咏碣石

碣石，是一座天然的地理坐标，标志山、表识山，因《禹贡》时代及以后较长历史时期内，在北方沿海地区起到了一个引人注目的地理坐标和导航标识作用，而增添了这座山的神秘色彩，引得帝王、文人墨客游览、赋诗颂咏。

战国时期的宋玉对楚王曰："故鸟有凤而鱼有鲲……鲲鱼朝发昆仑之墟，暴鬐于碣石，暮宿于孟诸。夫尺泽之鲵，岂能与之量江海之大哉？"宋玉自比"鱼中之鲲"，朝发昆仑，到渤海边的碣石晒脊背，暮宿于孟诸，标榜自己的绝凡超俗，卓尔不群。

秦始皇三十二年，之碣石，使燕人卢生求羡门、高誓。刻碣石门辞。

汉司马迁《货殖列传序》有"龙门、碣石北多马、牛、羊、旃裘、筋角"之句。

建安十一年（206）秋八月，魏武帝曹操东征青州海贼管承，登临冀州渤海郡碣石，写下"东临碣石，以观沧海"的千古名篇《观沧海》。

南北朝时期的沈约（441—513），字休文，吴兴武康（今浙江德清）人，齐梁文坛领袖，写有《临碣石》诗：

> 碣石送返潮，登罘礼朝日。
>
> 溟涨无端倪，山岛互崇峚。
>
> 骥老心未穷，酬恩岂终毕。

南朝梁诗人、骈文家刘孝威（？—548，496—549 年），字孝威，彭城（今江苏徐州）人，作《小临海》诗：

> 碣石望山海，留连降尊极。
>
> 秦帝枉钩陈，汉家增礼秩。
>
> 石桥终不成，桑田竟难测。
>
> 蜃气远生楼，鲛人近潜织。
>
> 空劳帝女填，讵动波神色。

汉末以后，黄河河道屡迁、渤海海岸退却，禹迹填堙，桑田沧海，至唐代，沿海才恢复到原来面貌，无棣碣石此时已改称马谷山。

唐太宗李世民作《春日望海》"之罘思汉帝，碣石想秦皇"，文学家杨师道唱和《春日望海》，作《奉和圣制春日望海》"碣石朝烟灭，之罘归雁翔"。

唐朝诗人张若虚《春江花月夜》"斜月沉沉藏海雾，碣石潇湘无限路"，将碣石、潇湘比为北南标识。

无棣沟隋末填废，永徽元年，沧州刺史薛大鼎奏开之，百姓歌曰："新河得通舟楫利，直达沧海鱼盐至，昔日徒行今骋驷，美哉薛公德滂被。"疏浚后无棣沟上通永济渠，下属渤海，畅航无阻，再次成为沟通内陆和海上的漕运要津，通商之河道，帆影联翩，商旅络绎。

无棣马谷山，虽山体不大、海拔不高，但由于方圆数百里尽为平原，独此一峰耸立挺拔，景色宜人，也就格外突出，引得诗人赋诗吟咏。

唐代著名诗人刘长卿的《夜泊无棣沟》①里描写了无棣沟如诗如画的繁华景象：

> 无棣何年邑，长城作楚关。
>
> 河通星宿海，云近马谷山。
>
> 僧寺白云外，人家绿渚间。
>
> 晚来潮正满，处处落帆还。

唐代诗人杜甫《临邑舍弟书至苦雨黄河泛溢堤防之患簿领所忧因寄此诗用宽其意》中云："燕南吹畎亩，济上没蓬蒿。螺蚌满近郭，蛟螭乘九皋。徐关深水府，碣石小秋毫。"明末清初学者朱鹤龄（1606—1683）所［朱注］《新旧史》："开元二十九年七月，伊洛水溢，损居人庐舍，秋稼无遗，坏东都天津桥及东西漕，河南北诸州皆漂没。此诗鼋鼍二句，志桥毁也。燕南、济上、徐关、碣石，志诸州漂没也。吹畎亩，失万艘，志害稼并坏漕也。"诗题说"黄河泛溢"，注释说"燕南、济上、徐关、碣石，志诸州漂没也"，显然均指黄河下游，这也与唐代张守节在［史记正义］云"九河，下至沧州……而夹右碣石入于渤海"相符。

---

① 张方墀：《无棣县志》。

宋代学者、诗人刘奉世（1041—1113），字仲冯，临江新喻（今江西新余）人，中进士第。其文词雅赡，最精《汉书》，在《九河叹》诗中云"今塞商胡口，清流不时通。何当洒二渠，载跨碣石东。"

南宋诗人陆游（1125—1210），也有描写无棣滨海风光的诗《即景》：①

>　齐州山水窟，登眺有佳处。

>　秋夜海东船，春荠禹滩树。

明代，李攀龙（1514—1570），字于鳞，号沧溟，汉族，历城（今山东济南）人。有《葛丈山房》诗：

>　少宰山房北海隈，千林窈窕白云开。

>　倚窗河势钩盘出，拂槛秋阴碣石来。

>　鲁国诸生纷授易，汉庭多士满题才。

>　临流重忆乘槎客，濯足还登万里台。

其在《登黄榆陵诸山是太行绝顶处》诗中云："地坼黄河趋碣石，天回紫塞抱长安。悲风大壑飞流折，白日千厓落木寒。"

明朝吏部尚书、著名文人杨巍（1517—1608），闲居原籍无棣期间，常登马谷山，写有《马谷山》、《重过马谷山》、《登马谷山》、《九日登马谷山》等诗作。②

>　马谷近愚谷，所以人迹稀。

>　昔名乌鸦山，不见乌鸦飞。

>　惟有紫蕨菜，其苗高且肥。

>　洞口封白云，专待主人归。

>　　　　　　　　　　　　　　　　（《马谷山》）

>　山村重到日，风景益堪亲。

>　家远惟宜病，境出岂避人。

>　云开山洞晓，水漫九河春。

>　投老此中得，当年枉问津。

>　　　　　　　　　　　　　　　（《重过马谷山村》）

---

①　张方墀：《无棣县志》。
②　张方墀：《无棣县志》。

平地突然出一峰，登临若立碧芙蓉。

盘河水绕疑奔马，古洞云深见蛰龙。

影落沧溟高气象，路经葭苇少行踪。

老僧已许岩头住，为我先栽万个松。

（《登马谷山》）

登高此日亦奇哉，野色潇然渤海涯。

独喜寒花开绝顶，宁须戏马向层台。

浮云万里天难问，落木三秋雁正来。

何事牛山不痛饮，沾衣徒使后人哀。

（《九日登马谷山》）

在杨巍笔下，此山苍岩独秀，古朴幽静，俯视九河遗踪，与浮云归雁做伴，增添了它的神采和声望。

明末著名学者彭孙贻（约1615—1673），写有《河间行·九河故道》，诗云：

神禹河荒古迹存，乱流踏月犯黄昏。

残星没水低平野，苦雾开林出远村。

碣石山川青兖合，钩盘沙碛白沟浑。

清代，杜堮《九河》、薛宁廷《九河故迹》、张衍重《望碣石》、张克巇《重修马谷山寺记》等诗文，亦对无棣碣石进行了考证。

无棣碣石在鲁北平原上一峰拔地而起，有"拔地通天之势，撑天捧月之姿"，所以当地人又尊称其为"大山"之名。碣石不大的山体建有碧霞元君宫、关帝庙、药王庙、观音殿、文昌阁、达摩洞、清莲庵等，道教、佛教和儒家的寺观宫庙掩映在苍松翠柏之中，加之文人的游览、诗文的渲染与烘托，使碣石山逐渐成为一座地方名胜。历经千古风化和"文革"期间的拆庙、毁林、采石，早先建筑已痕迹全无，山体也为之缩小，但仍能从张克巇《重修马谷山寺记》中想象当年"日盛一日"、"香积之富"的香火盛会和"遐尔瞻仰"的殿宇规模。

附：《禹贡》碣石历史沿革与考释研究一览表

碣石历史沿革与考释研究一览表

时期/名称/考释 观点	先秦时期 碣石→无棣山	秦汉时期 →碣石	魏晋南北朝 →勃碣山 →盐山	隋唐末时期 →马谷山	元明清 →俗称:大山	近现代 →碣石	结论
山东无棣碣石(古名:碣石,后易名:恒山、盐山、马谷山,明清时称大山。)	◆《禹贡》:碣石,岛夷皮服,夹右碣石入于河,至于碣石入于海。◆《山海经》:又名无棣山,明清时称大山也。	◆《史记·秦始皇本纪》:始皇三十二年,使燕人卢生求羡门、高誓,二世东行郡县,李斯从,到碣石,并海。◆《汉书·武帝纪》:汉武帝元封元年,自泰山复东巡海上,至碣石。◆汉孔安国《书传》:碣石,海畔之山也。	◆晋伏琛《齐地记》:勃海郡东有碣石,谓之勃碣。◆《魏书·地形志》:阳信,有盐山。◆北魏登国元年(386),改勃海郡为渤海郡。	◆《隋书·地理志》:盐山,有盐山,峡石山。◆刘长卿《晚泊无棣沟》诗云:近马谷山。	◆顾炎武《山东肇域记》:马谷山亦名大海山,其为碣石无疑。◆清蒋廷锡《尚书论碣石者,惟此说庶几近之。◆《清史稿·地理志》:海丰,高津县经马谷山入海。◆清朴学康熙《海丰县志》诗云:俗呼为大山。◆《九河》,海滨有《重修马谷山寺记碑》曰:马谷山者即碣石也。古之碣石,今津之间自历下以北蜿蜒三百六十里,无一峰,则灵秀之石谓非海邑之巨镇乎?	◆民国《无棣县志》:马谷山在九河入海处,断为碣石无疑。◆炎武《中国古今地名大辞典》,山东海丰县马谷山,即碣石,即大海山。刘文伟亦以《禹贡》碣石在九河之下,合于碣石。◆《辞海》,《禹贡》"夹右碣石入于河",过去多数学者认为此山就是《禹贡》的碣石山,但也有人指出这个山应在渤海西岸古黄河河口。◆何幼琦《海经新探》:排除各种错误的说法,可以确定,河水所经马谷山积石山,就是今无棣县北的马谷山。◆《昌黎县志》副主编栾文让"亦考《禹贡》夹右碣石"来《史记》"碣石河"入海的,即今无棣大山,虽山体不太高,但在古代作为标识,作用显著。"座山"一峰,即碣石山,二者所指碣石,昔称马谷山。	◆东多文章、诗词进行了史料的实地考古和调查研究,认为碣石在无棣,碣石也是无棣《无棣碣石研究会》。◆《禹贡》无棣行碣石山复名著碣石,《观沧海》诗曹操临之曹操发布安作章亭指历史曹操大军自并秋八月率大军征讨历经边境,碣石逶迤马有感而作,这一研究结论,言之成理,持之有据。2001年9月,无棣县新闻发安建安十一年(206)管承逃奔海岛,曹操遂而盖此之。

时期/名称 观点	先秦时期	秦汉时期	魏晋南北朝	隋唐宋时期	元明清	近现代	结论
河北乐亭碣石山 （初名：大碣石山。）	/	大碣石山→揭石 ◆《汉书·地理志》：右北平郡骊城县，大揭石山在县西南，莽曰揭石。	→大碣石山，碣石山 ◆《水经注》：碣石山在辽西临榆县南水中。《山海经》，晋郭璞撰《水经注》：碣石山，或曰在辽西临榆县南海边。	/	/	/	◆1979版《辞海》及《中国历史大辞典》：碣石古山名，夹右碣石人者认为此山就是《禹贡》中的碣石山，《禹贡》时代有人指黄河入海，这个山应是个古黄河河口。碣石能在渤海海北指黄河，过去多处（昌黎）也有人指黄河河口。
今海中之碣石山 （昌黎县海旁之小碣石，是大碣石山及碣石门、骊城揭石山维测而来。）	/	揭石水→碣石山→小碣石山→碣石旁→沧于海海。 ◆《汉书·地理志》：辽西郡今海南有揭石水，又南入海。又碣石水南入官。文颖注《汉书》"碣石"：在辽西今象县，象县今罢，此名著。◆郦道元注《水经》三言碣石：碣沧于海旁，在辽西。海水广，苟沦洪波之。	海中→又沧海→又没于陆海（谭其骧文）。 ◆《水经注》：碣石山，今渝西临碣石山在辽西临渝县南水中也。《后魏志》：碣石在肥如，属临渝。◆清胡渭谓《禹贡锥指》意推测碣石之亡，当在魏齐之世。	/	◆清胡渭谓《禹贡锥指》：碣城之山称大碣石，必有小碣石在。盖即骊城旁之名矣。◆清胡渭谓《禹贡锥指》：碣石安知非土壤，初在平陆地，盘基牢固，及其沦于海也，山根之土，四面搜空，理之渐胜则所有。◆清胡渭谓《禹贡锥指》：碣石本临滴海中，昔有而今亡。碣石本在沧海之外而沦于海旁，正所谓土石消长之变化也。	◆谭其骧先生《碣石考》：约在东汉中叶以前，山前余脉露出一块延伸至海边特立"碣石"，此后被称为"碣石"，山前石块被海如涌随道潮汛数千里，那么那块"碣石"约在平地露出水面如涌海汛涨落时隐时现，有"天桥柱"之称。（6世纪中叶以后），山前出现了大规模后退，从此大片平陆，那些枕海石和那块被埋没在平陆之中了。 ◆历史时期的碣石山一直屹立在渤海北岸，既没有脱离过大陆，更没有沦于海底。只有近二千年前碣石山曾经三度改变其相对位置，继而沉埋于地表下。先是"立于海旁"，继而经"著海之中"，最后沉没于海之中。	

时期／名称／考释　观点	先秦时期	秦汉时期	魏晋南北朝	隋唐宋时期	元明清	近现代	结论
河北昌黎碣石山（初名：仙台顶，又名仙人台，俗称娘娘顶，大碣石山。）	／	／	／	／	仙人台→碣石 ◆《明一统志》：碣石在昌黎县北二十里。或又以仙人台上之巨石为天桥柱。《府志》：碣石即之仙人台。金，而碣石即今县北十里之仙人台； ◆胡渭《禹贡锥指》谓知昌黎者求之向北之地，劳而不得，求之水中又不得，故昌黎县北二十里云碣石在焉。或又以仙人台上之巨石为天桥柱，盖皆依文额告言之。	碣石山 ◆《中国古今地名大辞典》：皆言在昌黎说，而《碣石考》所容则又略不同。 ◆武其襄先生汉武北碣石山，但是今天皇秦皇岛的历年东以中叶前在变时延伸至海中又特立着一块巨石，被称为"碣石"。 ◆看法，仍主张秦汉时的碣石山。《碣石新辩》：《亦考"碣石"，认人于"碣石"，贡》系称今昌黎碣石，同名用海。恒山至碣石一名但出现碣石情况呢？从山脉的走势来看，碣石当为一座与大行相连，恒山两座大山于二地的重名峰。形势相应的显要山峰。	◆《汉书新注》：导山是为了治水，是导水的准备工作。 ◆赵荣《中国代》：《禹贡》山部分所举史•导山皆岳，皆为山名。后来的重要对导山部分加以阐述，形成所谓"三条"、"四列"之说。 ◆胡渭谓《禹贡锥指》（导山）言，本无列之《经》者，自说就大禹之迹以为列。遂觉九州实有此四列耳。
河北藁城县		◆《后汉志》：常山郡国志•九门有常山、碣石山，成国策云在县界。 ◆《书疏》：郑云成国策云九门，碣石县在今属常山，石有碣郡，盖别此名同。				◆香港商务印书馆《中国古今地名大辞典》：今九门无此山也。	◆香港商务印书馆《中国古今地名大辞典》：今九门无此山也。

时期/名称/考释　观点	先秦时期	秦汉时期	魏晋南北朝	隋唐末时期	元明清	近现代	结论
河北卢龙县				◆《隋志》：碣石在卢龙。(隋时，肥如人新昌，昌又改名卢龙)	◆《清一统志》：卢龙不滨海。今县志亦无此山。		◆《清一统志》：卢龙不滨海。今县志亦无此山。
辽宁凌源县				◆《北齐书·文宣帝纪》：天保四年，契丹破于青州，登碣石山。《隋书·地理志》营州柳城县有碣石山。			
北京大兴县				◆唐张守节《史记正义》：碣石，在幽州蓟县西三十五里。			
朝鲜				◆唐司马贞《史记索隐》：大乐浪地，康县有碣石，长城所起。			

时期/名称/考释　观点	先秦时期	秦汉时期	魏晋南北朝	隋唐宋时期	元明清	近现代	结论
广东海丰碣石			◆东晋咸和六年（331）置海丰县。		◆洪武22年（1389）设碣石卫。		◆今属广东陆丰市。据《肇域志》（无棣）记载，山东海丰县境内马谷山有碣石山。明代还未析出陆丰县，这里仍隶属于海丰县。广东山东海丰县与广东海丰县，县名偶合。明代设卫时，因而基于地貌比较的类似，以及"类借"思维，故名之为"碣石"，这也是一种解释。

注：《中国古今地名大辞典》（1931年，香港商务印书馆）"碣石山"条下，据历史记载归纳有8处碣石（不含广东海丰碣石）。

四、碣石复名

　　无棣碣石，位于县城北 30 公里处，海拔 63.4 米，方圆 0.39 平方公里，形成于距今 73 万年前的新生代第四纪更新世，属岩浆中心式喷发形成的圆锥状火山穹丘，古时近河傍海，突兀而立，是鲁北平原唯一的一座山体，山东省内少见的第四纪火山中最为年轻的一座火山，也是华北平原唯一露头的火山，其喷发物为火山弹、火山灰、火山砾岩及火山熔岩，岩性为暗褐色霞石岩，极具地学价值，对揭示鲁北平原、黄河三角洲的环境演变过程，追溯近代人类活动踪迹及火山岩科研教学均有着不可替代的作用和独特的人文地理意义。1999 年 3 月 2 日，被山东省人民政府列为省级地质遗迹自然保护区。2012 年，入选第八批"省级地质公园"资格名单。

　　研究碣石，为碣石复名，并非标新立异，小题大做，而是正本清源，还其历史本来面目，破解千古碣石之谜。

盛世复名　历史重光

　　历史是公正的，同时也是曲折的。若不是一代伟人毛泽东的一首词，恐怕碣石也就永远消失在茫茫沧海之中。

　　1954 年，毛主席写下了《浪淘沙·北戴河》"魏武挥鞭，东临碣石有遗篇"，于 1957 年在《诗刊》上发表后，又勾起了人们对"碣石"的向往和对"碣石"的探寻。

毛泽东《浪淘沙》发表前后的无棣碣石研究

自新中国成立后的 50 年代初，国家组建了专业文学出版社——人民文学出版社，整理出版了三版《三国演义》，在卷首均附有《三国演义》地图，图中以"要地"符号，将"碣石"标在今山东无棣马谷山（俗称"大山"）位置。《三国演义》最初由当时国内著名古典文学方面的专家整理校注，绘制"三国地图"时，在标注每一个地名，包括"碣石"，不可能随意标注，必有所理论依据和考证，应该是非常慎重，经得起历史检验的。

无棣县境内的大山，当地一直流传着大禹治水，秦皇、汉武及魏武曹操巡临的故事，山体及周边也遗留有一些历史遗迹和遗存，生于斯、长于斯的人们怀着对此山崇拜和敬畏的特殊情感，受历史相传、文献史料、遗迹遗存与耳闻目染的影响，始终没有遗忘此山古老的名称——碣石，并坚持通过各种方式为其正名呼吁。

在县文化馆工作的孟德玉先生，善书画，好赋诗作词，曾在县地名办见过无棣马谷山即古碣石以及对山体和周边历史遗迹、遗存记载的大宗资料。其结集出版了四册诗词，历半个世纪。孟先生最早吟证碣石的诗，是 1962 年农历四月二十七日大山庙会时所作《登大山有感》，诗中直言："斯石人称古碣地。"此外，还有 1976 年《水调歌头》"曾记曹韵秦赋，遗得踪迹在，而今无人看"、1981 年《江南好·海丰老八景随笔》"碣石古，名从禹贡出。广亮门辟传嬴政，舞槊赋诗称魏武，海右天柱殊"、1984 年《儿时望碣石小记》"古之碣石，今人呼之为大山，乃平中见奇者。曩日残砖依稀秦纹几见，断碑犹然汉字若拓。始皇凿洞题额苍茫残照里，魏武临台赋唱沆瀣朝暾中……"等等。

谭其骧《碣石考》发表与"文革"后的无棣碣石研究

1976 年，谭其骧教授《碣石考》发表后，史学界对碣石研究又掀起热潮。无棣"马谷山即碣石之说"是史学界研究之一，国家级报刊、本地及外地史志爱好者纷纷撰写和发表考证文章，《昌黎县志》的编纂者也认同"无棣大山是《禹贡》碣石"。

1979 年，中国科学院历史地理学家黄盛璋在《文史哲》（1979 年第 6 期）发表的《碣石考辨》，认为"《禹贡》记载有两个碣石，'太行、恒山，至于碣石'是在常山，'夹右碣石，入于河'是在冀州、古黄河入海口，即无棣马谷山"。

《辞海》（1979 年版）及《中国历史大辞典》载："碣石，古山名，《禹贡》'夹右碣石入于河。'过去多数学者认为此山就是导山中的碣石山；但也有人指出《禹贡》时代黄河不可能在渤海北岸入海，这个山应在渤海西岸古黄河河口。"

何幼琦在 1985 年第 2 期《历史研究》上发表的《海经新探》一文中指出："前人认为禹河在章武（今沧县附近）入海，把碣石的地望说得离谱很远和《禹贡》的碣石沾不上边。排除了各种错误的说法，可以确定，在《海经》的时期，河水是夺马颊河入海的，河水所入的积石山、碣石山，就是今无棣县北的马谷山。"

1985 年，张夫平先生在《山东地名通讯》第 18 期发表的《古碣石山的地理位置一议》中，指出无棣马谷山即古碣石。

1987 年，《昌黎县志》副主编梁守让先生的《亦考"碣石"》，认同黄盛璋"《禹贡》'夹右碣石，入于河'是指古河水入海处、渤海西南岸的无棣碣石"的观点。

1992 年 8 月 29 日，《光明日报》记者蔺玉堂的《徐福何处渡扶桑，专家说是盐山县》，指出：徐福率童男童女由千童城沿无棣沟，经无棣碣石山入海。

1993 年 3 月，韩凌泉先生在《齐鲁地名》（总第 7 期）发表《禹贡碣石在何处》，11 月 13 日在《滨州日报》发表《禹贡碣石探微》，指出无棣马谷山即古碣石。

无棣碣石研究会成立后的专题研究

1998 年，谭老的两位学生持卫星航拍图，顺渤海沿岸寻访碣石，见到无棣这座几百里沿海唯一的山体。

1998 年 6 月 6 日，无棣县文史专家于长銮先生结合自己多年来对马谷山即古碣石的研究和对无棣历史文化的熟知，向县委呈送了《关于予马谷山树碑立传的动议》。于老在《动议》中讲："环渤海鲁北、冀东平原不见山丘，唯马谷山一峰独秀，此乃天使然，地使其然也。试想，古有典籍佐证，今有山石可鉴，何不笃日成其好事。一则还历史面目，破千古之谜；二则彰乡土之声誉，飨四海于今朝。建议：在山之阳坡树碑，山之陡坡建亭，名曰：观沧。山顶选一地所，镌刻曹公诗，此山可名矣！"

于老的提议，在辗转有关部门过程中，也引发了意见不一。县委将此重任交由县委宣传部负责考察、落实。笔者记得，于老将一大摞资料搬来，向郭云鹰部长慷慨激扬地介绍古碣石的历史，此后，揭开了无棣碣石研究复名的新篇章。

当年，由郭云鹰部长发起成立了"无棣碣石研究会"，成员为县委宣传部部分工作人员及文史工作者和爱好者。主要成员有郭云鹰、于长銮、刘玉文、徐景江等人。此后，无棣碣石文化研究宣传的队伍不断壮大。研究会不唯书、不唯上，师于古而不拘泥于古，大胆怀疑，敢于向权威挑战，组织人员搜集史料、实地勘察，用新的观点论述自己的考证，于长銮先生以《中国古今地名大辞典》与县志中对顾炎武《肇域志》的记述为依据，开始正本清源，掀开了为碣石复名新的历史一页。

1999年9月，于长銮率先在《无棣大众》刊发《名山在无棣，马谷即碣石》一文。《无棣大众》连载了刘玉文先生的《无棣马谷山即〈禹贡〉碣石山》、《沿着秦皇汉武的足迹寻碣石》、《史记·苏秦列传札记》等考证文章。

2000年7月13日，郭云鹰、刘玉文先生在《人民日报》（海外版·文艺副刊·神州）发表《碣石山在哪里?》8月5日，郭云鹰、门福通先生在《人民日报》（周末副刊·大地）发表《走近禹贡碣石山》；10月27日，刘玉文先生在《无棣大众》发表《历史性的遗憾——再谈〈禹贡〉碣石在无棣》。

期间，县政协原主席杨宝珩先生提供了多年前自己摘抄的民国时期方志家贾恩绂编纂的《盐山新志》中《碣石辨》上下篇，此文为考证无棣即碣石，开阔了视野，提供了确实的论据，进一步增强了信心。

随着研究的进一步深入，无棣碣石研究范围也有所变化，研究将重点从《禹贡》碣石，转到了"曹操东临之碣石"这一研究课题上。5月，郭云鹰先生提出无棣马谷山不仅是《禹贡》碣石，也是曹操东临之碣石，即《观沧海》诗中的"东临碣石"。这一观点，也引发了不同意见。7月，在互联网上"发现"了《三国演义》地图（简体版），而后在人民文学出版社出版的《三国演义》（自 1953 年 11 月第一版至现今出版的 1973 年第三版）上，均"发现"繁体版《三国演义》地图，图中均将"碣石"标在无棣马谷山的位置。

2001 年 2 月 13 日，郭云鹰先生在《渤海晨刊》发表《〈禹贡〉碣石在无棣》；4 月 17—19 日，在京参加"吴宝忠先生书画展"之际，于北京国家图书馆，查阅了《山东通志》、《禹贡图注》、《禹贡山川地理图》等记载有碣石资料的历史文献、典籍、地图，赴山海关、秦皇岛、北戴河、昌黎诸地，进行了实地考察。

在郭云鹰首提出无棣马谷山即曹操东临之碣石的观点后，刘玉文先生借新疆出差半年之余，在查阅大量资料的基础上，经一年的研究和考证，于 5 月 11 日在《无棣大众》发表《曹操何处"临碣石"》，明确论证了曹操《观沧海》诗是在"建安十一年（206）秋八月，东征海贼管承，登临无棣碣石"所作。由此，无棣碣石研究取得重大转折。

8 月，由中共无棣县委宣传部编印出版《禹贡碣石山》（滨准印字 [2001] 022 号）一书，该书收录碣石诗词 29 篇、碣石文章 22 篇、史料 33 条及影印件 42 幅。

无棣碣石复名新闻发布会的召开

《禹贡碣石山》编印后，经滨州学院梁华栋、孙才顺教授转呈安作璋教授，安老说曾到过秦皇岛、昌黎等地，对碣石问题一直存有疑惑，经查阅资料和研究，对无棣的研究成果给予肯定和认可。

9 月 14 日，将安老接来无棣。9 月 15 日，在碣石山北半麓新落成的"碣石山碑"前举行了"无棣碣石山复名新闻发布会"，中央电视台、《人民日报》、《经济日报》和省、市报社、电视台的记者，齐鲁文化研究中心、山东地方史研究所、省地名办、省矿产办的历史学家、教授、专家参加了复名仪式。安作璋教授发表讲话，并与山东地方史研究所所长、山东师范大学历史系教授、国际徐福文化交流协会理事李宏生先生一同为"碣石山"揭碑、题词。

安老《在碣石山复名新闻发布会上的讲话》全文如下：

各位领导、各位来宾以及新闻界的朋友们：

首先，让我代表山东师范大学齐鲁文化研究中心、山东地方史研究所向"碣石山复名新闻发布会"表示热烈祝贺！

碣石，始见于《尚书·禹贡》："夹右碣石，入于河。"1700 多年前，魏武帝曹操登临碣石山，写下了《观沧海》的著名诗篇，从此碣石名传天下。但碣石究竟在今何处？说法不一。大致有河北昌黎说、抚宁说、乐亭说、藁城说、大兴说、卢龙说、辽宁凌源说、山东无棣说以及朝鲜说等等。最早提出这一问题的是《汉书·武帝纪》元封元年（前110）"（武帝）行自泰山，复东巡海上，至碣石。"条下注引三国文颖曰："（碣石）在辽西累（絫）县，后汉属临榆。"即今河北昌黎东南。文颖和曹操差不多为同时人，其说似较为可信。我可能受《汉书》文颖注的影响，长期以来，一直认为碣石在河北昌黎，亦即今秦皇岛外附近，而且这个地方我还到过。毛泽东同志在 1954 年夏，写了《浪淘沙·北戴河》一词，词中有云："往事越千年，魏武挥鞭，东临碣石有遗篇。"此句之前，还有"秦皇岛外打鱼船"之句，显然，毛主席在这里所提到的曹操挥鞭东临碣石，似乎也是指的今河北昌黎或抚宁一带。

郭云鹰等同志根据明清之际大学者顾炎武的《肇域志》以及许多文章、诗词等历史资料，并进行了细致的实地考察研究，明确断言《禹贡》碣石在无棣，曹操所登临的碣石也在无棣，他的《观沧海》诗是在建安十一年（206）秋八月率大军自并州东略边境，征讨管承，途经无棣马谷山（即碣石山）有感之作。

这一结论，言之成理，持之有据，解破了学术界也包括我在内多年来的疑惑和成见，同时也证实了无棣碣石山是一处千古名山胜地，这必将对无棣经济文化的繁荣昌盛，特别是对当地旅游文化事业的发展起着不可估量的作用。值此"碣石山复名新闻发布会"及"无棣枣乡经贸洽谈会"之际，对郭云鹰等同志的这一重要贡献，表示衷心的祝贺，并祝大会圆满成功！

【编者按】

安老《讲话》中提到顾炎武所撰《肇域志》，过去仅有稿本、手抄本，十分罕见。1982年，国务院古籍整理出版规划小组召开全国古籍出版规划会议，决定将《肇域志》列为整理出版重点图书，由著名历史地理学家谭其骧、王文楚先生任主编，负责整理点校，2004年上海古籍出版社出版，"使这部三百年来向无印本的巨著能为学术界普遍使用"，厥功甚伟。该书《后记》特别提到两位先生对杨正泰先生负责点校的《山东肇域记》又进行了最后的覆校，可见他们对此书的重视。而顾氏《肇域记序》则称此书"俾后之人，既以知今，亦可验古。"其文献价值、学术价值是不言而喻的。（请参见下文王文楚《肇域志·前言》）

王文楚，1933年生，浙江南浔人，复旦大学历史系历史地理研究所教授，参与绘制《中国历史地图集》。谭其骧教授去世后，负责点校主编《肇域志》。

王文楚《肇域志·前言》摘录：

　　顾炎武，原名绛，字忠清，明亡，改名炎武，字宁人，自署蒋山佣，学者尊称为亭林先生。崑山县千墩镇人。生于明万历四十一年（1613年），卒于清康熙二十一年（1682年）。

　　顾炎武是明末清初著名的杰出学者，是继往开来的学坛大师。明末政治黑暗腐朽，社会经济趋于崩溃，文化学术领域弥漫着疏阔浮虚的风气。顾炎武力矫空疏学风流弊，讲究经世实用之学，为开启健实学风，作出了不懈的努力和重大的贡献。他一生广泛涉足于经学、史学、音韵学和地理学，著述宏富，成就卓著。其治学严谨，论断精湛，目的是崇尚实学，经世致用，对国家、民族和社会能有所作为。他凝聚一生心血写成的《音学五书》、《日知录》，是两部求实而致用的学术精品，他积二十余年精力编纂的《天下郡国利病书》、《肇域志》，亦是"感四国之多虞，耻经生之寡术"的有所为的两部地理巨作。凡此种种，都是建立在踏实而广博的基础上的丰硕成果，为清初健实学风的开启，作出了重要功绩，不但著称于世，而且对清代及后世产生了积极而深远的影响。

顾炎武在世时,《音学五书》和《日知录》即已刊行,《天下郡国利病书》在其逝世后有了整理本,惟有《肇域志》自初稿完成以来,从未刊行,仅见少数抄本流传于世。

《肇域志》是一部明代全国地理总志,始辑于明崇祯十二年(1639年),辑成于清康熙元年(1662年)。有三点可证:(一)《肇域志·自序》:"此书自崇祯己卯(十二年)起",经过"二十余年之苦心,辑成初稿。"(二)《天下郡国利病书·序》:"崇祯己卯,秋闱被摈,退而读书……于是历览《二十一史》以及天下郡县志书、一代名公文集,间及章奏文册之类,有得即录,共成四十余帙。一为舆地之记,一为利病之书。"其落款时间为"壬寅七月",即康熙元年七月。(三)顾炎武《书杨彝、万寿祺等〈为顾宁人征天下书籍启〉后》云:"右十年前友人所赠。自此绝江逾淮,东蹑劳山、不其,上岱岳,瞻孔林,停车淄右,入京师,自渔、辽西出山海关……往来曲折两三万里,【编者注:据清人张穆等撰《顾炎武年谱》(上海古籍出版社2012年版)记载:顺治十五年(1658年)顾氏'入都,至蓟州,历遵化、玉田,抵永平。'作《永平诗》一首。顺治十六年(1659年)出山海关,返至永平之昌黎,著《营平二州地名记》(元谱:'先生在永平,适《永平府志》成,求先生作序,因著此书,作序应之。'元谱,指顾炎武嗣子顾衍生原编《顾亭林年谱》),并作《山海关》、《望夫石》、《昌黎》诗各一首。这说明顾氏到过永平府及所属昌黎县进行考察,且为《永平府志》作序,并作《昌黎》等诗。尤其是他所撰《营平二州地名记》共十二篇,其中有多篇都提到碣石或碣石山。但是十四年后,康熙十二年(1673年)顾氏修成《山东肇域记》的时候,却十分肯定地说:《禹贡》碣石,即海丰(无棣)马谷山,无论'求之迹',还是'度之理',均'不当复在他境'。学术界公认顾氏治学,皆经世致用,其著述除广泛搜集各种文献资料、考古资料外,还十分注意实地调查研究。《四库全书总目提要》于《昌平山水记》条下称'炎武博极群书,足迹几遍天下,故最明于地理之学。'在他多年对《禹贡》碣石所在地进行考察比较研究之后,最后定位在山东海丰(无棣)。如不抱成见,这应是令人信服的结论。】所览书又得万余卷。爰成《肇域记》（按即《肇域志》）。"并署明"玄黓摄提格（即康熙元年）之阳月识"。据此可以断定，《肇域志》成书于清康熙元年。

《肇域志》和《天下郡国利病书》都是规模宏大的著作，二者有着密切的关系。《肇域志·自序》云："此书自崇祯己卯起，先取《一统志》，后取各省府州县志，后取《二十一史》，参互书之，凡阅志书一千余部。本行不尽，则注之旁，旁又不尽，则别为一集，曰'备录'。"在影印本《天下郡国利病书》每分册上，都有顾炎武亲笔所写"备录"二字，可见《天下郡国利病书》是《肇域志》的"备录"。顾炎武开始编纂《肇域志》时，只有"备录"，并未有《利病书》之名，至后为《天下郡国利病书》作序时才明说："一为舆地之记，一为利病之书。"《肇域志》一书名，大概是引用《尚书·舜典》"肇十有二州"之意，以示包括明代整个疆域政区。

《肇域志》引证宏博，兼收并蓄。顾炎武悬的甚高，力求完备，故征引史料浩瀚，数量之多，超过《寰宇通志》《明一统志》，南直隶、陕西、山东等省部分地区更多于《读史方舆纪要》，因而保存了大量明代及清初方志资料，具有较高的学术价值。顾炎武编纂此书，凡阅志书一千余部，所摘录的明代及清初方志至今有不少已失传，由于《肇域志》的转引，赖以保存下来。……凡此种种，可见本书汇集了明代及清初方志之大成。由于顾炎武见解高超，辑录的资料大多为各志的精华，辗转数百年后，更显得十分珍贵。

……

《肇域志》文稿于康熙元年辑成后，顾炎武年已花甲，"年来糊口四方，未遑删定，以成一家之书。叹精力之已衰，惧韦编之莫就"，感慨难以在有生之年删定全书文稿。康熙十二年，顾氏寓居济南，受聘于山东通志局，以方志之书颇备，因为山东"唐、宋地志久亡，近时之书，大半多齐东野语，且不能尽得。余老矣，日不暇给，先成此数卷为例，以待后之人云。"对《肇域志》文稿中的山东部分首先加以删订厘正，撰修成《山东肇域记》，又名《有明肇域记》，或《肇域记》，并寄希望于后世有志者仿此继续《肇域志》文稿的全部整理成书。

《山东肇域记》是顾炎武对《肇域志》山东部分进行综合、删订、编纂、厘定，以至成为明代山东省志的一部完整著作。《志》与《记》是初稿与修订稿的关系，《记》较《志》体裁有改革，只列郡邑、藩封、官守、山川、古迹等门类，不收食货、风俗、职官、艺文、灾异；叙沿革，以明一代为断；考古迹，重在注释今地和阐述现状。引用资料，皆经过严格鉴别、筛选，改正《志》之错误，皆有考证。体例统一，编列有序，条理清晰，立论严谨，考辨精详，取舍得当。全书共六卷，这是顾炎武修订《肇域志》文稿的范本，为后人续纂《肇域记》的准则。黄丕烈以《山东肇域记》与《明一统志》相比较，"稍检数条，已知此善于彼"，其学术价值则可见之一斑。

顾炎武崇实致用的学风和卓有成就的著述，对清代学术发展产生了积极而深远的影响，而他终生为之努力的未定稿《肇域志》和已定稿《山东肇域记》，是他遗留至今绝无仅有的巨作，是今天我们研究顾炎武学术思想难得的实物珍品，对于科学研究、繁荣学术，保存和利用古籍，都具有重大意义。

新闻发布会后，安作璋教授为碣石复名挥毫题词：

禹迹已湮，碣石犹存；盛世复名，历史重光。

大山镇更名为碣石山镇

2004 年 10 月 4 日，山东省原副省长马连礼同志在原行署副专员胡安夫等陪同下，到无棣就碣石山进行调研。回济后，马连礼同志认真阅读了郭云鹰主编的《禹贡碣石山》一书，感慨万分，以《剑器近》为词牌，饱含激情地填词一首：

"发布会"，博得史学泰斗断。云鹰心血得赏，新篇撰。史还原，魏武瞰赞毛翁认，承前启后统一，遗篇迁。

大事，总要有人探。当付心血，下苦功，铁杵磨针锻。应为云鹰记大功，给教授献花，事实万世为冠。评说有胆，毛翁《昆仑》，铁的事实难撼。祝贺无棣新篇剑。

2005 年，山东省人民政府办公厅主办的《齐鲁文史》发表了郭云鹰先生《曹操东临之碣石在无棣》一文，此文后被湖北荆州市《三国演义》研究会主办的《三国演义学刊》（第 4 期）刊载。是年 7 月，山东省政府批准，以鲁政函民字［2005］17 号文件批复，同意将大山镇更名为碣石山镇。至此，无棣碣石及碣石山镇载入中华人民共和国地图册，碣石复名，取得了圆满成功。

《禹贡碣石山》的编纂

2001 年，《禹贡碣石山》（滨准印字）资料汇编出版和碣石复名后，无棣碣石的研究并没有止步不前，而是更加深入。当年，还举办了"山东省历史学会渤海历史文化专业委员会首届学术研讨会"，山东省社科院、山东地方史研究所、齐鲁文化研究中心、山东师范大学、济南大学、滨州师专及渤海历史文化专业委员会的 27 名专家、教授参加了研讨会。会议研讨、交流了渤海老区历史、文化及经济发展、社会变化等学术论文 20 篇，其中研究无棣碣石山、海丰吴氏家族、无棣贝壳砂资源的开发和利用、无棣民俗文化方面学术论文 8 篇。有山东社会科学院历史研究所研究员王赛时《无棣马谷山的名胜价值》、于长銮《正本清源话碣石》等。是年，赴陕西西安碑林博物馆实地考察了《禹迹图》、《华夷图》两块历史名碑；到国家图书馆等查找文献资料，在国家图书馆善本部发现了顾炎武《肇域志》（清代王雪舫抄本、韩应陛跋，索书号为 8077），找到了顾炎武对"海丰县碣石"的原始记述，解决了多年来仅引述别人记载，不见全文的问题，为深入研究碣石山提供了原始资料。

2002 年 5 月，又赴北京人民文学出版社查询《三国演义》所附《三国演义》地图之绘制来源、依据。归来后，编者撰写发表了《曹操何处"观沧海"》（即《禹贡碣石山》（第二版）中的《从〈碣石篇〉组诗探寻碣石山》），从组诗"艳"辞描述曹操徘徊于南征、北伐两种意见之间，"经过至我碣石"、"心惆怅我东海"为依据，推论出曹操在北伐前已到过碣石，并进而提出组诗《步出夏门行》组诗，是曹操在"建安十一年（206）秋八月，东征海贼管承"至"建安十二年春二月至淳于还邺"期间所作。此文彻底否定了《观沧海》作于北伐乌桓时这一看法，真正解决了曹操登临碣石的时间问题，是

《禹贡碣石山》三辑书影

研究曹操东临碣石的又一重大发现。

9月，由济南出版社正式出版《禹贡碣石山》（2005年12月再版），不断增加碣石论证文章和史籍资料，充分论证了《禹贡》碣石在无棣、秦皇汉武登临之碣石在无棣、徐福东渡起航之碣石在无棣、魏武帝曹操东临碣石也在无棣的观点。

碣石复名与碣石山镇更名后，碣石研究和学术活动持续不断。2006年3月30日，郭云鹰在山东师范大学多媒体教室，为历史文化与社会发展学院的学生作了题为《名山碣石考——兼谈无棣历史文化资源开发与利用》学术报告，成为第一个到山东师范大学作学术报告的地方官员，并被聘为兼职研究员。

自2009年，编者就又构想如何将多年来搜集的《禹贡》史料、《禹贡》研究，以及涉及碣石、九河的零散史料和考辨文献、文章，再加系统化、专题化，形成一部集史料文献、考辨研究于一体的《碣石考》专著，在安老的具体指导下，历经5年的时间完成了书稿。

碣石开发　传承文化

碣石作为历史名山，有着五千年的历史，文化积淀厚重而深远，开展学术研究，开发旅游资源，传承历史文化，无可非议。

1998年12月28日，无棣马谷山（碣石山）通过建立省级地质遗迹自然保护区的评审；次年3月2日，山东省政府以鲁政字〔1999〕34号文件，批准建立省级地质自然遗迹保护区；2012年，又入选第八批"省级地质公园"资格名单。

2001年8月，成立复名开发领导小组，对碣石山体进行了初步开发，建成了大型"碣石山碑"、山顶"观海亭"和千米山路。2004年，无棣县委按照滨州市委提出的"两山两带一圣人"旅游开发要求，恢复重建了山顶观海阁、碧霞祠，建设了景区大门、禹王亭等建筑；开发了福地洞天、虚怀谷、海眼等山体自然景观，石林、石瀑等火山自然遗迹景点；山下开挖了饮马湖水库，山体进行了植树绿化。10月，举办了首届碣石山旅游文化节，景区正式对外开放。此后，又建设了碣石山火山博物馆，积极将碣石山打造成一处集历史文化、观光游览、科考科普、休闲度假、食宿购物于一体的山水名胜文化旅游区。2009年，被评为国家AAA级景区。

2011年9月15日，举办了碣石山复名十周年庆祝活动，安作璋教授又为"碣石复名十周年"重新题写了"禹迹已湮，碣石犹存"；为碣石研究给予充分肯定，题写了书名"碣石考"。10月15日，首届世界华人运动大会圣火采集仪式在碣石山举行，为"华运会"在全国的五个圣火采集点之一。

一座崭新的历史名山展现在世人面前，碣石厚重的历史文化得以传承延续。

附一:《禹贡》碣石古今记载与
研究复名大事记

方形为碑,圆形为碣。大禹治水时,将黄河入海处的一座火山命名为碣石,为出海、入河之标识。秦皇、汉武东巡到过碣石,魏武帝曹操登临碣石吟诵出了著名诗篇《观沧海》,从此,碣石名气大振,同祖国的名山大川一样载入史册。

但就是这样一座历史名山在历史上被搬来搬去,最后成为"千古疑案"。近年来,无棣对碣石进行研究,正本清源,还原历史真相,并随即开展了旅游开发建设。《禹贡》碣石历史记载与研究开发大事记述如下:

先 秦

——《尚书·禹贡》载:

冀州:既载壶口,治梁及岐。既修太原,至于岳阳;覃怀底绩,至于衡漳。厥土惟白壤,厥赋惟上上错,厥田惟中中。恒、卫既从,大陆既作。岛夷皮服,夹右碣石入于河。

济、河惟兖州。九河既道,雷夏既泽,雍、沮会同。桑土既蚕,是降丘宅土。厥土黑坟,厥草惟繇,厥木惟条。厥田惟中下,厥赋贞,作十有三载乃同。厥贡漆丝,厥篚织文。浮于济、漯,达于河。

导岍及岐,至于荆山,逾于河;壶口、雷首至于太岳;砥柱、析城至于王屋;太行、恒山至于碣石,入于海。

导河、积石，至于龙门；南至于华阴，东至于砥柱，又东至于孟津，东过洛汭，至于大伾；北过降水，至于大陆；又北，播为九河，同为逆河，入于海。

——《山海经·北山经·卷三》载：

又北五百里，曰碣石之山。绳水出焉，而东流注于河，其中多蒲夷之鱼。基上有玉，其下多青碧。

——《史记·夏本纪第二》载：

禹行自冀州始。冀州：既载壶口，治梁及岐。既修太原，至于岳阳。覃怀致功，至于衡漳。其土白壤。赋上上错，田中中，常、卫既从，大陆既为。鸟夷皮服。夹右碣石，入于海。

道九山：汧及岐至于荆山，逾于河；壶口、雷首至于太岳；砥柱、析城至于王屋；太行、常山至于碣石，入于海；西倾、朱圉、鸟鼠至于太华；熊耳、外方、桐柏至于负尾；道嶓冢，至于荆山；内方至于大别；汶山之阳至衡山，过九江，至于敷浅原。

道九川：弱水至于合黎，余波入于流沙。道黑水，至于三危，入于南海。道河积石，至于龙门，南至华阴，东至砥柱，又东至于盟津，东过雒汭，至于大邳，北过降水，至于大陆，北播为九河，同为逆河，入于海。

——《左传·僖公四年》（前656）载：

春，齐侯以诸侯之师侵蔡。蔡溃。遂伐楚。楚子使与师言曰："君处北海，寡人处南海，唯是风马牛不相及也。不虞君之涉吾地也，何故？"管仲对曰："昔召康公命我先君太公曰：'五侯九伯，女实征之，以夹辅周室。'赐我先君履，东至于海，西至于河，南至于穆陵，北至于无棣。尔贡包茅不入，王祭不共，无以缩酒，寡人是征。昭王南征而不复，寡人是问。"对曰："贡之不入，寡君之罪也，敢不共给。昭王之不复，君其问诸水滨。"师进，次于陉。

"北至于无棣"，这是史籍中最早出现"无棣"两字的记载。其"东至于海，西至于河，南至于穆陵"三至之地为水和山，"无棣"对应"穆陵"，也应指春秋时无棣山。

——《史记·苏秦列传第九》载：

去游燕，岁余而后得见。说燕文侯曰：燕东有朝鲜、辽东，北有林胡、楼烦，西有云中、九原，南有滹沱、易水，地方二千余里，带甲数十万，车六百乘，骑六千匹，粟支数年。南有碣石、雁门之饶，北有枣栗之利，民虽不佃作而足于枣栗矣。此所谓天府者也。

——《史记·孟子荀卿列传第十四》载：

是以驺子重于齐。适梁，惠王郊迎，执宾主之礼。适赵，平原君侧行撇席。如燕，昭王拥彗先驱，请列弟子之座而受业，筑碣石宫，身亲往师之。

秦

——《史记·秦始皇本纪第六》载：

（二十八年）既已，齐人徐市等上书，言海中有三神山，名曰蓬莱、方丈、瀛洲，仙人居之。请得斋戒，与童男女求之。于是遣徐市发童男女数千人，入海求仙人。

三十二年，始皇之碣石，使燕人卢生求羡门、高誓。刻碣石门。坏城郭，决通堤防。其辞曰："遂兴师旅，诛戮无道，为逆灭息。武殄暴逆，文复无罪，庶心咸服。惠论功劳，赏及牛马，恩肥土域。皇帝奋威，德并诸侯，初一泰平。堕坏城郭，决通川防，夷去险阻。地势既定，黎庶无繇，天下咸抚。男乐其畴，女修其业，事各有序。惠被诸产，久并来田，莫不安所。群臣诵烈，请刻此石，垂著仪矩。"

（三十五年）侯生卢生相与谋曰："始皇为人，天性刚戾自用，起诸侯，并天下，意得欲从，以为自古莫及己。专任狱吏，狱吏得亲幸。博士虽七十人，特备员弗用。丞相诸大臣皆受成事，倚辨于上。上乐以刑杀为威，天下畏罪持禄，莫敢尽忠。上不闻过而日骄，下慑伏谩欺以取容。秦法，不得兼方不验，辄死。然候星气者至三百人，皆良士，畏忌讳谀，不敢端言其过。天下之事无小大皆决于上，上至以衡石量书，日夜有呈，不中呈不得休息。贪于权势至如此，未可为求仙药。"于是乃亡去。始皇闻亡，乃大怒曰："吾前收天下书不中用者尽去之。悉召文学方术士甚众，欲以兴太平，方士欲练以求奇药。今闻韩众去不报，徐市等费以巨万计，终不得药，徒奸利相告日闻。卢生等吾尊赐之甚厚，今乃诽谤我，以重吾不德也。诸生在咸阳者，吾使人廉问，或为讹言以乱黔首。"

（三十七年）还过吴，从江乘渡。并海上，北至琅邪。方士徐市等入海求神药，数岁不得，费多，恐谴，乃诈曰："蓬莱药可得，然常为大鲛鱼所苦，故不得至，愿请善射与俱，见则以连弩射之。"始皇梦与海神战，如人状。问占梦，博士曰："水神不可见，以大鱼蛟龙为候。今上祷祠备谨，而有此恶神，当除去，而善神可致。"乃令入海者赍捕巨鱼具，而自以连弩候大鱼出射之。自琅邪北至荣成山，弗见。至之罘，见巨鱼，射杀一鱼。遂并海西。

二世皇帝元年，年二十一。春，二世东行郡县，李斯从。到碣石，并海，南至会稽，而尽刻始皇所立刻石，石旁著大臣从者名，以章先帝成功盛德焉：……

——《汉书·郊祀志》载：

及秦始皇至海上，则方士争言之。始皇如恐弗及，使人赍童男女入海求之。船交海中，皆以风为解，曰未能至，望见之焉。其明年，始皇复游海上，至琅邪，过恒山，从上党归。后三年，游碣石，考入海方士，从上郡归。后五年，始皇南至湘山，遂登会稽，并海上，几遇海中三神山之奇药。不得，还到沙丘崩。

二世元年，东巡碣石，并海，南历泰山，至会稽，皆礼祠之，而胡亥刻勒始皇所立石书旁，以章始皇之功德。其秋，诸侯叛秦。三年而二世弑死。

汉

——《汉书·武帝纪》载：

（元封元年）行自泰山，复东巡海上，至碣石。自辽西历北边九原，归于甘泉。

——《汉书·郊祀志》载：

天子既已封泰山，无风雨，而方士更言蓬莱诸神若将可得，于是上欣然庶几遇之，复东至海上望焉。奉车子侯暴病，一日死。上乃遂去，并海上，北至碣石，巡自辽西，历北边至九原。五月，乃至甘泉，周万八千里云。

——《无棣县志·古迹》载：

帝赐街：在县北七十里，相传汉武帝驻跸于此，下诏免除此村赋税，此乃汉武帝的恩赐，故名"帝赐街"。

——《汉书·地理志》载：

右北平郡，秦置。……骊成，大揭石山在县西南。莽曰揭石。

辽西郡，秦置。……絫。下官水南入海。又有揭石水、宾水，皆南入官。莽曰选武。

右北平郡骊城县西南有"大揭石山"，王莽曰"揭石"。骊城县，一说在今河北乐亭县，一说在今抚宁县。辽西郡絫县有"揭石水"。絫县，在今河北昌黎县。

后人混淆"碣石"与"揭石"，造成了历史性错误。

三　国

——《三国志·武帝纪》载：

（建安十一年）秋八月，公（曹操）东征海贼管承，至淳于，遣乐进、李典击破之，承走入海岛。

——《三国志·张乐于张徐传第十七》载：

昌豨复叛，遣禁征之。禁急进攻豨；豨与禁有旧，诣禁降。诸将皆以为豨已降，当送诣太祖，禁曰："诸君不知公常令乎！围而后降者不赦。夫奉法行令，事上之节也。豨虽旧友，禁可失节乎！"自临与豨决，陨涕而斩之。是时太祖军淳于，闻而叹曰："豨降不诣吾而归禁，岂非命耶！"益重禁。东海平，拜禁虎威将军。

——《资治通鉴·汉纪五十七·孝献皇帝庚建安十一年》载：

八月，曹操东讨海贼管承，至淳于，遣将乐进、李典击破之，承走入海岛。昌豨复版，操遣于禁讨斩之。

晋

——晋人伏琛著《齐地记》云：

勃海郡东有碣石，谓之勃碣。

北　魏

——《资治通鉴·宋纪十·世祖孝武皇帝大明二年》载：

（戊戌，公元四五八年）二月，丙子，（文成帝拓跋濬）登碣石山，观沧海。

唐

——唐朝诗人刘长卿《晚泊无棣沟》：

无棣何年邑，长城作楚关。河通星宿海，云近马谷山。僧寺白云外，人家绿渚间。晚来潮正满，处处落帆还。

清

——明末清初大地理学家顾炎武实地考察山东10余年，其《山东肇域记》济南府（州四、县二十六）"海丰县"（卷一，22—23页）条目载：

海丰县：州东北六十里，本元之无棣县，改今名。

北一百五十里有大沽河，海口巡司。

北六十里有马谷山，亦名大山，高三里，周六七里，山半有洞，广二丈余，深不可测。刘世伟曰，此即古之碣石也。《禹贡》"岛夷皮服，夹右碣石入于河"，又曰，"太行、恒山至于碣石，入于海。"是其在九河之末、入海之口，明矣。传者以为在辽西骊城之地，而郦道元又谓"九河、碣石，苞沦于海"。夫事无所证，当求之迹，迹有不明，当度之理。以迹而论，九河故道，俱在德、棣之间，而碣石不当复在他境；以理而论，禹之治水，行所无事，齐地洿下滨海，以禹之智，不从此入，而反转绕千里之外，乃自北平而入海耶？况地势北高，无行水之道，今自直沽以北，水皆南注，北平地高，则河又奚由而达耶？又云，碣石已去岸五百里，审如是，当在麻姑岛以东，塔山大洋以南，而海道图经，又无此山，则此语尤不足信矣。今此山既在九河之下，而又巍然独出于海滨之上，其为碣石无疑。太史公亦言，播为九河，同为逆河，入于渤海，其时去三代未远，当有所见，今济南、青州之北，正古之所谓渤海也。

——乾隆四十五年，张克巘《重修马谷山寺记》：

马谷山，古之所谓碣石也。思自历下以北蜿蜒三百六十里，乃于覆釜、鬲津之间突出一峰，则灵秀所钟，谓非海邑之巨镇乎？……

——乾隆进士、官至礼部尚书的滨州人杜堮，《九河》诗云：

禹迹茫茫问九河，海滨碣石未销磨。汉家分土名犹在，宋氏传经说竟讹。自昔洪流归渤澥，岂容别派混溿沱。岛夷尚识来时路，万丈潮头奈尔何？

——清文献学家、藏书家蒋廷锡（1669—1732），康熙四十二年（1703）进士，授翰林院编修，历官礼部侍郎、户部尚书、文华殿大学士，曾任《明史》总裁及《康熙字典》、《古今图书集成》等典籍总纂官。其《尚书地理今释》云：

碣石：案《汉书·地理志》云，大碣石山在右北平郡骊城西南，《武帝纪注》文颖云，碣石在辽西絫县，絫县今罢入临渝，此石著海旁。盖骊城即今直隶永平府乐亭县，絫县即今昌黎县，二县壤地连接，杳无碣石踪迹，而海水荡灭之说，又荒诞不可信。考《肇域志》云，山东济南府海丰县有马谷山，即古之碣石，刘世伟亦以马谷山在古九河之下，合于《禹贡》入河、入海之文，断为碣石无疑。近世论碣石者，惟此说庶几近之。(明刘世伟云,《禹贡》叙碣石有入河、入海之文,其在九河之末入海之口,明矣。今九河故道俱在德、棣之间,碣石当复在他境,况地势北高南下,北平高地,河水奚由而达耶。马谷山既在九河之下,而又巍然独出于海滨,其为碣石无疑。)

——青浦(今江苏青浦县)杨陆荣《禹贡臆参》云:

"夹右碣石入于河":○今释:《汉书·地理志》碣石在右北平骊城县西南,即今抚宁县;《汉武纪注》在辽西絫县,即今昌黎县。抚宁、昌黎壤地相接,今考两县内并无碣石踪迹,后人遂谓二县濒海,碣石已为海水荡灭,其言诞不足信。考《肇域志》:山东济南府海丰县有马谷山,即古之碣石,在九河之下断为碣石无疑。

○杨陆荣曰:汉人去古未远,其言必非凿空,而陵谷迁变亦理之所有,不足为诞。汉人云,在辽海之北,肇域志则在渤海之南,何至悬隔若此,县自辽海以至济南五百余里,海中岛屿络绎,以十百计,上经岛夷皮服,虽统言环冀之夷,实则此处之岛为最多,孰不在九河下流者,岂止一马谷山哉,且济南即是入河之处,此处文意全举海道而言,夹碣石是海道之始,入河是海道之终,统始终而言之为是。○杨陆荣曰:至碣石而始入海,则碣石必不在济南下流矣。

——清著名地理学家、藏书家、文学家李兆洛(1769—1841),精舆地、考据、训诂之学,历时数年编成《历代地理志韵编今释》20卷,仿《汉书》以下各史《地理志》中地名,注历代所属州、郡及今地所在,是中国第一部历史地名辞典,查考古代地名沿革变迁的重要工具书之一,颇便于治史者翻检。其在《禹贡地理考》云:

《汉书·地理志》云,大碣石山在右北平郡骊城县西南,《武帝纪注》文颖云,碣石在辽西絫县,絫县今罢入临渝,此石著海旁。盖骊城即今直隶永平府抚宁县,絫县即今昌黎县,二县壤地连接,杳无碣石踪迹,而海水荡灭之说,又荒诞不可信。考《肇域志》云,山东济南府海丰县有马谷山,即古之碣石,刘世伟亦以马谷山在古九河之下,合于《禹贡》入河、入海之文,断为碣石无疑。近世论碣石者,惟此说庶几近之。

——清代崔启晦《禹舆诗》书前附有一幅地图，在图中注"碣石宜再考"。其"碣石"诗后注曰：

蔡传《战国策》以碣石在常用山郡九门县者，恐名偶同，而郑氏以为九门无此山也。又《后汉郡国志》以碣石山在辽西临渝县之南，今直隶永平府即秦辽西右北平，二郡地唐曰平州骊城，即今抚宁县，临渝即今昌黎县，同属永平，壤地相接，故前后两汉志一载骊城，一载临渝也。又考《地理今释》，抚宁、昌黎二县，杳无碣石踪迹，《肇域志》云，山东济南府海丰县有马谷山，即古碣石，刘世伟亦以马谷山在古九河之下，合于《禹贡》入河、入海之文，断为碣石无疑。则蔡传谓碣石在平州正南海中者，亦传未确，然以碣石为九河之证，自是定论。

——清代芮日松撰《禹贡今释》（二卷）云：

《禹贡》"夹右碣石，入于河。"夹，挟也。冀都三面距河，他州贡赋皆以达河为至，故东西南不必书，惟北方自海入河，逆流而西右顾碣石，如在挟腋。碣石即今山东省武定府海丰县之马谷山，盖此山在古九河之下，合《禹贡》入河、入海之文，蔡传泥于古训，不足凭也。

——清代洪兆云撰《禹贡汇解》云：

碣石沦海：孔颖达曰：碣石，海畔山也。《地理今释》：碣石，在右北平郡骊城，即今直隶永平府抚宁县，杳无碣石踪迹，而海水荡灭之说又荒诞不可信，考《肇域志》云，山东济南府海丰县有马谷山即古碣石，在古九河之下合于《禹贡》入河、入海之文，近世论碣石者，惟此说近之。

——清朝无棣人、官至饶州知府的张衍重吟咏马谷山，将诗名写为《望碣石》：

一发贴天点黛螺，玄圭曾此奠洪波。周移汉决无良策，那向荒墟觅九河。

——清时乐陵人薛宁廷，认为九河在德、棣之间，马谷山即《禹贡》碣石，作《九河故迹》诗：

禹水碧吞千古月，盘河清漾万年风。东连碣石荒堤在，指点沙痕忆禹功。

——清代及以后，编纂的《山东通志》均记载：

> 马谷山，在山东无棣县城北六十里，一名大山。《齐乘》：大山，在无棣县北八十里，山西南半麓有洞，广二丈，深不可测。相传，古有龙马从此出，故以为名。山多石，无树木。顾炎武《肇宇记》（编者：应为《肇域志》）记为以即碣石也。（《大清一统志》)《金史·地理志》无棣有老乌山，未详其处，或云即此山。

1916 年

——教育家、方志学家、盐山县人贾恩绂编纂民国《盐山新志》。在《盐山新志》中，对"碣石"多有论述，其《碣石辨》分上、下篇重点对碣石进行研究。

上篇，从方隅、形势、道里（距离）进行分析，指责和驳斥：东汉儒学大师班氏（固）之骊城、絫县，郑氏（玄）之九门，非以释夹右之碣石；北魏郦氏（道元）注《水经》，于碣石力主班说，并附会汉代王璜之九河沦于海之说，谓碣石亦沦于海，隋唐到今，学者奉郦氏之说，造成河道自在章武，碣石自在絫县，离之则各有佐证，合之则动见抵牾，而清代胡渭又附会不诘难，反臆创"古无渤海"之说，以曲成郦氏之失。贾恩绂指出：大凡地理之难明者，以方隅、形势、道里求之，自无大谬，从方隅、形势、道里三方面，论述了无棣马谷山为碣石的正确性，马谷山距海口 10 余里，适居禹津南岸，河在其北，则南为右，海在其东，则西为右，山适在河、海之间，经所由号为夹右欤；又从文献、考据方面，批判郦氏等人的凿空附会，徒据班氏海记山川之语，不可信也。进一步论断，明初李柳西倡之，刘世伟和之，清顾炎武复主之马谷山即古碣石，为考据格致后出者胜。

下篇指出：碣石沦海谬始郦生，盖汉王璜先沦九河，清代胡渭笃守载籍，墨守传注，穷于置辨，不敢不附会郦生，臆创沧桑之奇变，公然说"古无渤海"。贾恩绂列举谬厥六端，一针见血地驳斥了胡渭臆创的"古无渤海"和臆度的"碣石为戴石土山"之说，以及"沦于海"和其他学说的种种穿凿附会和臆想之词，充分论述了无棣马谷山的更名和历史演变。

九河入海之区，延袤数百里，平衍无山，惟一童山矗海之右可为标识，古号碣石，后名马谷者是也。

1925 年

——山东商务印刷所《无棣县志》载：

马谷山。在县北六十里。《齐乘》：有大山，在无棣县，即此山。山高三里许，周六、七里，山半东西两峰，西峰下有洞，广二丈，深四、五丈许。相传，有龙马自中出，故名马谷山。后两脊环抱，陂陀而下，至半岩为钓鱼台，其中平田数亩，外周石齿嶙峋，东西两涧深数丈。《肇域志》以为古碣石也。

1931 年

——1931 年，香港商务印书馆出版《中国古今地名大辞典》，载：

马谷山。在山东无棣县北六十里，一名大山。《山东通志》：山西南半麓有洞，广二丈，深不可测。相传，古有龙马从此出，故以为名。顾炎武《肇域记》（编者：应为《肇域志》）以为即古之碣石山。

碣石山。《书·禹贡》夹右碣石入于河。《孔传》"碣石，海畔山。"其所在古今传说不一。……（辛）《肇域志》"山东海丰县马谷山，即大碣石。"刘世伟亦以马谷山在古九河之下，合于《禹贡》入海之文，断为碣石。海丰，今山东无棣县。

1985 年

——《山东地名通讯》第 18 期，发表了张夫平先生《古碣石山的地理位置一议》，指出无棣马谷山即古碣石。

1992 年

——8 月 29 日，《光明日报》发表了记者蔺玉堂的文章《徐福何处渡扶桑，专家说是盐山县》，指出：徐福率童男童女由千童城沿无棣沟，经无棣碣石山入海。

1993 年

——3 月，《齐鲁地名》（总第 7 期）发表了韩凌泉先生的《禹贡碣石在何处》。

——11 月 13 日，《滨州日报》发表了韩凌泉的文章《禹贡碣石探微》。

1998—1999 年

——1998 年 12 月 28 日，无棣马谷山（碣石山）通过建立省级地质遗迹自然保护区的评审。省环保局会同省地矿厅与计委、建委、财政厅、地质勘查局、山东师范大学、青岛大学等单位专家代表组成的自然保护区评审委员会，对马谷山建立省级地质遗迹自然保护区进行了评审。

——1999 年 3 月 2 日，山东省政府以鲁政字［1999］34 号文件《关于建立马谷山地质遗迹省级自然保护区的批复》，同意滨州地区行署滨行发［1998］40 号《关于建立马谷山省级地质遗迹保护区的请示》，批准建立省级地质自然遗迹保护区。

——9 月 17 日，《无棣大众》刊发于长銮先生《名山在无棣，马谷即碣石》一文，开始了碣石复名研究的新篇章。

——11 月 2 日，《无棣大众》连载刘玉文先生《无棣马谷山即〈禹贡〉碣石山》。

——12 月 10 日，《无棣大众》连载刘玉文先生《沿着秦皇汉武的足迹寻碣石》。

2000 年

——4 月 11 日，《无棣大众》连载刘玉文先生《史记·苏秦列传札记》。

——5 月，郭云鹰先生首提"曹操东临之碣石在无棣"这一观点。随后，无棣碣石研究将重点从《禹贡》碣石，转到曹操东临之碣石这一研究课题上。

——7 月，在互联网上"发现"了《三国演义》地图（简体版），"碣石"作为"要地"标在今山东无棣马谷山位置。之后，又在人民文学出版社出版的《三国演义》（自 1953 年 11 月第一版至现今出版的 1973 年第三版）上，均发现繁体版《三国演义》地图，图中也将"碣石"标在无棣马谷山的位置。

——7 月 13 日，《人民日报》（海外版·文艺副刊·神州）发表郭云鹰、刘玉文先生《碣石山在哪里?》

——8 月 5 日，《人民日报》（周末副刊·大地）发表郭云鹰、门福通先生《走近禹贡碣石山》，论证无棣碣石，介绍了无棣历史人文。

2001 年

——2 月 13 日，《渤海晨刊》发表郭云鹰的文章《〈禹贡〉碣石在无棣》。

——4 月 17 日，郭云鹰、徐景江在赴京参加"吴宝忠先生书画展"之际，到国家图书馆，查阅了《山东通志》、《禹贡图注》、《禹贡山川地理图》等记载有碣石资料的历史文献、典籍、地图。

——4 月 18—19 日，郭云鹰、步宝金、于长銮、徐景江等一行，自北京出发，东行数百里，遍访山海关、秦皇岛、北戴河诸地，并实地考察了昌黎碣石山。

——5 月 11 日，《无棣大众》发表刘玉文先生《曹操何处"临碣石"》，提出了《观沧海》诗是曹操在"建安十一年（206）秋八月，东征海贼管承，登临无棣碣石"所作。这是郭云鹰先生首提曹操"东临"之碣石在无棣观点后，刘玉文先生经过一年的时间，在查阅大量资料的基础上，撰写的具有重大转折性的研究文章。

——6月19日,《无棣大众》发表郭云鹰先生《禹贡、禹迹与碣石》,徐景江《析碣石"无字碑"》。

——8月3日,无棣碣石山复名开发领导小组成立,提出碣石山开发思路,制定了近期和远期目标,向全社会发布了《致各位同仁的一封公开信》。

——8月,由中共无棣县委宣传部编印出版《禹贡碣石山》(滨准印字[2001] 022 号),该书收录碣石诗词 29 篇、碣石文章 22 篇、史料 33 条及影印件 42 幅。

——9月,大型"碣石山碑"、山顶"观海亭"建成。"碣石山碑"立于山北脚下,由济南青黑色大理石砌成,上方嵌金色毛体草书"碣石山"三个大字,下方镌刻于长銮撰、傅殿文书"碣石复名记",碑阴刻"碣石募捐引"、捐资单位和个人名单。

——9月15日,"无棣碣石山复名新闻发布会"在山北半麓新落成的"碣石山碑"前举行。中央电视台、《人民日报》、《经济日报》和省、市报社、电视台的记者,齐鲁文化研究中心、山东地方史研究所、省地名办、省矿产办的历史学家、教授、专家参加了复名仪式。全国著名历史学家、秦汉史专家、山东师范大学历史系教授安作璋先生发表讲话,并与山东地方史研究所所长、山东师范大学历史系教授、国际徐福文化交流协会理事李宏生先生一同为"碣石山"揭碑、题词。安作璋教授在讲话中指出:"《禹贡》碣石在无棣,曹操登临的碣石也在无棣,他的《观沧海》诗是在建安十一年(206)秋八月率大军自并州东略边境,征讨管承,途经无棣马谷山(即碣石山)有感而作。这一结论,言之成理,持之有据,解破了学术界也包括我在内多年来的疑惑和成见,同时也证实了无棣碣石山是一处千古名山胜地,这必将对无棣经济文化的繁荣昌盛,特别是对当地旅游文化事业的发展起着不可估量的作用。"(安作璋教授在"碣石山复名新闻发布会"上的讲话手写原稿、题词存于无棣县档案馆)

安作璋教授题词:"禹迹已湮,碣石犹存;盛世复名,历史重光。"

李宏生教授题词:"马谷无语,枣乡多情。"

——10月19—21日,山东省历史学会渤海历史文化专业委员会首届学术研讨会在无棣召开,山东省社科院、山东地方史研究所、齐鲁文化研究中心、山东师范大学、济南大学、滨州师专及渤海历史文化专业委员会的 27 名专家、教授参加了研讨会。会议研讨、交流了渤海老区历史、文化及经济发展、社会变化等学术论文 20 篇，其中研究无棣碣石山、海丰吴氏家族、无棣贝壳砂资源的开发和利用、无棣民俗文化方面学术论文 8 篇，涉及无棣内容的黄河三角洲成陆、移民、文化学术论文 3 篇。会后，与会专家、教授参观无棣碣石山、吴式芬故居、千年唐枣树等景区、景点。研讨会上，山东社会科学院历史研究所副研究员王赛时先生的《无棣马谷山的名胜价值》，肯定了马谷山即禹贡碣石，并论述了诗词给马谷山带来的文化气息，增添了名山的文化内涵。

——10 月，郭云鹰、步宝金、杨景朋、徐景江一行，赴陕西西安碑林博物馆实地考察《禹迹图》、《华夷图》两块历史名碑。

——12 月，中共无棣县委常委、宣传部部长郭云鹰同志利用在中宣部培训中心学习之际，先后到国家图书馆等查找文献资料，终于在国家图书馆善本部发现了顾炎武《肇域志》（清代王雪舫抄本、韩应陛跋，索书号为 8077），找到了对"海丰县碣石"的真实记述，解决了多年来引文不全、查无实据、人云亦云的问题，为深入研究碣石山提供了原始资料。

2002 年

——4 月 18 日，"安作璋教授题词碑"在碣石山北半麓落成。石碑采用将军红大理石，碑阳为安作璋教授题词："禹迹已湮，碣石犹存；盛世复名，历史重光。"碑阴为安作璋教授"在碣石山复名新闻发布会上的讲话"。

——5 月，邱景华、杨景朋、徐景江一行，赴北京人民文学出版社查询《三国演义》所附《三国演义》地图之绘制来源、依据。

——5 月 31 日，《无棣大众》发表徐景江《曹操何处"观沧海"》（即《禹贡碣石山》中的《从〈碣石篇〉组诗探寻碣石山》一文）。此文以曹操组诗《步出夏门行》"艳"辞中，描述曹操徘徊于北伐、南征两种意见之间，犹豫不决，"不知当复何从"，"经过至我碣石"、"心惆怅我东海"为依据，指出曹操登临碣石是在北伐乌桓前，并进而提出组诗《步出夏门行》是曹操在"建安十一年(206)秋八月,东征海贼管承"至"建安十二年春二月至淳于还邺"期间所作。此文彻底否定了《观沧海》是曹操北伐乌桓时所作这一历史上的认识,真正解决了曹操登临碣石的时间问题,是研究曹操东临碣石的又一重大发现。

——8月27日,《渤海晨刊》发表郭云鹰先生《曹操东临碣石在无棣》,文章从曹操"足迹"与诗词两方面论证了曹操东临碣石在无棣。此文后被湖北荆州市《三国演义》研究会主办的《三国演义学刊》(第4期)《现代滨州》《齐鲁文史》等刊物刊载。

——9月22日,举行《禹贡碣石山》(第一版)首发式。该书在准印版基础上,精心修订,增加了大量的研究文章和历史资料,共收录诗词38篇、文章42篇和41条(幅)史料及影印件,由郭云鹰主编,济南出版社出版发行。

——9月25—29日,郭云鹰、徐景江一行,赴江苏无锡三国城,安徽亳州曹操故乡之曹操运兵道、曹氏公园、三国揽胜宫,河南开封相国寺,曲阜孔庙等地进行参观考察后,绘制了"碣石山旅游开发总体规划(草图)"。

——10月29日,滨州市市长孙德汉轻车简从来棣,就碣石山旅游开发进行调研。县领导陪同孙德汉审阅了"碣石山旅游开发总体规划(草图)",并到碣石山就有关景点布局进行了实地考察。指出:碣石山是一座历史名山,文化底蕴深厚,开发潜力巨大。规划方案要经过专家论证,要规划科学、设计合理、布局大方、突出特色,把碣石山开发成集旅游观光、休闲娱乐、文化娱乐、体育娱乐于一体的理想去处,由此拉开碣石开发的序幕。

2003 年

——11月28日,《碣石山旅游区总体规划》评审会议在无棣枣乡大酒店举行。北京炎黄建筑设计所、山东省建设厅、省旅游局、山东财政学院、济南市规划设计院、滨州市旅游局等单位的专家组成《碣石山旅游区总体规划》评审委员会,通过了华南理工大学建筑设计研究院旅游规划中心和山西省古建筑保护研究所编制的《碣石山旅游区总体规划》。

——12月28日,《禹贡碣石山》(第一版)一书被评为滨州市第十二次优秀社会科学成果一等奖。

2004 年

——1 月，碣石山旅游开发领导小组成立，碣石山旅游开发拉开序幕。

——2 月 7 日，滨州市市委书记孙德汉两次登临碣石山，就开发规划讲具体意见。

——2 月 8 日，碣石山旅游开发指挥部成立，郭云鹰任指挥，李忠祥、纪再珍任副指挥，赵吉义任办公室主任。

——2 月 10 日，碣石山旅游开发公司成立。

——2 月 11 日，迁占开始，以大山镇为主，共迁占坟头 1700 多座，征地 4700 余亩。

——2 月 12 日，碣石山旅游开发建设动员会议在无棣县大山镇召开。会上，全面安排部署了碣石山旅游开发建设项目，规划区域为新海路以南、泊山路以北、大庆沟以东、原二中东侧小公路以西，以及碣石山山体四周约 5000 多亩土地。

——2 月 28 日，无棣县碣石山水利旅游开发项目开工奠基。市委书记孙德汉等市、县领导参加了开工仪式。

——9 月 11 日，碣石山开发指挥部举行古迹物品捐献仪式，收到"无字碑"、"《重修马谷山寺记》残碑"、"布施碑"、"廊墩"等物品。"无字碑"与《重修马谷山寺记》碑具有重要的学术研究价值和考古价值，对碣石山的学术研究、旅游开发以及研究道教与佛教的融合大有裨益，是极为珍贵的历史文物。

——9 月 29 日上午 9 点，在碣石山北麓广场举行了碧霞祠开光大典。

——9 月 30 日 9 点 18 分，来自中直部门、省直部门和市六大班子的领导和各地的客人及当地群众两万余人欢聚碣石山下，共庆碣石山开发一期工程竣工。省人大原副主任王渭田、文化部离退休中心主任徐恩荣、省委组织部副部长郭建昌、省旅游局副局长梁文生等为碣石山一期开发工程剪彩。一期开发恢复建设了碧霞祠，修建了观海阁、曹操横槊赋诗雕塑群像、禹王亭、碣石山景区大门等 20 多处景点。

——9月30日上午,在碣石山北湖心岛上举行了2004"中国枣乡"滨州无棣枣节暨首届碣石山旅游文化节开幕式。

——10月4日,山东省原副省长马连礼同志在原行署副专员胡安夫等陪同下,到无棣就碣石山开发建设进行调研。回济后,马连礼同志认真阅读了郭云鹰主编的《禹贡碣石山》一书,感慨万分,以《剑器近》为词牌,饱含激情地填词一首:

"发布会",博得史学泰斗断。云鹰心血得赏,新篇撰。史还原,魏武瞰赞毛翁认,承前启后统一,遗篇迁。　大事,总要有人探。当付心血,下苦功,铁杵磨针锻。应为云鹰记大功,给教授献花,事实万世为冠。评说有胆,毛翁《昆仑》,铁的事实难撼。祝贺无棣新篇剑。

2005 年

——3月2日,在县委二楼接待室召开碣石山旅游区产权移交、二期开发建设会议。

——4月,为更好地打造地方文化品牌,提高知名度,推动大山地方经济快速发展和社会进步,遵循符合地名命名"方便使用,注意反映当地历史、文化和地理特征,尊重当地群众愿望"的原则,大山镇人民政府以大山政发 [2005] 13 号文《关于将大山镇更名为"碣石山镇"的请示》,向无棣县人民政府提出了更名申请。无棣县人民政府以棣政发 [2005] 22 号文《关于请求将大山镇更名为碣石山镇的请示》,向市人民政府提出更名申请。

——6月3日,大山镇碣石山古庙会成功复会。盐山千童镇秧歌队、万德酒业大鼓队、滨州阳光舞狮队到会助兴,河北海兴高湾镇的群众代表抬着銮驾,参加祭祀活动,再现了60年前的香火盛会。

——7月,省政府批准,以鲁政函民字 [2005] 17 号文件批复,同意将大山镇更名为碣石山镇,更名后其行政区域和人民政府驻地不变。22 日,滨州市人民政府以滨政字 [2005] 69 号文作出《关于无棣县大山镇更名为碣石山镇的通知》。

——8月6日,碣石山镇隆重举行更名庆典暨揭牌仪式。至此,碣石山复名工作圆满画上了句号。

——12月，郭云鹰主编的《禹贡碣石山》（第二版）由济南出版社出版发行。在第一版基础上，对原有结构和篇目进行了删减，新增了大量考证内容，收录诗词70首、文章65篇、文史资料44篇（条）、地图影印件10幅，从不同角度进一步丰富了碣石考证内容。

2006—2012 年

——2006年3月30日，郭云鹰应邀为山东师范大学历史文化与社会发展学院的研究生等，作了题为《名山碣石考——兼谈无棣历史文化资源开发与利用》学术报告，成为第一个到山东师范大学作学术报告的地方官员。两个半小时的报告结束后，该校举行授聘仪式，聘任郭云鹰先生为兼职研究员。

——2009年，无棣碣石山风景名胜区被评为国家AAA级景区。

——2011年9月15日，举办了碣石山复名10周年庆祝活动，安作璋教授又为"碣石复名十周年"重新题写了"禹迹已湮，碣石犹存"几个大字；为碣石研究给予充分肯定，题写了"碣石考"三字。

——2011年10月15日，首届世界华人运动大会圣火采集仪式在碣石山举行。碣石为世界首届"华运会"在全国的五个圣火采集点之一。

——2012年，徐景江《解读曹操〈碣石篇〉——"鞍马间"军旅征战的风力之作》一文在首都师范大学主办的《教育艺术》2012年第4期发表。

2013—2014 年

——2013年，终于将多年来搜集的《禹贡》史料、《禹贡》研究，以及涉及碣石、九河的零散史料和考辨文献、文章，再加系统化、专题化，形成一部集史料文献、考辨研究于一体的《禹贡碣石考》专著，安作璋教授为该书题写了书名。

——2014年11月，《禹贡碣石考》正式出版。

附二：无棣碣石研究诗文（选编）

名山碣石考

郭云鹰

［按］：2005 年 12 月 26 日，山东师范大学安作璋、李宏生、朱亚非教授来棣参加吴式芬纪念馆开馆仪式，对无棣碣石进行了实地考察，认为无棣历史悠久、人文荟萃，唐代佛塔海丰塔、《禹贡》名山碣石，南北遥相呼应；秦台、汉垒古文化遗址，唐代大觉寺、吴式芬故居、清代学堂、县衙大堂古建筑遗存，千年唐枣树等钟秀景观，如熠熠闪光的星辰散落在这片深厚的文化沃土上。无棣高度重视历史文化的挖掘和开发，遂发出邀请，请无棣县委副书记郭云鹰去山东师范大学为历史文化与社会发展学院的研究生作一堂学术报告，内容以碣石为主，兼谈无棣历史文化资源开发与利用。

2006 年 3 月 30 日下午，在山东师范大学教学三楼多媒体教室内，中共无棣县委副书记郭云鹰采用精心制作的多媒体课件，为山东师范大学历史文化与社会发展学院 60 余名研究生、博士生，作了题为《名山碣石考——兼谈无棣历史文化资源开发与利用》学术报告，并成为第一个到山东师范大学作学术报告的地方领导。两个半小时的学术报告结束后，该校举行授聘仪式，聘任郭云鹰同志为兼职研究员。

各位教授、各位专家：

无棣碣石研究在山东师范大学、齐鲁文化研究中心、山东地方史研究所教授、专家的帮助、支持下，取得成功。今天，我是来汇报工作的，是来跟各位学习的，是来与大家请教有关无棣碣石问题的，一些无棣碣石研究的浅薄观点，不正确之处，请大家批评、指正。由于第一次登上大学讲台，倍感荣幸，也有点诚惶诚恐。在此，首先请允许我代表无棣县委、县政府及全县人民，感谢安作璋教授、李宏生教授、朱亚非教授及山东师范大学对无棣县文化旅游事业，特别是对无棣碣石研究工作的大力支持和无私帮助。

先请大家欣赏一首诗："禹迹已湮，碣石犹存；盛世复名，历史重光。"这是安作璋教授2001年9月15日参加无棣"碣石山复名新闻发布会"后，欣然挥笔为无棣碣石山复名而题。

安作璋教授还对我们无棣碣石的研究成果给予了充分肯定，指出："郭云鹰等同志根据明清之际大学者顾炎武的《肇域志》以及许多文章、诗词等历史资料，并进行了细致的实地考察研究，明确断言《禹贡》碣石在无棣，曹操所登临的碣石也在无棣，他的《观沧海》诗是在建安十一年（206）秋八月率大军自并州东略边境，征讨管承，途经无棣马谷山（即碣石山）有感之作。这一结论，言之成理，持之有据，解破了学术界也包括我在内多年来的疑惑和成见，同时也证实了无棣碣石山是一处千古名山胜地，这必将对无棣经济文化的繁荣昌盛，特别是对当地旅游文化事业的发展起着不可估量的作用。"

安老的讲话，一锤定音；安老的胸怀，宽宏大度；安老的学识，博大精深。深受我们晚辈敬佩。

今天，我讲的题目是《名山碣石考》，通过阐述碣石背景资料、正本清源和复名开发三方面内容，来论证两个观点：一是《禹贡》碣石在无棣；二是曹操东临之碣石在无棣。

一、背景资料

（一）关于《禹贡》碣石

《辞海》曰："'碣'为圆顶的碑石。"《后汉书·窦宪传》李贤注："方者谓之碑，圆者谓之碣。"《唐律疏议》引《丧葬令》："五品以上立碑，七品以上立碣。"即从官位的高低来规定，大者为碑，小者为碣。

"碣石"一词，最早见于《尚书·禹贡》："岛夷皮服，夹右碣石，入于河。"追本溯源，"碣石"最初之命名，既非一石，也非指一地域，而是一山，且是独立高耸，特立一地。《说文》："碣，特立之石。"并云"东海有碣石山"。以后广义延伸为特立之石，皆可称碣石，所以全国各地出现了多处碣石，这只是同名而已。

远古时期，大禹自河南伏牛山率众治水，战洪魔、拓疆域，为建立夏朝奠定了基础。后人为纪念他，办了两件事：一是绘制了大禹"随山刊木、奠高山大川"足迹路线，图曰《禹迹图》、《华夷图》，为碑线石刻，藏于西安碑林（藏石总编号分别为 9、10，藏号为 667、779，呈方形，高 91 公分，宽 88 公分，属国家重点保护文物，已封存）；二是用文字记录了大禹"东渐于海，西被于流沙，朔南暨声教讫于四海"的辉煌功绩，书名《禹贡》，收录于我国经典名著四书五经。

"岛夷皮服，夹右碣石，入于河。""太行、恒山至于碣石，入于海。"是碣石定位之要义。"岛"实为"鸟"，为孔安国之误解，"夷"为东夷人；"河"古代唯指黄河；"碣石"，入海之标志，可作碑用。这两句话的意思是：信奉鸟为图腾的东夷人，以皮服为贡品，以九河为贡道，以碣石为标志，沿河而上入中原，纳贡称臣。黄河的走向是从太行、恒山（《史记》为常山，今曲阳县境内），流于华北平原，至渤海西岸碣石入海。总之，《禹贡》之碣石为大禹治水之标志山、海畔山。

（二）关于历史争论

《禹贡》一句："冀州：……岛夷皮服，夹右碣石，入于河。"曹操一首"东临碣石，以观沧海"。这一句、这一首使碣石名声大噪，引发了千百年的"《禹贡》碣石谜案"。碣石在哪里，众说纷纭，主要有：

一说在河北昌黎县。这是主流派，其代表人物班固、文颖等。"碣石在辽西絫县。"（《汉书·武帝纪》文颖曰，今河北昌黎县）"昌黎碣石"有"枕海天桥柱"（《水经注·濡水》，《禹贡锥指》称为小碣石）、县北 10 里"仙人台"（府志）、县西北 50 里（《明一统志》）等说法。《中国古今地名大辞典》的编者叹言："皆言在昌黎境，而又各不同。"

一说在河北乐亭县。"右北平骊城县，大揭石在西南。"（《汉书·地理

志》，今河北乐亭县境。《禹贡锥指》：骊城之山称大碣石）

一说在河北藁城县。"常山九门县，碣石山，战国策云在县界。"（《后汉书·郡国志》，在今河北藁城县境。今九门无此山。）

一说在河北卢龙县。"北平卢龙县有碣石。"（《隋书·地理志》，今河北卢龙县）《清一统志》云：卢龙不滨海，今县志亦无此山。

一说在河北抚宁县。"碣石在辽西临榆南水中。"（郭璞注《山海经》，今河北抚宁县境）

一说在北京大兴县。"碣石，在幽州蓟县西三十五里，蓟县故城在今京兆大兴县西南。"（《史记正义》，今北京大兴县西南）

一说在辽宁凌源县。"营州柳城县有碣石山。"（《唐书·地理志》，今辽宁凌源县）

一说在朝鲜。"大康地志，乐浪遂城县有碣石，长城所起。"（《史记案隐》，今朝鲜西江郡西咸从里）

一说"沦于海"、"没入陆"。"沦于海"说，主要以郦道元为代表，朱熹弟子蔡沈也支持此说，胡渭也臆创古无渤海，属凭空编造的故事。他们讲：古代渤海为一陆地，"九河"在此陆地流淌，至于海，有碣石为标识。后来，发生了大的地壳变动，沉为渤海湾，所以九河没了，碣石也没了。"没入陆"说讲：约在郦道元之后的北魏晚期，碣石不再成为登临胜地，终于被全部埋没在陆地了。此说听起来也有点道理，一是知"九河"是沿黄河而来，二是知"碣石"为"九河"入海处的海畔山，乃不想地未沦之前，既无古地、古国可指，沦之后，又无年代、记载足证。"沦于海"、"没入陆"，都是臆想之词，以销"九河、碣石"谜案。

《禹贡》："冀州……岛夷皮服，夹右碣石，入于河。"将碣石定位在了古冀州，汉以来诸儒，在冀州范围内找碣石，不顾冀南，只顾冀东，并找出了国门，还到了朝鲜。也许他们认为冀、兖交界的平原地带根本无山，才到冀东去找。而冀东"碣石"地形、地貌又与《禹贡》记载不符，又臆想了"沦于海、没于陆"等说。

还有"山东无棣说"。无棣马谷山即碣石山，这是少数派、逆流派，但是是唯一正确的一派。其代表人物为伏琛、顾炎武以及何幼琦、奚柳芳、安

作璋教授等。"山东海丰县马谷山，即大碣石。合于《禹贡》入海之文，断为碣石。"（顾炎武《肇域志》）

无棣碣石山位于县城北 30 公里处，海拔 63.4 米，方圆 0.39 平方公里，现距海 25 公里，古时近河傍海，突兀而立，是鲁北平原唯一的一座山体，它形成于距今 73 万年前的新生代第四纪更新世，属岩浆中心式喷发形成的圆锥状火山穹丘，是山东省内少见的第四纪火山中最为年轻的一座火山，也是华北平原唯一露头的火山，其喷发物为火山弹、火山灰、火山砾岩及火山熔岩，岩性为暗褐色霞石岩，属蓝宝石矿山，极具地学价值，对揭示鲁北平原、黄河三角洲的环境演变过程，追溯近代人类活动踪迹及火山岩科研教学均有着不可替代的作用和独特的人文地理意义。1999 年 3 月 2 日，被山东省人民政府列为省级地质遗迹自然保护区。

近几年，随着碣石研究的不断深入，无棣碣石说由于论据合理、充分，并有史籍、遗迹佐证，此说逐渐为一些历史研究者和爱好者所接受，但还有许多人受原有注解的影响，现时还存有误解。

上述众多意见，总而言之，其实就是两个派系，一是《禹贡》碣石在河北昌黎，一是《禹贡》碣石在山东无棣。

为什么无棣碣石这么一座名山会被历史湮没呢？究其根源有二：

一是在于自春秋以后，此山多次更名。远古称碣石，春秋称无棣，魏晋称盐山，唐宋称马谷，明清称大山，故后人愈来愈淡漠了。据《盐山县志》载："唐尧时，该山距海口十余里，为导航标识之山。"然而，随着社会的发展，其作为标识的意义远不如春秋以前的时代。春秋时，碣石山称无棣山。魏晋时，因山下有沽塘产盐而称盐山。故《魏书·地形志》说"阳信……有盐山（神祠）"。《晋书》云："大兴二年，石勒击段匹磾于盐山，大败之。"隋开皇六年（586），在盐山（碣石）之南，割阳信、饶安（千童县易名）两地置无棣县，山入高城县境。开皇十八年（598）借盐山之名改汉高祖五年（前 202）所置高城县为盐山县。故《隋书·地理志》渤海郡盐山县下载："盐山……有盐山、峡山。"《中国历史地图集》"隋·河北诸郡图"始标注"盐山"及其北的"峡山"。《元和郡县志》盐山县下记有："盐山在县南八十里。"唐时称马谷山。唐开元元年（713），原在盐山县境的盐山（大山）划入无棣县境。据《盐山县地名资料汇编·大山考》载，唐初，乡人为纪念起义首领马君德（东盐州人），又称盐山为马谷山。又《山东通志》载：山西南半麓有洞，广二丈余，深不可测，相传有龙马从此出，故名马谷山。还有一说，就是唐代各地修建麻姑庙，此山上也建有麻姑庙（妈祖庙），马谷一名也许由此而来。麻姑为道教所尊女仙，不仅有为长寿的象征，其中麻姑所见"东海三为桑田"和"海中复扬尘也"，更成为后世著名的"沧海桑田"和"东海扬尘"典故的来源，也是保佑沿海渔民出海平安的女神。吕祖全书《海山奇遇篇》中有麻姑化天妃的记载，天妃娘娘即南方沿海的妈祖，天妃的功德非常大，后来证位"碧霞元君"。麻姑的来历，众说纷纭，晋代葛洪在"神仙传"中说麻姑是仙人王方平的妹妹。《太平清话》说麻姑叫黎琼仙，是唐代放出来的宫女。《列仙全传》说她是宋代致和年间人。关于麻姑身世的另一种说法是：麻姑是十六国时期后赵石勒手下大将麻秋之女，《晋书》记载，大兴二年，石勒击毁段匹磾于盐山，大败之。这难道是巧合？不管怎么说，麻姑在人们心目中是个美丽的少女神仙。宋朝后，俗称大山。碣石山以北20公里（今河北海兴县）有一座海拔34米的马骝山（亦称"峡山"），北宋以后被人称为小山，故马谷山又改谓大山。《中国历史地图集》、《北宋·河北东路图》有"马谷（大山）"及"小山"标注；《元·中书省南部图》在济南路有"大山"、"小山"标注；《明·山东南部图》在济南府有"马谷山"（大山）及"骝山"（小山）的标注。明洪武六年（1373），无棣县改名为海丰县，到清初盐山县东南海滨部分划归海丰县，两座山均在其境，名马谷山、骝山，所以《清史稿·地理志》说"海丰……西北骝山……鬲津河经马谷山入海……"清康熙九年（1670），《海丰县志》载："马谷山……较骝山大，俗呼为大山，高三里许，周六七里。""骝山……俗呼为小山，山首高一里许。"北宋以后，两山之前，相继建立村庄，又均以山命名大山庄、小山庄。于是，大山、小山叫响至今。而"碣石"之始称，随其名称的频繁变更而泯灭了。

二是碣石错位源于班固，始于文颖。班固写《汉书·地理志》，在"右北平骊成县"下载："大揭石山在县西南。莽曰揭石。"后人到处找不到碣石，即以《汉书·地理志》所载"大揭石山"，改作"大碣石山"。什么抚宁、乐亭、兴城等地之说，也相继起纷争。其后的《隋书·地理志》、《新唐书·地理志》、《明史·地理志》、《清史稿·地理志》等正史均记昌黎有"碣石山"。然而，此"碣石"非《禹贡》中"夹右碣石入于河"之"碣石"。清同治年进士、岳麓书院院长王先谦先生精研《汉书》，并著有《汉书补注》一书，他发现《汉书·地理志》所标古地名有"成例"，即凡是《禹贡》中提到的地名，均在前面冠以《禹贡》两字。例如："临洮《禹贡》王屋山在西北"、"钜鹿《禹贡》大陆泽在东北，《禹贡》恒水所出"、"《禹贡》岐山"等等，查《禹贡》篇 1193 字，山川名称数以百计，《汉书》中冠以《禹贡》二字的 38 个，而《汉书》"右北平骊城大揭石在县西南"中，并未冠以《禹贡》二字，且"揭"不同于"碣"。这说明班固并未认为该山是《禹贡》碣石。那么，真正的错误在哪里呢？在于东汉末年的大学问家文颖和善纂江山、又纂山川的王莽。《汉书·武帝纪》条下文颖注云："碣石在絫（累）县……著海旁"始于班异。后者言碣石在昌黎者，皆从颖说。但是，后来越来越多的人发现昌黎"碣石"与《禹贡》之"夹右碣石"名实不符，然证之不足，于是又出现了"沦于海"和"没于平陆"之说，且载之于籍，误传千年。加之，如上所述的无棣碣石，自春秋以后，几更其名，仅"大山"之称也已经有 700 岁之久；以及与《禹贡》"碣石"密切相连的黄河屡徙，故迹填湮，使后人找不到"碣石"之确切位置，故考证"碣石"，不得其解。

（三）关于《禹贡》九河

《禹贡》载："冀州：……岛夷皮服，夹右碣石，入于河"；"济河惟兖州。九河既道……浮于济漯，达于河"；"导河积石……至于大陆，又北播为九河，同为逆河，入于海。"

众所周知，碣石，乃贡道标识；九河，乃黄河末梢、贡道路线。碣石、九河、渤海系在一起，互为依存；碣石、九河位居古冀、兖之域的海岸。"河"，古代唯指黄河。黄河发源于青海省巴颜喀拉山脉卡日曲，全长 5464 公里，在山东北部入渤海。上游应为一条主干，而到入海处，则是有若干支流组成，称为"九河"。黄河历史上经常决口，有文字记录就有 1590 余次，较大的改道有 26 次，形成自河南巩县为顶点，北至天津，南至徐淮的扇形黄河冲泛区，即北到海河、南到淮河大的黄河三角洲。"九河"在三角洲上，无棣属"九河"末梢。《尔雅·释水》中所载九河谓："徒骇、太史、马颊、覆鬴（釜）、胡苏、简、絜、钩盘、鬲津"九条。九河也许并非确数，而系概指。古人常以"九"泛指，如"九天"、"九道"、"九泽"、"九州岛"等等。所谓九河，水盛则漫衍，水衰则数道分流，或者径流独注。其实，径流也屡决屡徙，频繁往复于古冀、兖之域。自汉代以来，讲求九河者甚详，或新河冠以旧名，或一地互为多说。随着人们地理知识和认识水平的提高，已经认识到历史上此域并没有发生大规模的陆地沉沦，碣石、九河未"沦于海"。九河的小三角洲，其范围即今河间、沧州、德州以东，天津以南，东营以北的广袤地区。九河既然不出这个地区，那么，碣石也不会逾此而挪移新址。无棣县的自然河流，一直保留着徒骇、马颊、钩盘、覆釜、鬲津等古老的名称，即"禹河故道"，从而证明这些古老的名称与无棣有着"古老深远的渊源"。现无棣碣石山脚下，仍流淌着三条大河，即漳卫新河（鬲津河）、马颊河、德惠新河（老马颊河）。古九河彼堙此辟，此堙彼辟，往复堙辟无计，后世已无法求九河故迹原道于地表。九河堙地不可辨，而古九河区域内舍无棣碣石山外，别无其他可作标识。

（四）关于无棣沿革

　　无棣位于山东省最北部，紧靠渤海湾，在冀鲁边界，与河北省隔古鬲津河相望。历史上或齐、或燕。"无棣"一词，最早见于《春秋左氏传·僖公四年》，即公元前656年。齐伐楚管仲言于楚使曰："赐我先君履，东至于海，西至于河，南至于穆陵，北至于无棣。"管仲"四至"始有无棣之说，其三至皆河海、山陵，以南履对文推之，穆陵、无棣均为山川，无棣其为山名无疑。隋开皇六年（586），置无棣县。"无棣"二字解释诸多：一解为"广漠无尽"或"不毛之地"。一解为"无棣"即"广被棠棣"。"无"通"芜"。《说文》："无，奇字无也。"小篆作"𣠤"。"丰也；廿廿，数之积也；林者，木之多也。"《辞海》称：棣，棠棣，落叶灌木。我们赞同后一种说法，古代无棣区域处于黄河下游，河流密布，气候温和。2003年3月6日，考古人员在无棣东南十九公里处阳信李屋遗址清理了晚商、春秋、战国、两汉、宋元时期墓葬34座，出土了铜器、玉器、瓷器、陶器、骨器、蚌器、卜骨、卜甲数百件。该遗址还发现有大量牛、猪、狗、鱼骨以及蚌壳、鹿角，为复原该地区三千年前的自然景观提供了科学资料。据考古人员初步分析，由于此地发现了大量的蚌壳、麋鹿骨骼，根据它们的生活习性，可知此地在晚商时应属亚热带气候，气温比现在要高很多，是靠海非常近的一个气候湿润、湖泊众多、水草丰美的地带。由该地出土蚌壳多为河蚌分析，此地当时也是一处河流密布的地方。鬲津河北侧曾出土过大象牙、古船。因"其地丰饶，可以安人"，商、周时又在其西设饶安邑，汉时又改置饶安县。由此可见，无棣古时"树林丛生，百草丰茂"、"广被棠棣"是可能的。

无棣位于渤海西南岸，版图面积为 1998 平方公里，海岸线长 102 公里，系山东半岛与京津塘交通要塞，素有"冀鲁枢纽"、"齐燕要津"之称，"中华金丝小枣第一县"之美誉，交通便利，资源丰富。无棣是"太公赐履"之地，世称"东省文明之区"、"北海翰苑之府"，历史悠久、人文荟萃。大禹治水疏九河，曾以碣石为标识；周初封为姜齐北邑；春秋以降，因具渔盐之利，成为燕与齐争夺的要地；淮阴侯韩信屯兵于信阳城；汉武帝刘彻驻跸于帝赐街；光武帝刘秀据燕制齐于此筑光武城。魏晋南北朝以来，宫观禅寺，香火不断，海丰塔、大觉寺、碧霞宫，楞严普照，文笔冲霄。后唐宰相李愚，组织刻印儒家经典《监本九经》，创书籍传播之先河；北宋通判李之仪，神锋俊逸，文笔倜傥，其词《卜算子》："我住长江头，君住长江尾，日日思君不见君，共饮一江水"传诵千年；明太宰杨巍，携同乡王佐、谷中虚同朝尚书，"三世褒德，天下达尊"；清金石学家吴式芬，以《封泥考略》、《捃古录金文》称著于世，其"吴氏家族"历清季十朝，以人文鼎盛称著齐鲁，有"进士世家"、"尚书门第"之称，有"七巡抚、八侍郎、九封光禄，三翰林、五资政、十朝邦禁"、"四省承宣三掌节钺，九封光禄两列史晟"之美誉，是清朝三百年历史的缩影。在这片深厚的文化沃土上，如熠熠闪光的星辰散落着秦台、汉垒等古文化遗址；唐代大觉寺、吴式芬故居、清代学堂、县衙大堂等古建筑遗存；海丰塔、千年唐枣树等钟秀景观，贝壳堤岛与湿地国家级和碣石山省级地质遗迹两个自然保护区，绽放着璀璨的光辉。

二、正本清源

交代了背景资料之后，下面我谈主题，这就是《禹贡》碣石在无棣；曹操东临之碣石在无棣。

(一)《禹贡》碣石在无棣

1. 从历代学者的经典著作、历史资料中看《禹贡》碣石在无棣

最早提出此山为《禹贡》之碣石的是晋人伏琛，其著《齐地记》云："勃海郡东有碣石，谓之勃碣。"（勃海郡驻所在南皮北、沧州南，距碣石50公里）

明代，刘世伟（亦有记为"刘文伟"）经实地考察，"以马谷山在九河入海处，断为碣石无疑"。

《山东通志》记载："马谷山，在山东无棣县城北六十里，一名大山。山西南半麓有洞广二丈余，深不可测，相传古有龙马从此出，故以为名。《肇域志》以为即碣石也。"

1931年，商务印书馆香港分馆出版的《中国古今地名大辞典》，在"马谷山"、"碣石"等条目中，均记载无棣马谷山为碣石。

《无棣县志》记载："马谷山，在县北六十里。《齐乘》有大山，在无棣县，即此山。山高三里许，周六七里。山半东西两峰，西峰下有洞，广二丈，深四五丈许。相传有龙马自中出，故名马谷山。后两脊环抱，陂陀而下，至半岩为钓台，其中平田数亩，外周石齿嶙峋，东西两涧深数丈。《肇域志》以为古碣石也。"

《盐山县志》记载："唐尧时，此山距海口十余里，为导航标识之山，人称碣石山。"

教育家、方志学家、盐山县人贾恩绂（佩卿）所编纂《盐山新志》（1916年版）载："召陵一役，管子四至始有无棣之说。其三至皆河海山陵。……九河入海之区，延袤数百里，平衍无山，惟一童山蠡海之右可为表识，古号碣石，后名马谷者是也。无棣、穆陵均为以山川表封，审是，即碣石之异名也。曰海隅、曰无棣，乃此邦最古之名称。"《盐山新志》还载其《碣石辨》（上、下）一文，上篇从方隅形势道理进行分析，下篇列举谬厥六端，一针见血地驳斥了"沦于海"、"没于陆"以及其他学说的种种穿凿附会和臆想之词，充分论述了《禹贡》碣石在无棣的正确性。

历代舆地图也清晰标注了九河的大体位置。《禹迹图》、《华夷图》是现存最早的石刻地图，标注了黄河的走向。《禹迹图》所绘海岸和河流形状，较《华夷图》更为接近实际，是研究我国古代历史地理的珍贵资料，现存于西安碑林。两图所描绘的九河入海位置，均在渤海西岸，今天津以南、东营以北，所以碣石的位置不会在他处。

《禹贡山川地理图》南宋程大昌撰，1177 年成书，是宋代编绘印制的一部历史地图集，宋人研究《禹贡》的重要成果。原收 5 卷，31 图。中经散失后，后人改编为 2 卷，仅存 28 图（目录为 30 图）。作者论证《禹贡》山川，取前人旧说绘图，详加辨证，另定新图。各图中主要表现《禹贡》中山、河、湖、海及九州岛界域等。采用中国古代地图传统形象绘画法，又以文字注记区别古今内容，如《禹贡》九州岛用阴文表示，宋代建置用阳文显示，地名套以黑圈，山河名加方框。河道变迁处辅以文字说明。其所载《冀州夹右碣石图》将《禹贡》碣石明确标在古兖、冀交界，黄河入海处右侧，今无棣碣石山位置。

明朝艾南英《禹贡图注》中所辑《九州岛分域图》、《九州岛贡道图》和谭其骧教授主编的《中国古代地图集》，清晰标注了九州岛、九河的位置，谭其骧教授明确指出碣石应在九河入海处，在渤海西岸，不会在北岸，但由于受条件所限，仍将碣石错误地标在了渤海北岸。

《禹贡山川总会之图》为《禹贡说断》一书所载地图之一。《禹贡说断》由宋朝傅寅撰。书中博引众说，断以己意，具有特解，又多附图。《禹贡山川总会之图》，是作者在全面而透彻地研究古代地理名著《禹贡》之后，而编绘出的一幅禹贡山川总图。图中所示范围，北至今北京市与山西省北部，南及浙江、江西、湖南三省中部，西达今新疆、青海、四川、贵州、云南诸省区，东抵沿海。图中有山、河、湖、流沙等自然要素和九州岛及重要地名、部族名称等人文要素。其中山为形象图形；河用双线勾绘，黄河下游播为九河极为醒目。

《黄淮海平原历史地理》为邹逸麟主编。从所载《海河水系雏形阶段海河流域水系图》中可看出历史上黄河入海处变迁频繁，但从未过天津，达到冀东北。

景以恩编著的《炎黄虞夏根在海岱新考》有一幅《炎黄虞夏形势略图》，这是景以恩先生结合何幼琦等著名学者和自己多年的研究绘制的一幅综合图，《禹贡》碣石就标注在今无棣县碣石山的位置。何幼琦《海经新探》（《历史研究》1985 年第 2 期）载："前人认为禹河在章武（今沧县附近）入海，把碣石的位置说得离谱很远和《禹贡》的碣石沾不上边。排除了各种错误的说法，可以确定，在《海经》的时期，河水是夺马颊河入海的，河水所入的积石山、碣石山，就是今无棣县北的马谷山。"

离扬《禹贡成文浅议》载："昌黎碣石位于滦河水系下游，而在滦河水系与海河水系之间存在一道约五六米高差的隆起，形成两大水系的自然的分水。'引滦入津'工程为了越过这一地段，不得不在引水渠上设立若干提水站。由于这一隆起的存在，我们可以肯定无论史前黄河在渤海的入海口如何靠北，都不可能在昌黎碣石附近入海。这样从天津向南数百公里内，只有无棣的碣石山才是《禹贡》碣石之所在。从昌黎碣石在相当长时间内一直是主流观点，可见古人对于地势之不敏感。"

顾炎武《山东肇域志》对《禹贡》碣石在山东无棣的论述，最为有理、有据，至今无有出其右者。一些史志的编者是见到顾炎武的分析后，才意识到"河道自在渤海西岸，碣石自在渤海北岸"的错误，所以在以后出版的书籍中认同顾炎武的观点。

顾炎武（名绛，字宁人，号亭林，江苏昆山人，晚年居华阴），明末清初大学者、大地理学家。明崇祯十二年（1639）至康熙十二年（1673）受聘主纂《山东通志》，耗时 30 余年。其间，实地考察山东 10 余年，利用志局"郡邑之书颇备"的有利条件，参考诸家著说，尤留心当地山川古迹调查，著述《山东肇域志》（顾炎武著，清王雪舫抄本，韩应陛跋，藏于国家图书馆，索书号 8077，全书 6 卷，每府为 1 卷，府下列州，州下列县）在"海丰县"（今山东省无棣县）条目中写道：

> 海丰县州东北六十里，本元之无棣县，改今名。
>
> 北一百五十里，有大沽河海口巡司。
>
> 北六十里，有马谷山，亦名大山，高三里，周六、七里，山半有洞，广二丈余，深不可测。刘世伟曰：此即古之碣石也。禹贡：岛夷皮服，夹右碣石入于河，又曰：太行、恒山至于碣石，入于海。是其在九河之末，入海之口，明矣。传者以为在辽西骊城之地，而郦道元又谓

九河碣石苞沦于海。夫事无所证，当求之迹；迹有不明，当度之理。以迹而论，九河故道，俱在德、棣之间，而碣石不当复在他境；以理而论，禹之治水，行所无事，齐地洿下滨海，以禹之智，不从此入，而反转绕千里之外，乃自北平而入海耶？况地势北高，无行水之道，今自直沽以北，水皆南注，北平地高，则河又奚由而达耶？又云，碣石已去岸五百里。审如是，当在麻姑岛以东、塔山大洋以南，而海道图经，又无此山，则此语尤不足信矣。今此山既在九河之下，而又巍然独出于海滨之上，其为碣石无疑。太史公亦言播为九河，同为逆河，入于渤海。其时去三代未远，当有所见，今济南青州之北，正古之所谓渤海也。

西北十五里有无棣沟，通海，隋末废。唐永徽元年，刺史薛大鼎开，今复淤。

在嘉庆年间重修《大清一统志》时，此书资料即被广泛采集，其观点才被广为传播。1982年，谭其骧先生提出整理出版《肇域志》的建议，并被列为全国重点项目，2004年，由上海古籍出版社出版。

《禹贡》碣石在无棣，自古至今，诸多学者在探讨、论证，唯有顾氏最为精辟、准确。顾氏学说的意思为：碣石在九河之末，入海之口。以迹而论，九河故道，俱在德、棣之间，而碣石不当复在他境；以理而论，齐地洿下滨海，禹之治水，不从此入，难道会反转绕千里之外，乃自北平而入海耶？况且地势北高，无行水之道，直沽以北，水皆南注，河水如何越过高地？现在马谷山既在九河之下，而又巍然独出于海滨之上，其为碣石无疑。

在九州岛之后，《禹贡》开始叙述天下山川："导岍及岐，至于荆山，逾于河；壶口、雷首至于太岳；砥柱、析城至于王屋；太行、恒山至于碣石，入于海。"

这其中包含很多山名，它们大致分布在秦岭和黄河两岸。多年来，唯碣石山的位置产生了两种意见。产生这两种意见的原因在于《禹贡》的这段文字是述山、还是述水？"导山"的结论是《禹贡》碣石在昌黎；"导水"的结论是《禹贡》碣石在无棣。通过对这两种观点的分析，这段文字名为述山，实则述水，是将碣石作为九河入海处的标志，定位在黄河古道上。

　　一种观点认为，这是在叙述天下的山川走向。从紧跟其后的两条看，这一说法似乎也有一定的道理。持此观点的主要是"昌黎碣石说"的信奉者，代表人物是刘起釪教授，他们认为："'碣石'当为一座与太行、恒山两座大山脉络相连、形势相应的显要山峰。"认为：无棣碣石在兖州，非冀州，又与太行、恒山不相接，且莱夷夹左入河，非岛夷夹右入河矣。而得出"这一说是由于误认碣石在九河入海之口来的，是不知碣石根本与九河无关"的观点。若"太行、恒山至于碣石，入于海"叙述的是山川走向，那无棣碣石，仅是鲁北平原孤立的一座小山，而且与古太行、古恒山相去几乎千里，又不相连，根本谈不上什么山川走向。很自然地，人们就会排除无棣碣石，而认同昌黎碣石山。这也是昌黎派代表反驳无棣的一项重要依据。昌黎碣石山主峰海拔 695 米，属燕山余脉，从太行、恒山而至燕山，用山势、走向的确解释得通。但谭其骧教授《碣石考》中认为：昌黎碣石山与碣石不是一回事，碣石仅一海畔巨石，已"平没于陆"。首先，碣石既能"平没于陆"，看来高度有限，能否作贡道标识值得怀疑。其次，用昌黎一海畔巨石，与太行、恒山相提并论，山势也是不相称的。

　　还有一种观点认为，"太行、恒山至于碣石，入于海"是在叙述黄河的走向。

　　答案是肯定的。多数学者还是认同大禹"导山是为了治水……是导水的准备工作"。赵荣等著《中国地理学史·清代》认为："《禹贡》导山部分所举山岳，皆治水经过的重要山名。后来，汉儒对导山部分加以阐述，形成所谓'三条'、'四列'之说。"顾颉刚《禹贡注释》引用胡渭评论："（导山）本无列之可言，自说经者就大禹之迹以为列，遂觉九州岛实有此四列耳。""然则本意云何？曰莫善于陈寿翁枥之言，曰禹之导山，虽曰因而治众水大概。岍岐之列，河济所经；西倾之列，伊、洛、淮、渭所经；嶓冢之列，汉水所经；岷山之列，江水所经也。明此义则枝蔓之辞一切毋庸矣。"从后面的"导河、积石，至于龙门"一段，我们也可明显看出是在叙述黄河。"太行、恒山至于碣石，入于海"叙述黄河走向是毋庸置疑的。

　　"太行、恒山至于碣石，入于海"是叙述黄河的走向，这也与"岛夷皮服，夹右碣石，入于河"是一致的。无棣碣石孤立、突兀于华北平原的古九河末梢、渤海岸边，堪称贡道标识，是合于《禹贡》入海之文的，非与太行、恒山山势相连，是导水的终点。

2. 从历代文人墨客的诗歌、词赋中看《禹贡》碣石在无棣

无棣碣石虽山体不大、海拔不高，但由于方圆数百里尽为平原，独此一峰耸立挺拔，景色宜人，也就格外突出，在以往的历史中，这座山一直作为无棣的地理标志而引起世人关注，引得文人墨客到此游览观光，赋诗颂咏。除曹操外，最早可见唐朝刘长卿的《晚泊无棣沟》：

> 无棣何年邑，长城接楚关。
>
> 河通星宿海，云近马谷山。
>
> 僧寺白云外，人家绿渚间。
>
> 晚来潮正满，处处落帆还。

宋代诗人陆游也有描写此地滨海风光的诗《即景》：

> 齐州山水窟，登眺有佳处。
>
> 秋夜海东船，春芜禹滩树。

明朝吏部尚书、著名文人杨巍，闲居原籍无棣期间，常登马谷山，写有《马谷山》、《登马谷山》、《九日登马谷山》、《重过马谷山》等诗作。在杨巍笔下，此山苍岩独秀，古朴幽静，俯视九河遗踪，与浮云归雁做伴。

清代以来，人们逐渐接受了顾炎武的观点，无棣碣石即《禹贡》碣石始载于史籍、铭于碑碣，许多文人墨客也为证此山即《禹贡》碣石，还留下了许多诗词、文章。

清乾隆进士、礼部尚书杜堮，有《九河》诗云：

> 禹迹茫茫问九河，海滨碣石未销磨。
>
> 汉家分土名犹在，宋氏传经说竟讹。
>
> 自昔洪流归海澨，岂容别派混滹沱。
>
> 岛夷尚识来时路，万丈潮头奈尔何？

杜堮并在诗中附有注释："九河古道，在德州、河间、棣州之地，'《禹贡》大陆北播为九河'之文合。""自天津南尽棣州数百里内，唯海丰（今山东无棣）旧河岸有马谷山，趾顶皆石，周围三里许，形如碣石。盖即同为逆河处，与《禹贡》'夹右碣石'之文相合。""棣州，古渤海地，河所归。""北

则天津潭沱入海处，九河在其南明矣，岂得越入平州乎。"

清朝饶州知府张衍重吟咏马谷山，干脆将诗名写为《望碣石》：

> 一发贴天点黛螺，玄圭曾此奠洪波。
>
> 周移汉决无良策，那向荒墟觅九河。

清时薛宁廷，也认为九河在德、棣之间，马谷山即《禹贡》碣石，其《九河故迹》诗云：

> 鬲水碧吞千古月，盘河清漾万年风。
>
> 东连碣石荒堤在，指点沙痕忆禹功。

清乾隆四十五年，张克嶷撰写《重修马谷山寺记》云：

> 马谷山，古之所谓碣石也。思自历下以北蜿蜒三百六十里，乃于覆鬴、鬲津之间突出一峰，则灵秀所钟，谓非海邑之巨镇乎？

无棣碣石在辽阔的华北平原上只此一峰拔地而起，有"拔地通天之势，撑天捧月之姿"，所以当地人又俗称此山为"大山"。虽山体不大，但山上、山下建有碧霞元君宫、关帝庙、药王庙、观音殿、文昌阁、达摩洞、清莲庵等寺庙，寺观宫庙掩映在苍松翠柏之中，是一座集道教、佛教、儒家于一体的山体。加之文人诗作的渲染与烘托，马谷山逐渐成为一地方名胜。历经千古风化，"文革"期间的拆庙、毁林、采石，早先的建筑痕迹全无，山体缩小，但我们仍能从张克嶷撰写《重修马谷山寺记》中想象当年"日盛一日"、"香积之富"的"香火盛会"和"遐尔瞻仰"的殿宇规模。

唐朝张若虚在《春江花月夜》中，写有"斜月沉沉藏海雾，碣石潇湘无限路"。将"碣石"、"潇湘"喻为地北天南。司马迁《货殖列传序》中，写有"龙门、碣石北多马、牛、羊……"将"龙门"、"碣石"喻为西、东；在《史记·苏秦列传》中，写有"南有碣石、雁门之饶"，直接将碣石标在燕国南端。如战国时期一篇著名文章，传宋玉所作，题曰《宋玉对楚王问》。文中，宋玉自比鸟中之凤，鱼中之鲲，曰："鲲鱼朝发昆仑之墟，暴鬐于碣石，暮宿于孟诸。夫尺泽之鲵，岂能与之量江海之大哉？"其大意为，鲲鱼早上从黄河源头出发，到黄河入海处碣石，还能见太阳，晾晒一下鱼脊，再返回今河南商丘孟诸大湖中宿营。小小的鲵鳅怎能与之相比呢？宋玉的回答，夸张、浪漫不提，但就涉及碣石又悟出以下道理，一是碣石作为标识山，历史上名气很大，被许多文人所引用；二是碣石就在古黄河入海口，并非他处。

3. 从历代帝王将相登临、巡视看《禹贡》碣石在无棣

在古代，东方沧海被认为是仙人出没的地方，曹操就有"东到海，与天连，神仙之道，出窈入冥"。传说海中有三仙山，曰蓬莱、方丈、瀛洲。无棣碣石居齐北、燕南、渤海岸边，是神仙方士最活跃的地方。到秦汉时期，随着方士入海求仙活动的加剧，在它附近发生了许多故事，增添了《禹贡》碣石以神秘色彩。因此，帝王贵族纷纷登临。

据史籍记载：历史上曾有"五帝"登临无棣碣石：秦始皇、秦二世、汉武帝、魏武帝曹操、拓跋浚。

《山东通志》记载："秦始皇东游至碣石，次舍于此，因名厌次县。"无棣秦时属"齐郡厌次县"。《史记》载："三十二年，始皇之碣石，使燕人卢生求羡门、高誓。刻碣石门。坏城郭，决通堤防。其辞曰：遂兴师旅，诛戮无道，为逆灭息。武殄暴逆，文复无罪，庶心咸服。惠论功劳，赏及牛马，恩肥土域。皇帝奋威，德并诸侯，初一泰平。堕坏城郭，决通川防，夷去险阻。地势既定，黎庶无繇，天下咸抚。男乐其畴，女修其业，事各有序。惠被诸产，久并来田，莫不安所。群臣诵烈，请刻此石，垂著仪矩。"

这句话的意思是，始皇至碣石，办了三件事，一是求方士，寻长生不老药；二是立碑刻石；三是安抚百姓。就碣石门前立碑刻石来讲，这是秦的一贯做法，凡到一地，他总是派李斯起草碑文，安排石匠，为自己树碑立传。曾在之罘、琅琊、邹峄山、泰山、会稽、碣石等处刻石碑，颂秦德、明得意。早年在无棣碣石山上，有一古楼子，其中立一石碑，字迹不清，高1.3米，宽80公分，厚20多公分，据专家考证，此为秦碑。对照《史记》所载，应为秦三十二年，登碣石所立之碑。《吕氏春秋》记载，前215年，始皇拜荆过碣石的故事，也从一个侧面证明了始皇到的碣石就是无棣碣石。

秦始皇东巡除其政治军事目的外，还有其重要内容就是寻求长生不死之药。秦汉时期方士于无棣碣石入海求仙，在此山附近留下了"千童城"、"卩兮城"两座古城和若干秦台。建城是为了屯兵训练，筑台是为了瞭望。

"千童城"，《中国古今地名大辞典》（香港商务印书馆1931年版）第54页载："千童城在山东无棣县西南。《寰宇记》：'秦始皇遣徐福将童男童女千

人入海求蓬莱不死之药，筑此城以居之'。"虮兮城"，"虮兮"一词大概典出《诗经·齐风》："总角虮兮。""总角"是古代儿童的代称，"虮"字象形，如儿童将头发在两鬓角扎成发髻之状。据《中国古今地名大辞典》第176页载："虮兮城，在直隶盐山县东北，相传秦始皇遣徐福发童男女千人，入海求仙，筑城侨居童男女，故名。"《盐山县志》云："高城县东北岭，旧有虮兮城。"

秦始皇在无棣碣石附近筑城两座，是作为方士徐福入海求仙训练童男童女的场所和陆上补给基地。

近几年，河北省盐山县对千童城的研究已经取得了中日两国史学界的认可。《光明日报》1992年8月29日发表了报社记者蔺玉堂的文章《徐福何处渡扶桑，专家说是盐山县》，文中载："据南朝《舆地志》、北魏郦道元《水经注》和唐朝李吉甫的《元和郡县图志》以及当今历史地理学家谭其骧编著的《中国历史地图集》都确认，齐国饶安、汉千童县、晋饶安县就是现在河北盐山县旧县镇（古千童城，今千童镇）。因徐福率上千童男童女从饶安入海，汉高帝五年（公元前202年）特在饶安置千童县，东汉末年，汉灵帝改千童县为饶安县。1973年南京大学地理系对盐山地下水调查后指出，埋深于15米的黄河故道的走向和郦道元《水经注》中有关无棣沟的记载是一致的。无棣沟由千童城流至碣石入海，因徐福率童男童女由此入海，秦始皇命士兵在无棣沟南岸筑一土台，至今遗址尚存，山东《无棣县志》中称为'秦台'。"其时，秦始皇在此地沿海一带筑"秦台"若干，以便登高远望，企盼"长生不老"之药。

原无棣沟入海处有一"岛"，据载："徐福率千名童男童女由千童城经无棣马谷山（碣石）入海，父母思念远去的孩子，奔波于徐福入海处眺望，期盼孩子归来，望子不见子，故名'望子岛'，又称'旺子岛'。而今岛犹在，岛上仍有渔民休养生息。"在无棣碣石山东南还有一处秦台，《无棣县志》记载："秦台高丈余，长数丈，状如龙，蛰伏朱龙河之阳、秦口河之阴，遥望马谷，濒临渤海，相传秦王遣徐福入海求仙，即在此垒土筑台。"清代张廷翰有《秦台》诗云：

高台凌空翠，樵路平如砥。

上蒙千尺松，下接万里水。

不见徐福还，但闻祖龙死。

落日无人行，白鸥接翅起。

徐福入海求仙自始皇二十八年开始，达 10 年之久，入海求仙不止 3 次，启航处也不可能只有 1 处。徐福为何选择在无棣碣石启航？这与无棣碣石区域当时所具备的地理位置、航运交通、人口经济等各方面条件是分不开的。

无棣碣石在《禹贡》时期处于黄河播布的九河下梢，是一依河傍海的导航标识之山，秦代的无棣沟又称老黄河，纵深开阔，宽 800 米，绕碣石入海，是理想的锚泊船只和出海的良港。该区域为黄河淤积平原，地质肥沃富饶，人口众多，原是齐国重镇，以"其地丰饶，可以安人"而闻名，"燕得之，势足以弱齐，齐得之，势足以胁燕动赵矣"。可见其地理位置之重要，物资资源之富饶，为徐福在此征召童男女、百工、武士和筹措"衣食舟楫"等物资提供了坚实的保障。

汉武帝也曾东游临碣石。《汉书》载：武帝"元封元年……行自泰山，复东巡海上，至碣石"。汉武帝东游求仙药与秦始皇不同，他不是派童男女数千人求仙药，而是直接遣方士入海求神人采药。在无棣碣石东有一汉代古村，名"帝赐街"。据《无棣县志》记载："帝赐街，在县北七十里，相传汉武帝驻跸于此，下诏免除此村赋税，故名。"在无棣碣石西北几十公里处还有"汉武台"。据《魏土地记》载："章武县东一百里处有汉武台，南北有二台，相距六十里，台高六丈，俗传汉武帝东游海上所筑。"汉代曾在秦始皇筑的"千童城"设置千童县，在"乣兮城"设置高城县。汉武帝亲封刘摇为"千童侯"。高城县北邻章武县到魏晋时仍有"海神祠"和"汉武台"。从秦到汉，在同一地带"齐燕方士为秦皇、汉武求仙"，这说明无棣碣石一带确实人杰地灵。秦皇、汉武在无棣碣石一带相似的求仙活动轨迹，也恰恰可以印证秦皇、汉武求仙的可信性。

无棣这片素称"冀、兖之域"、"齐、燕之壤"的历史文化沃土，存有难以计数的秦汉遗迹。一些关于秦皇汉武的传说也在古棣传为佳话或神化为乡野口碑。据当地传说，秦始皇为入海求仙药，从全国各地选拔而来的健康漂亮的男女青少年，何止千人。有的在终日单调枯燥的训练过程中，耐不住寂寞；有的惧怕风高浪涌、前途未卜等等，纷纷结队逃跑，流入民间。这个传说，其准确性有待考察，但是徐福东渡遗迹仍在；这方的姑娘、小伙自古以来长得特别漂亮确是实事。难怪曹丕在《钓竿行》中云："东越河济水，遥望大海涯"，吟诵情诗呢。连鲁连仲这样的大才，封地不要，千金不受，竟"东蹈沧海"（《煌煌京洛行》）享受田园之乐去了。沧海就是渤海，就是指碣石这方热土。

大禹之后，除秦皇、汉武之外，还有许多帝王将相也到过碣石。《史记》记载，秦二世东行郡县，李斯从，到碣石，并海。《资治通鉴》载：公元四五八年"二月，丙子，（文成帝拓跋浚）登碣石山，观沧海"，无功而返。但过了59年后，孝明帝则做了沧海文章，设沧为州。这些帝王登碣石不是为了赏景，而是各有所图，图踏皇迹，图发惊世浩叹，图寻长生不老药，寻古老的玄机、秘密。一切的一切，就是《禹贡》之碣石，祖国的名山大川，其中的奥妙、玄机和千年之谜。而唯有1800年前，魏武帝曹操登碣石，才真正地有感而发，才使《禹贡》碣石更加名扬天下，也使曹的雄才大略得到发扬光大。

（二）曹操东临之碣石在无棣

1. 从曹操"足迹"谈曹操东临之碣石在无棣

翻开人民文学出版社1973年12月第3版及2000年5月以"教育部《中国语文教学大纲》指定书目，中学生课外名著必读"的《三国演义》，都会发现书中附有一幅繁体字的《三国演义》地图。在互联网上，也能搜到一幅简体字的《三国演义》地图。在繁体与简体《三国演义》地图中，都以"要地"符号，将"碣石"标在今山东省无棣县马谷山位置。

人民文学出版社1973年12月第3版《三国演义》，前面还附有人民文学出版社编辑部1973年8月的《关于本书的整理情况》说明："《三国演义》最初由作家出版社整理，于一九五三年初版印行。我社于一九五四年以此为基础，重加整理，自一九五五年出版后，印行较久。这次是再度整理，改出新版。前版附印的《三国演义》地图，现仍保留。"

《三国演义》不是一般意义上的小说，而是在《三国志》的基础上，写成的"历史故事"。在多数书籍都注释曹操东临的"碣石"是河北省昌黎县碣石山的情景下，人民文学出版社出版的《三国演义》其所附《三国演义》

地图却将"碣石"标注在山东省无棣县，究其原因，就是在于此图是出于三国时期曹的军事地图，因此将碣石以"要地"标出。

《三国志》、《资治通鉴》、《曹操集》是研究魏武帝曹操的权威性资料，这些史料都没有明确记载曹操《观沧海》写于什么地方。但是，我们从其字里行间，可以理出曹操的"足迹"，从其"足迹"中，不难发现曹操"东临碣石"就发生在无棣碣石山。

曹操生于沛国谯郡（今安徽亳州），他在历史上特别有建树的大半生，是在河南、河北主要是在山东渡过的。他的足迹遍布黄河下游各郡县。曹操在镇压黄巾起义中，转战齐鲁各地数十载。"初平三年（192），操进兵攻黄巾于寿张东（今山东东平）……冬，操追黄巾至济南，黄巾败降，得戎卒三十余万，男女百余万口，操收其精锐者，号为'青州兵'。"（《曹操集》）黄巾军起义失败后，其残部在沿海各地又奋战数载。

曹操由镇压黄巾军起家，发展壮大了自己的势力，逐步掌握了对山东、河北的控制权，先后曾任过多处地方长官。"光和末，黄巾起。拜骑都尉，讨颍川贼。迁为济南相，国有十余县。"（《三国志·武帝纪》）近考治所在今章丘县城附近，距无棣碣石山100多公里。兴平二年（195）操41岁，"十月，献帝拜曹操为兖州牧"（《曹操集》）。建安九年（204）操50岁，"献帝令操领冀州牧"（《曹操集》）。此时无棣属"冀州渤海郡"（《无棣县志》）。据谭其骧主编的《中国历史地图集》载："三国时期……诏书并十四州复为九州岛（《禹贡》九州岛），但其时东汉帝国已分裂，九州岛制只能在曹操统治下地域内实行。""渤海郡治南皮，今河北南皮北。"（《续汉书·郡国志》）就是沧州附近。此时，无棣距冀州渤海郡治所几十公里。据《曹操集》记载，曹操任冀州牧后，颁布《收田租令》，曰："有国有家者，不患寡而患不均；不患贫而患不安。"重豪强兼并之法，调整混乱的赋税制度，严禁豪强把应交的赋税强迫中小地主和自耕农民代纳，极大地减轻了百姓负担。

关于碣石"要地"问题。无棣秦属厌次县，公元前202年（汉高祖五年）置阳信，隶属阳信县，碣石也属阳信，历史上为战略要地之一。韩信曾在碣石山南端信阳城屯过兵。仅举一例，足以证明历代皇家非常重视此地。据著名历史学家安作璋教授著《学史集》记载："阳信长公主的父亲是汉景帝，因其封邑在阳信（今山东无棣），又是长女，故号称阳信长公主（即平阳公主，在中山王刘胜汉墓出土一灯饰，上铸'阳信家'即可印证此说）。"她既是汉武帝的大姐，又是武帝与卫子夫相结合，为刘氏传宗接代的大媒人，还是武帝的舅子媳妇，即大将军卫青之妻。作为媒人，阳信长公主见汉武帝与陈皇后婚后10年无子，为其弟，为社稷，她都非常着急。因此，不惧陈皇后嫉妒，费尽心机选身边美女卫子夫与武帝刘彻。卫生三女一男，男即太子刘据。武帝大悦，后封卫为皇后，令长公主常住京城。阳信长公主的前夫为平阳侯曹寿，因此，她又称平阳公主。曹寿患恶性传染病之后，诏令独自迁返平阳(今山西临汾)。正值青春壮年的长公主倍感寂寞，于是自主选婿。"长公主问：'列侯谁贤者？'左右皆言大将军。主笑曰：'此出吾家，常骑从我，奈何？'左右曰：'于今尊贵无比。'"（《汉书·卫青传》）。于是，长公主遂托卫皇后为媒，由汉武帝下诏，命卫青大将军尚长公主。公主先卫青去世，二人合葬于茂陵。(摘自安作璋《秦汉时期的公主》)汉武帝"元封元年……行自泰山，复东巡海上，至碣石"（《汉书》），一为求仙，二为巡视，同时也拜访大姐的封邑地碣石，以谢长公主赐美女之恩。汉武帝来到碣石后，活动颇多。据记载："临渤海望祀蓬莱"（《无棣县志·事纪》），举行过祀祠活动；下诏免碣石东侧一村税赋，该村故名"帝赐街"（《无棣县志·古迹》）；"封河间献王子担为千童侯"（《中国古今地名大辞典》1931年版）；在碣石西北几十公里处，筑武帝台。据《魏氏土地记》："章武东一百里，有武帝台……俗云汉武帝东巡海上所筑。"

这是一段发生在封建社会，公主敢于自主婚姻，追求幸福，与骑奴相结合的奇特姻缘；汉武帝拜访封邑、尊重大姐的故事被世人传为佳话。将碣石宝地封给娇贵的长公主，其意义非同一般。它说明了这一地方古时"树木丛生，百草丰茂"，同时，人才济济，有"天子之气"，是一块宝地。所以被秦始皇封为厌次县。另一方面，也说明了它是一块"战略要地"，被各朝代派重兵把守。

无棣当时属冀州渤海郡，与青州北部接壤，也是黄巾军残部海贼、强盗频繁出没的地方。据《后汉书》载："永初四年，张伯路与渤海、平原贼刘文和、周光等攻厌次、杀县令。""延熹八年，渤海妖贼盖登等称'太上皇帝'。""初平二年，青、徐黄巾三十万众入渤海界……十月，黄巾转渤海，公孙瓒与战东光。"在碣石山南40多公里处（今阳信县商店镇）有一黄巾寨村，附近有一"黄巾冢"，据《阳信县志》记载是"东汉末年合葬黄巾将士"的遗迹。

荀谌曰："渤海虽郡，其实州也。"袁绍就是以渤海太守起家，被推为各路诸侯的盟主，联合讨伐董卓的。曹操自领冀州牧，当然对渤海郡倍加重视，并在此修平虏渠以通海运，实施税赋改革，减轻百姓负担，以收拢民心，为统一华夏奠定其物质基础和思想基础。（见《曹操集》）将碣石作为要地标在自己的军事地图上，对靠近渤海郡起兵作乱的青州"海贼"必讨之。实际上，当时北方大局已定，如果扫清管承海贼，再北上讨伐辽西乌桓，实为顺手牵羊、马到成功。曹操东征管承，途经惠民县衙（棣州驻地），挥手写下"太和元气"四个大字；途经渤海郡之碣石，曹操"登高必赋，及造新诗"（《三国志》注引《魏书》），一气呵成《观沧海》这首千古不朽的著名诗篇。

2. 从曹操诗词谈曹操东临之碣石在无棣

"建安"是汉献帝（196—219）的年号，而史称"建安文学"时期，并非仅限于这24年，而是指汉末魏初。统领这一辉煌时代的，在文学上特别有建树的则是三曹，即曹操和他的儿子曹丕、曹植。因此说，曹操不仅是一位政治家、军事家，而且还是一位才华横溢的文学家，是一位"外定武功、内兴文学"（《魏氏春秋》）的一代枭雄。

《碣石篇》（又名《步出夏门行》）组诗，是曹操现存20余篇诗词中最为典型的一篇，为历代帝王将相、文人墨客所欣赏。晋朝王敦常在酒后吟咏"东临碣石，以观沧海……"用如意敲唾壶来打拍子，壶口都敲缺了。此壶为镇宅之宝，价值连城。（见《世说新语·豪爽篇》）可见它是如何的脍炙人口。一代伟人毛泽东，顺应历史潮流，带领中国人民，"横扫千军如卷席"，解放了全中国。1954年夏天，在北戴河，毛主席远眺祖国大好河山，联想起曹诗《观沧海》，"往事越千年，魏武挥鞭，东临碣石有遗篇"，对魏武帝的雄才大略予以充分的肯定。有所区别的是"萧瑟秋风今又是，换了人间"。曹诗的特点是"苍凉慷慨"，而《观沧海》则是多"慷慨"、少"苍凉"。只有一句"秋风萧瑟"，被毛主席引用了，忽悠了曹操一"默"。

　　"遗篇"的"遗址"究竟在何处呢？其实细读操组诗《碣石篇》，也不难发现，曹操所临之碣石，就在当时其所辖的地盘上——古冀州渤海郡之无棣《禹贡》碣石。《观沧海》是曹操建安十一年（206）自并州东略边境，征讨海贼管承，途经渤海郡之碣石有感而发，并非建安十二年（207）曹操北伐乌桓胜利回师，登临昌黎碣石时所作。

　　《碣石篇》组诗分为《艳》辞（序曲）、《观沧海》、《冬十月》、《土不同》、《龟虽寿》五部分。记录下了建安十一年秋八月，操东征海贼管承，遣乐进、李典征讨管承，又遣于禁讨斩昌豨（豨系降而复叛）于东海，至建安十二年春二月还邺的整个过程。组诗中虽然没有直接描写战争，但是它将战争前的决策、战争中的残酷、胜利后的喜悦，都跃然纸上。《艳》中写道：

　　　　云行雨步，超越九江之皋。临观异同，心意怀游豫，不知当复何从。经过至我碣石，心惆怅我东海。

　　《艳》是前奏曲，相当于后来词曲的"引子"。《艳》与正曲四章不同，是用散文形式写的序，记述的是曹操的心理活动。其大意为：起初打算南征荆州，恩泽江南人民，部下意见不同，诸将多数主张南征刘表、打荆州，唯郭嘉认为先北伐乌桓为好。面对北伐、南征两种不同意见，曹操心中还怀有"游"豫，不知道应该接受哪种意见，到了"我"辖区的碣石山，东征管承的战事即将结束了，但于禁讨东海昌豨的战事怎么样了，心里愁闷、忧虑。

　　关于这段战事的背景资料。建安九年，高干以并州降，十年春正月，曹操平冀州，熙、尚奔三郡乌丸，幽、冀吏人奔乌桓者10余万余户，尚欲凭其兵力，复图中国。秋八月，操征之，乌丸奔走出塞。乌桓数次入塞为害，成为曹操北方的严重威胁。对曹操来说，乌桓与袁氏兄弟的残余势力不除不足以安定幽、冀，但部下诸将多数主张南征刘表，唯郭嘉主张北伐乌桓。应该说，北伐、南征之争早在建安十年就已开始，此"异同"的争论持续了相当长的时间。曹操是听从郭嘉的意见的。史志记载：建安十年"冬十月，高干闻操讨乌桓，复以并州叛"。由于建安十年并州高干的复叛、建安十一年青州海贼管承的作乱及东海昌豨的复叛，使得曹操北伐乌桓不得不推迟。曹操用兵甚重粮草，欲击乌桓，必须做好粮草的运输准备工作。"公将征之，凿渠，自呼沲入泒水，名平虏渠；又从泃河口，凿入潞河，名泉州渠，以通海。"（《三国志·武帝纪第一》）这些工程应是建安十一年三月平并州后开凿的。曹操开凿海运，准备北伐乌桓，秋八月，海贼管承作乱，曹操东征管承，昌豨趁机也于东海复叛，曹操"经过至我"渤海郡碣石，心中又"惆怅"起"我东海"。部下诸将本来担心北伐，南面的刘表会乘虚而入，北海、东海的作乱，更加重了曹操的忧虑和"惆怅"。

有关建安十一年曹操的活动过程，《资治通鉴》、《三国志》中均有记载。《资治通鉴·卷第六十五》明确记载：建安十一年（206）即北伐乌桓的前一年，"操围壶关，三月，壶关降。……并州（今治太原）悉平。""八月，曹操东讨海贼管承，至淳于，遣将乐进、李典击破之，承走入海岛。昌豨复叛，操遣于禁讨斩之。"《三国志·魏书一·武帝纪第一》载：建安十一年"秋八月，公东征海贼管承，至淳于，遣乐进、李典击破之，承走入海岛。"《三国志·魏书十七·张乐于张徐传》载："冀州平。昌豨复叛，遣禁征之。……陨涕而斩之。是时太祖军淳于。……东海平。"张作耀著《曹操传》（人民出版社 2000 年版）记述："建安十一年（206），曹操攻拔壶关，平定并州后，自西而东，长驱至淳于（今山东安丘东北），遣乐进、李典讨伐长广（今山东莱阳东）起义军管承，管承走入海岛；又遣于禁讨斩昌豨（豨系降而复叛）于东海。北海大股军事势力均已平定。这一年，曹操还为削弱汉室势力做了不少带有实质性的事，例如废除齐、北海、阜陵、下邳、常山、甘陵、济阴、平原 8 个刘姓王国。建安十二年（207）二月，曹操自淳于还邺，大封功臣，作《封功臣令》。"

《艳》中有三点可以证明曹东临之碣石在无棣。一是《艳》中"经过至我碣石，心惆怅我东海"，两次用"我"字，笔者查了现存操诗 20 余首，用"我"的地方达 16 处之多。操以"相王之尊"，面对现实，"普天之下，莫非王土"。"我"如同"朕"，是"大写"的"我"。"我"字只有在自己的控制区属于自己的才能称其"我"，在别人的控制区属于别人的则称其为"他"；属于自己的在别人手里，可用"还我"，如"还我河山"，属于自己的，并且又到达此处，则可称为"至我"。所以诗中"经过至我碣石"，应理解为到达曹操所领冀州牧的渤海郡之碣石。二是"惆怅"东海郡战事，《资治通鉴》明确记载这是建安十一年（206）年，由昌豨乘曹操东征管承之机而复叛引发的战事，时间确凿，不容置疑。三是曹操"经过至我碣石"，"不知当复何从"，是发生在建安十一年（206）的事情，曹操还未决定是北伐还是南征，怎么能讲《观沧海》是北伐乌桓胜利回师时，途经昌黎碣石山有感而发。由此可见，此诗为北伐乌桓前，即建安十一年，也就是206年东征管承，登临渤海郡之碣石时所作。

《艳》之后便是著名的诗篇《观沧海》：

> 东临碣石，以观沧海。
>
> 水何澹澹，山岛竦峙。
>
> 树木丛生，百草丰茂。
>
> 秋风萧瑟，洪波涌起。
>
> 日月之行，若出其中；
>
> 星汉灿烂，若出其里。
>
> 幸甚至哉，歌以咏志。

新编《文史地词典》第686页载："渤海，古名沧海。"《辞海》第1012页载："《初学记》卷六：'东海之别有渤澥，故东海共称渤海，又通谓之沧海。'古时渤海有广义和狭义之分，广义指辽东湾、莱州湾、渤海湾和渤海海峡，即整个渤海；狭义指渤海湾。"晋朝张华著《博物志》曰："渤海亦称沧海。"《十州记》："沧海岛在北海中……水皆苍色，仙人谓沧海。"现在"沧海"早已是泛指大海了，但它的来历确是古代的渤海湾。沧桑变良田，沧州来历在于此。北魏孝明帝熙平四年（517），设沧州，辖浮阳、乐陵和安德三郡，无棣时属乐陵郡。

这首诗有两点值得注意，一是首句"东临碣石"，"东临"这个方位词的意思非常明确，当时操的大本营在邺城（今河北临漳）。曹操是位现实主义诗人，用词是非常准确的。到达渤海郡碣石只能是东临，而不能称为南临或北临。如前所载，史书中均称这次战事为"东略"、"东伐"、"东征"等，没有别称。二是"以观沧海"，如上所述，"古渤海也称沧海"。从诗的对仗来讲，"碣石"是实指山，而沧海就不是泛指海了，只能是站在碣石上，望着沧桑之变的渤海，发感慨。再者，诗中所描写的自然景色，非常符合东汉末年现在鲁北当时的状况。一个"经过至我碣石，心惆怅我东海"在前，一个"东临碣石，以观沧海"在后，曹诗将"遗篇"的"遗址"交代的再明白不过了。

曹操自建安十一年"秋八月，公东征海贼管承"至"建安十二年春二月，公至淳于还邺"，经历了一个冬季，主要是征讨青州海贼管承，活动范围在当时渤海西南岸冀州、青州区域和黄河两岸。曹操也就有了《冬十月》、《土不同》这两首诗：

> 孟冬十月，北风徘徊。
> 天气肃清，繁霜霏霏。
> 鵾鸡晨鸣，鸿雁南飞，
> 鸷鸟潜藏，熊罴窟栖。
> 钱镈停置，农收积场。
> 逆旅整设，以通贾商。（《冬十月》）
>
> 乡土不同，河朔隆寒。
> 流澌浮漂，舟船行难。
> 锥不入地，蘴藾深奥。
> 水竭不流，冰坚可蹈。
> 士隐者贫，勇侠轻非。
> 心常叹怨，戚戚多悲。（《土不同》）

《冬十月》、《土不同》，虽没有直接描写战争场面，但从"天气肃清，繁霜霏霏"、"流澌浮漂，舟船行难。锥不入地，蘴藾深奥。水竭不流，冰坚可蹈"的恶劣环境中，反映和衬托出了曹操行军的艰苦以及战争的残酷和取得胜利的艰难，也就理解了曹操自陈留起事19年以来，为何于建安十二年第一次大规模封赏功臣，发出具有历史意义的《封功臣令》："十二年春二月，公自淳于还邺。丁酉，令曰：'吾起义兵诛暴乱，于今十九年，所征必克，岂吾功哉？乃贤士大夫之力也。天下虽未悉定，吾当要与贤士大夫共定之；而专飨其劳，吾何以安焉！其促定功行封。'于是大封功臣二十余人，皆为列侯，其余各以次受封，及复死事之孤，轻重各有差。"（《三国志·魏书·武帝纪第一》）

　　另一方面，我们解剖一下"主流派"的观点，即认为《观沧海》是曹操"建安十二年（207），北伐乌桓，胜利回师途经昌黎碣石有感"而作。经典志书均未记载，北伐乌桓整个战争过程中，曹操至昌黎碣石。据《三国志·魏书·武帝纪》记载："（公）将北征乌桓，夏五月至无终，秋七月大水，傍海道不通，田畴请为乡导，乃堑山堙谷五百里，经白檀，历平冈，涉鲜卑庭，东指柳城。……八月登白狼，卒于虏遇，使张辽为先锋，虏众大崩，九月公自引军自柳城还。"（此处所用均为农历）

　　显然，"至无终"正值盛夏，无"秋风"且无"萧瑟"；"秋七月"，有"秋风"，但"大水，傍海道不通"，与昌黎碣石无缘；"秋八月"，有"秋风"，但远离海滨，正"卒于虏遇"，在白狼山指挥战斗，而且是北伐的重要战役；"九月公自引军自柳城还"，据《资治通鉴》载："时天寒且旱，二百里无水。"从柳城到昌黎、乐亭，千里迢迢，到达时已为寒冬，不会有"百草丰茂"的景色。这与曹操诗中景色描写不符、意境大相径庭，不合曹操登临之状。加之操心腹大将郭嘉患病在易县；南方刘表又蠢蠢欲动，"黄巾军杀死济南王（刘）赟"、"杀死阳信县令"（《资治通鉴》）。面临这种严峻的形势，心急如焚、忧国忧民的曹丞相，哪有心思单枪匹马，轻车简从绕道近 300 公里（柳城至昌黎）去登碣石、看大海。假设确实绕道昌黎碣石，也无暇登上海拔695 米的山顶游山玩水，到达昌黎，曹操看到的绝不是"秋风萧瑟"的景象，而是"北风徘徊"、"繁霜霖霖"的"冬十月"了。

　　关于昌黎碣石，它在辽东湾北岸，河北昌黎县城北 10 余里，海拔 695米，昂首于群峰之中，属燕山余脉，周边百余山头，淼无九河踪迹，距辽东湾近 80 里，既不符合《禹贡》碣石之形，又不合乎曹操登临之状。大禹无开山辟岭之本领，曹操无游山玩水之佐证，且本地又多处有碣石，自相矛盾。称碣石可以，但不是《禹贡》碣石、曹操登临之碣石。综上所述，事实胜于雄辩，"千年碣石谜案"已被解开，这座被众说纷纭，历史湮没，颠来倒去，见证过大禹治水、秦皇汉武登临、曹孟德发惊世浩叹的碣石山，只能是坐落于山东无棣县城北 30 余公里的"京南第一山"。

　　"（管）承走入海岛"，曹操取得了东征胜利，对统一全国更充满了信心，时年 52 岁，仍是踌躇满志，乐观自信，便写下了《龟虽寿》：

神龟虽寿，犹有竟时。

腾蛇乘雾，终为土灰。

老骥伏枥，志在千里；

烈士暮年，壮心不已。

盈缩之期，不但在天；

养怡之福，可得永年。

这首诗，描述的是曹操取得艰难胜利后，自比是一匹上了年纪的千里马，虽形老体衰，屈居枥下，但想到北方乌桓尚未平定，南方刘表还须征讨，劝告自己不应因年暮而消沉，而要"壮心不已"、永不停止、积极进取，又重新激发起了驰骋千里的豪情，抒发了一代枭雄曹操对当时社会离乱、人生艰难的种种忧虑和豁达进取、一统天下的雄心壮志。

同志们，这座年轻而古老的火山，由于 1800 年前曹操亲率大军东征管承途经登临，面对"日月之行，若出其中；星汉灿烂，若出其里"的苍茫大海，以"挟天子以令诸侯"、"相王之尊"、"天子之气"；面对即将统一的大好河山，感慨万千，于是"东临碣石，以观沧海"，带着胜利者的喜悦和囊括四海、包举宇内的雄心壮志，喷薄而出。各位老师、各位同学，叱咤风云、气势恢宏的盖世之作《观沧海》由此而来。

三、复名开发

——我们研究碣石，为《禹贡》碣石复名、开发，并非标新立异，也并非小题大做，而是要还其历史本来面目，其动议源于历史真实，以史为鉴，为这座小山丘正本清源。

无棣县碣石山历史文化研究学会自 1998 年成立以来，出版《禹贡碣石山》三辑。2001 年 8 月以滨准印字（2001）022 号出版了第一辑。准印本《禹贡碣石山》出版后，呈送安作璋教授审阅。9 月，我们举行了"碣石山复名新闻发布会"，安作璋先生和李宏生教授、朱亚非教授专程到无棣参加复名仪式，对我们的研究成果给予了充分肯定。2002 年在安作璋教授和李宏生教授、朱亚非教授的支持、帮助下，于 8 月由济南出版社正式出版发行了《禹贡碣石山》（第一版）；随着时间的推移和碣石历史研究的深入、旅游开发建设的不断完善，2005 年 12 月我们又正式出版了《禹贡碣石山》第二版。为更好地打造碣石这一历史文化品牌，提高知名度，推动当地经济快速发展和社会进步，遵循符合地名命名"方便使用，注意反映当地历史、文化和地理特征，尊重当地群众愿望"的原则，2005 年 8 月，省政府批准同意将碣石山所在地的原大山镇更名为碣石山镇，与此同时，我省权威性刊物《齐鲁文史》配发了郭云鹰同志的署名文章《曹操东临之碣石在无棣》。更名碣石山镇后，碣石所蕴含的厚重历史文化提升了碣石山镇及无棣县的品位，达到了地方历史文化促进地方经济发展的目的。由大山镇更名为碣石山镇，充分证明了碣石山复名的正确性，也为《禹贡》碣石山的复名活动画上了圆满的句号。

——我们研究碣石，为《禹贡》碣石复名、开发，是借名山之光，兴我县经济。

在经济大潮的冲击下，人们往往急功近利，重经济轻文化，忽略了地方文化对促进地方经济发展的潜在作用。2004 年，我们开发了碣石山；2005 年，我们初步修复了吴式芬故居；2006 年，我们又启动了大觉寺恢复建设工程。这一切均是为振兴地方经济服务。碣石是历史名山，有着五千年的历史，历史文化积淀厚重而深远。我们在研究碣石历史的同时，先后共投资 3000 万元，不断开发了碣石山的旅游资源。自 2001 年开始对碣石山进行初期开发，修建了一碑（大型碣石山碑）、一亭（观海亭）、千米路。2004 年，滨州市委、市政府将碣石确立为全市"两山两带一圣人"旅游开发重点建设项目之一，实现了年初开工建设，国庆接待游客的目标。山上恢复重建了山顶观海阁、碧霞元君宫；建设了碣石山旅游景区大门、曹操横槊赋诗群雕、禹王亭等主体建筑；开发有福地洞天、虚怀谷、海眼等山体自然景观，石林、石瀑等火山自然遗迹景点。山下开挖了饮马湖水库，建有曹公岛、千童岛及游艇码头，完成一期工程建设，一座崭新的历史名山展现在世人面前。国庆黄金周期间，采取"文化搭台、经济唱戏"的方式，举办了首届碣石山旅游文化节。期间，吸引了北京、上海、天津、浙江、河北等地及韩国的客商前来观光旅游和洽谈贸易，接待来自北京、天津、德州、沧州、东营、济南、淄博和当地的旅游观光者达 8 万多人次，无棣旅游接待人数首创新高，一举打响了无棣"碣石名山"旅游品牌。现在，我们开始了碣石二期旅游开发建设，二期开发重点是丰富景点、完善景区配套设施。依托土地和水源的优势，搞苗圃、速生林种植、观光农业，绿化、美化碣石山风景旅游区；利用湖心岛、半岛和水面，建设一批娱乐、休闲和服务设施；与各级地震部门的联系，争取资金建设"火山博物馆"。通过二期工程建设，使碣石山旅游区成为一处集观光游览、科考科普、休闲度假、食宿购物于一体的，主题鲜明的山水文化旅游区。

——我们研究碣石，为《禹贡》碣石复名、开发，是构建和谐社会，建设新农村的需要。

几年来，通过对碣石历史文化研究和大力实施旅游开发的成功做法，使我们明白了，一个地方不是缺历史文化，而是缺少对历史文化的挖掘和展现。积淀厚重的历史文化是巨大的精神财富，挖掘和展现这些历史文化，并将它合理开发利用起来，对于提高农民文化素质，树立良好风尚，对发展旅游业，活跃旅游经济具有重要意义。通过这几年的复名活动和旅游开发，真正实现了文化经济共同发展，无形之中也就形成了一个良好的投资软环境。

——我们研究碣石，为《禹贡》碣石复名、开发，是为了多学点书，丰富自己的知识，是为人类做点贡献，实现人生的价值的需要。

最后，我想再强调一句：没有安作璋教授和山师大诸位教授、专家对我们工作的支持，我们的碣石研究不会如此顺利进行，就不会有碣石旅游开发的成功、"碣石名山"旅游品牌和碣石山镇的更名，更不会有无棣旅游业的发展。再次向安教授和山师大的诸位教授、专家表示感谢！

上述浅论，为一家之言，敬请各位批评指正。最后再次感谢朱教授、感谢各位学者，各位同仁。

谢谢！

康熙《泰山龙脉论》中的"山东碣石"

徐景江

康熙皇帝创制"泰山龙脉"论，并刊布所作《泰山山脉自长白山来》一文，收入《圣祖仁皇帝御制文集·四集》卷二七《杂著·康熙几暇格物编》中，此文习称《泰山龙脉论》。全文如下：

> 古今论九州岛岛山脉，但言华山为虎，泰山为龙。地理家亦仅云泰山特起东方，张左右翼为障。总未根究泰山之龙，于何处发脉。朕细考形势，深究地络，遣人航海测量，知泰山实发龙于长白山也。长白绵亘乌喇之南，山之四围百泉奔注，为松花、鸭绿、土门三大江之源。其南麓分为二干：一干西南指者，东至鸭绿，西至通加，大抵高丽诸山皆其支裔也。其一干自西而北，至纳禄窝集复分二支，北支至盛京为天柱隆业山，折西为医巫闾山；西支入兴京门，为开运山，蜿蜒而南，旁薄起顿，峦岭重叠，至金州旅顺口之铁山，而龙脊时伏时现，海中皇城、鼍矶诸岛皆其发露处也；接而为山东登州之福山、丹崖山；海中伏龙于是乎陆起，西南行八百余里，结而为泰山，穹崇盘屈为五岳首。此论虽古人所未及，而形理有确然可据者。或以界海为疑。夫山势联属而喻之曰龙，以其形气无不到也。班固曰：形与气为首尾。今风水家有过峡，有界水。渤海者，泰山之大过峡耳。宋魏校《地理说》曰：傅乎江，放乎海。则长白山之龙，放海而为泰山也固宜。且以泰山体位证之，面西北而背东南。若云自函谷而尽泰山，岂有龙从西来而面反西向乎？是又理之明白易晓者也。

康熙创制此论，其意绝非在地理方面，而是着眼于政治与文化。汉文化最重追根溯源，今即"考明"泰山并非自中干而来，而是发脉于长白一峰，则从地缘上来说，满汉实为一体，即有着共同的文化根源。长白、泰山皆当居于第一神山之地位，不须更分彼此。故康熙"泰山龙脉"的命题，不仅为满洲入主中原寻找到了地理上的依据，同时也为他在政治上破除两族畛域、实行"满汉一视"觅到一条理论武器。（《"泰山龙脉"之争》）

康熙帝的《泰山龙脉论》"既不是地理学论文，也不是地质学论文，甚至也算不上堪舆学论文，而是一篇充满智慧的政治论文，是一篇贵在宣传民族融合，社会和谐的'统战'论文"。（蒋铁生、吕继祥：《康熙〈泰山山脉自长白山来〉一文的历史学解读》）

康熙帝称"长白山系本朝祖宗发祥之地"，而在汉族的名山信仰中，长白山的地位远不及泰山尊大，造成了汉族泰山信仰与满洲长白信仰的碰撞。协调两族信仰，统一思想认识，并能取得满汉双方心理上的认可，成为康熙在万机之中须予解决的要务之一。"泰山山脉来自长白"的创论，便是在这种历史局势下横空出世的。

清康熙四十八年（1709）十一月二十四日，康熙皇帝在行宫畅春园同阁臣李光地等到人议毕政事之后，忽作了有关泰山山脉源起的发问。《清史稿》记载："上与大学士李光地论水脉山源，泰岳诸山自长白山来。"《清圣宗实录·卷二四〇》记载，清康熙四十八年（1709）十一月二十四日，康熙皇帝问曰："汝等知山东碣石等山脉，从何处来乎？"李光地奏曰："大约从陕西、河南来。"康熙："不然，山东等山，从关东长白山来。即如山海关与山东登莱相对，渡海不过二百里，中系海套，凡山东泰岱诸山来脉，俱从长白山来，来龙甚远，不知里数。"

这就是关于"泰山龙脉"这一论题的君臣晤对。随后，康熙帝刊布了他所作《泰山山脉自长白山来》，对此事详加申说。

在此，不谈康熙帝的"泰山龙脉"论，只说康熙帝在对话中提到的"山东碣石"。

康熙帝对自然科学有着浓厚兴趣，具有一定的地理知识，在所著《几暇格物编》中对地质地貌亦多有研讨，并自谓"朕于地理，幼从留心，凡古今山川名号，无论边徼遐荒，必详考图籍，广询方言，务得其正"（《御制文集·四集》卷十五《敕谕》）。

康熙帝对山川地理有着深入的研究，因此对话中提到的"山东碣石"，不是康熙帝的随意之言，而在山东确实存在一座"碣石"，并将"碣石"作为山东诸山的象征，进而才引出了山东泰岱等山。

康熙帝指出，泰山龙脉发源于吉林长白山，在辽东半岛与山东半岛之间渤海海峡中的海岛，就是时伏时现的龙脊，"接而为山东登州之福山、丹崖山，海中伏龙于是乎陆起，西南行八百余里，结而为泰山，穹崇盘屈为五岳首"。康熙帝没有讲到"山东碣石"的位置，而在详述泰山与长白山的脉络连属关系中，也未提及"碣石"，这说明泰山与"碣石"无明显的"脉络连属"之意，既不附属泰岳，也不会在与泰山相连的胶东一带。

在渤海西南岸的"九河入海之区，延袤数百里，平衍无山，唯一童山蠡海之右可为表识，古号碣石，后名马谷者是也"。（贾恩绂：《盐山新志》）这就是康熙帝对话中孤兀独立的"山东碣石"，今山东无棣碣石。此山位置处于泰岳与长白之间，西不与太行、北不与燕山、南不与泰岳脉络相连，乃此数百公里范围内唯一山体，也是康熙帝所指的"辽东半岛与山东半岛之间的时伏时现的龙脊"。

无棣碣石一山多名，《禹贡》中称碣石，春秋时称无棣，魏晋时称盐山，唐宋称马谷山，明清俗称大山。

乾隆四十五年（1780）《重修马谷山寺记》中记载："马谷山，古之所谓碣石也，思自历下以北蜿蜒三百六十里，乃于覆鬴、鬲津之间突出一峰，则灵秀所钟，谓非海邑之巨镇乎？"

明末清初大地理学家顾炎武的《山东肇域志》指出："夫事无所证，当求之迹；迹有不明，当度之理。以迹而论，九河故道，俱在德、棣之间，而碣石不当复在他境；以理而论，禹之治水，行所无事，齐地洼下滨海，以禹之智，不从此入，而反转绕千里之外，乃自北平而入海耶？况地势北高，无行水之道，今自直沽以北，水皆南注，北平地高，则河又奚由而达耶？又云，碣石已去岸五百里。审如是，当在麻姑岛以东、塔山大洋以南，而海道图经，又无此山，则此语尤不足信矣。今此山既在九河之下，而又巍然独出于海滨之上，其为碣石无疑。太史公亦言播为九河，同为逆河，入于渤海。其时去三代未远，当有所见，今济南青州之北，正古之所谓渤海也。"

清代，可能是受顾炎武《山东肇域志》的影响，无棣碣石名气渐大，一些人认同了无棣碣石的观点，并留下了许多有价值的诗词文章。其中，最具代表的是清乾隆进士、滨州人杜锷《九河》诗（民国十四年版《无棣县志》）：

禹迹茫茫问九河，海滨碣石未销磨。

汉家分土名犹在，宋氏传经说竟讹。

自昔洪流归海澨，岂容别派混潳沱。

岛夷尚识来时路，万丈潮头奈尔何？

——2010 年 2 月 24 日

【参考资料】

周郢：《康熙大帝与〈泰山龙脉论〉》，2010 年 1 月 15 日，见泰安市文化产业网，http://www.tawhcy.gov.cn/Article/showArticle.asp?ArticdeID=312

蒋铁生、吕继祥：《康熙〈泰山山脉自长白山来〉一文的历史学解读》，《社会科学战线》2008 年第 6 期

贾恩绂：《盐山新志》（民国五年版）

顾炎武：《肇域志》"海丰县"条目（海丰县，今山东无棣县）

《无棣县志》，山东商务印刷所民国十四年版

《康熙朝实录》中的"天津碣石"

徐景江

《康熙朝实录》（卷之 245）载，康熙五十年：

> 谕大学士等曰、河务甚难。……古时黄水、由天津碣石而流。此言载在书经禹贡。后又移流在德州。自后渐移于南方矣。治河固宜顺水性。亦在随宜调度。今使诸水入大海者、岂尽随水性哉。

在（乾隆）《天津府志·卷之十一·古迹志》中，编者将汉代以来诸儒、舆地州府志书的观点和记述，分"九河故道"、"逆河故道"、"碣石"三大部分进行了详细归整，集中了各家不同的观点。

然而，面对众多观点，《天津府志》编者无力辨别禹河及九河故迹，但编者清楚的是古河水在天津入海，九河、逆河及碣石当在此附近。编者还在个别地方加"按"以示编者观点，并表明"特赘此以备一说"。

对"碣石"所在，编者用"禹河不从此入"，驳斥"辽西碣石"；也以"禹河至海丰（无棣）入海，则当曰东，不当曰北播为九河"、"碣石之上有逆河，逆河之上乃有九河，此地没有逆河"、此山在山东境，而将碣石定位于山东；又因无棣碣石为兖州地，不在冀州等，否定"无棣碣石"。

对"天津（章武）碣石"，也是既论又否："河水即由章武入海，则碣石当在章武，《汉书》言章武不言碣石者，此王横所谓为海所渐，盖汉世已无

遗迹，故不言也。""碣石之在章武，古亦有可据者，据《战国策》苏秦云，燕东有朝鲜，辽东南有碣石、雁门之饶。累（昌黎）在燕东，与朝鲜、辽东等，不得谓之南，据《汉书》言，河间在燕南，是章武诚燕南也，况鱼盐之饶古称长芦，累虽濒海，不及万分之一，自不应舍此以言饶。""郑元谓此别一碣石，在九门县，孔颖达谓验九门并无此山，则焉知不即在章武海中？况据史，汉武帝登碣石望海，《地形志》谓章武城有汉武帝台，《水经注》以为汉武望海处今沧州，台基尚存，则碣石又当在沧州海中，其说亦是。但茫茫海若，无迹可求，付会言之，与累、骊（乐亭）诸说何异？"

最后，概述说："《禹贡》明言碣石，苟海岸实有此山，当有实指所见以正之者。""今姑无论碣石之所在，但禹河即由章武入海，则碣石去章武当自不远也。"

古黄河善徙，禹河已故迹难辨；所谓九河，亦可能是概指，水盛则漫衍流淌，水衰则数道分流，或径流独注，径流亦屡决屡徙，彼堙此辟，此堙彼辟，往复无计。况九河之名，始于《尔雅》，《尔雅》之作，或以为周公，或云仲尼所增、子夏所足、叔孙通所益、梁文所补，是否禹迹不得而知。故求其所谓九河，或新河冠以旧名，或一地互为多说，终不得其处，愈求愈疑，致众说纷错如此耳。

河自大伾而决啮流移，水陆变迁，而漯水、大陆、九河、逆河皆难实指，然上求大伾，下得河口、碣石，因其方向，辨其故迹，则犹可考。黄河河口，舍渤海无所归；九河下游，乃在津、济间平衍广斥，天津以南、济南以北，沿海几百里，堪称为海道表识者，舍马谷、马骝二孤山外，实无一丘可指。马谷今山东无棣碣石，康熙所云"天津碣石"，是因其只知河在天津附近入海，碣石当在附近，不知"天津碣石"与"山东碣石"乃一山。《天津府志》所云"章武碣石"，是因其只知有逆河，逆河当在九河之下，不知九河入海遭海水顶托称为"逆"，九河即逆河；只知燕南有碣石，属古冀州，不知无棣碣石居于冀、兖交界处，河水善徙，于其南入海，则正合于"夹右"，属冀州。

无棣碣石原距海口不远，矗立无偶，草木不生，又在大河故道之中，居海之右，正合与《禹贡》"夹右碣石入于河"之文。此山虽小，明清时江浙帆船入大沽者，仍取其为瞭望之标识。

——2010 年 4 月 4 日

《禹贡集传》札记

刘玉文

由郭云鹰先生主编的《〈禹贡〉碣石山》一书出版，总结了无棣近年来考察研究"《禹贡》碣石"所取得的阶段性成果，引起一定的社会反响。

为了进一步研讨"《禹贡》碣石"问题，利用闲暇之余补课，浏览了四种版本的《尚书·禹贡》集传，其中有：

《霞光书经》（遵依洪武正韵敬文堂梓行），简称《霞光》。

《书经体注合参》（钟山钱希祥雍正乙巳纂辑苕溪范紫登先生参定乾隆五十八年冬镌金阊书业堂藏版），简称《体注》。

《监本书经》（光绪丁未承文信藏版），简称《监本》。

《奎壁书经》（金陵奎壁斋梓成文信梓行），简称《奎壁》。

四种版本皆注明为"蔡沈集传"，但注释语句多有出入，然基本精神并无相左之处。受益良多，仅作札记如下：

一、"定高山大川以别州境"、"兖州之北境，北尽碣石河右之地"

《禹贡》"禹敷土……奠高山大川"节。《体注》云："此记治水之大纲也，分土则区域辨，随刊则便宜审，奠山川则州境别。"《监本》、《奎壁》传云："定高山大川以别州境也，若兖之济、河；青之海、岱；徐之海、岱、淮；……梁之华阳、黑水是也。"

《禹贡》"济河惟兖州"节。《监本》、《奎壁》集传云："兖州之境，北尽碣石河右之地。"

由此可知，《禹贡》中所举"高山大川"其作用主要是"以别州境"。而"兖州之境，北尽碣石河右之地"，则《禹贡》篇所载之"碣石"，当然也是具有"以别州境"之功用，它位于冀、兖二州接界的古渤海之滨，而濒于"兖河"之北岸。

　　《禹贡》中所说的"九州岛岛"（见康熙《泰山龙脉论》语。下同）是被"高山大川"所分隔的自然地域概念，并不是行政区划。所以其边界线并不十分明确，九州岛岛州境"四至"不全，九州岛岛之中七州只有二至，徐州有三，说明当时的"州"只不过是以大河的流域为基础的、相对模糊的区域轮廓。汉武帝元封五年（前106），全国首置13个刺史部，"州"才成为行政区划。

　　《旧唐书·天文志》载："须女、虚、危，玄枵之次，其分野：自济北郡东逾济水，涉平阴至于山茌，汉太山郡山茌县，属齐州西南之界……（得汉之）平原（郡）、渤海（郡），尽九河故道之南，滨于碣石，今为德州、棣州，沧州其北界。自九河故道之北，属析木分也。……古之北燕、孤竹、无终……皆析木之分也。"即西汉时的平原郡、渤海郡的辖区，包括全部"九河故道以南"地区而濒临"碣石"，这与"兖州之境，北尽碣石河右之地"相符合。此"碣石"坐落在唐代"沧州其北界"。无棣县在唐代隶属于河北道景城郡沧州，且在其北部海滨，有一座被称为"马谷山"的、"碣然特立"玄武岩孤丘。这座孤丘就是"《禹贡》碣石"，原不应有什么值得怀疑之处。

　　"《全晋文》卷五九引成公绥《大河赋》：'览百川之宏壮兮，莫尚美于黄河。秦自西而启壤兮，齐据东而划疆'。'齐'地，《旧唐书》卷三六《天文志》：'自济北郡东逾济水，东南及高密国，东尽东莱郡之地。又得汉之北海、千乘、淄川、济南、齐及平原、渤海郡，尽九河故道之南，滨于碣石'。"（王颋：《曹操引漳——"凿渠入海"与魏、晋黄河》）古代诸侯有封土之道里，无"领海"之概念，因此"齐地"不可能隔海与"辽西"划疆界，自然"齐地"所滨之"碣石"也绝不可能坐落于辽西。

　　《新唐书·天文志》也载："须女、虚、危，玄枵也。……得汉北海、千乘……及平原、渤海，九河故道之南滨于碣石""自北河（按：即'九河'）下流，南距岱山为三齐，夹右碣石为北燕。"这完全与"兖州之境，北尽碣石河右之地"相符合。即"碣石"在九河之下流，并且是"以河为境"的"北燕"和"三齐"分界线上的参照物。倘若春秋战国时代有人站在今"昌黎碣石山"的"娘娘顶"上，面对河源，去修改周初的封疆诏书曰："南距岱山为三齐，夹右碣石为北燕"。那就连燕国昭王后来新建的辽西、右北平、渔阳郡的南部和燕国的两个都城下都、临易，还有后来荆轲要向秦王献图的膏腴之地"督亢"在内的大半个燕国都划归齐国所有了，这是燕国绝对不能接受的，也是绝对不可能发生的。所以，此处的碣石只能是无棣的古碣石，绝不可能是今昌黎碣石。

以往，学者们讨论《禹贡》碣石，往往只着眼于碣石的"贡道标识"的次要功用，却忽略了碣石"以别州境"的主要功用。因此，人为地给《禹贡》碣石冠以"冀州碣石"、"兖州碣石"之类的标签，不是到古黄河移徙的尾闾之地、冀兖二州的接界之域去定位碣石，而是到燕山余脉去"奉旨"寻找所谓能够望到"水何澹澹"的"特立高山"。

其实，所谓"高山"是相对的，禹时还没有"海拔"基准概念，古人一般只对"相对高度"感兴趣，高出海面60余米的海滨碣然特立的孤丘，要比高度相差不大的上百峰峦中相对高出60余米的山头更加明显，因为前者远近看皆为特立"孤标"，而后者则是"横看成岭侧成峰，远近高低各不同"，从远处望去（不管是从海上，还是陆上），那高出一点的山头充其量就像一根锯条上的"大锯齿"而已，根本无"导航"作用可言。即使今天的现代船舶，不用无线电导航仪或"卫导"，仅仅以数百里之外的"昌黎碣石"作为导航、转向标识，就能进入海河口，而找到塘沽新港，无异于痴人说梦。远的不说，而今进出葫芦岛的舰船有谁以昌黎的娘娘顶"导航"？禹时的人力小舟可能尚未使帆，只能傍近岸曲折航行，进入河口、港湾只需在其附近找一个明显而熟悉的标识即可。正如现代船舶进港仍以并不特别高大的灯浮、水鼓，甚至是大烟囱作导航标识，这是航海常识，为何大河口附近的60多米高的明显孤丘就不具标识作用呢？船行于大海，为保证航行安全和不偏离航线，宁肯选定靠近航道的小型岛礁做参照物，绝不会选择百十里之外的甬道似的一排山头作导航标识，这是近海航行常识。不信，就去请教一下航海人员。如果按照清谈者的奇思妙想，原始的"岛夷"尚能在数百里之外"夹右"一个山头即可保证"入于河"，那么明代郑和下西洋就容易多了，他只需选择珠穆朗玛峰、乞力马扎罗山等几个大山头就行了。

一说"《禹贡》碣石"，有人就以为必定是"特别高大"之山。这也是误解。胡渭《禹贡锥指略例》云："禹所名之山，苟举宏远，非一峰一壑之目也……至若砥柱、碣石、朱圉、大伾之类，则又狭小孤露，与一峰一壑无异。盖山陵之当路者，不得不举为表识，未可执前例以相绳，以为必广袤数十百里之大山，而疑古记所言之非也。"此乃一言中的。

无棣古碣石符合"狭小孤露，与一峰一壑无异"，"不得不举为表识"之意。胡渭之所以对无棣古碣石产生怀疑，不是因为它不够"苞举宏远"的标准，而是因为囿于《禹贡》后世出现的"九河"之名称的"马颊"与"笃马"而已，岂有他哉。他只是说"宋二股河下流合笃马河经此山（按：指无棣马谷山）入海，非禹迹也，安得指马谷为碣石，刘氏（按：指明代学者刘世伟，他认为马谷山即《禹贡》碣石）凿空无据"。众所周知，古黄河，洪水期水溢横流为"九河"，枯水期归入干流，整个津南一带的大平原几乎全部是黄河挟沙淤积而成，安知今"笃马"河道非昔之九河故道乎？史念海先生在其《黄河流域诸河流的演变与治理》一书中说："西起太行山下和颍河之滨，东达泰山之麓，北至天津，南迄淮河，其间都曾经成为黄河河道摆动和泛滥波及的地区。"《水经注·淇水》注云"无棣沟……由东北经盐山（即马谷山）入海……'北至于无棣'乃四方所至之地"。无棣沟是大河支流，《中国历史地图集》也有明确标注，无棣沟迄今仍流淌在河北省盐山、海兴的沃土上。用数千年之后才出现的"宋二股河下流合笃马河"去否定九河故道，分明是胶明清之"柱"而鼓禹夏之"瑟"，并非"刘氏凿空无据"。

《清史稿·海防》载："顺治十一年，令苏利为水军都督，驻军碣石，为山东海防之始。……（咸丰）八年，饬天津镇总兵赴山东，详堪海丰（今无棣县）一带海口。九年，以海丰县大沽河有防营故址，饬崇恩等拨兵防守。"此山东海防驻军之"碣石"，断然不会是昌黎碣石，理当无甚异议。

二、《禹贡》大河"至碣石入于海"

《禹贡》"既载壶口"节。《体注》、《监本》、《奎壁》传曰："禹治水施功之序，则皆自下流始……兖州最下，故所先；雍州最高，故独后。"

《禹贡》"至于衡漳"节。《监本》、《奎壁》传曰："禹之导河自泽水大陆至碣石入海。"

朱熹老夫子曰："故某尝谓禹治水，必当始于碣石九河。盖河患唯兖州最甚，兖州是河曲处，而此处两岸无山，皆是平地，所以溃决必常在此，故禹自决处道之，用工犹难。孟子亦云'禹疏九河，沦济漯而注于海'盖皆自下流以杀其势。……禹治水，乃是自下而上，又自上而下。后人以为自上而下，此大不然！不先从下泄水，却先从上理会，下水泄未得，下当愈甚，是甚治水如此。"（黎靖德编：《朱子类语》第五册，中华书局 1994 年版）

《禹贡》"夹右碣石入于河"节。《监本》、《奎壁》传曰："碣石，《地志》载北平郡骊城县西南河口之地。……自北海入河南向西转而碣石在其右转屈之间故曰'夹右'也……又按郦道元言，'枕海有石如甬道数十里，当山顶有大石如柱形，韦昭以为碣石'，其山昔在河口海滨，故以志其入贡河道。"《霞光》传曰："碣石在北平郡骊城县西南大河之口海水之滨也……自北海入河南向西转而盘旋于碣石之左，碣石在其右转屈之间，故曰'夹右'也"。《体注》注云："碣石山峙于大海之滨，当逆河入海之处。""由北海入河自海而南向，则望碣石以接河滨，由右而西转则自碣石以达河口，舟在左石在右转屈之间，视之若在挟掖之右，故曰'夹右'。"

"九河既导"节。《监本》、《奎壁》注曰："九河入海之处有碣石在其西北岸"。

"北播为九河，同为逆河，入于海"节。《监本》、《奎壁》传云："九河见兖州……泺水、大陆，九河、逆河皆难指实。然上求大伾，下得碣石，因其方向，辨其故迹尤可考也。"《禹贡》"九河"节集传，对九河所在，一言在"沧州"、"棣州"、"饶安"，两言在"德州"、"无棣"，认为九河在"德、棣、沧州"之间，古今并无争议。

《体注》云："逆河……河流始于雍，经于冀豫，终于兖也。"

此外，《史记·夏本纪》作"夹右碣石入于海"。[正义]："播，布也。河至冀州，分布为九河，下至沧州，更同合为一大河，名曰逆河，而夹右碣石入于渤海也。"《汉书·沟洫志》载：许商以为"古说九河之名，有徒骇、胡苏、鬲津，今在成平、东光、鬲界中。……今河虽数移徙，不离此域"。

唐代杜佑《通典·州郡》卷八："周职方曰：'东北曰幽州……川曰河、济。'河在景城郡无棣县界。""（九河）其徒骇、鬲津、钩盘、胡苏并在景城郡，马颊、覆釜二河并在今平原郡。"

综上所述，其一，大河至碣石入于海；其二，冀兖二州以大河为界；其三，大河始于雍州经于冀州而终于兖州。根据这三个要素，碣石位置就在大河终端的冀、兖之域，入河需"夹右"，说明碣石坐落于当时大河干流北岸附近。史籍中并没有说碣石"正当河道"，所谓"正当河道"是有人为"标新立论"作反驳依据而臆造的。试想，立于沙基海岸的"碣石"，岂能成为第二个"中流砥柱"。并非仅如昌黎某人士所狐疑的"马谷山祭起的是古碣石山的旗号"，而是已成定论：无棣古碣石乃名副其实的"《禹贡》碣石"。

对于《禹贡》碣石在"河口之地"，有人质疑，首先是维护"古碣石即今昌黎碣石说"的人们，据昌黎人士说"迁安学者马恂在主笔重修同治四年（1865 年）版的《昌黎县志》时就曾指出：'蔡九峰作《尚书传》，于所引《汉书·地理志》骊城县大碣石山在其西南，而自增"河口之地"，《汉书》本无此四字也。九峰生于南宋，南北分裂，何由知北方之山川形势？此不过以意为之耳！然碣石之不必在河口，不在海滨，不必繁称博引，即《禹贡》之文思之，可晓然矣！'"

郦道元《水经注》言"大石如柱形，韦昭以为碣石"，"韦昭以为碣石"并不等于郦道元自己以为"碣石"。蔡沈是南宋人士，没到过辽金管辖的辽西一带，怀疑他对碣石在"河口之地"的注释"不过以意为之耳"。"无独有偶"，韦昭（204—273，曹操北征乌桓时他才 4 岁）乃三国时孙吴的四朝重臣，当时也是"南北分裂"，右北平归曹魏管辖，那韦昭"何由知北方之山川形势"？有何证据证明韦昭曾到右北平亲眼见到"枕海……甬道，大石如柱形"？有无"不过以意为之耳"？同理，郦道元时代也是"南北分裂"，生于北朝，他"何由知南方之山川形势"？而为何《水经注》内竟有南朝的"山川形势"？有何证据证明郦道元曾亲耳听到三峡"高猿长啸，属引凄异"？是否亦有"不过以意为之耳"之嫌？

按照这种"考证逻辑"，司马迁没见到三皇五帝、五霸七雄、汉高文景，所以其《本纪》也无可取之处？

《汉书·地理志》的编纂者班固，乃雍州扶风安陵（今陕西咸阳东北）人士，按照"马恂"先生们的逻辑，有何证据证明他亲履过所记述的九州岛岛山川？或否也同样存在"何由知之""以意为之耳"的疑问？

三、古之学者误认为"平州碣石"为《禹贡》碣石，也是基于"九河当在此地"、"禹河入海乃在碣石"这一必要前提

"九河既导"节。《监本》、《奎壁》注云："程氏以为九河之地已沦于海。引碣石为九河之证，以为今沧州之地北与平州接境，相去五百余里，禹之九河当在其地。后为海水沦没，故其迹不存。未没于海之时，从今海岸东北更五百里平地，河播为九。在此五百里中，又上文言'夹右碣石'。则九河入海之处有碣石在其西北岸。九河水道变迁难于推考，而碣石通趾顶皆石，不应仆没。今兖冀之地既无此石，而平州正南有山而名碣石者，尚在海中，去岸五百余里，卓立可见，则是古河至今以为海处向北斜行，始分为九。"虽犯了"削足适履"的错误，但他坚持"禹河入海乃在碣石"的观点并没有错。

《史记·夏本纪》"冀州"节。同是唐代人对同一段中的注释就截然相左。唐代张守节的［正义］云："黄河自胜州东……又东北至平州碣石山入海也。"而司马贞的［索隐］则云："盖碣石山有二，此云'夹右碣石入于海'，当非北平之碣石。"［正义］"同为逆河入于海"时却又注云："河至冀州，分布为九河，下至沧州，更同合为一大河，名曰逆河，而夹右碣石入于渤海也。"此"碣石"似在沧州而非平州。孰是孰非？求之迹，平州断无黄河故道；度之理，则水向低处流，黄河不会翻越燕山从昌黎入海。

即使主张把古黄河延长到平州入海的学者们，也回避了一个基本的事实，那就是平州的河流基本是向南流入于海。如果古黄河从"平州碣石"入海，那么，平州境内的滦河等十数条河流就必须流入黄河，即成为黄河的支流（因为禹时还没有技术能力架渡槽、修涵道）。显然，平州一带就属于"黄河流域"了。恐怕连主张《禹贡》碣石在昌黎的学者都不承认这一事实。因为既然古黄河不能人为地延长到平州，那就只能回到古兖冀接界之域去寻找《禹贡》碣石。

清代河间人士纪晓岚在《滦阳消夏录》中曾说："九河皆在河间，而大禹导河不径直入海，引自北行数百里，至（平州）碣石乃入？"

古之学者有的之所以把"平州海中"的一个"大揭石"，误认为是《禹贡》碣石的另一原因，是兖、冀之域的"碣石"即无棣古碣石并不十分高大，且

从春秋以来此山又数易其名；加之此山长期处于九河漫流的滩涂湿地，古代鸿儒大师们多专事著书立说、讲经授徒，钻研古经籍的"考究"学者们也往往是以经注经或相互转注，无暇涉足此海滨之地，因此误为"今兖冀之地既无此石"，随之又臆造出九河、碣石苞沦于海的神话，甚至不惜把沧州向东北拉伸 500 里去屈就"尚在海中"的"平州碣石"。于是乎，平州的"大揭石"也嬗变为"大碣石"，还衍生了"小碣石"，并因大禹的灵光而神气起来。

运用现代的科学知识已证明，碣石沦于海是错误的，"九河"也不可能在今渤海北岸入海。所以，把那一带的什么"山"、"石"称之为"碣石"、"古碣石"、"今碣石"都是无可非议的，但若说成是"《禹贡》碣石"，就必须与大禹平治水土有关。

再说，翻遍了整个《禹贡》篇的"九州岛岛"章或"导山"、"导水"章，怎么也查不到"神禹"导辽西一带的濡水、榆水、大辽水或某某山的记载。《禹贡》是记述大禹治水的事迹，其当务之急是"随山浚川"，而不是为东北什么"鸟夷"去修陆路贡道或"国防公路"。他怎么可能抛下"势重役烦"的治水工程于不顾，而跋涉千里，冒险到"深昧不测"的戎狄之地去考究燕山、阴山的余脉到何处入海呢？如今在昌黎娘娘顶后还有一个 400 余米高的"小碣石"，传说是大禹的"拴船柱"。大禹能在那里"拴船"，无疑今昌黎碣石在当时也是大海中的一个"孤岛"，即使大禹"遽敢深入"彼地，但当时没有钻探设备，他怎么会知道此"孤岛"的水下基脉是与燕山相连而不是与努鲁儿虎山相连呢？以今日"大中华"的疆域去臆测舜禹时代华族的活动范围未免太简单化了。虞舜时"蛮夷猾下"、"分北三苗"，春秋齐桓公征孤竹，战国燕将秦开拓东边，西汉飞将军李广任右北平太守的腥风血雨的记载以及盛唐时代"摐金伐鼓下榆关"的事实，说明在大禹年代也不会是百族敦睦、万国和合的大同时代。大禹时代被困于滔天洪水之中的华族人也没有能力跑到其生存空间以外的地方去"支持第三世界"，实施导山导水的浩大工程。

"我国远古时期'大禹治水'、'驱逐旱魃'的传说，正是海河流域人民早期与洪水斗争的反映"（王育民：《中国历史地理概论》第五节：海河的巨变）。海河流域的滨海"碣石"，岂能跑到辽西去。

四、"导山"是为了"导河"

《禹贡》篇中，并未注明什么"导山"、"导河"章，这是后世学者研读时添加的。集传者把"导山"理解为"随山"，以此与《禹贡》卷首的"随山刊木"相对应。认为"导山"的目的是在于"治水"，而不是去开发与洪水无关的山区。"导山"中所提到的山名都是与大河流域有关的山峦间的"小流域"，而不是考察、划分山峦之间的脉络。近年发现的西周青铜器《遂公盨》铭开头就说："天命禹敷土，随山浚川。"即使在草木榛榛、鹿豕狉狉的洪荒之处"刊木"，也是为便于视察水情临时通行或清除堵塞洪水的蔽障，不会去单纯修筑与治水无关的山间通道。

《禹贡》"太行恒山至于碣石入于海"节。《监本·奎壁》注曰："此下随山也……禹之治水，随山刊木，所标识诸山之名，必其高大可以辨疆域，广博可以奠民居。……初非有意推其脉络之所自来。……若必实以脉言之，则尤见其说之谬妄。……次一支乃为太行，又次一支为恒山，其间各隔沁潞诸川，并不相连属。岂自岍、岐跨河而为是诸山哉？此北条，大河北境之山也。"《霞光》注云："此下随山也。凡水之势皆因于诸山……导太行恒山以至于碣石，正欲使太行之水入河，恒山（之水）入滱至碣石河口海滨之地止焉。曰'入于海'者，禹自雍州之岍山直地抵冀之碣石，使诸山之水同入于海焉。……此北条大河北境之山，河、济所经。"《体注》传云："雷首以至碣石皆冀州山……此北条大河北境，雍冀二州之山，河、济之所经，禹之随山始于雍州……治太行恒山以至于碣石，皆冀之东河山也，其间不但河、济顺流，而汾、泽、漳、沁、恒、卫等水皆有归向矣。……导山共四条，导水共九条，导此诸山则可知河、济之势入于海而浚河、济之功可施矣。"又云："天下水源皆出于山，水势皆因乎山，故导水必兼导山。如北条大河北境诸山乃河、济两大水所出入之处……治大河北脊之太行与恒水发源之恒山以至于海边之碣石，而冀州东河之山导矣。……虽有导山、导水之异，其实随山水为治水，故以'导'为文。……谓之'及'者以相距之近也，谓之'至于'者，以其相距之远也。"另在"恒卫"节注云"恒水出恒山北谷东流入滱水，卫水出恒山灵寿东入滹沱河"。

"导河积石……同为逆河入于海"节。《霞光》注云:"九河即为兖之东河也。"《监本》、《奎壁》传云:"'九河'见兖州。……九河、逆河皆难指实,然上求大伾下得碣石,因其方向,辨其故迹,则犹可考也。"《体注》注云:"分而为九,合而为一,皆水势之自然,禹特顺而导之耳,此见河流始于雍经于冀豫终于兖也。"

既然岍、岐至于碣石诸山乃"北条大河北境之山,河、济所经",导冀州诸山是"以为浚河、济";所导之河"经于冀豫终于兖";"恒山至于碣石"之"至于"就是"相距之远",即恒山、碣石就不一定是山脉相连,那么这"终于兖"的"海边之碣石"、"碣石河口海滨之地"之碣石,定然是渤海西岸的无棣古碣石,决不会是"平州之揭石"。

但有人把"导山"与"导河"分割开来。认为《禹贡》导山在记述太行、恒山等山岳的走势时,以(昌黎)碣石山为其达于海边的整个山脉尽处的标志……太行(按:在今山西长治市东北海拔1378米)、恒山(按:在今河北曲阳县西北海拔1898米)与燕山山脉交接,至于燕山伸向渤海之滨突起的支脉——(昌黎)碣石山而入于海,是与华北地区这一带的山势走向基本相符的,也是与《史记·天官书》'故中国山川东北流,其维,首在陇蜀,尾没于勃碣'的记述基本吻合的。"他多处引用这段"中国山川东北流"为自己的论点作依据。并在引用"山川"一词时,特意突出"山",而故意回避"川"。"山川东北流"的基本含义是黄河流域山河流向的总趋势,而不是"太行山脉"与"燕山山脉"连延的"山势走向"。"流"是指"川",而不是指"山"。导"太行""恒山"为了到济、沁、泽、淇、恒、卫等大河支流的"水",而不是看风水、找龙脉!如前所述,《〈尚书〉集传》也明确指出:"(导山)初非有意推其脉络之所自来。……若必实以脉言之,则尤见其说之谬妄"。如果"导山"是确定九州岛岛峰峦脉络,为何"导山"文中只记载岍、岐而漏掉了一脉相承的3767米的太白山、2720米的首阳山和2604米的终南山?何以只提及低矮的"壶口"而丢了2203米的黑茶山和2831米的关帝山(今名);何以只提及1888米的析城山而漏了附近2322米高的历山;同理,为何记述了1898米高的恒山而偏偏没见到稍北的2018米的白石山;是大禹的眼睛不能辨高下吗?既然大禹要勘察与太行山脉交接的燕山山脉,为此需迁回千里，何故其间 2882 米的小五台、2129 的花皮岭、2047 米的云雾山、2116米高的雾灵山、1846 米的都山、1384 米的五指山等等却一字不名？大禹如何"心有灵犀一点通"，从千里之外径直准确地扑到燕山余脉的突起部——今昌黎那座 695 米高的小山尖，而名之曰"碣石"。

　　总之，所谓大禹"导山"是为了寻脉络、修道路的观点，只能靠凭空想象而已。纵观全篇《禹贡》，其所述"贡道"皆以水路为主，抑或有相邻水路间短途搬运，是否真实还有待商榷，何谈开通纵横燕山间的路陆通道。曹操北征乌桓时燕山的交通状况，想必毋庸赘述，禹时若何，可想而知。

　　《史记·天官书》中的所谓"尾没于勃碣"之"勃碣"是指汉渤海郡东的海滨碣石，而不是燕山余脉。已知最早提及《禹贡》碣石在"渤海郡东"学者，是晋代地理学家伏琛。他在其《齐地记》记载："渤海郡东有碣石，谓之渤碣。"若说："这是在误读晋人伏琛《齐地记》……细细查看《中国历史地图集》第 3 册绘制的三国和西晋时的地图，并不难发现，三国和西晋时在辽西郡境内的碣石山正在勃海郡的东北方向，既可称之在其北，也可称之在其东。"地域上的相对位置是不为朝代而转移的，焉论三国或西晋。当时的渤海郡治南皮，今昌黎"碣石"到底是在其东、其北？岂用看《中国历史地图集》，打开现代地图便可一目了然。

　　《齐地记》是公认的齐地的"地方志"，是"专记齐地之事"的方志，伏琛焉能昏昏然把"辽西郡境内的碣石山"错写进"齐地记"。杨守敬老先生在《水经注疏·濡水》中，因郦道元引用秦始皇造石桥之事，就指出："《类聚》七十九引《三齐略记》文，《寰宇记》文登县载秦始皇石桥，引伏琛《齐记》略同。窃以此书名《三齐略记》，当专记齐事，盖本指文登石桥言。此是燕地，郦氏但因碣石有天桥柱之名，而引证于此，故曰疑即是也。"

　　司马懿"越"的辽西一带的"碣石"，魏晋人概念很明确，为将其与"渤碣"相区别，就将其定义为"辽碣"，后来演变为地域的代称。如：

　　《晋书》：（太和四年元月）桓温的参军谋士郗超说："彼惮公威，或即望风奔溃，北归辽碣。"而在《晋书·天文志》另载："恒山之北，气青；渤碣海岱之间气皆黑。"在同一《晋书》中，"渤碣"、"辽碣"何等分明乃尔。

　　沈约《宋书·索虏》："我大魏之兴……远定三秦，东平辽碣。"

《隋书·炀帝纪》："唯大业八年……皇帝底定辽碣，班师振旅。"

《隋书·卢道思传》载《孤鸿赋》："唯此孤鸿，远生辽碣之东。"

《通典·边防》载房玄龄曰："亲统六军，问罪辽碣，未及旬日，拔辽东。"

《旧唐书·田承嗣传》："田承嗣，平州人，世事卢龙军为裨校，祖琮，父守义，以豪侠闻于辽碣。"

《唐太宗亲征高丽手诏》："今欲巡幸幽蓟，问罪辽碣。行止之宜，务当节俭。"

唐太宗《辽城望月》诗句："玄菟月初明，澄辉照辽碣。"

褚遂良《春日侍宴望海应召》诗句："之罘初播雨，辽碣始分光。"

陈子昂《送著作郎崔融等从梁王出征并序》："拔剑起舞，则已气横辽碣，志扫獯戎。"

孤独及《海上寄萧立》："驿楼见万里，延首望辽碣。"

《宋史·吕蒙正传》："隋唐数十年中，四征辽碣，民不堪命。"

陆游《碧海行》诗句："径持河济还圣主，更渡辽碣清妖氛。"

《元史》载，忽必烈定都北京的理由是："燕都东控辽碣，西连三晋……"

明薛瑄《观海》诗句："骢马晓辞莱子国，北上高岗俯辽碣。"

《新唐书·地理志》载："营州：柳城县东有碣石山。"

辽海一带还有一座"柳城碣石山"。前不见史书记载，后不见史书复记，显然是指另外一座什么山。查阅辽宁省地图，医巫闾山的主峰名"望海山"，很可能指的是这座山峰。大概柳城的这座今名"望海山"的碣石，正是司马懿当年所"越"，后来被称为"辽碣"的"碣石"。

据《魏书·地形》载，北魏"平州：（治肥如）领郡二县五，户973，口3741。""营州：领郡六县十四，户1021，口4664。"

《旧唐书·地理志》载"平州：旧领县一，户603，口2542。""营州：户1031，口4732，（盛唐）天宝年，户997，口，3789。""燕州：实无土户，所领户出粟皆靺鞨别种，户500。"

从户口资料中，可以想见禹夏时代平州及周边的发展状况。郦道元写《水经注》的时代，平州领有5县，合计3741人，每县平均不足750人，不如今日一个中等自然村的人口。那时，大概连本县地名的口头流传都有困难。古代辽碣一带常受游牧民族袭扰或占领，人烟稀少，且不同语言的族群变换频仍，游牧民族少有文字记载的史籍，中原人所起的地名不免被更改或遗忘，所以连司马懿当年经过"碣石"是指哪座山，也难以定位，于是"辽碣"成为地域的代称。

而今奢谈《禹贡》碣石者，多用"辽碣"混珠于"渤碣"，所以增加了不必要的人为干扰因素。

五、关于"岛夷"

《霞光》注曰："海曲曰岛，北海岛中之夷。"

《监本·奎壁》注曰："海曲曰岛，海岛之夷。"在"织皮昆仑"节又注曰："苏氏曰：青、徐、扬三州皆莱夷、淮夷、岛夷所篚，此三国亦篚织皮。"

《体注》注为：岛夷，"海岛之夷"、"海岛属夷……岛夷乃冀之属夷与青之莱夷、徐之淮夷一类"。

现代人注释也大体与之类同，例如周秉钧注曰"岛夷，住在海上的东方民族"（《尚书》，岳麓书社 2001 年版）；"岛夷，亦作鸟夷，古族名，先秦时分布在东部沿海及附近岛屿"（《中华古文明辞典》，浙江古籍出版社 1999 年版）；"岛夷，指沿海地区的人"（《尚书》，徐奇堂译注，广州出版社 2001 年版）。

"夷"，是古华族人对东方民族的习惯称谓，后来，亦用"夷狄"泛指汉民族外的外族人。古华夏族主要由炎帝、黄帝、东夷少昊三大集团组成。虞舜就是东夷人，《孟子·离娄下》："舜生于诸冯，迁于负夏，卒于鸣条，东夷之人也。"高诱注曰："诸冯、负夏、鸣条，皆地名，负海也，在东方夷服之地，故曰东夷之人也。"

清代的俞正燮老先生就是因为弄不清"岛夷"为谁、居住于何方，不得已而否决了"无棣碣石"的《禹贡》碣石资格。他在其《癸巳类稿·碣石入河义》议道："碣石今存有二：一在今武定府海丰（今山东无棣县），一在今所谓碣石镇（按：在广东海丰县）也。《禹贡》冀州之碣石今已无之……《禹贡》言'岛夷皮服夹右碣石入于河'则碣石应在禹河处之西北，抚宁昌黎之说为近……信在今山海关之海中矣。……《禹贡地理今释》言是海丰碣石，如此则兖州非冀州，又与太行山不相接，且莱夷夹左入河，非岛夷夹右入河矣。"俞老先生分明说"碣石今存有二"，怎么又忽然冒出"信在今山海关之海中矣"。细想，乃是"沧州东北与平州相接"神话的翻版。

俞正燮说"如此则兖州非冀州"时，他却忽略了《禹贡》"济河唯兖州……九河既道"的原文所包含的"九河"在兖州、其最北一支与冀州为界、九河移徙不定的事实。九河移徙不定，州境则随之伸缩，禹河口的碣石亦必然会时冀时兖。俞老先生把叠为干流的九河漫流的三角洲，理解成固定的一条经碣石之侧入海的"独流"大河。不然，同入一条河，同参照一座碣石，怎么就会出现"莱夷"入河就"夹左"，而"岛夷"入河就"夹右"的局面呢？令人费解。

《管子·轻重十七》载，管子对曰："齐者，夷、莱之国也。"注意！管仲说的是"夷、莱"而不是"莱、夷"。东夷之人，居于"莱侯之国"者称"莱夷"；居于黄地者称"黄夷"；居于淮者称"淮夷"；居于徐者称"徐夷"；居于嵎地者称之为"嵎夷"；居住在海滨及岛屿者称之为"岛夷"。正如戎族人，居住在辽西山地者叫"山戎"；居住在陆浑者就叫"陆浑戎"；居住在陇西的叫"西戎"；居住在洛阳附近就叫"伊洛之戎"；生活在姜水流域叫"姜戎"。此外还有"骊戎"、"义渠之戎"等等。右北平的"骊成"可能就与"骊戎"有关。按照习惯，居住在辽西、辽东一带的古部族被华夏族称之为"戎"（北戎或山戎）。

"皮服"，是指"岛夷"的服饰还是指"贡品"，二者都有可能。既然"青州……莱夷作牧"，大概"皮服"不成问题。20世纪70年代，山东烟台、威海一带的渔民为了防潮仍然穿着"毛朝外"的狗皮外套，也许这与"岛夷皮服"有传承关系。禹时，"皮服"对生活在"内地"的华族人，少见而怪之，稀有而爱之，抑或进献给君长作贡品，于是特意书而记之。

为体现"四海大一统"的观念，也有人把"岛夷"入于河的贡道内涵扩大，解释为"帝都"北境"汉辽东西、右北平、渔阳、上谷"人的贡道。因此辽东湾以远的东北"岛夷"（应记为"岛戎"）朝贡，就不必再走平坦的辽西"旁海碣石道"，而是冒险下海乘小舟去"夹右"今昌黎碣石，再晃荡到数百里之外的渤海西岸去"入于河"。

据古籍记载，炎黄二帝曾大战于阪泉；黄帝蚩尤血战于涿鹿；隆盛的汉唐时代，遥远的辽东一带的部族尚且不肯归顺朝廷，明代还在辽西修筑"边墙"、建关设隘。若虞夏时"肃慎"的先人除了贡"楛矢"之外，还能下海远航殷勤徕贡"皮服"，是否有些理想主义。应将"岛夷皮服"一节解释为以渔牧猎为生的、住在离大河口不远"海滨岛屿的东方夷族人"，划着简陋的原始舟筏，把河口附近的突兀特立的"碣石"放在船的"右舷"侧，即可进入大河主航道，由此逆流而上进入内地，以其土特产毛织物和皮制品来进行物品交换。这大概就是《尚书·益稷》中禹所说的"懋迁有无"的原始贸易活动。

或问，何不"夹左"碣石欤？答曰：因当时禹河主航道口在碣石之阳，"夹左"即"碣石"在入河舟筏的"左舷"侧，如此则会遇到支流或浅滩，进不了大河的"主航道"。当代的船舶进港航道两边的灯标、水鼓的颜色有红、绿之分，灯标闪光也有红、绿之别，进港船舶严格遵照"左红、右绿"的规矩航行，不然就会偏离航道，遭遇不测。同于"岛夷夹右"，用不着故弄玄虚，吹毛求疵地去考究。

"海岛"，除海滨岛屿之外，还应包括洪水退后露出水面的高地、洲渚及河汊、沼泽岸边、滩涂湿地。"内地华族人"把居住在那里的氏族部落统统称之为"岛夷"（南北朝时代的《北史》就曾把南朝人贬曰"岛夷"，称宋武帝刘裕为"岛夷刘裕"）。如果硬说成是东北的远方古肃慎以穴居、捕鸟为生的"鸟夷"弃陆泛舟，搞海上远航朝贡活动，并在500里外的今昌黎碣石选标导航、定向，可能性不大。在洪荒时代，对无帆人力小舟来说，也绝非易事。即使现在的帆船从营口直航塘沽，风平浪静也需连续航行十数日。古时无帆人力小船，不抗风，傍岸曲折航行可想而知。曹操北征乌桓，宁出卢龙塞堑山堙谷500里，而不在这段"并非远不可"海路上扬帆冒险采取大规模军事行动，也可为侧面一证。

波涛汹涌的大海之中，一叶小舟单凭远远眺望一个山头，是不可能把握航向的，况且古代近岸航行，其航线曲折、航向多变、航程较短，不时需要靠岸避风或补给，但凡有一点航海经验的人决不会直勾勾盯着一个"时隐时现"的什么"天桥柱"去定航向。凭空想象或纸上谈兵岂不容易，关键是所论证之事情能否付诸实施。

还有的说"岛夷"是"鸟夷"之误。"鸟夷"是以鸟为图腾的远古部族。古代活动于山东一带的东夷少昊氏就是以鸟为"图腾"的远古部族，春秋时代的郯国（今山东郯城附近）就是少昊氏的后裔。

《左传》昭公十七年记载，郯子朝鲁，宴会时，昭子问道："少昊氏鸟名官，何故也？"郯子曰："吾祖也，我知之。……我高祖少昊挚之立也，凤鸟适至，故纪于鸟，为鸟师而鸟名。凤鸟氏，历正也。玄鸟氏，司分者也。伯赵氏，司至者也。青鸟氏，司启者也。……祝鸠氏，司徒也。鴡鸠氏，司马也。爽鸠氏，司寇也……"孔子听到郯子的谈话后，去见郯子并向他请教，然后说："吾闻之，天子失官，学在四夷，犹信。"意思说，当时周人已经没有"以鸟名官"的制度了，但是周人也可以实行这个制度，或夏商实行过这个制度，而当时却只有郯国还保留着这个制度。

无棣县就属"爽鸠氏"封地。《汉书·地理志》："齐地……渤海之高成、重合、阳信……少昊之世有爽鸠氏。"汉徐幹《中论·爵禄第十》载："（太公）封之爽鸠氏之墟……南至于穆陵，北至于无棣。"

居住在山东沿海及半岛的所谓"嵎夷"、"莱夷"、海岛上的"岛夷"等都曾是以鸟为图腾的"鸟夷"。《禹贡》所说的"岛夷"也好，"鸟夷"也罢，大概都是指离大河河口不甚遥远的"东夷人"，不会是后世人所附会的朝鲜、日本等地的所谓"九夷"之类，大禹的德政不可能"惠及"到那么遥远的地方，这应是事实。

《禹贡》碣石，是中华大地上的一座名山，不论坐落于何处，都是炎黄子孙的宝贵财富。既然"碣石之疑，聚讼千载"，"'碣石'作为一个历史地理范畴的疑案，已经争论很多年了"，那就应当在阅读原著和尊重前人浩繁的考究注释的基础上，运用现代的科技手段而继续研讨探索，终究会形成共识。

曾经参加《中国历史地图集》的编辑工作，在历史地理研究方面颇有建树的中国科学院地理研究所研究员黄盛璋于1979年在《碣石考辨》一文中断定："'夹右碣石入于河'，这是讲岛夷入冀州的水路贡道，《禹贡》的黄河经今河北入海，碣石夹黄河入海口之右。今天津市以南，除了无棣县马谷山外，古黄河口都没有山，因此后代也有以马谷山为《禹贡》冀州之碣石。"

谭其骧先生主持编纂的《中国历史地图集》的确曾在"辽西"的几幅中古地图上标过"碣石山"。但不等于是千古不可动摇的定论。也不会把伏琛、王充耘、刘世伟、顾炎武、蒋廷锡、杜堮、贾恩绂等古人以及邵瑞彭、孙寿荫、刘起釪、黄盛璋、冯君实等当代专家学者的论述一下子从学术界给抹掉了，而只能去做皈依"昌黎说"的信徒。乾隆五十八年冬镌的《书经体注婳环合参》所附的"禹贡总图"和"禹贡帝都图"中的"碣石"位于"九河"入海口和恒水（古入海口约在今河北文安县境）、卫水（约为今海河支流南运河）入海口之间，"北岳恒山"与"碣石"也没有相交接的"燕山"。这种标注，恐怕在"大清朝"也具"有较大的权威性"。

谭其骧先生在 1987 年 5 月 3 日《中国历史地图集》"后记"中，谦恭地写道："但由于史料不够详细，或记载有矛盾，学者们对这部图集所画到的某些方面很可能存在着多种不同看法。有些问题确是难以判断哪一种看法最符合历史实情。但编绘地图不像撰写论文那样可以众说并陈，一般只能采用一种编者认为最恰当的办法予以表示。因此，尽管我们在图上采用了某种画法，这并不等于说我们认为这是唯一正确的画法。""总之，这部图集里所画出的各个历史时期的各种点、线、面，只能说是比较审慎的、可靠的，不能说全都是绝对可靠的、十分准确的。我们编者有此自知之明，请读者也不要轻易把它们都看成为不可动摇的定论。如果能被认为这是值得注意的一家之言，我们便感到满足了。"大家尚且如此，充其量算个"《禹贡》碣石"业余爱好者的我们，又应当以何种态度来探讨《禹贡》这篇古籍呢？的确值得深思。

《唐书》、《明史》之《天文志》札记
——仍论《禹贡》碣石在无棣

刘玉文

我国古代天文学家，将人们在地球上所看到的太阳一年中在天体恒星之间运行的轨道称为"黄道"。将黄道附近 28 颗显眼的恒星称作"二十八宿"，

名之曰："角、亢、氐、房、心、尾、箕；斗、牛、女、虚、危、室、壁；奎、娄、昴、胃、毕、觜、参；井、鬼、柳、星、张、翼、轸。"28颗星在黄道上各有固定的角度，其角度总和为366度。为了观测的方便，又将它们分成12组，称作"十二宫"。如"女、虚、危属玄枵宫"，"尾、箕属析木宫"，还有星纪、陬訾、大梁等等。

古人相信"天人感应"，因此又人为地将12宫、28宿与九州岛岛王侯封疆相对应，称之为某地为某星的"分野"。《周礼·春官·保章氏》云："以星土辨九州岛岛之地所封，封域皆有分星，以观妖祥。"所以历代史书多在其《天文志》中沿用"分野"的概念，去对应疆域内的行政区划。好像把九州岛岛大地山川投影到天幕上一样。

如《新唐书·天文志》载："须女、虚、危，玄枵也……其分野自济北东逾济水，涉平阴至于山茌，循岱宗众山之阴，东南及高密，又尽东莱之地，得汉北海、千乘、淄川、济南、齐郡及平原、渤海（按：今山东无棣汉代属渤海郡），九河故道之南滨于碣石。古齐、纪、祝、淳于、莱、谭、寒及斟寻、有过、有鬲、蒲姑氏之国，其地得陬訾之下流。"

即玄枵宫的分野是泰山之北，九河故道之南滨于渤海西岸的碣石，古称"三齐"。相当于今天山东省西部、西北部、北部和胶东半岛一带。无棣汉属渤海郡、商代属蒲姑氏之国。齐国封疆"北至于无棣"。

又载："尾、箕，析木津也……自渤海（指汉渤海郡）、九河之北得汉河间、涿郡、广阳及上谷、渔阳、右北平、辽西（今河北昌黎汉时属辽西郡）、辽东、乐浪、玄菟，古北燕、孤竹、无终、九夷之国……当九河之下流滨于渤碣。"

即析木宫的分野在九河之北滨于渤海西岸的碣石。北燕、孤竹、无终、九夷之国大体相当于河北北部、东北部及辽宁、吉林，还包括朝鲜半岛的一部分。昌黎汉属辽西郡，古属孤竹国。此处的北燕与孤竹应是同时并存的不同的古国。

《新唐书·天文志》还载："自北河下流，南距岱山为三齐，夹右碣石为北燕。"此处的北河指黄河，与之相对的"南河"指长江。

显然，九河故道至渤海西岸的碣石既是玄枵、析木分野的分界，也是三齐与北燕的分界。古代分封诸侯只分九州岛岛之山川土地，不划分四海之水。当时还没有"领海"的概念。没见到史书记载把渤海分封给齐国跨海到孤竹国找一个某某山去与北燕为界。"夹右碣石为北燕"与"夹右碣石入于河"的"夹右"是同一个意思。即面向黄河入海口，碣石在右胁方向。也就是碣石之北是北燕国，绝不会跑到孤竹国去"夹右碣石为北燕"，如在今昌黎一带去"夹右碣石"，岂不仍为孤竹国之地。因为北燕在孤竹遥遥之西边。

《明史·天文志》载："女二度至危十二度，玄枵之次也，今山东布政使司（即山东省）所属之济南府乐安、德、滨三州皆危分。"今之无棣属明乐安州。又，"尾三度至斗二度，析木之次也……河间府景州皆尾箕分，永平府尾分"。今之昌黎属明永平府。

《明史·地理志》载："山东省……南至郯城，北至无棣，西至定陶，东至海。"

明代的星野与唐代相同，只不过是行政区划的名称略有变化而已。无棣仍处在山东省最北部，在玄枵与析木分野的分界附近。即无棣是玄枵分野的北界，也是山东省的北界。而玄枵分野北界在九河故道之南，滨于碣石，那么九河故道和碣石必定当在无棣及其附近，这当然是不争的事实。

九河故道不会存在于燕山余脉的辽西一带，已为许多学者所认同。

据《宋史·河渠志》载，著作郎李垂上《导河形胜书》曰："两汉而下，言水利者屡欲求九河故道而疏之，今考图志，九河并在平原而北。"即九河在今德州之北。又载：至道元年，参政知事张洎曰："河自魏郡贵乡县界分为九道，下至沧州，今为一河……齐桓公塞之以广田居，唯一河存焉。"

"九河并在平原而北"，"下至沧州"入海。其不在孤竹国、辽西郡明矣！若齐桓公果真"塞九河以广田居"，必当在自己的封疆内进行，决不会再劳师远涉孤竹国来个"老马识途"去寻觅九河而塞之"以广田居"。齐桓公当然会记得祖宗的封疆是"东至于海，西至于河，南至于穆陵，北至于无棣"。

无棣既在齐国北鄙，北鄙又以九河、碣石与北燕为界，塞九河当然应在无棣一带进行。九河末梢和碣石俱在无棣一带也应是不争的事实。

《史记·夏本纪》（天津古籍出版社全注全译）"九河"条注曰："近年

河北省勘测地下水，探明黑龙港地区即古大陆泽之东与北直至海滨，有九条古河道带掩于地下，详见《河北平原黑龙港地区古河道图》，探测中发现，不少地下古河道在垂直方向上重叠，说明河流虽有移徙变化，而此地区地形客观地存在着九条古河道带，能为古河水播为九道入海之路，足证九河是存在的。"这里的"古大陆泽之东与北直至海滨"的"海滨"，显然是河北黄骅与山东无棣之间的海滨地带，绝对不会是昌黎一带的北戴河海滨。

1999年9月，上海辞书出版社出版的《辞海》"碣石"条："有人指出，《禹贡》时代黄河不可能在渤海北岸入海。此山应在渤海西岸的古黄河河口。"

这恰恰与《唐书·天文志》的有关叙述相吻合。这座山就坐落于渤海西岸的古黄河入海口，即九河故道旁。

考，天津之南，滨州之北，唯有山东无棣之碣石，趾顶皆石，特然而立于渤海西岸，此乃《禹贡》碣石，定而无疑！

九州岛岛之内同名的山川很多，不足为怪，"碣石"也不例外，不同时代以"碣石"命名的山丘已有多处。但只要认真去进一步考证界定：在北燕与三齐的陆疆边界附近，在古黄河入海口的渤海西岸，可"夹右碣石入于河"，又能"夹右碣石为北燕"，并沿着"禹奠山川"的禹迹去寻觅"《禹贡》碣石"，它只能定位于山东无棣县黄河故道旁的马谷山！其他地方的"碣石"，自可仍名为"碣石"，但不是"《禹贡》碣石"，仅此而已，岂有他哉！

卜辞"观于渤日"浅析
——略论殷王临碣石
刘玉文

曾写过一篇短文《大禹与碣石的传说》，其中提到大禹将渤方国海滨的一座状如碑碣的孤山命名为"碣石"，并在碣石与渤方国臣民及岛夷部落民众共同庆祝治水成功的情景。那只不过是传说而已，没有见诸于文字的记载。

　　一个偶然的机会，有幸读到金岳先生发表在1995年《文物春秋》上的一篇论文《滹沱河商族方国考——论燕初并灭商族方国》。文中对渤方国的起源、地理位置及与殷王朝的关系等作了较详尽的论述：

　　　　"渤"（古文也写作"勃"）最早见于甲骨文武丁卜辞。"咸截渤，尊延"、"截渤、截渤"，"贞：渤受年；贞：渤不其受年。"金文有"渤，父辛"鼎。武乙文丁（武丁是纣王的曾祖，文丁是纣王的祖父）卜辞中仍有"壬午卜：其截渤；壬午卜：弗截渤"的记载。卜辞中的这些"渤"字均作为方国出现的，同时含有方国族名的意义。

　　据考证，渤方是商族在滹沱河下游、渤海地区的重要一支。金岳先生说殷代渤方的地理位置，"相当于汉代的渤海郡……河间以东，至于沧州，北至通县、安次（廊坊）以南，南至山东无棣县，滨海之地皆是，治今沧县"。

　　由于渤方是殷王朝在渤海沿岸的重要地方，特别是军事上的重要性，因而派有大将驻守，卜辞中有"师般在渤，呼师在之奠（甸）。""王征召方，在渤卜。"这就说明殷王在渤方有驻军并曾在这里策划对近邻方国的征讨。

　　由于渤方的重要，殷王常来巡视，甚至流连忘返数旬不归。卜辞中有"在渤，王……奠，王循，于［之］若"，"癸□卜，贞：旬亡祸"，"勿呼井氏先于渤"。据考证此处的"井氏"，就是殷王武丁的妇人"妇井"，妇井的庙号为戊，所以卜辞中也称她为"妣戊井"。妇井大概是陪同殷王武丁或者代表武丁来渤方巡视的。

　　卜辞中还有惊人的发现："旬亡祸，在渤。""王其往，观于渤日。"

　　对此，金岳先生论证道："渤海地方日光幽美，殷王到渤方以后，还常去海边观日。'王其往，观于渤日'，后世秦皇汉武东游碣石，或效殷王之'观渤日'。殷王到渤方以后，沉于游观，往往数旬忘返。……'旬亡祸，在渤'。"

　　殷王"观于渤日"，是迄今为止有文字记载的华夏帝王在渤海之滨登临观日的最早记载。殷人崇拜自然神灵，日月星辰、江河湖海，都作为神灵进行祭祀。所以殷王"观于渤日"除了游观之外，恐怕还有祭祀海神和太阳神的目的。秦皇汉武肯定会从当时的记载或传说中知道殷王"观于渤日"的事情，秦始皇最后一次东游病死于曾经是殷王行宫的沙丘平台，也绝非偶然。

渤海之所以被称之为"渤海",就是因为它是渤方国所濒临之海,中国古籍中的海,多以"东、西、南、北"等方位词命名,唯独渤海以"渤"命名是个例外。究其名源,得之于"渤方"则毫无疑义。金岳先生说"渤,即渤海的证据"。

河北省的邢台、河南省的安阳都曾是殷商的都城,河北广宗的沙丘是殷王的宫苑,殷纣王在沙丘大肆建宫筑台,田猎优游,寻欢作乐,"酒池肉林"的故事就发生在这里。历史上胡服骑射的赵武灵王逊位后也曾居住于此,并死于此地。秦始皇东游得病在此休养,也死在这里。可以推想,沙丘平台的建筑规模和生活设施非同寻常。安阳、邢台、广宗沙丘这块殷商时代繁华的"金三角"地带距渤海之滨不远,所以与渤海结下了不解之缘。

"观于渤日",即观看渤海日出,既然是国王看海上日出,那绝不会让国王蹲在低洼之处引颈观天,必然要登高望远才能令国王心旷神怡,取得最佳效果。渤方国境内何处最高呢?纵观渤方国的地理位置:西至河间,东到海滨,北至安次(廊坊),南到无棣,方圆数百里之内,只有一座高山矗立于渤方国的海滨,这就是当时属于渤方国之南境,今山东省无棣县境内的《禹贡》碣石。显然,《禹贡》碣石是殷王"关于渤日"的最佳地点,不难想象当年殷王登临碣石祀海观日的盛况。

甲骨卜辞中的一句"王其往,观于渤日",把有文字记载的帝王登临山东无棣碣石的时间,又上溯了千余年。

大禹平治水土,把碣石首载于《禹贡》;殷王"观于渤日",把碣石蕴含于卜辞之中;秦皇汉武或效殷王"观于渤日"东游碣石,使碣石与海上仙山相通;魏武挥鞭登临,以观沧海,则使碣石融于吞吐宇宙的诗篇,千古传诵。

《山海经》碣石之山、《禹贡》碣石、《汉书》大揭石山辨析

刘玉文

《山海经》载有"碣石之山";《尚书·禹贡》载有"碣石";《汉书·地理志》

曰有"大揭石"。

古今之论"碣石"者，往往有人认为三者为同一实体，尤其是那些"《禹贡》碣石昌黎说"的支持者们，还引经据典地大费周章，力图维护"三位一体"的观点。笔者不敢苟同，因作初步辨析：

一、"碣石之山"，是大河一条支流的发源地

《山海经·北山经》载："又北五百里曰碣石之山，绳水出焉，而东流注于河。"显然，这里的"碣石之山"指的是黄河支流上游源头的一座山。

中国科学院地理研究所研究员黄盛璋《碣石考辨》："《山海经》说：'碣石之山，绳水出焉，而东流注于河'，这是指黄河支流上源的一座山。"

谭其骧先生曾对"绳水"作过考证，认为"绳水"即郦道元《水经注》记述的"圣水"，东源发源于北京西山。1983 年第 2 期《地名知识》杂志发表的王德恒《北京市燕山区命名的历史渊源》认为《山海经》记载的"碣石之山"就是"现在的燕山和军都山"。

王颋《黄河故道考辨》："《山海经》卷三《北山经》自'谒戾之山'起至'碣石之山'间，夹藏有黄河下游故道的记载。这是由谭其骧先生首先发现，并在《〈山经〉河水下游及其支流考》一文中进行了考证。中间在今安次县南，有绳水即圣水自西北来注之。"

谭先生在《长水集》自序中已经说过："这是我的一篇得意之作（按：指1978 发表的《〈山经〉河水下游及其支流考》）。古今学者讲到汉以前古黄河全都只知道有一条见于《禹贡》的河道，谁也不知道还有其他记载。如今被我从《山经》中找出这么一条经流凿凿可考，远比《禹贡》河水详确得多的大河道来，怎不令人得意！"

一学者说："《山海经》曰：'碣石之山，绳水出焉……显然，这些记载所记的'碣石之山'，都是指的西汉时的'絫县碣石山'。"并说（昌黎北）"东、西馒首山，两山之间 300 多米的距离为谷地，古代称之为'绳水'的急流河由此冲出群山环抱的盆地"。但此自定义的"绳水"不见经传，引文故意漏掉"东流注于河"。毋庸置论，昌黎的河流，不论哪一条，都不会"东流注于河"，所以"昌黎碣石"与《山海经》里的"碣石之山"可谓风马牛不相及。

二、《禹贡》碣石，乃禹河入海口之"海畔山"

《尚书》曰："夹右碣石，入于河。"孔安国注曰："碣石，海畔之山也。"

《禹贡》："夹右碣石入于河。"臣瓒注："河口之入海乃在碣石也。"

东汉许慎在《说文解字》中云："碣，特立之石也。东海有碣石山。"

《尔雅·释名》："碣石者，碣然而立在海旁也。"

晋代人伏琛《齐地记》云："渤海郡东有碣石，谓之渤碣。"

《水经河·水注》："河之入海，旧在碣石。"

《吴越春秋》："至于碣石；疏九河于潏渊。"

《旧唐书·天文志》："平原、渤海（郡），尽九河故道之南，滨于碣石，今为德州、棣州、沧州其北界。"

《新唐书·天文志》："得汉北海、千乘、淄川、济南、齐郡及平原、渤海、九河故道之南，滨于碣石。"

《史记·夏本纪》："同为逆河，入于海。"［正义］："播，布也。河至冀州，分布为九河，下至沧州，更同合为一大河，名曰逆河，而夹右碣石入于渤海也。"

《汉书·地理志》颜师古曰："碣石，海边山名也。"

经学大师朱熹曰："故某尝谓禹治水，必当始于碣石九河。"（黎靖德编：《朱子类语》第五册，中华书局 1994 年版）

《宋史·河渠》："黄河是也；一渠疏畎引傍西山，以东北形高敝坏堤，水势不便流溢，夹右碣石入于渤海。"

宋王应麟说："禹时河入海，盖在碣石。"（《困学纪闻》卷十）

《辞海》："碣，古山名，《书·禹贡》：'冀州……夹右碣石入河。'……有人指出《禹贡》时代黄河不可能在渤海北岸入海，这个山应在渤海西岸古黄河河口。"（上海辞书出版社 1999 年版）

《中国历史大辞典》："……多数学者认为九河不可能在渤海北岸入海，碣石应在渤海西岸黄河故道入海处。"

《吕氏春秋·有始览》云："两河之间曰冀州，晋也。"

顾颉刚也认为："推定冀州是在两河（东河、西河）之间。"即春秋时

"赵、魏二国地"（顾颉刚：《〈禹贡〉上的二大问题》，《文史》2001 年第 1
辑总 54 辑）。

　　历史时期的"大禹治水"，主要是对黄河下游水系即海河流域的治理，
这在学术界并无争议。冀、兖二州地处黄河下游，冀州即"赵、魏二国地"，
唯赵地滨海，兖州乃齐、鲁二国地，唯齐地滨海。《汉书·地理志》："赵
地……又得渤海郡之东平舒、中邑、文安、束州、成平、章武，河以北也。"
其中渤海郡之章武即今天津市南部地区及黄骅市东部，滨海；"齐地……北
有千乘，清河以南，渤海之高乐、高成、重合、阳信，西有济南、平原，皆
齐分也。"其中高成、阳信即今山东无棣，河北盐山、海兴、黄骅等市县
滨海。

　　既然"《禹贡》时代黄河不可能在渤海北岸入海"，《禹贡》之碣石"应
在渤海西岸黄河故道入海处"，而渤海西岸的冀、兖之域唯今无棣县境内的
古碣石突兀特立，则无棣古碣石断为《禹贡》碣石无疑。古今学者论述颇多，
此不赘述。

三、"大揭石山"，为右北平之山，与《禹贡》、《山海经》无关

　　"大揭石山"一名，始见于班固《汉书·地理志》："右北平郡，骊成，'大
揭石山'在县西南，莽曰揭石。"即骊成县西南有座山名"大揭石"，王莽篡
汉后，将骊成县改名叫"揭石县"。

　　此外，"揭石"二字，还见于《汉书·地理志》："辽西郡：絫县，下官水
南入海。又有'揭石水'、宾水，皆南入官，莽曰选武。"即下官水经辽西絫
县向南流入海，又有"揭石水"、宾水二河流皆向南流入下官水。王莽篡汉
后把"絫县"改名为"选武县"。

　　本来"大揭石山"、"揭石水"名称平平常常，明明白白。谁知东汉末年
有一个叫文颖的人在给《汉书·武帝纪》中的"碣石"作注时曰："（碣石）
在辽西絫县，絫县今罢，属临榆。此石著海旁。"这一条十几个字的注释，
经后世历代文人学士们的旁征博引、穿凿附会，弄得众说纷纭，莫衷一是，
于是引发了千余年的"碣石聚讼。"

　　《汉志》明明说"右北平郡骊成西南有'大揭石山'"，而"辽西絫县有

揭石水"。分明是"山"在右北平，"水"在辽西。二者有无内在联系，亦无从考证。

不知何故，文颖与班固相左，突然冒出一句"（碣石）在辽西絫县……此石著海旁"。文注"此石著海旁"之辽西"碣石"，与班《志》"骊成西南"之"大揭石山"是不是同一个实体，也有待考证。

可能是急于出成果的学者们等不及了，迫不及待地断定，"碣、揭、楬"三字"通假"，"大揭石"＝"大碣石"；"大碣石"＝"碣石"；进而断定：右北平"大揭石"＝辽西"著海旁"碣石。

辽西"著海旁"碣石＝《禹贡》碣石。也就是秦皇汉武、魏武登临的"碣石"，也是北魏文成帝拓跋浚登临后本朝郦道元写《水经注》沦于海的"碣石"；同时也是郦道元健在时"沦于海"、死后数十年却又被北齐文宣帝高洋游乐的"碣石"。

学过初中平面几何的人，看了以上的推论就会明显地发现，上述"等式"之间，缺少充分而必要的条件依据，也缺乏最起码的逻辑性。

再说"碣、揭、楬"三字"通假"，有谁见过哪一版本的《禹贡》把"夹右'碣石'"通假为"夹右'揭石'"或"夹右'楬石'"；也从未见过把"碣石门"通假为"揭石门"或"楬石门"。更没有人把"揭竿而起"写成"碣竿而起"。既然是"通假"一般都是双向的，为什么唯独"揭→楬→碣"是单向的。此处的所谓"通假"，有可能是班固之后的文人专为"揭石"附会"碣石"而制造出来的。

班固是一位严肃认真，富于历史责任感的伟大史学家。他在《汉书·地理志》之前的《武帝纪》、《郊祀志》、《天文志》三篇纪志中提到"碣石"不下七八次，毫无例外地用"碣"，无一处用"揭"。在《地理志》之后的《沟洫志》中，也无一例外地用"碣"。班固在其《西都赋》中也是用"碣"不用"揭"。就是在同一篇《地理志》中前边两处用"碣"，后边两处也用"碣"，唯独中间部分的"右北平郡"就写成"大揭石山"。所以然者何？是写作疲倦了，想省掉两个"笔画"把"碣"写成"揭"。但他却又多出一个"大"字，岂不又多费了笔墨；抑或是班固一时疏忽写了"错别字"，校对时忘了"刮改"？仔细考虑又不是，班固编著的《地理志》有个"成例"，即凡是他有把握认为是《禹贡》中所记载的山川一律在其名字的前面冠以"禹贡"二字。例如"《禹贡》梁山"、"《禹贡》洛水"、"《禹贡》析城山"、"《禹贡》大陆泽"、"《禹贡》恒水所出"等，计有 38 处。

清同治进士王先谦在其《汉书补注》在"骊成：大揭石山在县西南"〈补注〉："先谦曰：揭当作碣，依〈志〉例（骊）成下当有〈禹贡〉二字。先谦按，骊成县地说家皆失所在，班〈志〉辽西絫县下但有揭石水，不言有揭石山也。自〈武纪〉文颖注云：碣石在絫县，絫县今罢入临榆，碣石著海旁，始与班异。后言碣石者，不得骊成所在，皆从颖说矣。"这段"补注"有三点值得注意，其一，"揭当作碣"并不认为"揭、碣"通假；其二，"大揭石山"一名的前边没有依照班固《地理志》的成例冠以"禹贡"二字；其三，班〈志〉辽西絫县原本没有"碣石"，是文颖"始与班异"把右北平骊成县的"大揭石山"改为"碣石"并移位与辽西絫县的。

《汉书·地理志》中的"骊成大揭石山"就是"大揭石山"。名称中的"揭"就是"揭"，班固不可能另出花样，独出心裁地来个"弯弯绕"用"揭"字去通假"碣"字，故意给读者造成歧义。"大揭石"名前没有冠以"禹贡"二字，也不可能是编修者的疏忽。在编修者的心目中，"大揭石山"与"碣石"肯定是两码事，它与"《禹贡》碣石"更不是一回事。异议是从东汉末文颖的《武纪》注开始的，众说纷纭是后世文人学者武断附会造成的。顾颉刚先生指出，为着时代不同，思想有异，解释《禹贡》的书，"分为汉学和宋学二派"。"汉学注重师传，容易墨守成规；宋学注重批评，敢于自出新鲜，但在考古学、古文字学等学科不发达的时候，也容易流于武断"（顾颉刚：《禹贡注释》，见《中国古代地理名著选读》，科学出版社 1959 年版）。这就是碣石调包错位的症结所在。

综上初步辨析，可以看出"碣石之山"、《禹贡》"碣石"、《汉书》"大揭石山"，是三个不同的概念，分属三个不同的地理实体。

"山神庙"寻踪

刘玉文

在家喻户晓的《水浒传》中，作者对豹子头林冲发配沧州、看守草料场、风雪山神庙等情节进行了生动的描写，对揭示"逼上梁山"的宗旨起了关键作用。

"山神庙"在何处？林冲服刑的具体地点在何处？业余时间翻阅有关资料发现，林冲发配的地点就是无棣县北部，"山神庙"就是无棣碣石山原钓鱼台上的盐神庙。这并非无知妄说，有史料为证。

唐朝李吉甫的《元和郡县志》载："隋开皇六年（586）割阳信、饶安置无棣县，以南临无棣沟，因以为名，属沧州。"

《无棣县地名志》载："唐玄宗开元元年（713）又将盐山县东南海滨地区包括马谷山（即碣石、盐山）在内划入县境。"

《滨州总览》云："马谷山，古名碣石山，亦名盐山。"《通考》载："沧州领七县：清池、乐陵、南皮、无棣、饶安、盐山、临津。无棣称望县，即县治置军使。"

又据有关资料云：魏晋时代，无棣北部盐业较发达，人们便在碣石山的钓鱼台上建了一座"盐神庙"，烧香拜祭，祈祷盐业丰收。因此碣石在魏晋时又被称作"盐神山"，简称"盐山"。

宋代沧州所领七县中，唯有无棣县境内有一座高大的山，而且建有"盐神庙"，山被称作盐神山，远近闻名。林冲夜宿山神庙则非此莫属。

此外，林冲发配被称为"配军"，即充发到军队中服刑。而无棣县正是当时的"军区司令部"驻地。

《宋史·地理志》载："保顺军，周置军于沧州无棣县南三十里。"《庆云县志》云："后周显德元年（954）置保顺军于县东南二十里。"《山东通志》（乾隆版）："无棣县城在县西北二十里，五代周置保顺军，宋徙无棣县至此。"宋《元丰九域志》云："治平元年（1064）徙无棣治保顺军，即县置军使。"

据考证，隋唐时代的无棣城在庆云县大胡乡于家店村北，保顺军城在今无棣县信阳镇城角、花园村一带。无棣当时是海防要地，又是与辽国、金国对峙的军事基地。所以在公元954年置保顺军，1064年将无棣县迁徙到保顺军城。林冲发配发生在宋徽宗宣和年间（1119—1125），据1975年出土文物考证，保顺军城之北7.5公里的车镇原名"车店"，是宋代交通运输要道，在这边防地区烽烟常起，商旅不会太多，运送军需物资的车辆应占多数，那么军队的草料场应在现在的大杨、五营以北，大山村附近。大山至车镇15公里，可算一舍之地，到此住宿搭尖符合常规。

林冲是朝廷要犯，又是禁军教头，当在军使便于管束的范围内服役。大山、大杨附近的村名"馆里"、"便宜店"、"什方店"顾名思义，皆与"酒"有缘。林冲枪挑葫芦外出沽酒，闲暇时间到盐神山观瞻，到"盐神庙"敬拜必是一番乐趣和消遣。因为他熟悉盐神山、又熟悉盐神庙，风雪夜草料场的房子被雪压倒，他自然想到附近的山神庙，所以就演出了一幕风雪山神庙、雪夜上梁山的英雄史剧。

山神庙现已不复存在，但钓鱼台尚存，清代张义井村人张克家有一首《钓鱼台晚眺》诗中有"一声清磬层峦黑，回首南溪水涨流"句。这清磬声是来自钓台的山神庙，还是山顶的碧霞宫待考。

碣石山与鲁北科技城隔河相望，相映成趣。如果今日张克家再写一首《钓台晚眺》，就不只是"远眺应知沧海近，行吟别觉洞天幽"了，而应是"远眺方识鲁北魂，献身新城写春秋"。

文天祥的"碣石"情结

刘玉文

偶浏览《文天祥诗全集》，发现文丞相原来还有一段不寻常的"碣石情结"。文丞相当年被押往大都（今北京）的路上，曾经登临过山东无棣的碣石。

时间：元世祖忽必烈至元十六年（1279）农历九月下旬傍晚时节。

根据：《文天祥诗全集》中的《北行诗》组诗。

《北行第九十》："浮云暮南征，我马向北嘶。荆棘暗长原，子规昼夜啼。"

《北行第九十一》:"清秋望不极,中原杳茫茫。游子怅寂寥,下马古战场。"

《北行第九十二》:"浮云连海岱,寒芜际碣石。落景惜登临,人烟渺萧瑟。"

这组诗写于至元十六年(1279)文天祥被元军从广东押往大都(今北京)的"北行"路上,"清秋"季节进入"中原"尚未渡白沟河之前。《北行第九十》描写了傍晚战云密布南飘,坐骑嘶鸣北驰,原野荆棘丛生,子规啼血哀鸣的悲凉景象。《北行第九十一》点明了"下马古战场"的节令是"清秋",地点是望不到尽头的茫茫"中原",也就是一望无际的华北大平原,在苏北、鲁中一带是看不到的。这个"古战场"是指哪里呢?如果联想到《北行第九十二》中的"寒芜际碣石"和同时的另一首诗《刘琨》,就可以断定此处的古战场就是指无棣碣石的周边地带。因为碣石在魏晋时代一直是战略要地。《刘琨》诗写道:"中原荡分崩,壮哉刘越石。连宗起幽并,只手抚晋室。福华天意乘,匹碑生鬼蜮。公死百世名,天下分南北。"诗中赞扬东晋爱国将领刘琨(名琨,字越石),痛斥杀害刘琨的段匹磾(鲜卑左贤王,晋幽州刺史,效忠于晋室,刘琨死于内部争斗)。无棣碣石恰恰就是史籍上记载的、对段匹磾的政治命运和当时华北局势有决定意义的"古战场"。

《资治通鉴》卷九十《晋纪十三》载:晋元帝大兴元年(318)五月癸丑,(因刘琨的儿子谋害段匹磾)段匹磾杀刘琨及其子侄"于是夷、晋以刘琨死故,皆不附匹磾,(段)末杯遣其弟攻匹磾,匹磾率其众数千人将奔邵续,(石)勒将石越邀之于盐山,大败之,匹磾复还保蓟(幽州治所,在今北京城西南)"。

蔡东藩先生在《两晋演义》第三十三回中也描述道:"末杯屡攻匹磾,匹磾不能支,拟奔乐陵依附冀州刺史邵续,行至盐山,忽被一大队人马截住,统将叫石越,乃是石勒麾下的前锋,匹磾不敢恋战,引众急退,走保蓟城。"不久段匹磾与其弟段文鸯率铁杆部众,冲破石勒的堵截,到厌次与邵续会合共同抵御石勒,冀州刺史、幽州刺史共守厌次孤城。不久,段末杯进犯厌次被段匹磾击溃,从盐山一直追击到蓟城,石勒趁厌次空虚派石季龙包围厌次，段匹磾闻讯回师急救，未到厌次邵续已受伤被俘。段匹磾冲入厌次，又坚守一年零三个月，大兴四年（221）四月"石勒攻厌次，陷之，幽州刺史段匹磾没于勒"（《晋书·元帝纪》）。史书上对段的评价多是正面的，文天祥在此斥责他"生鬼蜮"，可能是用鲜卑人来影射蒙古人。

此处提到的古战场"盐山"，就是现在山东无棣的碣石山。《中国古今地名大辞典》（商务印书馆香港分馆1931年版）第1401页载："盐山，在河北盐山县东南八十里，《隋书·地理志》：'盐山县有盐山'。晋段匹磾为石勒将石越邀败于盐山，即此。"《盐山县志》（南开大学出版社1991年版）第108页"地名释例"载："隋开皇十八年（598），以县境东南近海处有一座山名盐山，以山名改高城县为盐山县。盐山（今山东无棣县境内大山），系距今73万年火山喷发而形成。古称碣石山，春秋时改称无棣山。山下有月明沽产盐，山腰有盐神庙，魏晋时称盐山。唐改称马谷山，元时改称大山。"

民国五年阳历十月新城王树楠（当时盐山县知县）为《盐山新志》序曰："古之碣石即春秋之无棣，晋魏之盐山，唐宋之马谷，元明之大山，同实异名，古今虽变，历引诸书，及自所实验者，参互钩稽，焕然而解。世之辩者，虽百喙不能易其说也。"

当时，乐陵太守、冀州刺史邵续就屯驻厌次。《资治通鉴·晋纪十一》愍帝建兴三年（315）载："初，王浚以邵续为乐陵太守屯厌次（今山东阳信县东南）"、"丞相（司马）睿以续为冀州刺史"。也就是说，当时的乐陵太守冀州刺史的屯驻地在今阳信县西南，即今阳信县古遗址邵城。

据《惠民地区标准地名手册》（山东省出版总社惠民办事处，1986年版）第689页载："邵城遗址，古富平城。位于阳信县雷家乡邵城洼，晋乐陵太守邵续在此屯兵拒石勒，被诛，后人纪念其忠勇，将富平城改为邵城。"

文天祥是南宋博学多才的状元，当朝（北宋）欧阳编纂的《资治通鉴》他肯定仔细披阅过，对发生在"五胡乱华"初期的这场对于东晋退出幽并、石勒建立后赵政权具有某种决定意义的"盐山大战"也肯定记忆尤深。在此以后，连晋元帝司马睿都哀叹曰："北方藩镇，只有邵续"了。厌次失陷后，晋朝在华北的唯一的支撑点也就消失了，汉族政权退到了黄河流域以南地区，中国历史上开始了长达350余年的"魏晋南北朝"时期。这也正切中《刘琨》诗中"公死百世名，天下分南北"的寓意。

　　从《北行第九十二》的意境分析，第一句"浮云连海岱"，分明是指渤海泰山之间。"寒芜际碣石"是指深秋时节的碣石山草木摇落，一片荒芜。在这个"海岱"地域空间之内的"碣石"位于何处呢？理所当然是无棣海滨的碣石。"落景"之"景"通"影"，"落景惜登临"大概是在黄昏登上碣石，回首南望沦陷的故国乡土，由于"浮云"遮住望眼，破国之恨亡家之愁慨然而发，眼下见到的也只有战乱后碣石周边古战场的"人烟渺萧瑟"了。"萧瑟"一词，也与魏武《观沧海》中的"秋风萧瑟"遥相呼应，然而魏武时代的"百草丰茂"已被"寒芜"所代，朔风吹动浮云南飞宛如南征的千军万马，"秋风萧瑟"也早已美景不再了，抚今追昔，岂不感慨万千。

　　再考察一下文丞相的北行路线。根据有关文天祥的生平简介和北行诗篇：宋祥兴元年（元至元十五年，1278）闰12月20日，文天祥在广东海丰县五坡岭遭到元军袭击被俘。1279年正月初二被移上元军海船押往崖山（南宋小朝廷的驻地），要他去"劝降"南宋君臣。当经过珠江口外的零丁洋时，他奋笔写下了《过零丁洋》诗，"人生自古谁无死，留取丹心照汗青"成为千古绝唱、千百年来无数爱国仁人志士的座右铭。1279年二月初六，文天祥亲眼目睹了陆秀夫背着南宋9岁的小皇帝赵昺投海，张世杰被巨浪吞没，南宋臣民10余万人蹈海自尽的悲壮场景，放声恸哭，并写下《哭崖山》等诗，他在诗中写道："长平一坑四十万，秦人欢欣赵人怨。……惟有孤臣雨泪垂，冥冥不敢向人啼。"

　　崖山之战，南宋灭亡，元军元帅张弘范向元世祖忽必烈请示如何处置文天祥，元世祖说："谁家无忠臣？"命令张弘范对文天祥以礼相待，将文天祥送到大都（今北京），元人编纂的《宋史·文天祥传》美曰"遣使护送天祥至京师"，决心劝降文天祥，以笼络人心。有资料说1279年四月二十二日文天祥踏上被押往大都行程，但文天祥在《立春》诗中却说"无限斜阳故国愁，朔风吹马上幽州。天翻地覆三生劫，岁晚江空万里囚"。似乎在初春启程。从文天祥诗的篇名中，基本可以看出他所走过的一条曲曲折折的路线：北行路线历经崖山、广州、潮阳、赣州、吉水、安庆、池州、建康（今南京）、扬州、通州、泰州、高邮、宝应、淮安（九月初二）、宿迁、邳州、徐州（九月初九）等地，深秋进入山东，经鱼台、汶阳、郓州、东平、东阿、高唐、平原、碣石、河间、滹沱河、保州、渡白沟河……辗转万里，于同年十月初一到达大都。一路上他写了许多纪事诗。其中有：

《发淮安》："九月初二日，车马发淮安。行行重行行，天地何不宽。"

《发彭城（今徐州）》："今朝正重九，行人意迟迟。回首戏马台，野花发葳蕤。"

《发鱼台》："晨炊发鱼台，碎雨飞击面。……岂知此中原，古今经百战。……天寒日欲短，游子泪如霰。"

《汶阳馆》："去岁营船隩，今朝馆汶阳。海空沙漠漠，河广草茫茫。家国哀千古，男儿慨四方。老槐秋雨暗，孤影照淋浪。"

《自汶阳至郓》："渺渺中原道，劳生叹百非。风雨吹打人，泥泞飞上衣。目力去天短，心事与时违。夫子昔相鲁，侵疆自齐归。"

《东平馆》："憔悴江南客，萧条古郓州。雨声连五日，月色彻中流。万里山河梦，千年宇宙愁。欲鞭刘豫骨，烟草暗荒丘。"

《发郓州》："烈风西北来，万窍号高秋。……严霜下丰草，长歌夜悠悠。明日东阿道，方轨聚骈骝。"此时已有"严霜"了。

《发郓州喜晴》："烈风西北来，万窍号高秋。宿云蔽层空，浮潦迷中州……严霜下丰草，长歌夜悠悠。明日东阿道，方轨骤骈骝。"

《发东阿》："贪程频问堠，快马缓加鞭。多少飞樯过，噫吁是北船。"快马加鞭，水陆并进。

《宿高唐州》："早发东阿县，暮宿高唐州。孤馆一夜宿，被风吹白头……"

《平原》："平原太守颜真卿，长安天子不知名。一朝渔阳动鼙鼓，大河以北无坚城……"

《河间》："空有丹心贯碧霄，泮冰亡国不崇朝。小臣万死无遗憾，曾见天家十八朝。"

《白沟河》："戴星渡一水，惨淡天微茫。行人为我言，宋辽次分疆，悬知公死处，为公出涕滂。……我死还在燕，烈烈同肝肠。"此"公"指北宋的将军张叔夜，他随被俘的徽、钦二帝北行，过宋辽界河白沟河，他绝食，裂眦张须扼吭而死。文天祥赞赏他视死如归、宁死不降的民族气节，并决心效仿。

文天祥身为"楚囚"，是否有游览登临名胜之地的机会呢？由于元军奉旨"遣使护送"，对文丞相"以礼相待"，所以一路上，他登临游览过不少地方。如，登越王台："登临我向乱离来，落落千年一越台"（《越王台》诗句）；游览戏马台："九月初九日，客游戏马台"（《戏马台》诗句）；吊彭城："我从南方来，停骖抚遗踪"（《彭城行》诗句）；并且"初登项籍宫、次览刘季邦，下车抚梁门、上马指楼桑（刘备故居）"（《白沟河》诗句）……接近大都，元军为防范燕赵豪侠解救文丞相（据传有千余名太行豪侠要营救文丞相，文丞相最后被害也与此有关），取道稍偏僻的"人烟渺萧瑟"的近海齐燕故道途经厌次、无棣是相对安全的，以后并且由骑马（《发东阿》："快马缓加鞭"，《发崔镇》："解鞍身似梦"，《北行第九十一》："先马古战场"）改为乘坐"巾车"（《赵太祖墓》："顾我巾车囚"）。过了高唐、平原之后，"北行"路上，鲁北至津南只有无棣有一座玄武岩孤丘，即《禹贡》碣石。一路走来，文天祥游历过不少名胜古迹，并都写诗纪实。他登临历史名山碣石并赋诗抒怀，也在情理之中。因此《北行第九十二》诗中的所描述的碣石，无疑就是无棣碣石山。

文丞相的登临，又为无棣碣石增添了新的光彩。

碣石复名十周年随笔

刘玉文

今年，2011 年的 9 月 15 日，是"《禹贡》碣石山复名"10 周年，是一个值得庆祝和纪念的日子！

《禹贡》碣石山复名，在我国历史地理学界也是一件具有重大意义的事情。"《禹贡》碣石在无棣"的结论，既排解了"沦于海"、"没于陆"的困惑，又为研究古黄河的历史变迁、挖掘黄河文化积淀提供了可靠的依据。

2005 年 6 月 24 日，山东省人民政府，以鲁政函民字 [2005] 17 号文件批准将碣石山南麓的"大山镇"更名为"碣石山镇"，并将碣石山的名字标注在正式出版的地图上，这是具有公信力的严肃的行政行为，具有深远的意义。标志着无棣《禹贡》碣石考取得了阶段性成果。

在碣石复名10周年的日子里，回顾一下关于碣石考辨的过程，也有重要的意义。考辨过程中的突出点，主要有：无棣马谷山即《禹贡》碣石；《禹贡》与禹疏九河的关系；及与此相关的"曹操无棣观沧海"，"秦皇汉武在无棣临碣石望祀蓬莱"，"徐福入海求仙从无棣碣石起航"等等。其中的关键就是解决《禹贡》碣石与"禹疏九河"的关系，即古黄河从碣石入海问题，只要解决了"河之入海，旧在碣石"的问题，《禹贡》碣石在无棣就迎刃而解了。

现在着重回顾一下关于"河之入海，旧在碣石"和"曹操在无棣《观沧海》"等课题的主要考证依据。

一、关于"河之入海，旧在碣石"

"《禹贡》碣石在无棣"结论，不是现在的无棣人凭空炒作出来的，也不是从谁的手中"抢"过来的，而是参阅了秦汉以来的大量史籍、国家地理总志、地方方志以及历代学者论证碣石的相关文献资料，又结合当今学者在现代科技条件下的考古挖掘，对古黄河、古渤海的变迁及先民的活动轨迹的研究成果；在此基础上，又对"九河"流域进行实地调查踏勘，并多次向有关专家学者虚心咨询求教，经数年的缜密分析、严肃考证而得出的。

我们研究《禹贡》碣石，是以《尚书·禹贡》记载为依据，以古黄河（九河）下游的变迁为脉络，以有关"大禹治水"的记载和传说为线索，以现代考古挖掘资料为参照而展开的，我们是沿着"九河禹迹"去考证定位《禹贡》碣石的，故而排除了古今文献中记载的远离"禹疏九河"的高丽遂城碣石、营州柳城碣石、辽东湾沿岸碣石、北京门头沟碣石、广东海丰碣石、西域迦沙纷遮城碣石及中亚波斯碣石等等。

黄河是中华民族的母亲河，自古以来关于黄河、碣石的记载很多，许多古代权威学者都把碣石与古黄河（九河）连在一起，认为古黄河从碣石入海。除《禹贡》的记载之外，还有丰富的文献资料。

（一）可供参考主要文献资料

1.《史记·夏本纪第二》："鸟夷皮服。夹右碣石，入于海。◇集解徐广曰：'海，一作河。"徐广没有对《史记》的该处记载进行"指误"，而是曾见到另一种记载。

[按]："海"、"河"一字之差，就恰好让"鸟夷"的航行方向相反。

徐广（351—425），东晋人。徐广注"一作河"，说明起码在晋代《禹贡》就有"入于海"与"入于河"两种版本。

《汉书·儒林传》云："孔氏有古文《尚书》，孔安国……授都尉朝，而司马迁亦从安国问故。迁书载《尧典》、《禹贡》、《洪范》、《微子》、《金縢》诸篇，多古文说。"即司马迁《史记》中所载《禹贡》之文，多源于孔安国家藏的"古蝌蚪文"尚书。孔安国的家藏"古文"，或许比听不清"齐语"的晁错从伏生口传用"今文"抄录下来的文本更准确可靠。如果按"入于海"去思考，当然就是鸟夷乘船沿黄河顺流而下入海时"夹右碣石"。无论是"夹右碣石入于海"还是"夹右碣石入于河"，该碣石作为航海标识，其位置当在黄河入海口的近距离之内，类似如今进出海港的浮标，如此尚无罗盘时代的原始鸟夷小舟，出海、入河才能保证航行安全。

有的坚持"夹右碣石入于河"论，于是就引申出本来享受"荒服"待遇的东北长白山一带的鸟夷，需撑船"渡辽东湾"南下，在大海中望山转向、西行500里进入黄河口（今天津附近），向中原帝王贡献"皮服"以表忠心。这问题复杂得多，学究先生闭门讲经授徒能讲得通，但实际操作却不易，此不絮烦。

2.《汉书·沟洫志》记载西汉哀帝时期，一位筹划治理黄河的代表人物贾让，于绥和二年（前7）向皇帝献"治河三策"，其中有"昔大禹治水，山陵当路者毁之，故凿龙门，辟伊阙，析底柱，破碣石，堕断天地之性。此乃人工所造，何足言也！"

[按]：贾让官职为待诏，向皇帝尚书，不能杜撰胡说，必须言之有据，他说大禹治水"凿龙门，辟伊阙，析底柱，破碣石"必有前人文献所本。大禹在治理黄河时需要"破碣石"，那《禹贡》碣石必在下游河道附近。

3.《史记·河渠书》："至于大陆，播为九河，同为逆河，入于勃海。"◇集解瓒曰："禹贡云'夹石碣石入于海'，然则河口之入海乃在碣石也。"

[按]：注者"瓒"，生卒不详，考证他是晋灼之后、郭璞之前的西晋学

者，撰有《汉书音义》）。瓒也说"夹石碣石入于海"而不是"入于河"。且明确提出"河口之入海，乃在碣石也"。这是最早见到的《禹贡》碣石在黄河入海口的结论。显然不能抛开黄河，到别处找《禹贡》碣石。

4.《淮南子·时则训》："中央之极，自昆仑东绝两恒山……龙门、河、济相贯，以息壤埋洪水之州，东至于碣石。"《淮南子·地形训》又云："中央之美者，有岱、岳，以生五谷桑麻，鱼盐出焉。"

[按]：结合《汉书·沟洫志》所云："《夏书》：禹埋洪水十三年，过家不入门。"《山海经·海内经》说："洪水滔天。鲧窃帝之息壤以埋洪水。"

显然，这"河、济相贯，以息壤埋洪水之州"中所指的主要是河济下游的兖州及其周边区域，其"碣石"亦即《禹贡》碣石。《淮南子》是西汉初年淮南王刘安招致宾客根据先秦以来的文献资料编撰而成的。说明在先秦时代就已把碣石定位于"河济相贯"的"中央之极"的东部。

5.宋蔡沈《书经集传》碣石引注云："韦昭以为碣石其山，昔在河口海滨。"

[按]：韦昭（204—273），字弘嗣，吴郡云阳人。三国时期吴国文学家、史学家、经学家。曾与华核、薛莹等同撰《吴书》，注《孝经》、《论语》及《国语》）。韦昭以为"碣石其山，昔在河口海滨"。代表了三国时代史学界的认知。"河"是古黄河的专用名词，后人在注释"碣石"时不顾韦昭的"河口"二字，却把《禹贡》碣石移花接木，搬到其他河流流域去，于是引出以讹传讹的流弊。

6.晋伏琛《齐地记》云："渤海郡东有碣石，谓之渤碣。"

[按]：伏琛指明，"渤海郡东有碣石"是指碣石位于渤海郡东部，而不是指渤海郡向东方位的指向上其他远方有个碣石。无棣县境滨海属于晋代的渤海郡高城县，渤海郡东的碣石就是今无棣碣石。

7.北魏郦道元《水经注·河水》云："河之入海，旧在碣石。"

[按]："河之入海，旧在碣石"与《史记·河渠书》：◇集解瓒曰"然则河口之入海乃在碣石也"是一致的，就是指大禹治水的年代，碣石在黄河入海处。因为郦道元没有到渤海郡东部去考察碣石，而利用汉代王横说的一次"风暴潮"就认为"昔在汉世，海水波襄，吞食地广，当同碣石苞沦洪波也"。

这诚然是错误的，但他把碣石定位于古黄河口附近无疑是正确的。

8.《史记·夏本纪》："同为逆河入于海。"[正义]注曰："播，布也。河至冀州，分布为九河，下至沧州，更同合为一大河，名曰逆河，而夹右碣石入于渤海也。"

[按]：[史记正义]成书于唐开元二十四年，编撰者张守节，官职为"诸王侍读宣议郎守右清道率府长史"。[正义]必然是"诸王"读《史记》训诂范本。张守节认定"九河，下至沧州……而夹右碣石入于渤海"，当为唐代具有权威性的见解。今无棣县属于唐代沧州，且沧州境内唯有无棣马谷山一山突兀海滨。

9.唐杜佑《通典·边防二》："按《尚书》云：'夹右碣石入于河。'右碣石即河赴海处。"《通典·州郡》又云："无棣古齐境北至无棣，在此。《周礼》曰'川曰河'，谓此县界。"

[按]：杜佑（735—812），是唐朝中叶政治家、史学家。杜佑所说"《尚书》云"即《禹贡》所云，"碣石即河赴海处"就是黄河之水奔流到碣石入海。又说"河在此县（无棣县界）"，显然，若此处有山即为碣石，当为不争事实。即便是杜佑在其他地方注"有碣石山"，但因其与"河"无关，断不是《禹贡》之碣石，亦明矣！

10.后晋刘昫等撰《旧唐书·天文志》云："中东尽东莱之地，汉之东莱郡及胶东国，今为莱州、登州也。又得汉之北海、千乘、淄川、济南、齐郡，今为淄、青、齐等州，及济州东界。及平原、渤海，尽九河故道之南，滨于碣石。今为德州、棣州、沧州其北界。自九河故道之北，属析木分也。"

[按]：碣石的位置："尽九河故道之南，滨于碣石。今为德州、棣州、沧州其北界。"非常明确，无须多解释。

显然该"碣石"在"九河故道"附近，无棣古称"九河下梢"之地。这与《奎璧书经》（金陵奎璧斋梓成文信梓行）、《监本书经》（光绪丁未承文信藏版）注云"兖州之境，北尽碣石河右之地"相符。

11.宋欧阳修等撰《新唐志·天文志》载："自北河下流，南距岱山为三齐，夹右碣石为北燕。"

[按]："北河"系指黄河，北河下流就是古黄河下游，"南距岱山为三齐，

夹右碣石为北燕"就是黄河下游入海段至碣石一线，是齐、燕的分界线。其南属于三齐，其北属于北燕。这与齐燕以河为境的记述正相符，也与无棣碣石的位置正相吻合。这与《奎壁书经》（金陵奎壁斋梓成文信梓行）、《监本书经》（光绪丁未承文信藏版）注云"兖州之境，北尽碣石河右之地"相符。

12. 宋王应麟《困学纪闻·卷十》云："禹时河入海，盖在碣石……而入渤海。"

13. 宋程大昌《禹贡论》云："碣石……山当在逆河故道之外。"

14. 元王充耘《读书管见·碣石河道》主张"碣石"在九河入海处。

15. 元宋濂《治河议》云："九河，趋碣石入于勃海。"（见明陈子龙《皇明经世文编·宋学士集》）

宋濂（1310—1381），元末明初文学家，元顺帝曾召他为翰林院编修，朱元璋称帝，宋濂就任江南儒学提举。本《集》云：此篇系旧作，元时宋濂就最留意治河。这无疑代表了元代学界对碣石的定位。

16. 明严从简《殊域周咨录·西戎》载："故神禹导河，自积石历龙门，南到华阴，东下底柱及孟津、洛汭，至于大伾而下，酾为二渠，北载之高地，过洚水至于大陆，播为九河，趋碣石入于渤海。"

17. 清顾炎武《山东肇域记》论述："海丰县，本元之无棣县……有马谷山，亦名大山，高三里，周六七里，山半有洞，广二丈余，深不可测。刘世伟曰：此即古之碣石也。《禹贡》：岛夷皮服，夹右碣石入于河；又曰：太行、恒山至于碣石，入于海。是其在九河之末，入海之口，明矣。传者以为在辽西骊城之地，而郦道元又谓九河碣石苞沦于海。夫事无所证，当求之迹；迹有不明，当度之理。以迹而论，九河故道，俱在德、棣之间，而碣石不当复在他境；以理而论，禹之治水，行所无事，齐地海耶，况地势北高，无行水之道，今自直沽以北，水皆南注，北平地高，则河又奚由而达耶。又云，碣石已去岸五百里。审如是，当在麻姑岛以东、塔山大洋以南，而海道图经，又无此山，则此语尤不足信矣。今此山既在九河之下，而又巍然独出于海滨之上，其为碣石无疑。"

[按]：顾炎武（1613—1682），本名绛，江苏昆山人，足迹遍天下，对历史学、地理学、文字学、训诂学、音韵学，都作了深入细致的研究，写了

大量著作，《山东肇域记》是其一。"马谷山，其为碣石无疑"的结论，起到一锤定音的作用。

18. 清顾祖禹《读史方舆纪要·卷三十一·山东二》云："马谷山（无棣）县北六十里。高三里，周六七里，山半有洞，广二丈余，深不可测。一名大山。或以为即古之碣石，似误。"

《读史方舆纪要·卷十·北直一》却云："（碣石）其在平州界内者，即古大河入海处，为《禹贡》之碣石。"

［按］：顾祖禹（1631—1692），字复初，江苏无锡人，清初沿革地理学家和学者。晚年，曾参与编纂《大清一统志》。《读史方舆纪要》着重考订古今郡、县的变迁和推论山川关隘战守的利害，是中国沿革地理最具代表性的著作。

但在从上述两段不同的记述中，不难发现他存在一个严重的历史性误解，即"平州（今秦皇岛市）即古大河入海处"。因为古黄河从来都不会也不可能从今秦皇岛、山海关一带入海。

古黄河在今天津以南、黄骅、无棣一带入海，已成当代地理学界的共识。顾祖禹论证《禹贡》碣石的大前提是"碣石在古大河入海处"。如果顾祖禹时代解决了这个问题，他断不会说"马谷山或以为即古之碣石，似误"了！

19. 清蒋廷锡《尚书地理今释》其中有一段论述："盖骊城，即今直隶永平府乐亭县；絫县，即今昌黎县。二县壤地连接，杳无碣石踪迹，而'海水荡灭'之说，又荒诞不可信。考《肇域志》云：'山东济南府海丰县有马谷山，即古碣石。刘世伟亦以马谷山在古九河之下，合于禹贡入河入海之文，断为碣石无疑。'近世论碣石者，惟此说庶几近之。"

［按］：蒋廷锡（1669—1732），字扬孙，常熟人，康熙癸未进士，官至大学士。蒋廷锡"备聆圣训，得余绪之万一，已能总括古今，为说经家所未曾有也"。编撰了《尚书地理今释》一卷，这在当时具有一定的权威性。

20. 清阎若璩《四书释地续》云："禹于帝尧八十载癸亥大告成功，河自右碣石入于海。"

21. 清梁玉绳《史记志疑》云："由《禹贡》，黄河自碣石入海，碣石以东为海，以西为逆河（九河）。"

22. 清俞正燮《癸巳类稿》云："碣石今存者有二：一在今武定府海丰；一在今广东，所谓碣石镇也。"

[按]：俞正燮（1755—1840），字理初，清代安徽黟县人，道光元年举人，著名学者。晚年主讲江宁惜阴书院。《癸巳类稿》撰成于 1833 年。

俞正燮说："碣石今存者有二：一在今武定府海丰。"武定府海丰即今滨州市无棣县，这说明在所处的时代，无棣马谷山，早已有"碣石"之名，并且与广东碣石齐名，为当时国内"今存"二处碣石，除此之外宇内再没有"碣石"了。尽管他在后面的论述中，以无棣碣石在"兖州"，《禹贡》中是把碣石记在"冀州"，因否定无棣碣石为《禹贡》碣石，但他却把一个真真切切的碣石定位在"武定府海丰"，这非常重要！因为有人说无棣马谷山，从来没有"碣石"这个名字。俞正燮老先生在这里说了，无棣马谷山当时不但被称之为碣石，而且在当时大清国的北部还没有与此同名为"碣石"的。毋庸置疑，马谷山的"碣石"古名，绝不是始见于 1833 年成书的《癸巳类稿》。

23.《古今图书集成·方舆汇编职方典·河间府部》记载："庆云（县）碣石，又名马谷山，古属无棣，今析海丰。"

[按]：《古今图书集成》是由福建侯官人陈梦雷（1650—1741）所编辑的大型类书。康熙皇帝钦赐书名，雍正皇帝写序。此次被编入的《河间府志》应是明代之前或清初的方志。该《河间府志·山川》记载了"碣石"，缀于庆云县后。先写"碣石"之名，后写"又名马谷山"，足以证明明清时无棣碣石之名早见于文献。其中云"古属无棣，今析海丰"，是因为隋开皇六年置县时，今无棣、庆云都属无棣县。1265 年，元世祖忽必烈将原无棣东西分治，西无棣县（隶沧州），即今庆云县，东无棣县（隶棣州），明初避讳，西无棣县改名庆云县，东无棣改名海丰县，民国三年（1914）海丰复名无棣，庆云依旧。"今析海丰"就是把碣石山划归海丰县。《古今图书集成》开始于康熙四十年（1701），比《癸巳类稿》提前 130 多年。

24. 乾隆四十五年，张克嶷撰写《重修马谷山寺记》，开宗明义云："马谷山，古之所谓碣石也。自历下以北蜿蜒三百六十里，乃于覆鬴、鬲津之间突出一峰，则灵秀所钟，谓非海邑之巨镇乎？……"

[按]：乾隆四十五年即公元 1780 年，"马谷山，古之所谓碣石也"，这

句话既不是现在无棣人编出来的，也不是 230 多年前的碑文撰写者张克巇凭空造出来的。马谷山古名碣石必有古文献所本，今人尚未查阅到这些古文献不等于其不存在。

25. 顾颉刚《禹贡注》明确指出："导山，凡四重：第一重自岍山至碣石十二山，在黄河的北岸；第二重自西倾至陪尾共八山，在黄河南岸。"

[按]：顾颉刚（1893—1980），江苏吴县人，原名诵坤，字铭坚，是现代古史辨学派的创始人，也是中国历史地理学和民俗学的开创者。

顾颉刚把"碣石"定位于黄河北岸最东边的一座山，沿古黄河找下去，就会发现，除无棣碣石外，别无二山。没找到正主，也不能说"沦于海"，更不可远离黄河去找别的山去替代。

26. 黄盛璋先生在《碣石考辨》（《文史哲》1979 年第 6 期）论述道："《禹贡》的黄河经今河北入海，碣石夹黄河入海口之右。今天津市以南，除了无棣县马谷山外，古黄河口都没有山，因此后代也有以马谷山为《禹贡》冀州之碣石。"

[按]：黄盛璋，1924 年生于安徽合肥。中国科学院历史地理学家、古文字研究专家。1965 年后为中国科学院地理科学与资源研究所副研究员、研究员。致力于古汉语、古文字、历史地理研究。黄先生说："今天津市以南，除了无棣县马谷山外，古黄河口都没有山，因此后代也有以马谷山为《禹贡》冀州之碣石。"这是实地调查后作出的科学结论。

《禹贡》九州岛，本来就是一种模糊的地理概念，并非严格的行政区划，加之古黄河尾自古间漂移不定，如果拘泥于《禹贡》兖州、冀州去定位碣石，又不到古黄河三角洲去实地考察，很难做出科学论断。应当用现代地理知识去历史地辩证地去读《禹贡》，比如，《禹贡》冀州载"至于大陆，播为九河"，而兖州载"九河既道"，九河是在冀州还是兖州？那怎么去定位"济河惟兖州"呢？

27. 何幼琦先生在《〈海经〉新探》（《历史研究》1985 年第 2 期）中也指出："排除了各种错误的说法，可以确定，在《海经》的时期，河水是夺马颊河入海的，河水所入的积石山、碣石山，就是今天无棣县的马谷山。明人刘世伟称：'海丰县（今无棣县）北六十里有马谷山，一名大山，高三里，周六、七里。《县志》云：山多石，无草木。疑古之碣石，为河入海处。'他疑的很准确，山不大，多石而无草木，正是被神话化为'禹所积石'的根据。后来顾炎武在《肇域志》中肯定了这一主张：'山东海丰县马谷山即大碣石山。'"

[按]：这就是现代人，利用现代手段和现代地理认知，解读天书般的《山海经》所得出的科学结论。

何幼琦（1911—2003），河南省安阳市人。历任广东省哲学社会科学研究所副所长，广东省社会科学院副院长，湖北省社会科学院顾问等，是著名的历史学家、《山海经》研究家。

28. 我国著名历史地理学家、中国历史地理学科的主要奠基人和开拓者之一谭其骧先生在《中国历史时期海岸线的变迁》（《长水集》）一文中说："自新石器时代以来，黄河长期从渤海湾入海。……下游又分成多股，在天津、河北黄骅和山东无棣之间游荡。"

[按]：谭其骧（1911—1992），字季龙、笔名禾子，浙江嘉善人。师从顾颉刚先生，是我国历史地理学家、历史地理学科的主要奠基人和开拓者之一。

谭其骧先生的"（黄河）下游又分成多股，在天津、河北黄骅和山东无棣之间游荡"，加上郦道元的"河之入海，旧在碣石"，再加上黄盛璋先生的"今天津市以南，除了无棣县马谷山外，古黄河口都没有山"，把古今地理学家的结论有机联系在一起，那《禹贡》碣石在哪里还用得着争论吗！

29. 山东淄博社会科学联合会研究员周华光先生在《华夏文明起源与融合发展》（《管子学刊》）一文中说："禹治黄河的地域，大致从河南省新乡地区滑县地界往北到海河流域，往东到山东的古无棣、利津地界（滨州市、东营市），禹治九河在这个地界内。"

[按]：《禹贡》描写的治水范围限定于黄河流域，下游北不过恒、卫。《禹贡》的作者不会脱离此范围，把其他地方的一座与治水无关的山写进《禹贡》篇括充篇幅做点缀。

30. 清胡渭《禹贡锥指》云："禹所名之山，苞举宏远，非一峰一壑之目也……至若砥柱、碣石、朱圉、大伾之类，则又狭小孤露，与一峰一壑无异。盖山陵之当路者，不得不举为表识，未可执前例以相绳，以为必广袤数十百里之大山，而疑古记所言之非也。"

[按]：有人认为《禹贡》中所记载的山，必定是很高大的山，无棣碣石相对孤露矮小，以此来否定其为碣石。对此胡渭给了很确切的回答。

胡渭（1633—1714），字朏明，号东樵，浙江德清人，清代经学家、地理学家。清康熙二十九年（1690）撰《一统志》，聘为协修，撰有《禹贡锥指》。

（二）关于《禹贡》碣石的古诗词

《禹贡》是儒学地理名篇，《禹贡》碣石是历史名山，所以有不少古代诗词歌颂碣石，这对考证《禹贡》碣石，也是参照佐证。现摘录几首：

1.南朝沈约《临碣石》

碣石送返潮，登罘礼朝日。

溟涨无端倪，山岛互崇崒。

骥老心未穷，酬恩岂终毕。

2.南朝刘孝威《小临海》

碣石望山海，留连降尊极。

秦帝枉钩陈，汉家增礼秩。

石桥终不成，桑田竟难测。

蜃气远生楼，鲛人近潜织。

空劳帝女填，讵动波神色。

[按]：选自《乐府诗集·卷第五十五·舞曲歌辞四》。沈约（441—513）、刘孝威（496—549），南朝名士、官吏，南朝疆域最北只到过黄河以北今无棣附近的乐陵郡、沧州东南部。沈约"临碣石"与刘孝威"碣石望山海"只能在无棣碣石，敌对的"索虏"政权不会允许南朝的"岛夷"政权官吏到其腹地辽东、辽西去游山玩水。

3.唐杜甫《临邑舍弟书至苦雨黄河泛溢堤防之患簿领所忧因寄此诗用宽其意》（节选）

燕南吹畎亩，济上没蓬蒿。

螺蚌满近郭，蛟螭乘九皋。

徐关深水府，碣石小秋毫。

[朱注]《新旧史》：开元二十九年七月，伊洛水溢，损居人庐舍，秋稼无遗，坏东都天津桥及东西漕，河南北诸州皆漂没。此诗鼋鼍二句，志桥毁

也。燕南、济上、徐关、碣石，志诸州漂没也。吹畎亩，失万艘，志害稼并坏漕也。

[按]：[朱注] 即明末清初学者朱鹤龄所注释。朱鹤龄（1606—1683），字长孺，江苏吴江人，明诸生。颖敏嗜学，尝笺注杜甫诗。诗题中说"黄河泛溢"注释中说"燕南、济上、徐关、碣石，志诸州漂没也"，灾区在黄河下游，其中的碣石当然也位于黄河下游。这与唐代张守节在 [史记正义] 中所云"九河，下至沧州……而夹右碣石入于渤海"相符。

4. 宋刘奉世《九河叹》（节选）

> 今塞商胡口，清流不时通。
>
> 何当洒二渠，载跨碣石东。

[按]：该诗以"九河"为题，寓意已明。"何当洒二渠，载跨碣石东"，显然是指禹河二渠从碣石入海。

5. 明李攀龙《葛丈山房》

> 少宰山房北海隈，千林窈窕白云开。
>
> 倚窗河势钩盘出，拂槛秋阴碣石来。
>
> 鲁国诸生纷授易，汉庭多士满题才。
>
> 临流重忆乘槎客，濯足还登万里台。

[按]："钩盘"即"禹疏九河"之一的钩盘河，在无棣碣石附近入海。《齐乘》："东无棣县北有陷河，阔数里，西通德、棣，东至海，兹非所谓钩盘河欤！"《海丰县志》云："钩盘河北派径县西北三十里，又东北经马谷山前入海。"

6. 明李攀龙《登黄榆陵诸山是太行绝顶处》（节选）

> 地坼黄河趋碣石，天回紫塞抱长安。
>
> 悲风大壑飞流折，白日千厓落木寒。

[按]：选自《李攀龙集》卷六。黄榆岭位于邢台市西63公里处的大山深处，此诗作于嘉靖三十二年（1553），李攀龙出任顺德（今河北邢台）知府期间。"地坼黄河趋碣石"，就是黄河至于碣石入于海。

7. 明彭孙贻《河间行·九河故道》

> 神禹河荒古迹存，乱流踏月犯黄昏。

残星没水低平野，苦雾开林出远村。

碣石山川青兖合，钩盘沙碛白沟浑。

[按]：彭孙贻（约1615—1673）明朝遗民，著名学者。他在河间府停留期间以"九河故道"为题赋诗，并把"禹河古迹"（即"九河"）、钩盘河、碣石有机相连，即表明禹河入海处在禹贡碣石。

8.清杜堮《九河》

禹迹茫茫问九河，海滨碣石未销磨。

汉家分土名犹在，宋氏传经说竟讹。

自昔洪流归海澥，岂容别派混滹沱。

岛夷尚识来时路，万丈潮头奈尔何？

[作者自注]"九河古道，在德州、河间、棣州之地，与《禹贡》大陆北播为九河之文合。""自天津南尽棣州数百里内，惟海丰（今山东无棣）旧河岸有马谷山，趾顶皆石，周围三里许，形如碣石。盖即同为逆河处，与《禹贡》'夹右碣石'之文相合。""北则天津滹沱入海处，九河在其南明矣，岂得越入平州乎？"

[按]：杜堮（1764—1858），滨州人，嘉庆六年进士，历乾隆、嘉庆、道光、咸丰四朝，官至太子太保，礼部尚书，是山东文坛的盟主。其子杜受田为咸丰皇帝的老师，孙子杜翰是咸丰皇帝的"八大顾命大臣"之一。

9.清薛宁廷《九河古迹》

鬲水碧吞千古月，盘河清漾万年风。

东连碣石荒堤在，指点沙痕忆禹功。

[按]：该诗载于《乐陵县志》（1990年版）。"鬲水"即鬲津河，"盘河"即钩盘河，都在"禹疏九河"之列，"碣石"即指无棣碣石。"东连碣石荒堤在"即指故黄河大提东连无棣碣石，"指点沙痕忆禹功"。沙痕，指九河故迹，被认为是禹迹，《禹贡》"帝锡禹玄圭，告厥成功"。作者面对禹迹所至之地，自然就追忆大禹的不朽功绩。

薛宁廷（1718—1772），字退思，号补山，又号洛间山人，原籍陕西雒南，乾隆十六年随父谪居山东乐陵。乾隆二十二年（1757）进士，改庶吉士，授编修，后主讲山东众书院。有《洛间山人诗》。

10. 清张衍重《望碣石》

　　　　一发贴天点黛螺，玄圭曾此奠洪波。

　　　　周移汉决无良策，那向荒墟觅九河。

[按]：此诗选自《无棣县志》（民国十四年版）。作者清代无棣人、进士，官至饶州知府。题为"望碣石"，指的是无棣碣石，证明马谷山古名"碣石"。"玄圭"指平治水土告厥成功的大禹，"玄圭曾此奠洪波"就是认为大禹治水曾到过此地，无棣碣石乃禹迹所至之地。

11. 清胡殿鹏《黄河曲》（节选）

　　　　百庙坊表尊亲重，春满宫墙秋又深。

　　　　六经一出照天地，禹贡九河不陆沈；

　　　　八方泊流源汩汩，五龙塘树覆阴阴。

　　　　马谷郁盘古碣石，归墟渤海到如今。

[按]：选自《台湾文献丛刊》"第 280 种"《台湾诗钞（下）》卷十八中。

胡殿鹏（1869—1933），字子程，号南溟，台南人，清时廪生，补博士弟子员，清末台湾大诗人。割台时随父内渡，寓居厦门，后归台南曾任《台澎日报》编辑记者，1905 年连横在厦门创办《福建日日新报》。其为文有奇气，诗则题材广泛，气势磅礴，汪洋浩瀚，为日据时期台湾三大诗人之一。著有《南溟诗草》、《大冶一炉诗话》等书。

诗中"禹贡九河不陆沈"、"马谷郁盘古碣石"两句，就明确肯定了"无棣马谷山即《禹贡》碣石"的结论。结合俞正燮《癸巳类稿》中所云"碣石今存者有二：一在今武定府海丰；一在今广东，所谓碣石镇也"，证明无棣马谷山，在学界早就有"碣石"之名。

（三）地图参考资料

1.《三国演义》地图

人民文学出版社 1953 年第一版《三国演义》，卷首附有一幅《三国演义》地图。其后 1955 年第二版、1973 年第三版都附有该图。人民文学出版社编辑部 1973 年 8 月关于第三版《三国演义》的"关于本书的整理情况"一文中明确指出："前版附印的《三国演义》地图，现仍保留。"

该地图用"要地"符号把"碣石"标注在复名前的马谷山位置。

2.《禹贡锥指》所附地图（康熙乙酉版）

胡渭的《禹贡锥指》所附地图与现代的投影地图相差很大，比例尺也不准确，所以山东半岛、辽东半岛的形状与现在不一样，但黄河入海的位置大体相符。胡渭也是认同碣石在古黄河入海处，河口画出来了，他却到500里之外的海中区寻找碣石，结果是缘木求鱼，因为没在那里找到碣石，所以他深信碣石已沦于海，但又说不定"何时复遭荡灭"。古河口明明画在无棣附近，他却说流经马谷山的河流"非禹迹"，因而轻易否定马谷山即《禹贡》碣石。

二、关于"曹操无棣《观沧海》的考证"

《观沧海》：

> 东临碣石，以观沧海。
>
> 水何澹澹，山岛竦峙。
>
> 树木丛生，百草丰茂。
>
> 秋风萧瑟，洪波涌起。
>
> 日月之行，若出其中；
>
> 星汉灿烂，若出其里。
>
> 幸甚至哉，歌以咏志。

（一）考证该诗创作时间：建安十一年（206）秋八月，东征管承路过无棣

创作时间依据：

1.《三国志·魏书·武帝纪》：建安十一年（206）

"初，袁绍以甥高干领并州牧，公之拔邺，干降，遂以为刺史。干闻公讨乌丸，乃以州叛……遣乐进、李典击之，干还守壶关城。（建安）十一年春正月，公征干。公围壶关三月，拔之……秋八月，公东征海贼管承，至淳于，遣乐进、李典击破之，承走入海岛。"

2.《三国志·魏书·陈思王传》太和二年（228）

"（太和）二年（228），复还雍丘。植常自愤怨，抱利器而无所施，上疏求自试曰：……臣昔从先武皇帝南极赤岸，东临沧海，西望玉门，北出玄塞，伏见所以行军用兵之势，可谓神妙矣。"这是曹植给侄儿魏明帝曹叡奏

疏，不会有自我吹嘘溢美的成分，所述事件应为诚恳可信的。

其中"南极赤岸，东临沧海，西望玉门，北出玄塞"是曹植叙述跟随曹操南征北战、东讨西杀的四次关键性著名战争。其中的"北出玄塞"显然指的是建安十二年（207）曹操北出卢龙塞征乌桓的那场战争；而"东临沧海"与"北征乌桓"定然不是同一码事，而是指跟随曹操"东征管承"的那场战争。曹植跟随曹操"东临沧海"。"东临沧海"四字，是对曹操诗中"东临碣石，以观沧海"8个字的缩写。

有人对曹操东征管承这场战争的重要性进行淡化，其实是对曹操彻底消除袁氏势力，稳定北方大局乃至后来魏国的建立是非常关键性的一场战争。战争历时半年，参与的将领有李典、乐进、张合等，阵容规模可观。《武纪》还载，建安十二年二月曹操自淳于还邺，评功论赏"于是大封功臣二十余人，皆为列侯，其余各以次受封，及复死事之孤，轻重各有差"。表明经过这次军事行动曹操控制北方的大局已定，曹操已踌躇满志。

3.《三国志·魏书·武帝纪》建安十八年晋封魏公策命

明确曹操"东、西、南、北"四大战功。

"十八年，五月丙申，天子使御史大夫郗虑持节策命公为魏公曰：'……袁谭、高干，咸枭其首，海盗奔迸，黑山顺轨，此又君之功也。乌丸三种，崇乱二世，袁尚因之，逼据塞北，束马县车，一征而灭，此又君之功也。刘表背诞，不供贡职，王师首路，威风先逝，百城八郡，交臂屈膝，此又君之功也。马超、成宜，同恶相济，滨据河、潼，求逞所欲，殄之渭南，献馘万计，遂定边境，抚和戎狄，此又君之功也。'"

其中：

第一功，东征管承，"海盗奔迸"，即指东征海贼管承。曹植从征"东临沧海"。

第二功，北征乌桓，"乌丸三种""一征而灭"，曹植从征"北出玄塞"。

第三功，南伐刘表，"百城八郡，交臂屈膝"，曹植从征"南极赤岸"。

第四功，西战马超"殄之渭南""遂定边境"，曹植从征"西望玉门"。

4.《曹植年表》（节选）

明确曹操"东征海贼管承"、"北征三郡乌桓"时，曹植确实从征。

[建安十一年丙戌（206），曹植 15 岁]

《武纪》："秋八月，公东征海贼管承，至淳于。"植从征。《求自试表》："东临沧海"指此。

[建安十二年丁亥（207），曹植 16 岁]

《武纪》："春正月，公自淳于还邺。夏五月，北征三郡乌桓，至无终。"植从征。《求自试表》："北出玄塞"即指此行。

（二）该诗的创作地点：汉渤海郡东的碣石，即今山东无棣碣石

创作地点依据：

1. 一曰"曹操自我认领"

《后汉书·献帝纪》载："（建安）九年秋八月戊寅，曹操大破袁尚，平冀州，自领冀州牧。"今无棣境其时属冀州渤海郡，濒海。曹操在《步出夏门行》诗组的"艳"中叙述道："经过至我碣石，心惆怅我东海。""至我碣石"即属于曹操自己领地内的碣石。在"普天之下莫非王土，率土之滨莫非王臣"的时代，说出"至我碣石"，其地应理解为他的领地或辖区。

2. 二曰"有其必然性"

曹操"东征海贼管承"，管承故里虽在东莱长广，但海贼的活动范围是在渤海南半部沿海。围剿"海贼"深通谋略的曹操理应从沿海由西向东一路征讨，且此时的冀州渤海郡（含今无棣沿海）属于曹操管辖，自然属于优先清剿范围。无棣沿海成为曹操大军的必经之地。这就是必然性。

3. 三曰"名副其实"

无棣临渤海，汉因其名置"渤海郡"，渤海又通称"沧海"，所以北魏太武帝初，改渤海郡为沧水郡；至孝明帝有分置"沧州"，一直沿用至今。无棣碣石濒临"沧海"。沧海、碣石，恰与诗中的"沧海"、"碣石"相符。

4. 四曰"方向对头"

"东临碣石"，即挥师向东登临碣石。曹操自并州冀州一带挥师东进，"东征海贼管承"，恰与诗中"东临"相符。

5. 五曰"季节吻合"

《武纪》确切记载："秋八月，公东征海贼管承"，与诗中的"秋风萧瑟"、"百草丰茂"的季节时令正相吻合。

6. 六曰"环境相符"

诗中有"山岛竦峙"句。唐代诗人刘长卿有一首《晚泊无棣沟》诗云："无棣何年邑，长城作楚关。河通星宿海，云近马谷山。僧寺白云外，人家绿渚间。晚来潮正满，处处落帆还。"其中"人家绿渚间"的"渚"即指水中的小岛之类的地块。《说文》："小洲曰渚"。"绿渚"即是"树木丛生，百草丰茂"等绿色植被。

除"绿渚"外，附近还有较低矮的"篚山"。《水经注·淇水》："又东迳篚山北。《魏土地记》曰：高城东北五十里有篚山，长七里。"《寰宇记》记载：沧州盐山县"篚山，一名峡山，在县东南四十里。阔山，在县东南九十里"。《读史方舆纪要·北直四》记载："盐山县：篚山，县东南四十里，一名峡山。魏氏《土地记》：'篚山长七里。又县东南九十里，有阁山，山皆低小，无峰峦林壑之胜。又小山，在县东北七十里，陂陀绵亘，跨山东海丰县（按，即今无棣县）界，一名骝山。"魏氏《土地记》一说是成书于三国时代，早于《水经注》，说明到魏晋南北朝时期无棣碣石附近的海陆上还存在着大大小小的不少山头，"篚山"是在 1964 年才从无棣县划归河北海兴县。由此可知碣石周边"山岛"不少，这与诗中的"山岛竦峙"相符。

以上 6 点，尤其是地名（碣石）、季节（秋八月）、方向（东临）、环境（山岛）等关键要素都与诗的意境相吻合。

三、碣石山的保护开发

古语云"山不在高有仙则名，水不在深有龙则灵"。碣石是一座历史名山，复名后，引起了各界关注，也进一步提高了无棣人对碣石山的保护开发意识。碣石山名气虽大，但山体较小，容量有限，所以本着重点保护、适度开发的原则，经过论证对碣石山旅游进行了科学规划，使之成为火山遗迹科研基地和挖掘黄河文化的璀璨载体，同时也成为一处旅游景区。

2009 年，无棣碣石山旅游风景区被正式授予"国家 AAA 级旅游景区"称号，迎来了许多旅游观光的国内外客人，并受到好评。谨摘录几则如下：

《山东黄河》以《黄河古道活化石——碣石山》为题刊文，并配发照片。

《中国水利网》刊文说："无棣碣石山是鲁北平原上唯一的一座山峰，是徐福东渡起航处，秦始皇、汉武帝、曹操都曾登临此山。碣石山还是国内罕见的第四纪火山中最年轻的山体，对于揭示鲁北平原、黄河三角洲地质、地貌的演变，追溯人类活动踪迹以及火山岩科研教学等都有着不可替代的作用。"

《大众网》发文说："碣石山又称马谷山，但当地居民更习惯称之为'大山'。碣石山也是一马平川的华北地区唯一露头的火山，被誉为京南第一山。山东多山，与众多名山相比，碣石山显得有些微不足道。尽管古人如曹操登临赋诗，但一直鲜为人知，只是到了近几年才颇受关注。碣石山虽小，年事却很高。山体形成于73万年前的新生代时期，属中心喷发而成火山，喷发物有火山蛋、火山灰、火山岩、火山岩熔组成，岩性为暗褐色霞石苦橄岩，山石石质奇特。旧县志记载，古时该山近河傍海，距海口仅十余里，为导航标志之山，人称碣石山。山上不生草木，春秋时称无棣山。山下有月明沽产盐，山腰有盐神庙，魏晋时又称盐山。很早之前，山上建有碧霞元君祠、文昌阁、关帝庙等寺观十余处，一座小山上既有佛，又有道，可谓奇特。"

《半岛网》发文说："碣石山地处黄河古道，属于历史上的九河之域，是大禹疏通九河的入海处。碣石山无愧为黄河故道的'化石'。几千年来，它沉淀了、粘附了厚重的黄河故道文化。"

"新浪博客"曾发表一篇《碣石山游记》，其中说道："目前国内学界对碣石山还有分歧，不过大多数人都认为无棣的这座山就是《观沧海》中的那座碣石山，而我今天要去的正是这座山。……真的是三生有幸，不知何年何月能够再来观一下这座碣石山，秦皇汉武、曹操都曾经来过这座碣石山，突然觉得这座矮小的碣石山这一刻是如此的高大，是啊，像碣石山这样的奇特的山在无棣、在滨州、在山东、在华北、在中国，恐怕也仅此一座，'别无分店'了吧！"

《中国景点网》发文中说："碣石山，系73万年前火山爆发喷出而形成的锥形复合火山堆，是我国最年轻的火山，也是华北平原地区唯一露头的火山，其结构为火山弹、火山灰、火山砾、火山熔岩组成，被誉为'京南第一山'。"

"汽车之家·论坛"刊文道："围绕碣石，历史上产生过许多争论，形成了千古碣石谜案。但最终经专家考证，无棣的碣石山就是《禹贡》之碣石、秦皇汉武东巡之碣石、曹操东临之碣石、徐福入海求仙起航之碣石。……齐人徐福率童男女便是由无棣碣石山入海求仙的。汉武帝时期也曾派方士寻找仙人、求不死之药。秦皇、汉武多次赐履碣石，也多是为盼入海方士早日带回不死之药。碣石山既是秦皇、汉武赐履的历史名山，也是早期道教最活跃的地方，这里曲径通幽，蜿蜒迂回，奇洞异穴，引人入胜，后被道教尊为'福地洞'。"

"二月春风的博客"在其《游览碣石山》文中说："碣石山之所以受到人们的青睐不仅源于它的景美，还在于它蕴藏着丰富的文化内涵。碣石山地处黄河古道，属于历史上的九河之域，是大禹疏通九河的入海处。碣石山是黄河故道的'化石'。几千年来，它沉淀了、粘附了厚重的黄河故道文化。"

《大众网滨州》通讯员张霞发表一篇《登碣石山》游记，其中写道："我们拾级而上，首先来到'碣石山碑'前。碑由黑色大理石砌成，碑体巨大、肃穆壮观，上刻毛体草书'碣石山'三个大字金光闪闪，气势恢宏；碑的下方镌刻着'碣石复名记'。读后，对碣石山复名的意义有了更深的了解。接着又来到'安作璋教授题词碑'前，字数不多，但意义重大，它再次肯定了碣石山在此的研究成果。'省级地质遗迹保护区碑'也很壮观，白色的大理石上雕刻着红色的大字，远远地就能看到。看完'三碑'，走过碣石门，开始步入火山口遗迹。从洞天福地到一线天，经虚怀若谷、石瀑到达摩洞、龙马洞，再到山神庙遗址、新修的碧霞元君祠、石林景区、曹操横槊赋诗群雕……一路绿荫一路故事，一路欢歌一路笑语，我和老公、孩子谈古论今，不觉攀上山顶，来到观海阁。在楼上，有好多诗，我们把着饮料念着诗，很是雅兴。凭栏远望，绿树红花，炊烟袅袅，一切景色尽收眼底，太美了。自然景观和人造景观衔接得很和谐，也很耐人寻味。"

《禹贡》碣石复名 10 周年了，无棣碣石考证取得了阶段性成果，这仅仅是无棣古黄河文化挖掘刚刚走出了第一步，无棣是禹迹所至之地，又是姜太公赐履之地，厚重的黄河文化积淀取之不尽，用之不竭，正等待有志于此的无棣人来源源不断地挖掘、提炼、保护、开发，让《禹贡》碣石，在无棣这块人杰地灵的古老大地上，闪烁出更加灿烂的光辉！

——2011 年 9 月 16 日

正本清源话碣石

于长銮

（2001 年 10 月 19—21 日，山东省历史学会渤海历史文化专业委员会首届学术研讨会在无棣举行。此文为专题学术论文之一。）

一、一丘多名的更新世火山

无棣碣石山，突兀于海滨，在鲁北平原一峰独秀，距县城 30 公里，位于大济路与新海路交会的西南隅角，地当交通要冲。此山海拔 63.4 米，占地约 20 万平方米，它形成于距今 73 万年前的新生代第四纪更新世，属一中心式喷发形成的火山锥状地形，是国内少见的第四纪火山中最为年轻的山体，其结构由火山弹、火山灰、火山砾岩、火山熔岩组成，岩性为暗褐色霞石岩，极具地学价值。山东省人民政府列为省级地质遗迹自然保护区；山北有地震台，山上山下及碣石门内均有地震监测设施。

无棣碣石山一山多名。《盐山县志》载："夏商之碣石，即春秋之无棣，魏晋之盐山，唐宋之马谷，元明之大山，异名同实，古今随有如此者，其实只一山也。"

碣石者，状如碣，百里平川突兀一丘，孑然而立于海滨，古以"贡道"表识而称著一方。史书载："北方山川载于经典者，九河而外以碣石为最著。"无棣初名于春秋，管子"四至"有"北至于无棣"之说。《盐山地名资料汇编·大山考》："唐尧时，此山距海口十余里，为导航标识之山，人称碣石山，春秋时改称无棣山。拟是无棣山——无棣水——无棣县，乃无棣命名之渊源"；"魏晋以来，始有'盐山'之号，立有神祠，意者近山产盐，遂祠盐神以得名耳"；"至唐又有'马谷'之号，俗传马君德叛居此山以附刘黑闼，因名马谷，又云洞中曾有龙马之故，殆皆无稽之言也。"至于"大山"其名，盖因斯山寿高于泰山，亦说大山的"碧霞元君宫"比泰山的"碧霞元君祠"为老，因以为名，不得其详。

《无棣县志》载："山之巅为碧霞元君宫，康熙三十年、乾隆四十五年重修。同治六年、光绪十一年继修。前为玉皇阁，雍正十一年重修。山半东峰为文昌阁，同治八年修，西峰为吕祖阁，光绪七年巡检潘兆瑞重修。中坳关帝庙，明嘉靖二年重修，清同治十一年重修。西峰下石洞中有达摩祖师龛，洞旁有疯和尚像，凿于石上，栩栩如生。前坡立有碑石，无字，疑为秦迹。"

无棣碣石山虽为火山锥山体，但山基广大，东延于海，坚不可测。山南麓有古井，水甘洌无杂质，经年不枯，传为海眼——即今"山口井"，有矿泉之誉。

二、依海傍河的贡道表识山

方志载："九河入海之区，延袤数百里，平衍无山，唯一童山矗海之右可为表识，古号碣石，后名马谷者是也。"《汉书·地理志》注曰："碣石海边山名也，言禹行于此山右而入于河，逆上也。"《禹贡》载："岛夷皮服，夹右碣石，入于河。"方志之说，国史之论，都明白无误地道出了碣石的地理方位。无棣碣石山即为海右之童山，又属岛夷贡道之表识山。所谓九河者虽为历史烟尘所湮，然其名犹存，今碣石山之左右仍置九河环抱之中，鬲津、马颊、徒骇、覆釜诸河分列碣石山两侧。中国四大名著之一的《三国演义》地图，也将碣石明确地标记于乐陵郡迤北渤海右岸的此山方位。试问，斯碣书于史，铭于志，标于图，显于迹的论证，难道还有附会之嫌、牵强之虞吗？

无棣古称"九河下梢"。《寰宇记》云："无棣为九河之会，五垒之居。"九河自然为学者方家耳熟能详，这"五垒之居"却鲜为人知。据县志载：一曰秦台；二曰信阳城；三曰龙且城；四曰广武城；五曰神禹古堤（即齐长城）。

碣石山南有马颊河（亦称"笃马河"），横流入月明沽。《山东通志》载："月明沽在海丰县（今无棣县）东北。"《寰宇记》载："月明沽西接马谷山，东滨海，今名月河口。"此处魏晋时仍是一片大海。马颊河入海处积年造陆，原月明沽还海为陆，演变为滩涂盐田，致使碣石渐远于海，殊不知，与无棣毗邻的沾化至利津均属退海新陆，可见渤海右岸沧桑变迁之巨，此其为九河造陆使然。

碣石山迤北由远及近有棘子岭、望子岛、高砣子、李山子等贝壳丘高地，这些地方即古时夷人散居的海岛和渔铺，碣石山脚下的逆河便是岛夷的所谓贡道。碣石山东邻的吴码头、韩码头等村落都是古海沿边的泊船之地，试想那时登山观海，自然能目收"洪波涌起"之壮景。谁能说当年曹公于此观海是天方夜谭。

碣石山之右，毗邻鬲津河（即漳卫新河或曰四女寺减河），即使海夷由鬲津而上，此山亦不失为表识，宋代诗人陆游登此山有《即景》诗为证：

> 齐州山水窟，登眺有佳处。
>
> 秋夜海东船，春荠鬲滩树。

此诗道出了作者于此山巅东望海船，西眺鬲津的真实情景，令人咏叹不已。

三、秦皇汉武巡游的历史名山

《汉书·郊祀志》载："（始皇）后三年（前 215）游碣石，考入海方士，从上郡归。"秦皇临碣石此其一；《山东通志》载："秦始皇东游至碣石，次舍于此，因名厌次县。"秦皇临碣石此其二；《史记》载："三十二年，始皇之碣石，使燕人卢生求羡门、高誓。刻碣石门。"秦皇临碣石此其三。秦时，"厌次乃齐郡兖之北境"，厌次辖今惠民、阳信、无棣地面，秦皇所临之碣石，理应是无棣的碣石山。其次，围绕秦皇遣徐福入海求仙这个历史事件，在无棣碣石山周边还存有若干遗迹，足能佐证秦皇东游俱与碣石相关。《中国古今地名大辞典》载："千童城在山东无棣县西南境（误，应为'西南'——编者注），《寰宇记》：'秦始皇遣徐福将童男童女千人入海求蓬莱不死之药，筑此城以居之'。"秦时的千童城，如今已称千童镇，位于无棣沟畔，盐山县境内，距海上贡道碣石只有几十里路，徐福率童男童女入海，当过碣石这个必经之地。此后，始皇命修秦台，眺海望归，亦有历史记载，此秦台即在无棣碣石以东 40 里，清代张廷翰还有《秦台》诗为证。所谓古棣八大景之一的"秦台眺望"即指此秦代遗迹。

另据《汉书·郊祀志》载："天子即已封泰山……复至海上望焉，奉车子侯暴病一日死，上乃遂去，北至碣石。"《无棣县志》也载有"汉武帝元封四年临海望祠"的史实。方志古迹篇载文曰："帝赐街，在城北 70 里，相传汉武帝驻跸于此。"该村名沿用至今，距碣石山也只有 10 公里之遥。由此证明汉武帝赐履碣石也绝非无史可考。

无棣这片素有"冀、兖之域"、"齐、燕之壤"的历史文化沃土，也存有难以计数的秦汉遗迹。关于秦皇汉武的传奇也在古棣传为佳话或神化为乡野口碑。

四、魏武帝登临的《禹贡》碣石

我国历史悠久，地域辽阔，山川之众，名目之繁，难以尽数，故一地多名，一名多署之例，比比皆是。同样"碣石"这一山名，也是一名多署，仅华北一带就有 6 处碣石之多，诸如：卢龙、陵源、大兴、藁城、乐亭、昌黎等地均有（或传说）碣石，这也和一山多名一样不足为奇。但碣石作为历史名山而论却只有一处，即符合"碣石海畔山"、"夹右碣石入于河"之"《禹贡》碣石"定论。上述华北诸碣石，均不在九河下梢，更不在河（黄河）、海（渤海）相夹之处。《肇域志》称："济南府海丰县有马谷山，即古碣石。"唐人刘文伟曰："马谷山在九河入海之处，断为碣石无疑。"

以往对碣石的定论，除无棣碣石而外，还有"碣石沦海说"、"昌黎碣石说"在史学界影响较大。"沦海说"者，先有汉代王璜，继有北魏郦道元，后有清代胡渭，说的是九河已湮，碣石已沦，贡道已没。种种穿凿，尽设臆想之词，以济其穷。《盐山县志》批驳其谬阙六端不提，单说汉时碣石已沦，三国时之曹公如何到乐亭海中登碣观沧？"禹迹茫茫问九河，海滨碣石未销磨。汉家分土名犹在，宋氏传经说竟讹。"清代礼部尚书杜堮之诗，不但辛辣地讥讽"沦海说"之无稽，同时肯定了无棣碣石毋庸置疑的史学地位。

关于昌黎碣石，近年来笔者有幸一览斯碣石风貌。此山位于昌黎城北十里许，山高近 700 米，昂首于群峰之中，属燕山余脉，远距渤海 70 余华里，其周边地势高亢，淼无九河踪迹。曹操若登临此山，怎能目收"水何澹澹，山岛竦峙"之海光山色，那"洪波涌起"之说岂不也化为乌有。

无棣县碣石历史文化研究学会，根据明清之际大学者顾炎武所著《肇域志》以及有关史料，进行了细致的实地考察研究，力排众议，明确断言《禹贡》碣石在无棣。曹操所登临的碣石，即建安十一年（206）秋八月，曹氏率大军自并州东略边境，征讨管承时，经过无棣马谷山（即碣石），因有感而发，遂有《观沧海》之著名诗篇传于史籍。

中国著名史学家安作璋先生，在通读了郭云鹰先生主编的《禹贡碣石山》（2001 年滨准印字版）一书后，感慨系之，对于曹操所登临之碣石在无棣的结论，予以首肯。安老说："这一结论，言之成理，持之有据，解破了学术界也包括我在内多年来的疑惑和成见，同时也证实了无棣碣石山是一处千古名山胜地。"嗣后，并为碣石复名题词："禹迹已湮，碣石犹存；盛世复名，历史重光。"

无棣县碣石复名的动议源于历史的真实，让我们以史为鉴，以源为本，用历史唯物主义观点，为这座历史名山正本清源，以还其本来面目。时代要求我们以科学的态度直面历史，要十分珍惜和传承这些优秀的史学遗产。毋庸讳言，盲目附庸所谓"名人"的谬说，是十分有害的。就碣石而言，还是让《禹贡》作证，让河海评说。

碣石复名记

于长銮

山不在高而立于勋，勋勿示显而求其真。胜辨禹迹斯勋何疑，能证河海唯真是信。国史载：碣石，海畔山，夹右碣石入于河。此乃《禹贡》碣石定位之要义。斯碣，一丘兀立，傍海依河竖标识；九脉环抱，顾汉盼唐唱大风。吕尚沽名在此钓誉，徐福求仙于斯入海，秦皇拜荆行尊师大礼，魏帝观沧发惊世浩叹。看今朝，马谷祥云昭渔盐富足，碣石甘泉育枣粮丰登。君不见《禹贡》碣石峭然立，孰肯附天方夜谭沉海说。顾炎武曰：马谷即大碣石。《肇域志》称：马谷在九河入海处，断为碣石无疑。嗟夫，史可鉴典籍，地当穷河海，岂能臆断其有无。复名非同易名，正本清源返朴归真是也。谨为记。

——辛巳年五月十五日

齐桓公伐楚盟屈完

（鲁国）左丘明

春，齐侯以诸侯之师侵蔡。蔡溃，遂伐楚。楚子使与师言曰："君处北海，寡人处南海，唯是风马牛不相及也。不虞君之涉吾地也，何故？"管仲对曰："昔召康公命我先君太公曰：'五侯九伯，女实征之，以夹辅周室。'赐我先君履：东至于海①，西至于河②，南至于穆陵③，北至于无棣④。尔贡包茅不入，王祭不共，无以缩酒，寡人是征；昭王南征而不复，寡人是问。"对曰："贡之不入，寡君之罪也，敢不共给？昭王之不复，君其问诸水滨。"

师进，次于陉。

夏，楚子使屈完如师。师退，次于召陵。

齐侯陈诸侯之师，与屈完乘而观之。齐侯曰："岂不谷是为？先君之好是继！与不谷同好，何如？"对曰："君惠徼福于敝邑之社稷，辱收寡君，寡君之愿也。"齐侯曰："以此众战，谁能御之！以此攻城，何城不克！"对曰："君若以德绥诸侯，谁能不服？君若以力，楚国方城以为城，汉水以为池，虽众，无所用之。"

屈完及诸侯盟。

【说明】

本文选自《左传》僖公四年（前656）。写的是齐桓公为称霸天下以诸侯之师伐楚，楚派使者巧于应付，使齐终未能达到目的。《左传》亦名《左氏春秋》、《春秋左氏传》，是我国古代一部著名的编年史。它记载了自鲁隐公元年（前722）至鲁悼公四年（前464）250多年间春秋各国的重要史实，叙事史到鲁悼公十四年（前454），是研究春秋时代历史的重要史料之一。

【注释】

①海：指黄海、渤海。②河：指黄河。③穆陵：即穆陵关，位于潍坊市临朐县大关镇与临沂市沂水县马站镇交界处，是沂山东麓古齐长城的隘口，

曾是战国时期齐鲁两国相争的战略要点。《古骈邑·穆陵关》载:"穆陵,齐国南门也。壁垒森严,且附筑贰城,要隘大关。其上堡楼互接,骁勇屯守。烽火相望,夜举烽,光亮山野,昼燔燧,烟云蔽天。严阵难犯,固若金汤。"④无棣:前"三至"之地为水和山,无棣对应穆陵,应为山,即唐尧时碣石山,春秋之无棣山,在齐国北部。这是迄今为止发现的"无棣"最早古籍记载。

宋玉对楚王问①

(战国) 宋玉

楚襄王问于宋玉曰:"先生其有遗行与? 何士民众庶不誉之甚也?"

宋玉对曰:唯,然,有之。愿大王宽其罪,使得毕其辞。

"客有歌于郢中者,其始曰《下里》、《巴人》,国中属而和者数千人;其为《阳阿》、《薤露》,国中属而和者数百人;其为《阳春》、《白雪》,国中属而和者不过数十人;引商刻羽,杂以流徵,国中属而和者不过数人而已。是其曲弥高,其和弥寡。

故鸟有凤而鱼有鲲。凤凰上击九千里,绝云霓,负苍天,足乱浮云,翱翔乎杳冥之上。夫蕃篱之晏鸟,岂能与之料天地之高哉? 鲲鱼朝发昆仑之墟②,暴鬐于碣石③,暮宿于孟诸④。夫尺泽之鲵,岂能与之量江海之大哉?

故非独鸟有凤而鱼有鲲也,士亦有之。夫圣人瑰意琦行,超然独处。夫世俗之民,又安知臣之所为哉?"

【说明】

宋玉,战国后期楚国的辞赋家。相传他是屈原的学生,在楚怀王、楚襄王时候做过文学侍从一类的官。

文中,宋玉将自己比作"鸟中之凤"、"鱼中之鲲"。鲲鱼其力量之大,速度之快,无与伦比,早上从黄河源头出发,一泻千里,到黄河入海处的碣石山还见太阳,晾晒一下鱼脊,黄昏前到达(河南) 商丘,在孟诸湖中宿营。

宋玉的回答，夸张、浪漫不提，但就涉及到碣石，可悟出以下道理：碣石作为标志山，历史上名气很大，知名度很高，许多文人墨客均认为碣石在黄河入海口，只有无棣碣石山符合这个条件。

【注释】

①本文选自《楚辞》，相传为宋玉所作。②朝发昆仑之墟：意为从黄河上游出发。③暴（pù）：晒。鬐（qí）：鱼脊。碣石：在渤海边，为海畔山，即今无棣碣石山。暴鬐于碣石：是指到黄河入海口、渤海岸边的无棣碣石山下晒鱼脊。④孟诸：古代的大湖，在今河南省商丘东北。

货殖列传序①

（汉）司马迁

老子曰："至治之极，邻国相望，鸡狗之声相闻，民各甘其食，美其服，安其俗，乐其业，至老死不相往来。"必用此为务，挽近世涂民耳目，则几无行矣。

太史公曰：夫神农以前，吾不知已。至若《诗》《书》所述虞、夏以来，耳目欲极声色之好，口欲穷刍豢之味，身安逸乐，而心夸矜势能之荣，使俗之渐民久矣。虽户说以眇论，终不能化。故善者因之，其次利道之，其次教诲之，其次整齐之，最下者与之争。

夫山西饶材、竹、谷、纑、旄、玉石②，山东多鱼、盐、漆、丝、声色③，江南出楠、梓、姜、桂、金、锡、连、丹沙、犀、玳瑁、珠玑、齿、革、龙门、碣石北多马、牛、羊、旃裘、筋角④，铜、铁则千里往往山出棋置，此其大较也。皆中国人民所喜好，谣俗被服饮食奉生送死之具也。故待农而食之，虞而出之，工而成之，商而通之。此宁有政教发征期会哉？人各任其能，竭其力，以得所欲。故物贱之征贵，贵之征贱，各劝其业，乐其事，若水之趋下，日夜无休时，不召而自来，不求而民出之。岂非道之所符，而自然之验邪？

《周书》曰："农不出则乏其食，工不出则乏其事，商不出则三宝绝，虞不出则财匮少。"财匮少而山泽不辟矣。此四者，民所衣食之原也。原大则饶，原小则鲜。上则富国，下则富家。贫富之道，莫之夺予，而巧者有余，拙者不足。故太公望封于营邱⑤，地潟卤⑥，人民寡，于是太公劝其女功，极技巧，通鱼盐，则人物归之，繦至而辐辏。故齐冠带衣履天下，海岱之间⑦敛袂而往朝焉。其后齐中衰，管子修之，设轻重九府，则桓公以霸，九合诸侯，一匡天下；而管氏亦有三归，位在陪臣，富于列国之君。是以齐富强至于威、宣也。

故曰："仓廪实而知礼节，衣食足而知荣辱。"礼生于有而废于无。故君子富，好行其德；小人富，以适其力。渊深而鱼生之，山深而兽往之，人富而仁义附焉。富者得势益彰，失势则客无所之，以而不乐。夷狄益甚。谚曰："千金之子，不死于市。"此非空言也。故曰："天下熙熙，皆为利来；天下攘攘，皆为利往。"夫千乘之王，万家之侯，百室之君尚犹患贫，而况匹夫编户之民乎！

【说明】

司马迁（前145或前135—?），字子长，西汉夏阳（在今陕西省韩城县）人，古代杰出的历史学家和文学家。天汉二年（前99），触怒汉武帝，被捕入狱，并处以宫刑。出狱后任中书令，忍辱发愤读书，以毕生精力完成《史记》。

《史记》是我国第一部纪传体历史著作，上自黄帝，下止汉武帝太初年间，记叙了3000年发展的历史。全书分十二本记，十表，八书，三十世家，七十列传，共130篇52.6万余字，对后代的史书写作产生过巨大影响。

【注释】

①本文选自《史记·货殖列传》。此文记述了各地的特产。龙门、碣石一线，即黄河下游至入海口，以北区域多为畜牧业，许多著名的牛、马、驴、羊等产于此地。1963年，济南军区还在东营开办军马场。②山西：指太行山以西。③山东：太行山以东。④龙门：山名，在今山西河津西北和陕西韩城东北，跨黄河两岸。碣石：即无棣碣石山。⑤太公望：即姜子牙。⑥潟

卤（lǔ）：盐碱地。⑦海岱之间：指渤海和泰山之间的诸侯国。

复 庵 记

顾炎武

旧中涓范君养民，以崇祯十七年夏自京师徒步入华山为黄冠。数年，始克结庐于西峰之左，名曰复庵。华下之贤士大夫多与之游，环山之人皆信而礼之。而范君固非方士者流也。幼而读书，好《楚辞》、诸子及经史，多所涉猎，为东官伴读。方李自成之挟东官二王以出也，范君知其必且西奔，于是弃其家走之关中，将尽厥职焉。乃东官不知所之，而范君为黄冠矣。

太华之山，悬崖之巅，有松可荫，有地可蔬，有泉可汲，不税于官，不隶于官观之籍。华下之人或助之材，以创是庵而居之。有屋三楹，东向以迎日出。

余尝一宿其庵。开户而望，大河①之东，雷首之山②苍然突兀，伯夷、叔齐之所采薇而饿者，若揖让乎其间，固范君之所慕而为之者也。自是而东，则汾之一曲③，绵上之山，出没于云烟之表，如将见之介子推之从晋公子即反国而隐焉，又范君之所有志而不遂者也。又自是而东，太行、碣石之间④，宫阙山陵之所在，去之茫茫，而极望之不可见矣。相与泫然！作此记，留之山中，后之君子登斯山者，无忘范君之志也。

【说明】

顾炎武（1613—1682），初名绛，字宁人，明亡后改名炎武，人称亭林先生，明末清初昆山（今江苏省昆山市）人。著名的思想家、学者、地理学家，著有《日知录》、《求古录》、《音学五书》、《天下郡国利病书》、《亭林诗文集》、《肇域志》、《山东考古录》等。

【注释】

①大河：黄河。②雷首之山：首阳山，相传是伯夷、叔齐采薇隐居的地方。③汾之一曲：汾河曲折拐弯处。④太行：指太行山。碣石：无棣碣石山。

碣 石 门 辞

（秦）嬴政

三十二年，始皇之碣石，使燕人卢生求羡门、高誓。刻碣石门。坏城郭，决通堤防。其辞曰：

遂兴师旅，诛戮无道，为逆灭息。

武殄暴逆，文复无罪，庶心咸服。

惠论功劳，赏及牛马，恩肥土域。

皇帝奋威，德并诸侯，初一泰平。

堕坏城郭，决通川防，夷去险阻。

地势既定，黎庶无繇，天下咸抚。

男乐其畴，女修其业，事各有序。

惠被诸产，久并来田，莫不安所。

群臣诵烈，请刻此石，垂著仪矩。

碣 石 篇①

（汉）曹操

艳

云行雨步，超越九江之皋②。临观异同，心意怀游豫，不知当复何从③。经过至我碣石，心惆怅我东海④。

【说明】

曹操（155—220），字孟德，杰出的政治家、军事家和文学家。沛国谯郡（今安徽亳州）人。在镇压黄巾起义的过程中，他发展了自己的势力，十数年间，先后击败吕布、袁术、袁绍等豪强集团，征服乌桓，统一北方。建安二十一年封魏王，四年后病死洛阳。子曹丕称帝，追尊他为魏武帝。其诗气韵沉雄，古直悲凉；其文清峻通脱。有《曹操集》传世。

《观沧海》是曹操组诗《碣石篇》（又名《步出夏门行》）中的一首，多数学者认为是建安十二年（207）曹操北伐乌桓得胜回师途中登昌黎碣石山所作。但组诗中《艳》辞描述的却是曹操徘徊于北伐、南征两种意见之间，犹豫不决，"不知当复何从"，"经过至我碣石"，还"心惆怅我东海"（惦念东海的昌豨反叛之事）。建安十一年，操遣乐进、李典征讨管承，又遣于禁讨斩昌豨（豨系降而复叛）于东海。因此说，操"至我碣石"的时间应定位在建安十一年。操登临的碣石，也就绝非昌黎碣石山。整个组诗应作于"建安十一年（206）秋八月，东征管承"至"建安十二所春二月，至淳于还邺"期间，曹操经过和登临的碣石是今山东省无棣县碣石山——《禹贡》碣石。

《碣石篇》组诗共分五部分。《艳》描述的是曹操徘徊于北伐、南征两种意见之间，"至我碣石"时，"心惆怅"东海昌豨的反叛。《观沧海》是曹操登上碣石后，激起"登高必赋"之情，表现了诗人宏伟的气魄和博大的胸襟。《冬十月》、《土不同》，虽没有直接描写行军与战争的场面，"天气肃清，繁霜霏霏"、"流澌浮漂，舟船行难。锥不入地，蘴藾深奥。水竭不流，冰坚可蹈。"充分反映了行军的艰苦和战争的残酷。《龟虽寿》描述的是曹操东征取得艰难胜利后的先悲、后乐，积极乐观、奋发进取的英雄豪情。

本组诗注释参照人民文学出版社 1979 年 10 月北京第 2 版"中国古典文学读本丛书"，余冠英选注《三曹诗选》中曹操组诗《步出夏门行》的注解。

【注释】

①《碣石篇》也称《步出夏门行》，又名"陇西行"，属《相和歌·瑟调曲》。"夏门"是洛阳北面西头的城门，汉代名为夏门。本篇分五个部分，最前是《艳》，艳是前奏曲，相当于后来词典的"引子"，以下是《观沧海》、《冬十月》、《土不同》、《龟虽寿》四章。②九江之皋：指荆州。《三国志·武帝纪》载："建安十一年三月，并州（今治太原）悉平。"至此，北方四州（冀、幽、青、并）皆归曹操。并州高幹（袁之甥）欲投奔荆州刘表，中途被曹操部下截获。袁绍之子袁熙、袁尚都在乌桓。曹操和部下商量扫荡袁绍的残余势力，北伐乌桓、南征刘表提上了议程。部下诸将多数主张南征刘表，唯有

郭嘉主张北伐乌桓。这里开头两句似说初意要用兵荆州。"云行雨步"似用《易·乾·文言》"云行雨施"成语,表示将施泽惠给荆州人民。③异同:指南征和北伐两种意见。游豫:就是犹豫,言徘徊于两种意见之间,初意打算南征,"临观异同"便犹豫起来了。④碣石:今山东省无棣县碣石山。人民文学出版社1953年、1955年、1973年等版本《三国演义》,卷首都附有《三国演义》地图,图中"碣石"就标注在无棣碣石山位置。心惆怅我东海:惦念东海昌豨的反叛之事。《资治通鉴》、《三国志》均记载,东海贼昌豨建安六年降操,十一年复叛,操遣于禁讨斩之,东海遂平,时操正征管承。

观沧海①

东临碣石②,以观沧海。

水何澹澹③,山岛竦峙④。

树木丛生,百草丰茂。

秋风萧瑟,洪波涌起。

日月之行,若出其中;

星汉灿烂,若出其里⑤。

幸甚至哉,歌以咏志⑥。

【注释】

①《观沧海》是组诗《碣石篇》中的第一章,是曹操登上碣石,面对大海,踌躇满志,豪情勃发,一挥而就的一首气势磅礴的山水名篇。此诗奠定曹诗在"建安文学"中的历史地位,也使碣石名扬天下。②碣石:指山东无棣碣石山。③澹澹:水波荡漾的样子。④竦峙:耸立。⑤星汉:银河。以上四句是写沧海包含之大。⑥末二句是合乐时所加,不关正文,但"歌以咏志"一语道破诗的内涵和意境。下同。

冬十月①

孟冬十月,北风徘徊。

天气肃青,繁霜霏霏。

　　鹖鸡晨鸣，鸿雁南飞②。

　　鸷鸟潜藏，熊罴窟栖③。

　　钱镈停置，农收积场④。

　　逆旅整设⑤，以通贾商。

　　幸甚至哉，歌以咏志。

【注释】

　　①这是组诗《碣石篇》中的第二章。这一章写行军征途所见。曹操自建安十一年秋八月东征管承，建安十二年春二月，至淳于还邺，经历了一个冬季。②鹖鸡：鸟名。③鸷鸟、熊罴本非十分畏寒的动物，现在也不出来觅食了，二句写极严寒。④"钱"、"镈"都是农具的名称，此句是说农事已毕。⑤逆旅：专供旅客经过暂住的地方。

土不同①

　　乡土不同，河朔隆寒②。

　　流澌浮漂③，舟船行难。

　　锥不入地，蘴藾深奥④。

　　水竭不流，冰坚可蹈⑤。

　　士隐者贫，勇侠轻非。

　　心常叹怨，戚戚多悲。

　　幸甚至哉，歌以咏志。

【注释】

　　①这是组诗《碣石篇》中的第三章。这一章也是行军征途所见，写冬季的严寒和淳朴的民风。曹操东征管承，经历了一个冬季，主要在黄河两岸活动。《冬十月》、《土不同》虽没有直接描写战争的场面，但通过对环境的描写反映了行军的艰苦、战争的残酷。②河朔：指黄河以北。③流澌：漂浮流动的冰块。④锥不入地：言地面冻得很坚硬。这二句是说地冻田荒。⑤水竭不流：指河流冻塞。

龟虽寿①

神龟虽寿，犹有竟时②。

腾蛇乘雾，终为土灰③。

老骥伏枥，志在千里；

烈士暮年，壮心不已④。

盈缩之期，不但在天；

养怡之福，可得永年⑤。

幸甚至哉，歌以咏志。

【注释】

①这是组诗《碣石篇》中的第四章。这一章曹操自比是一匹上了年纪的千里马，虽形老体衰，屈居枥下，但想到北方乌桓尚未平定，南方刘表还需征讨，心中又激发起了驰骋千里的英雄豪情。②神龟：龟之一种。古人以龟代表长寿的动物。《庄子·秋水篇》："吾闻楚有神龟死已三千岁矣。"虽然相传它能够活到三千岁，还是不免一死，所以说"犹有竟时"。③腾蛇：又作螣蛇。是传说中的神物，和龙同类，能兴云驾雾。以上四句说传说中的神物也有生命告终之时。④枥：马棚。烈士：指重义轻生的或积极于建功立业的人士。这四句说良马虽老，不忘奔驰千里的愿望，烈士虽老，还有建功立业的雄心。⑤这四句说对于修养得法也可以延长寿命，可见成败祸福不全然由天安排。

春 日 望 海

（唐）李世民

披襟眺沧海，凭轼玩春芳。

积流横地纪，疏派引天潢。

仙气凝三岭，和风扇八荒。

拂潮云布色，穿浪日舒光。

照岸花分彩，迷云雁断行。

怀卑运深广，持满守灵长。

有形非易测，无源讵可量。

洪涛经变野，翠岛屡成桑。

之罘思汉帝①，碣石想秦皇②。

霓裳非本意，端拱且图王。

【说明】

《春日望海》选自《全唐诗》第一卷第十八首。

【注释】

①之罘：芝罘山。

奉和圣制春日望海

（唐）杨师道

春山临渤海，征旅辍晨装。

回瞰卢龙塞，斜瞻肃慎乡。

洪波回地轴，孤屿映云光。

落日惊涛上，浮天骇浪长。

仙台隐螭驾，水府泛鼋梁。

碣石朝烟灭，之罘归雁翔。

北巡非汉后，东幸异秦皇。

搴旗羽林客，跋距少年场。

龙击驱辽水，鹏飞出带方。

将举青丘缴，安访白霓裳。

【说明】

《奉和圣制春日望海》是唐初文学家杨师道唱和唐太宗《春日望海》的

一首诗。全诗 20 句 100 字，写了唐太宗东征高丽的气势。

杨师道（？—647），隋末唐初文学家，字景猷，华阴人，隋宗室。

春江花月夜

（唐）张若虚

春江潮水连海平，海上明月共潮生。

滟滟随波千万里，何处春江无月明。

江流宛转绕芳甸，月照花林皆似霰。

空里流霜不觉飞，汀上白沙看不见。

江天一色无纤尘，皎皎空中孤月轮。

江畔何人初见月？江月何年初照人？

人生代代无穷已，江月年年只相似。

不知江月待何人，但见长江送流水。

白云一片去悠悠，青枫浦上不胜愁。

谁家今夜扁舟子？何处相思明月楼？

可怜楼上月徘徊，应照离人妆镜台。

玉户帘中卷不去，捣衣砧上拂还来。

此时相望不相闻，愿逐月华流照君。

鸿雁长飞光不度，鱼龙潜跃水成文。

昨夜闲潭梦落花，可怜春半不还家。

江水流春去欲尽，江潭落月复西斜。

斜月沉沉藏海雾，碣石潇湘无限路①。

不知乘月几人归，落月摇情满江树。

【说明】

张若虚（生卒年不祥），扬州人。开元初与贺知章、张旭、包融号称"吴中四士"。

【注释】

①碣石：无棣碣石山，北方标志山。潇湘：潇、湘二水合流后称"潇湘"。碣石潇湘：泛指地北天南。

晚泊无棣沟①

（唐）刘长卿

无棣何年邑②，长城接楚关③。
河通星宿海④，云近马谷山⑤。
僧寺白云外，人家绿渚间⑥。
晚来潮正满，处处落帆还。

【说明】

刘长卿（709—780），字文房，河间（今河北河间）人，唐开元进士，官至随州刺史。此诗选自《无棣县志》（民国十四年版），写无棣沟观感，无棣沟上通黄河源头星宿海，下至碣石入渤海，碣石山下舟帆点点，商旅络绎，一片太平盛世景象。

【注释】

①无棣沟：亦名无棣水，古河道，为大禹所开之导河，至碣石入海。唐永徽元年沧州刺史薛大鼎进行疏浚。②邑：指春秋无棣邑。无棣于隋开皇六年（586）置县。③长城接楚关：无棣地处齐边燕界，齐燕交界的长城或古河堤，绵亘至河南境（楚旧地）。"接"亦有记为"作"。④星宿海：《中国古今地名大辞典》载"黄河上源曰阿勒垣河，藏人称为马楚河，出噶达素齐老峰，东南流至古星宿海。即元史所谓敦脑儿也。千泓并涌，望若列星。"⑤云近马谷山：即"马谷朝云"之景观，为无棣古八大景之一。⑥渚：水中岛屿。

即　景

（宋）陆游

齐州山水窟①，登眺有佳处。
秋夜海东船②，春荠鬲滩树③。

【说明】

陆游（1125—1210），字务观，号放翁，南宋时山阴（今浙江绍兴）人，官宝章阁待制，著名诗人。此诗选自《无棣县志》（民国十四年版），描写无棣滨海奇丽风光。

【注释】

①山水窟：指齐北之水无棣沟、碣石山龙马洞。②秋夜海东船：指秋夜月朗，船泊海滨之状。③鬲：鬲津河，位于碣石山北，大禹所导九河之一。

登 古 河 堤

（元）萨都剌

迢迢古河堤①，隐隐若城势。
古来黄河流，而今作耕地。
都邑变通津，沧海化为尘。
堤长燕麦秀，不见筑堤人。

【说明】

萨都剌（1300—?），字天锡，号直斋，蒙古族人，本答失蛮氏。元泰定四年（1327年）进士，有《雁门集》。此诗选自《无棣县志》（民国十四年版）。

【注释】

①古河堤：明嘉靖《山东通志》称"古防黄河堤"。《海丰乡土志》载："自德州北抵乐陵东至海丰（今山东无棣县）。"《庆云县志》云："在县西南四十里，绵亘数郡，东至海滨。或曰神禹古堤，或曰齐长城，或曰汉之金堤，或曰宋陈尧佐所筑。"

五月二十七日为诞陶儿日时寓都门听复试念之作此

（明）杨巍

两年诞汝日，皆在客途间。
正属炎蒸候，其如游子颜。
科名是何物，天性自相关。
从此堪偕隐，云深马谷山。

【说明】

杨巍（1517—1608），字伯谦，号二山，又号梦山，明海丰县尚义里（今无棣杨三里）人。官至南京户部和北京户部、工部、吏部等四部尚书，并加太子少保、太子太保。晚年退隐无棣桃花岭。诗作辑为《存家诗稿》、《续存家诗稿》共三册十卷近千首。

马 谷 晓 黛①

（明）孙重光

旭日光摇瀚海波，宿烟破处涌青螺。
元规不但南楼兴，灵运将如屐齿何。
天畔晴峦孤对酒，洞中仙弈几来柯？
坐间便有山间乐，绝胜巢由枕碧阿。

【说明】

孙重光，海丰（今山东无棣）人，明壬午举人，官至江苏邳州知州。此诗选自《无棣县志》（民国十四年版）。

【注释】

①马谷晓黛：即"马谷朝云"景观。

登马谷山即事

（明）李志行

北巡拥节归迢遥，傍海一峰出离潮。
十里周遭盘绿野，千寻耸峻炫青霄。
㠏嵼深入山灵杳①，磥砑平登云路超。
直到绝巅极眺望，苍茫灏气接员峤。

【说明】

李志行，项城人，武德兵宪。此诗选自《无棣县志》（民国十四年版）。

【注释】

①㠏嵼：深谷的样子。

泰　山①

（明）李梦阳

俯首无齐鲁②，东瞻海似杯。
斗然一峰上，不信万山开。
日抱扶桑跃③，天横碣石来④。
君看秦始后，仍有汉皇台。

【说明】

李梦阳（1472—1529），字献吉，庆阳人，徒扶沟。弘治进士，官至江西提学使。有《空同集》。梦阳为前七子的首领，倡言文必秦、汉，诗必盛唐。

李梦阳一起便写出"登泰山而小天下"的俯视一切气概，说海水如杯之小。"日抱扶桑跃"，写观峰观日的壮观。"天横碣石来"，则横向拓开。

【注释】

①泰山：五岳之首，古名岱山，又称岱宗。②齐鲁：西周时二诸侯国，在今山东境内。③扶桑：神木名，传说日经其上。④碣石：即无棣碣石山。⑤皇台：即"秦台"和"汉武台"，在环渤海岸边，是秦始皇为盼徐福取长生不老药及汉武帝东巡为求仙药而筑。

登　岱

（明）王世贞

尚忆秦松帝跸留，至今风雨未全收。

天门倒泻银河水，日观翻悬碧海流。

欲转千盘迷积气，谁从九点辨齐州。

人间处处襄城辙，矫首苍茫迥自愁。

壁立芙蓉万古看，削成松桧隐高盘。

中峰翠压徂徕色，绝顶青收碣石寒。

梁父吟成还自和，茂陵书就欲谁干。

依微倘有吴阊在，欲向秋风问羽翰。

【说明】

王世贞（1526—1590），字元美，号凤洲、弇州山人，江苏太仓人。嘉靖二十六年（1547）进士，授刑部主事，曾任山东青州兵备副使，后官至南京刑部尚书。好古诗文，与李攀龙等结社，称"后七子"，为文坛盟主。

此诗虽无对泰山的描述，"天门倒泻银河水，日观翻悬碧海流"、"中峰翠压徂徕色，绝顶青收碣石寒"的诗句，与李梦阳的"俯首无齐鲁，东瞻海似杯"、"日抱扶桑跃，天横碣石来"一样，达到了"登泰山而小天下"之意。

九 河

（清）杜堮

禹迹茫茫问九河①，海滨碣石未销磨②。
汉家分土名犹在③，宋氏传经说竟讹④。
自昔洪流归渤澥⑤，岂容别派混滹沱⑥。
岛夷尚识来时路，万丈潮头奈尔何⑦？

【说明】

杜堮（1764—1859），字次厓，号石樵，山东滨州（今滨城区）人。嘉庆六年（1801）进士，曾任职于翰林院，外放顺天和浙江学政，任内阁学士兼礼部侍郎，兵部和吏部侍郎等职，加太子太保衔，赠大学士，谥号"文端"。一生勤于笔耕，是山东文坛的盟主，其传世之作《遂初草庐诗集》，是所作诗歌总集。此诗选自《无棣县志》（民国十四年版），附有作者注释。

【注释】

①禹迹茫茫问九河："九河古道，在德州、河间、棣州之地，与《禹贡》大陆北播为九河之文合。"②海滨碣石未销磨："自天津南尽棣州，数百里内，惟海丰旧河岸有马谷山，趾顶皆石，周围三里许，形如碣石。盖即同为逆河处，与《禹贡》'夹右碣石'之文相合。"③汉家分土名犹在："河间以九河得名。"④宋氏传经说竟讹："地归金，南宋人不履其迹，故蔡传多耳闻臆说也。"⑤自昔洪流归渤澥："棣州古渤海地，河所归。"⑥岂容别派混滹沱："北则天津，滹沱入海处，九河在其南明矣，岂得越入平州乎。"⑦岛夷尚识来时路，万丈潮头奈尔何："蔡传深信沦入于海之说，以销九河之案，可谓疏矣。"

望　碣　石

（清）张衍重

一发贴天点黛螺①，玄圭曾此奠洪波②。

周移汉决无良策，那向荒墟觅九河。

【说明】

张衍重（1809—1861），字子威，海丰张氏第十四世，两榜进士，由授翰林院庶吉士升检讨，咸丰二年担任贵州乡试主考官，历任福建汀州知府、江西饶州知府，诰授"中宪大夫"。此诗选自《无棣县志》（民国十四年版）。

【注释】

①黛螺：比喻翠绿的山峰。②玄圭：一种黑色的玉器，上尖下方，古代用以赏赐建立特殊功绩的人，此处代指大禹。《尚书·禹贡》："禹锡玄圭，告厥成功。"意为舜帝赐禹以美玉，彰其治水的伟业。

九　河　故　迹

（清）薛宁廷

鬲水碧吞千古月，盘河清漾万年风①。

东连碣石荒堤在②，指点沙痕忆禹功。

【说明】

薛宁廷，字补山，雒南人。乾隆丁丑进士，改庶吉士，授编修。有《洛间山人诗》。此诗选自《乐陵县志》（1990年版）。

【注释】

①鬲：指鬲津河；盘：指钩盘河。两河为禹疏之导河，皆流至无棣入

海。②碣石：即无棣碣石山。荒堤：指古黄河堤。参见萨都剌《登古河堤》
注释。

钓 台 晚 眺①

（清）张克家

暮霭阴阴涧底秋，穿莎觅径半山头。
苔生翠壁双崖润，雨溉青畦万井稠。
远眺应知沧海近，行吟别觉洞天幽。
一声清磬层峦黑，回首南溪水涨流②。

【说明】

张克家，号西泽，无棣张义井村人。其自幼聪颖，喜读书、搜集文献
资料，对县志失修感慨万分，于清康熙三年秋，开始编修《海丰县志》，经
搜集资料、实地考查、反复修订，于康熙六年编纂成书。著有《新德轩诗文
集》。此诗选自《无棣县志》（民国十四年版）。

【注释】

①钓台：即钓鱼台，在碣石山后，旧景点。②南溪：即现德惠新河，也
称老马颊河，禹疏九河之一。此河从碣石山前转向东去入海。

马 谷 朝 云

（清）李昇

孤峰暧𫍣湧螺鬟，朝出行云意自闲。
淡泊不遣游客梦，聊将多事笑巫山。

【说明】

李昇，字仲常，岁贡生，著有《善行录》、《文法条辨》。此诗选自《无

棣县志》（民国十四年版）"马谷朝云"图。卷首图为无棣古八景——芹畔槐荫、丛林塔影、龙湾夜月、马谷朝云、西桥牧笛、北海渔歌、汉垒盘旋、秦台眺望。

贺碣石山复名

安作璋

禹迹已湮，碣石犹存；

盛世复名，历史重光。

【说明】

安作璋，中国著名历史学家、秦汉史专家、山东师范大学历史系教授，山东师范大学、山东大学博导，齐鲁文化研究中心顾问。

2001 年 9 月 15 日，安作璋教授在"碣石山复名新闻发布会"上发表了重要讲话，并与山东地方史研究所所长、山东师范大学历史系教授、国际徐福文化交流协会理事李宏生先生一同为"碣石山"揭碑、题词。此为安教授题词。

贺无棣碣石山复名

李宏生

马谷无语，枣乡多情。

【说明】

李宏生，系山东地方史研究所所长、山东师范大学历史系教授、国际徐福文化交流协会理事。

剑 器 近
——读《禹贡碣石山》
马连礼

甲申秋"无棣枣节期间"喜读《禹贡碣石山》一书，启迪极深，幽思邃远。书的开篇是安作璋教授《在碣石山复名新闻发布会上的讲话》，指出："郭云鹰等同志根据明清之际大学者顾炎武的《肇域志》以及许多文章、诗词等历史资料，并进行了细致的实地考察研究，明确断言，禹贡碣石在无棣，曹操所登临的碣石也在无棣，他的《观沧海》诗是在建安十一年（206）秋八月率大军自并州东略边境征讨管承，途经无棣马谷山（即碣石山）有感之作。这一结论，言之有理，持之有据，解破了学术界也包括我在内多年的疑惑和成见，同时也证实了无棣碣石山是一处千古名山胜地，这必将对无棣经济文化的繁荣昌盛，特别是对当地旅游文化事业的发展起着不可估量的作用。值此'碣石山复名新闻发布会'之际，对郭云鹰等同志的这一重要贡献表示衷心的祝贺，并祝大会圆满成功！"

史学界著名教授的这番话是无棣、滨州的大事，也是山东的大事，读后，令人心驰神往，感慨系之，特以《剑器近》词，抒怀高歌！

"发布会"，博得史学泰斗断。云鹰①心血得赏，新篇撰。史还原，魏武瞰赞毛翁认，承前启后统一，遗篇迁。

大事，总要有人探。当付心血，下苦功，铁杵磨针锻。应为云鹰记大功，给教授献花，事实万世为冠。评说有胆，毛翁《昆仑》②，铁的事实难撼。祝贺无棣新篇剑。

二〇〇四年十月八日于济南

【说明】

2004年10月4日，省政府原副省长马连礼同志在时任滨州市委书记孙德汉的邀请下，由原滨州地区行署副专员胡安夫等同志陪同，到无棣就碣石山开发建设进行调研。离棣时，郭云鹰同志将2002年主编的《禹贡碣石山》

一书赠送。马连礼同志致力于古文化研究，认真阅读此书，感慨万分，遂以《剑器近》填词一首，深刻地表达了一位老领导关心滨州、关心无棣发展大业的炽热情怀。

【注释】

①云鹰，即郭云鹰，《禹贡碣石山》主编，时任中共无棣县委副书记。②毛翁"昆仑"：指毛泽东于1935年10月长征途中作的《念奴娇·昆仑》："横空出世，莽昆仑，阅尽人间春色。飞起玉龙三百万，搅得周天寒彻。夏日消融，江河横溢，人或为鱼鳖。千秋功罪，谁人曾与评说。而今我谓昆仑，不要这高，不要这多雪。安得倚天抽宝剑，把汝裁为三截？一截遗欧，一截赠美，一截还东国。太平世界，环球同此凉热。"

碣 石 三 题

赵吉义

没有满腔热血，
何谈碣石复名；
没有执着信念，
一期怎能成功。
碣石山上的一草一木，
是何等的厚实、浓重；
"两节"演出的主会场，
仿佛让人听到了鼓角铮鸣。

公元二〇〇四年二月二十八日，
是一个应该永远记住的日子。
这一天，
古老的碣石山下，
战旗猎猎

机器轰鸣。

千里之行始碣石，
惊天动地露峥嵘。
开弓没有回头箭，
呕心沥血倾豪情。
饮马湖、虚怀谷、一线天、龙马洞……
观海阁、碧霞祠、山神庙、禹王亭……
孟德召集文武将，
吟念名篇秋点兵。
巍巍碣石今胜昔，
踞河临海唱大风。

忆往昔，
昨日风正浓。
看今朝，
难舍碣石情。
悠悠碣石千万代，
白浪滔天谁边行。
魏武执鞭居高处，
笑迎山野萧瑟风。
二期开发号角鸣，招商引资势在行。
小扮新娘谋郎面，比翼双飞三国亭。
全民义务搞绿化，荒山旷野变葱茏。
天若有情降甘露，人若执着商家涌。
山神如知庶人意，屈尊于斯庇神功。
待得山花遍开日，湖水荡漾和煦风。

呼 唤 碣 石

郭云鹰

你已经很老了，
七十三万岁的高龄；
你还很年轻，
因为"学名"还在酝酿之中。

你是黄河的儿女，
你是历史的见证；
黄河曾在你的脚下流淌，
历史星空有你的身影。

山不在高，
有"仙"则名。
依河傍海标识山，
九脉环抱于怀中。

从你巍巍的雄姿上，
仿佛听到了远古的涛声；
从你残缺的肢体上，
仿佛看到大禹在鏖战蛟龙。
"至于碣石入于海"，
天下成一统；
"夹右碣石入于河"，
"岛夷"有了指航的灯。
秦皇、汉武、曹孟德……
你留他宿营，

为图宏伟大业，

你立下了赫赫战功。

你是《禹贡》之名山，

你也是默默无闻的英雄。

从秦到明，

从明到清，

多少人为你呼唤。

多少人为你复名。

可惜呀！

班固老兄，

可悲呀！

惟书的先生。

将你从渤海西岸搬到北岸，

又从北岸"沉到渤海之中"。

哪有这样的考察历史呀？

简直是哩——格儿——楞！

从秦到明，

从明到清，

多少人为你呼唤，

多少人为你复名。

多少年来人们一直喊着啊

"大山"、"大山"……

你的"乳名"。

那样的亲切，

那样的动听。

勤劳朴实的北方汉子哟，

你多么需要一个"学名"，

闯出去！
带着那走南闯北的"身份证"。

从秦到明，
从明到清，
多少人为你呼喊，
多少人为你复名。
一次次的失败，
一次次的落空。
只有今天，
你的"身份"终于搞清，
你就是《禹贡》碣石山，
你的英名掷地有声。
我们为你欢呼，
我们为你歌颂，
我们为你奔走，
我们为你复名。
我们坚信：
这一次啊，
一定会成功！
一定能够成功！

侃　大　山
——为碣石山复名二十周年而作
郭云鹰

　　碣石山，位于无棣县城北部，是一座生成于 73 万年前的火山，海拔 63.4 米。当地人习称之谓"大山"。春秋时称"无棣山"、唐宋称"马谷山"，俗称亦有"盐山""老乌山"等。明清地理学家顾炎武、现代历史学家安作璋等专家明确断言，此山就是古老的《禹贡》碣石山（即《尚书·禹贡》所载"岛夷皮服夹右碣石入于河"之碣石）。

历经艰辛，2001 年"大山"复名碣石山，2005 年报经山东省人民政府批准，将其所在之"大山镇"更名为"碣石山镇"。"复名"工作中，笔者略尽绵薄之力。这首"侃大山"，初作于 2011 年。2021 碣石山复名二十周年，笔者重游故地，感念万千，重新修改、完善。是为小记。

菊黄蟹肥时，
重登碣石山，
蹙眉屈指算，
复名二十年；
翻过几道岭，
拐过几道弯，
触景生豪情，
浮想联翩翩⋯⋯

时光荏苒，
穿越逾千年、
蓦然回首、
我们一起翻看，
碣石的昨天，
与前天⋯⋯

很久很久以前，
华夏大地，
沼泽一片，
人或为鱼鳖，
一片汪洋都不见，
飞起玉龙三百万，

寒彻周天；

水深火热日月艰，

要灭人烟。

须晴日，

霞光现，

天地间，

顶天立地一好汉，

率众千百万，

奋战几十年，

疏九河于碣石周边，

劈九山于黄河两岸，

通九泽于华夏大地，

定九州以天下平安。

这就是大禹，

这就是大禹的伟大贡献。

《尚书·禹贡》名篇，

历史地理经典：

"岛夷皮服，

夹右碣石入于河"，

首载无棣碣石山，

从那时起，

小小碣石、闪光耀眼，

与大川为伍，

与名山并肩，

她见证了中华民族时代变迁，

她见证了

华夏大地沧桑巨变，

她见证了

帝王将相临碣观沧，
她见证了
文人墨客咏诵诗篇。

始皇三十二，
驾临碣石山，
先忙考方士，
再设厌次县，
安抚民众通堤防，
拜荆尊师想邯郸，
雄图伟业载史册，
碣石门刻立山前，
天下成一统，
壮志已实现，
求得三山仙，
再活五千年。

两千多年前，
汉武大帝至碣石，
山前摆香案，
山珍海味一桌，
长信宫灯一盏，
祭祀蓬莱三仙山，
祈盼四海安澜。
眺望瀛洲游子，
渴望不老仙丹，
勅令帝赐街，
皇粮国税免。

一千八百多年前，

一代枭雄，

魏武挥鞭，

临观异同，

力挽狂澜，

先讨管承，

再伐乌桓，

统一大业，

定能实现，

观沧海洪波涌起，

登碣石星汉灿烂；

日月之行若出其里，

歌以咏志可得永年；

"太和元气"成就古棣州辉煌，

《观沧海》堪称建安文学典范；

雄才大略魏武帝，

白脸奸雄曹阿瞒，

岂管二十一，

不顾七和三，

就凭观沧海使碣石名扬天下，

应该喊：

阿瞒，阿瞒，

我爱你，

就像吕布爱貂蝉！

一千三百多年前，

贞观年间，

一代明君唐太宗，

明辨是非，

善于纳谏，
兼听则明，
偏信则暗。
休生养息，
国泰民安；
大唐盛世现，
满城尽带黄金甲，
万国使臣聚长安，
起兵东征不臣者，
《春日望海》祈安澜，
"碣石想秦皇，
披襟望对岸"，
无棣修建舍利塔，
边陲小县结情缘，
东方定海针，
天下大团圆。
善名善塔，
与人为善，
一人劝，
十人善；
十人劝，
百人善；
百人劝，
千人善。
恒河沙数，
成千上万。
太平社稷，
天上人间，
端拱治国策，

皇恩浩荡润江山。

一千二百多年前，
唐朝学者刘长卿，
开元年间至碣石，
写下名作诗一篇：
"无棣何年邑，
长城接楚关，
河通星宿海，
云近马谷山；
僧寺白云外，
人家绿渚间，
晚来潮正满，
处处落帆还。"
太平盛世，
壮丽画面，
跃然纸上，
发自心田。

八百多年前，
陆游从军驻海边，
登碣赏景留诗篇：
诗赞齐州山水，
眺望鬲津河岸，
那河边婆娑的绿树，
那遥遥驶来的海船。
无论是春霁还是秋夜，
都是一幅最美的画卷；
从军苦，

日月艰，
封侯报国志未酬，
诗人悲愤抒情感：
貂裘旧尘暗，
何处梦了断，
身老沧州，
心在天山；
遗憾，
诉衷情，
宋词见。

四百多年前，
明朝进士李梦阳，
登泰山，
望海边，
发感叹：
俯首无齐鲁，
东海杯一盏，
天横碣石来，
赢得帝王赞，
登泰山而小天下，
空前绝后诗一篇；
该诗绝，
绝在碣石大如天，
大山奶奶是大姐，
娘家二妹住泰安，
老大老二姊妹俩，
民间传说有根源。

三百多年前，
学者顾炎武，
受命清史编，
巨著《肇域志》，
明确有断言：
碣石就在海丰县，
别名称马谷，
乳名叫大山，
九河入海处，
贝壳堆满滩，
遍地金丝枣，
处处晒海盐。

二百多年前，
清廷论战起硝烟，
碣石在哪里？
惊动朝中大小官，
从南到北八九个，
都不沾边；
论战需平息，
否则耽误饭；
恭请学者胡渭，
叩拜北魏郦道元，
《水经注》上说，
"沦于海，没于陆"
碣石已沉渤海湾，
陆上不再现，
历史学家不要争，
地理学家不要辩，

休战！
安心学习和生产。
礼部尚书杜塄，
著名学者乡贤，
有才气，
善钻研，
博览群书学识渊，
回乡省亲至碣石，
面对杂音咏诗篇：
禹迹茫茫问九河，
大事总要有人探，
海滨碣石未销磨，
铁的事实胜雄辩，
康熙大帝有名言，
禹贡碣石在津南。
自昔洪流归渤澥，
九河末稍海畔山，
铿锵"碣石辩"。

中国历史浩瀚，
恒河沙数万千，
支离破碎凌乱，
真假虚实难辨；
觅碣石，
求根源，
复名大业，
历经千年，
煞费苦心，
难倒多少英雄好汉。

二十年前这一天，

山上彩旗招展，

山下锣鼓喧天，

礼炮震天响，

遍地烟花蹿，

鼓子秧歌舞，

銮驾降人间，

漫山遍野齐声喊：

碣石复名啦！

终于盼到这一天，

解心结，了夙愿。

著名学者安作璋，

明确断言：

有理有据，

无棣观点。

解了困惑，

破了谜案，

禹贡碣石在鲁北，

曹操观沧于此山；

一番演讲，

马谷感叹；

枣乡沸腾，

碣石呐喊。

名气大，

易发展，

走南闯北有了新名片；

一锤定音，

中国地图改变，

碣石印在渤海西南岸；

旷世论断，

如雷鸣，

似闪电，

穿越了沧桑岁月，

刺破了时代空间；

岛夷路，

标识山，

观沧海、

碣石篇，

位置多明确，

语言多简短，

观点多鲜明，

叙述多精炼，

听了多舒坦；

这就是您，

这就是俺，

这就是他，

这就是咱，

这就是我们的碣石山。

震惊史学界，

蚂蚁敢把大树撼，

小草也疯狂，

翻了千年案，

小草他是谁？

就在无棣县，

一群历史爱好者，

微信名号尤震撼；

"凌泉""冰川"

"碣石观沧"

"风正帆悬"

"悠然东篱"

"柽柳轩"

还有若干、若干……

解难题，

破迷案，

正本清源，

评说有胆，

好一伙鲁北大汉，

功绩载史篇。

复名二十载，

弹指一挥间。

故地重游，

浮想联翩翩。

碣石复名开发时，

同仁斗志坚，

既不敢乱造，

又岂能胡编?!

摸着石头过河，

扛着梯子上天，

踩着鼻子上脸蛋，

拽着马尾荡秋千。

老鼠咬着猫下巴，

要多危险多危险，

要多大胆多大胆；

一种力量在支撑，

一种精神在召唤，

于是乎，

情景又现：

翻过几道岭，

拐过几道弯，

每一道岭都成了景，

每一道弯都成了点，

每个景点都像画儿一样灿烂，

每幅画面之后都有一个动人故事，

每一个朋友都站立在故事后面，

每个故事的后面都有着当时辉煌，

每个辉煌都已载入史篇；

自豪吧，朋友，

别忘了这一天，

常挂念；

祝福你，

英雄的碣石山，

历经坎坷，

今生有缘；

盼只盼，

朋友永远，

碣石辉煌，

万万年！

参 考 文 献

（一）古代文献

（晋）郭璞注：《山海经》，图注和胡文焕校本，早稻田藏。

（晋）郭璞：《山海经笺注》，光绪十二年上海还读楼校刊印行。

（北魏）郦道元：《水经注》（武英殿聚珍版），明嘉靖文枢堂刊版。

（明）艾南英：《禹贡图注》，《学海类编》第五册，1920年。

（清）阎若璩：《尚书古文疏证》（八卷），上海古籍出版社1987年版。

（清）顾炎武：《肇域志》，上海古籍出版社2004年版。

（清）顾炎武：《山东考古录》，山东书局重刊，光绪八年七月。

（清）胡渭著、邹逸麟整理：《禹贡锥指》，上海古籍出版社1996年版。

（清）杨守敬、熊会贞撰：《水经注疏》（四十卷），钞本。

李勇先：《中国历史地理文献辑刊·禹贡集成》（八卷）。

（民国）黄侃：《禹贡白文》，手批白文十三经本。

（晋）裴秀：《禹贡九州岛岛制地图论》，清嘉庆刻汉唐地理书钞本。

（宋）毛晃：《禹贡指南》（四卷），清光绪成都刻本。

（宋）程大昌：《禹贡论》（二卷），古逸丛书三编本。

（宋）程大昌：《禹贡后论》，古逸丛书三编本。

（宋）程大昌：《禹贡山川地理图》（上下卷），古逸丛书三编本。

（宋）傅寅：《禹贡集解》（二卷），清同治光绪年刻金华丛书本。

（宋）傅寅：《禹贡说断》（四卷），清嘉庆十三年墨海金壶本。

（宋）吕祖谦：《东莱先生禹贡图说》，清同治光绪年刻金华丛书本。

（明）郑晓：《禹贡说》，明项皋谟刻本。

（明）郑晓：《禹贡要注》，清光绪十年古虞朱氏刊本。

（明）郑晓：《禹贡说长笺》，明钞本。

（明）王鉴：《禹贡山川郡邑考》（四卷），清抄本。

（明）胡瓒撰，（清）胡宗绪增注：《禹贡备遗》（二卷、书法一卷），清初本。

（明）茅瑞征：《禹贡汇疏》（十二卷）。

（明）艾南英：《禹贡图注》，清道光十一年六安晁氏木活字学海类编本。

（明）夏允彝：《禹贡古今合注》（五卷），明末刻本。

（明）许胥臣编：《夏书禹贡广览》，明崇祯刻本。

（清）邵璜辑：《禹贡通解》，清钞本。

（清）孙承泽：《九州岛岛山水考》，清康熙刻本。

（清）汤奕瑞纂辑：《禹贡方域考》，清雍正十二年刻本。

（清）朱鹤龄：《禹贡长笺》（十二卷），影印文渊阁四库全书本。

（清）徐文靖：《禹贡会笺》（十二卷），影印文渊阁四库全书本。

（清）胡渭：《禹贡锥指》（二十卷），清咸丰十一年学海堂续刻皇清经解本。

（清）曹尔成：《禹贡正义》（三卷），清乾隆刻本。

（清）王澍：《禹贡谱》（二卷），清康熙四十六年积书岩刻本。

（清）杨陆荣：《禹贡臆参》（二卷），清康熙乾隆刻杨潭西先生遗书本。

（清）晏斯盛：《禹贡解》（八卷），清乾隆新喻晏氏刻楚蒙山房集本。

（清）沈大光删辑：《禹贡图解》，清乾隆四十四年刻本。

（清）洪符孙：《禹贡地名集说》，浙江大学图书馆藏清玉海楼钞稿本。

（清）夏之芳：《禹贡汇览》（四卷），清乾隆刻本。

（清）马俊良：《禹贡注节读》，清乾隆年间端溪书院刻本。

（清）马俊良：《禹贡图说》，清乾隆年间端溪书院刻本。

（清）孙乔年：《禹贡释诂》，清道光五年天心阁刻本。

（清）李荣陛：《禹贡山川考》，豫章丛书本。

（清）程瑶田：《禹贡三江考》（三卷），清嘉庆刻本。

（清）方堃：《禹贡水道考异》，清道光年间紫霞仙馆刻本。

（清）焦循：《禹贡郑注释》（二卷），清道光八年刻焦氏丛书本。

（清）李兆洛：《禹贡地理考》，浙江大学图书馆藏清道光间蓝格写本。

（清）崔启晦：《禹舆诗》，清同治三年长沙刻本。

（清）崔启晦：《禹贡山水诗》（九卷），清同治三年长沙刻本。

（清）丁晏：《禹贡集释》（三卷），清同治山阳丁氏六艺堂刻本。

（清）丁晏：《禹贡蔡传正误》，清同治山阳丁氏六艺堂刻本。

（清）丁晏：《禹贡锥指正误》，清光绪十四年南菁书院刻皇清经解续编本。

（清）芮日松：《禹贡今释》（二卷），民国年间安徽丛书第一期本。

（清）杨钟泰：《禹贡古意》，清道光十八年载德堂刻本。

（清）魏源：《禹贡说》（二卷），清同治六年碧玲珑馆刻本。

（清）谭澐：《禹贡章句》，清同治九年谭氏家塾刻本。

（清）李慎儒：《禹贡易知编》（十二卷），清光绪二十五年刻本。

（清）汪彦石：《禹贡锥指导节要》，清咸丰三年家塾刻本。

（清）何秋涛：《禹贡郑氏略例》，清光绪十四年南菁书院刻皇清经解续编本。

（清）杨懋建：《禹贡新图说》，清同治六年碧玲珑馆刻本。

（清）侯桢：《禹贡古今注通释》（六卷），清光绪六年侯复曾古柡秋馆活字本。

（清）桂文灿：《禹贡川泽考》（二卷），清光绪十二年利华印务局印本。

（清）姚彦渠辑：《禹贡正诠》（四卷），清光绪十一年姚丙吉刻本。

（清）洪兆云：《禹贡汇解》，清光绪二十八年洪良猷刻本。

（清）周阆仙：《禹贡图说》，清钞本。

（清）陈澧：《禹贡图》，清光绪十四年南菁书院刻皇清经解续编本。

（清）曾廉：《禹贡九州岛今地考》（二卷），清光绪三十二年刻本。

（清）成蓉镜：《禹贡班义述》，清光绪十年四广雅书局刻本。

（清）杨守敬：《禹贡本义》，清光绪三十二年刻本。

（清）倪文蔚：《禹贡说》，清光绪十四年南菁书院刻皇清经解续编本。

（民国）吴国圻：《禹贡真铨》，民国三十七年排印本。

佚人著：《禹贡古今义案》，清钞本。

（二）近人论著

1. 专著

雷柱：《禹贡图考》，1909 年本。

高师第：《禹贡研究论集》，上海古籍出版社 1995 年版。

李长傅遗著、陈代光整理：《〈禹贡〉释地》，中州书画社 1983 年。

辛树帜：《禹贡新解》，农业出版社 1964 年版。

姚明辉：《禹贡注解》，读经会铅印本，民国六年。

尹世积：《禹贡集解》，商务印书馆 1957 年版。

2. 论文

《禹迹图说》，《禹贡》1935 年第 3 卷第 1 期。

《禹迹图》（拓片），美国国会图书馆藏。

周逸：《中国名山汇考》（卷一），《船山学报》1936 年第 2 期。

张含英：《黄河释名——河滨偶谈之一》，《禹贡》1937 年第 6 卷第 11 期。

刘钧仁：《碣石新考》，国立沈阳博物院筹备委员会汇刊 1947 年第 1 期。

孙寿荫：《沧海桑田话碣石》，《地理知识》1974 年第 2 期。

谭其骧：《碣石考》，《学习与批判》1976 年第 1 期。

冯君实：《"东临碣石"的碣石在那里?》，《吉林师范大学学报》1978 年第 3 期。

黄盛璋：《碣石考辨》，《文史哲》1979 年第 6 期。

史念海：《战国秦汉时期黄河流域及其附近各地经济的变迁和发展（续）》，《人文杂志》1979 年第 2 期。

陈可畏：《论西汉后期的一次大地震与渤海西岸地貌的变迁》，《考古》1979 年第 2 期。

王京阳：《关于秦始皇几次出巡路线的探讨》，《人文杂志》1980 年第 3 期。

宗仲曲：《碣石苑—北方文化的摇篮》，香港《新晚报》1981 年 11 月 24 日。

王育民：《碣石新辨》，《中华文史论丛》，上海古籍出版社 1981 年第 4
辑。

郭来喜：《碣石之谜》，《旅游地理文集》，中国科学院地理研究所旅游地
理组编印 1982 年 11 月。

董宝瑞、高洪章：《碣石考》，《历史地理》丛刊，上海人民出版社出版
1983 年 11 月第 3 辑。

高尚志：《碣石辨》，《秦汉史论丛》，陕西人民出版社 1983 年第 2 辑。

刘起釪：《碣石考》，《江海学刊》1984 年第 5 期。

于祥：《也谈〈碣石考〉问题》，《地名知识》1984 年第 3 期。

张成栋：《碣石辨正》，《河北地方志通讯》1985 年第 3 期。

邓加荣：《碣石山考略》，《百科知识》1985 年第 8 期。

陈大为、王成生、李宇峰、辛岩：《辽宁绥中县"姜女坟"秦汉建筑遗
址发掘简报》，《文物》1986 年第 8 期。

吉羊：《碣石研究中的几个地貌》，《地名丛刊》1986 年第 4 期。

郭继汾：《碣石是山不是石》，《地名丛刊》1986 年第 2 期。

董宝瑞：《郦氏笔下之碣石》《"禹贡"中记载的"碣石"》，《地名丛刊》
1986 年第 6 期。

梁守让：《亦考"碣石"》，《河北师范大学学报》1987 年第 3 期。

董宝瑞：《"碣石宫"质疑—兼与苏秉琦先生商榷》，《河北学刊》1987 年
第 6 期。

高尚志、冯君实：《秦汉宫殿遗迹的出土与碣石考辩》，《秦皇岛市志通
讯》1987 年第 2 期。

苏秉琦：《秦皇与碣石》，秦皇岛市地方志办公室《碣石文集》1988 年编。

孔繁德：《碣石变迁考辩》，秦皇岛市地方志办公室《碣石文集》1988 年
编。

岳辰：《金山嘴秦皇行宫与碣石》，《秦皇岛地方志》1988 年第 3 期。

黄景海：《浅谈古碣石与古碣石海港》，《秦皇岛地方志》1989 年第 2 期。

严宾：《碣石新考》，《辽宁大学学报（哲学社会科学版）》1989 年第 3 期。

张淑萍、张修桂:《〈禹贡〉九河分流地域范围新证—兼论古白洋淀的消亡过程》,《地理学报》1989 年 1 期。

傅金纯、纪思:《曹操何处"观沧海"》,《辽宁师范大学学报》1991 年第 4 期。

地诗:《"碣石"在辽宁绥中补证》,《社会科学辑刊》1992 年第 1 期。

李军:《碣石一词新解》,《历史教学》1993 年第 8 期。

金家广:《论秦汉碣石宫的兴建及其对巩固帝国统一的历史作用》,《河北大学学报(哲学社会科学版)》1994 年第 2 期。

王志力、罗爱平:《"唐山碣石"考》,《冀东学刊》1994 年第 4 期。

吕绍纲:《说禹贡碣石》,《史学集刊》1995 年第 1 期。

程实:《姜女石就是碣石》,《历史教学》1995 年第 5 期。

王玉琴:《话说碣石》,《对外大传播》1995 年第 8 期。

王青:《〈禹贡〉"鸟夷"的考古学探索》,《北方文物》1995 年 4 期。

严如钺:《碣石辨》,《语文月刊》1996 年第 5 期。

华玉冰、杨荣昌:《辽宁绥中县"姜女石"秦汉建筑群址石碑地遗址的勘探与试掘》,《考古》1997 年第 10 期。

华玉冰:《试论秦始皇东巡的"碣石"与"碣石宫"》,《考古》1997 年第 10 期。

周振甫:《东临碣石解》,《群言》1998 年 12 期。

吴耀民:《碣石究竟在哪里》,《中学语文》1999 年第 5 期。

周郢:《从"泰山龙脉"之争看满汉文化的冲突与融合》,《泰山乡镇企业职工大学学报》1999 年第 1 期。

田秉臣:《"秦皇求仙入海处"的修建》,《乡音》2000 年第 6 期。

周书灿、张洪生:《〈禹贡〉研究概论》,《河北师范大学学报(哲学社会科学版)》2001 年 2 期。

陈雍:《渤海湾西岸汉代遗存年代甄别——兼论渤海西岸西汉末年海侵》,《考古》2001 年第 11 期。

李健才:《评汉代乐浪郡在今辽河以西说》,《中国边疆史地研究》2001 年第 1 期。

修俊善：《碣石今何处》，《禹城与大禹文化文集》2002 年。

薛春汀、周永青、王桂玲：《古黄河三角洲若干问题的思考》，《海洋地质与第四纪地质》2003 年 8 月第 23 卷第 3 期。

沈有珠：《东临碣石有遗篇—曹操、李世民、毛泽东的"碣石情结"》，《西南民族大学学报（人文社科版）》2004 年第 4 期。

孙志升、高知然：《碣石、秦皇求仙与徐福集团东渡》，2005 年。

王子今：《汉代"海溢"灾害》，《学术月刊》2005 年第 7 期。

岳红琴：《〈禹贡〉成书时代考》，《图书与情报》2006 年 5 期。

韩晓时：《东临碣石秦宫阙》，《中国地名》2006 年 9 期、《文化学刊》2006 年 2 期。

王灿炽：《关注京西古村落》，《北京观察》2007 年第 7 期。

王康：《浅论〈禹贡〉及其学术价值——兼谈〈禹贡〉的研究沿革》，《安徽文学（下半月）》2008 年第 6 期。

邢培顺：《碣石学宫考论》，《滨州学院学报》2009 年第 1 期。

潘晟：《宋代的〈禹贡〉之学——从经学传注走向地理学》，《历史研究》2009 年 3 期。

牛淑贞：《近 20 年来〈禹贡〉研究综述》，《云南师范大学学报（哲学社会科学版）》2009 年 3 期。

容天伟、汪前进：《民国以来〈禹贡〉研究综述》，《广西民族大学学报（自然科学版）》2010 年 1 期。

周述椿：《〈山海经〉中的碣石之山即今吉林长白山》，《文史杂志》2012 年第 1 期。

卢燕新：《唐太宗等唱和诗〈春日望海〉写作时地考》，《海南师范大学学报（社会科学版）》2012 年 5 期。

史冬：《黄河古道入海口处的徐福遗址概述》，《大众文艺》2012 年第 7 期。

孔祥军：《试论清代学者〈禹贡〉研究之总成绩》，《清史研究》2012 年 1 期。